일상이 반짝이는

아이패드
다이어리

YES, I AM
HAPPY😊

"아이패드만 있다면 오로지 나에 의한, 나만의, 그리고 더 나은 날 위한 다이어리를 쓸 수 있어요!"

어릴 적부터 색연필과 펜으로 끄적끄적 그림을 그리고 다이어리 꾸미는 것을 좋아하던 제게 아이패드와 애플펜슬은 너무 매력적인 존재였어요. 아이패드 하나만으로도 그림을 그리고 필기까지 할 수 있다니! 하지만 가벼운 마음으로 사기엔 아이패드는 너무 비싸기도 했어요. '매년 새로 사는 다이어리와 스티커들, 색색의 펜들을 생각하면 비슷한 비용일 거야!', '그림 그리기 위한 재료들도 비싼데 아이패드 하나로 끝낼 수 있다면 합리적인 게 아닐까?', '매일매일을 기록하고 계획할 수 있다면 충분히 값진 물건일 거야!' 이런저런 합리화와 함께 결국 큰맘 먹고 구매했던 아이패드는 저의 하루하루를 조금씩 바꿔주었어요.

자기 전 아이패드를 켜고 사진첩을 뒤적거리며 오늘 하루를 되돌아보고, 맛있게 먹은 음식과 그날 입었던 옷을 그리며 아이패드 다이어리를 쓰기 시작했어요. 그렇게 평범하다고만 생각했던 일상에 관심을 기울이며 기록하다 보니 하루하루가 특별해졌어요. 또한, 오늘의 감정과 생각을 나만의 방식과 스타일로 기록하고 꾸미면서 나에게 온전히 집중하는 법을 배우게 되었어요. 힘들었던 오늘의 나를 다독이면서 내일은 조금 더 나은 하루가 되도록 노력하자는 다짐도 하게 되었고요.

아마 이 책을 보고 계신 여러분도 처음의 저와 비슷한 마음으로 아이패드를 구매하고, 어떻게 하면 아이패드를 잘 사용할 수 있을까 고민하셨을 거예요. 그런 고민에 아이패드 다이어리 꾸미기가 하나의 좋은 해결책이 되어 줄 거예요. 텅 빈 다이어리에 무엇부터 써야 할지  막막한 다꾸 초보자분들도 '다이어리 꾸미기 별거 아닌데?'라고 느낄 수 있도록 이 책을 준비했습니다. 서툰 그림 실력과 삐뚤빼뚤 써 내려가는 손글씨만으로도, 나만의 멋진 아이패드 다이어리를 완성할 수 있거든요! 이 책과 함께라면 밀리지 않고 가볍게 일기를 쓰는 방법부터, 예쁘게 글씨를 쓰고 그림을 그리면서 다이어리를 꾸밀 수 있는 팁, 그리고 다이어리 꾸미기를 위한 실용적인 굿노트 활용법까지 모두 익히실 수 있을 거예요.

공부와 업무, 그리고 육아 등으로 인해 지친 일상 중 조금만 틈을 내어 오늘의 나를 그리고 기록해보세요. 그렇게 내 감정과 생각을 기록하고 다이어리를 예쁘게 꾸미다 보면, 하루 동안의 스트레스가 풀리면서 다시 충전되는 걸 느끼실 수 있을 거예요!  지금부터 여러분의 '더 나은 내일'을 위한 '오늘의 기록'을 시작해보세요!

레이나

Contents

아이패드 다이어리 꾸미기 기초

아이패드 다이어리 꾸미기 실전

키노트로 다이어리 서식과 스티커 만들기

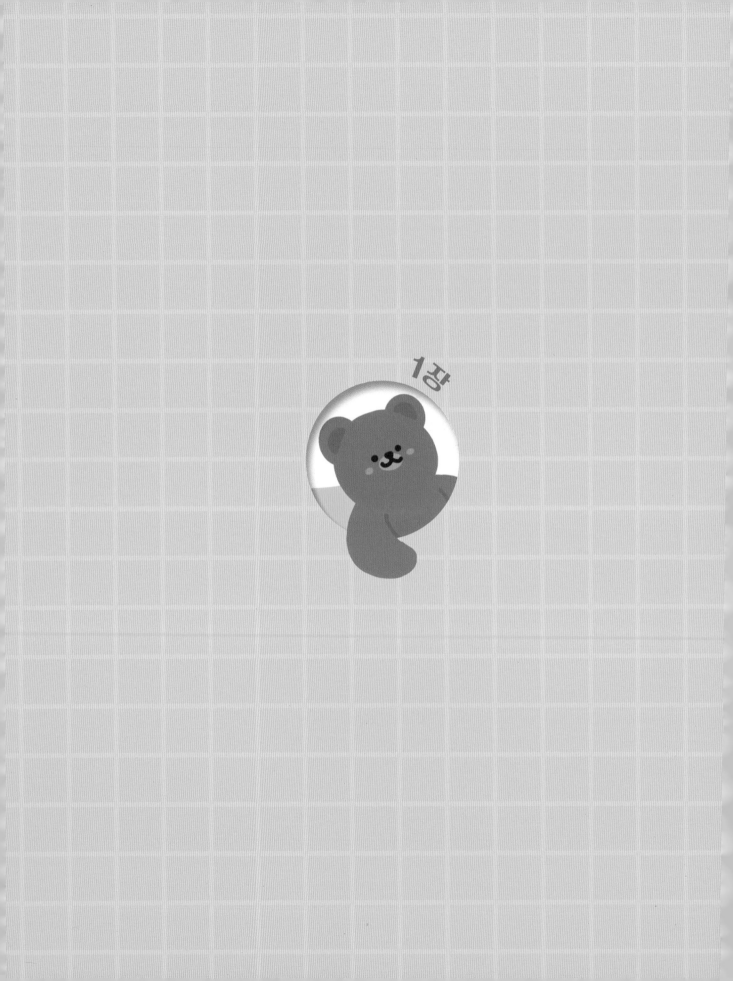

1장

아이패드 다이어리 알아보기

아이패드 다이어리에 대해 알아볼까요?
디지털 다이어리가 종이 다이어리보다 좋은 점과
아이패드 다이어리 준비물을 알아보아요.
또, 다이어리를 쓰는 여러 가지 방식과
저의 다이어리 꾸미기 루틴도 소개할게요.

아이패드 다이어리를 쓰는 이유

저의 아이패드 다이어리는 2017년에 아이패드 프로 2세대를 구매하면서부터 시작됐어요. 형형색색의 펜과 예쁜 스티커를 사지 않아도, 인터넷에 있는 이미지와 직접 그린 그림으로 다이어리를 채울 수 있다는 점이 좋아 보였거든요. 또, 종이 다이어리를 쓸 때는 사진도 인화해서 붙여야 하지만 디지털 다이어리는 사진을 찍고 바로 첨부할 수 있다는 것이 너무 매력적이라고 생각했어요. 3년이 넘는 시간 동안 아이패드 다이어리로 일상의 다양한 기록을 쌓아오면서 종이 다이어리와는 또 다른 매력이 많다는 것을 느꼈어요. 지금부터 디지털 다이어리의 장점을 여러분께 하나하나 소개해드릴게요.

세상에 하나뿐인 나만의 맞춤 다이어리를 만들 수 있어요

내 마음에 쏙 드는 디자인의 종이 다이어리를 찾기가 생각보다 어렵다는 걸 다이어리를 살 때 한 번쯤 느껴보셨을 거예요. 저의 경우에는 디자인은 마음에 드는데 월간 플래너가 월요일이 아닌 일요일부터 시작하는 게 마음에 안 들거나, 구성은 모두 마음에 드는데 서체가 마음에 안 들 때도 있었어요. 하지만 디지털 다이어리는 앱의 기능만 잘 사용할 수 있다면 자신이 생각하는 디자인을 하나부터 열까지 그대로 구현할 수 있어요. 월간 플래너를 월요일 또는 일요일부터 시작하도록 만들 수 있고, 내가 좋아하는 색과 폰트를 적용할 수도 있고요. 이렇게 내가 원하는 모양과 구성으로 나만의 다이어리 서식을 만들고, 직접 그린 그림으로 스티커를 만들어 다이어리를 꾸밀 수 있다는 게 디지털 다이어리의 가장 큰 장점이에요.

저는 월요일부터 시작하면서 아무런 군더더기 없는 형식의 다이어리를 선호해요. 이렇게 내 맘에 쏙 드는 다이어리를 직접 만든 스티커로 예쁘게 꾸미다 보면 다이어리 쓰는 일이 정말 즐거워진답니다.

▶ 직접 제작한 월간 다이어리와 주간 다이어리 서식

쓰다가 틀려도 수정하기가 쉬워요

종이 다이어리에 정성스레 글씨를 쓰다가 실수로 잘못 적어서 좌절해본 경험이 누구나 있을 텐데요. 저는 예전에 다이어리를 새로 장만해서 예쁘게 날짜를 적다가 한 칸씩 밀려 썼다는 사실을 알았을 때 다이어리를 새로 사고 싶을 정도로 속상했답니다. 저는 모든 일을 완벽하게 하려고 노력하지만 사실은 실수가 많은 편이에요. 필기하거나 일기를 쓰다가 잘못 쓰게 되면 실수한 흔적을 없애고 싶은데 한 장을 찢어 버려야 할지, 스티커를 붙여서 가려야 할지 항상 고민이 되더라고요. 또, 일정이 중간에 변경되어서 지우고 다시 적어야 할 때도 너무 찜찜하고 신경이 쓰였어요. 수정액이나 수정테이프를 사용하면 쉽게 가릴 수 있지만 아무래도 티가 나서 볼 때마다 스트레스를 받게 되더라고요. 이렇게 다소 예민한 저에겐 디지털 다이어리가 제격이었어요. 일정이 중간에 바뀌어도 다른 날짜로 쉽게 옮길 수 있고, 글씨를 잘못 쓰거나 마음에 들지 않을 때도 지우고 다시 쓰면 흔적이 남지 않으니까요!

▶ 아이패드 다이어리에 일기를 쓰다가 날짜를 하나씩 밀려 썼다는 걸 깨달았어요. 수정테이프로 지우고 다시 써야 하는 종이 다이어리와 달리 글자만 이동시키면 되니 정말 편리하죠.

아이패드만 있다면 OK! 언제 어디서나 꺼내 쓸 수 있어요

저는 아이패드 다이어리를 주로 사용하지만 종이 다이어리도 종종 사용하곤 해요. 종이 다이어리도 나름의 꾸미는 재미가 있지만, 여러 종류의 펜부터 시작해서 각종 스티커 등 필요한 것이 한두 가지가 아니에요. 카페에서 종이 다이어리를 쓰려면 한 짐을 챙겨야 하고, 가볍게 펜 하나와 다이어리만 들고 나간 날에는 집에 두고 온 스티커 생각에 다이어리를 쓰다가도 그만두게 되더라고요. 흔들리는 버스나 지하철 안에서 다이어리를 꾸미는 건 상상조차 할 수 없어요. 하지만 아이패드 다이어리는 아이패드와

▶ 다이어리 앱에 스티커를 저장해둘 수 있어요.

애플펜슬만 있다면 언제 어디서나 꺼내 쓸 수 있다는 장점이 있어요. 다이어리를 꾸밀 때 필수인 예쁜 스티커도 직접 만들거나 인터넷에서 다운받을 수 있고, 다이어리 앱 안에 스티커 기능이 있어서 스티커를 모아 두고 편하게 찾아 쓸 수 있어요.

그때그때 내가 쓰고 싶은 대로 써요

'이번 달엔 새로운 스타일의 다이어리를 사용하고 싶은데 원래 쓰던 다이어리는 어쩌지?'

'다이어트를 시작해서 식단 일기를 써보고 싶은데 다이어리를 하나 더 사야하나?'

마음에 드는 다이어리를 사서 잘 쓰고 있다가 갑자기 다른 스타일의 다이어리를 써보고 싶었던 경험이 있으신가요? 저는 그럴 때마다 새 다이어리를 사는 것도 낭비라는 생각이 들었고, 통일감 없이 그냥 여러 종류의 다이어리만 책장에 쌓이는 기분이었어요. 하지만 디지털 다이어리는 스타일을 바꾸고 싶을 때마다 직접 서식을 만들어 사용하면 되니, 매달 똑같은 다이어리를 사용해야 한다는 부담감이 사라졌어요. 다이어리를 새로 사는 추가 비용이 들지 않으니 여러 가지 스타일을 시도해볼 수도 있었고요. 덕분에 저에게 딱 맞는 다이어리 스타일도 쉽게 찾을 수 있었어요.

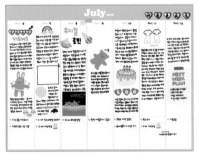
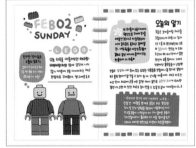

▶ 여러 가지 스타일의 다이어리 서식

아이패드 다이어리를 쓰기 위한 준비물

아이패드와 애플펜슬

▶ 저는 아이패드 프로 4세대(11형)와 애플펜슬 2세대를 사용하고 있어요.

아이패드 다이어리를 쓰기 위해서는 아이패드와 애플펜슬이 필요해요. 비싸다고 느껴질 수 있는 가격이지만, 한 번만 투자하면 매년 새로운 다이어리를 살 필요가 없고 문서 작업이나 영상 시청, 드로잉 등 다이어리 작성 외에도 다양한 작업을 할 수 있어요. 또 종이로 다이어리를 쓸 땐 색색의 펜, 스티커, 마스킹테이프, 메모지 등 많은 재료가 필요하지만, 아이패드 다이어리는 아이패드와 애플펜슬만 있으면 되니 들고 다니기도 편하다는 장점이 있어요.

아이패드 모델은 아이패드 프로, 아이패드 에어, 아이패드, 아이패드 미니까지 네 가지 종류가 있고, 사양과 가격이 모두 다르니 잘 비교하여 자신에게 맞는 아이패드를 구매해야 해요. 애플펜슬은 1세대와 2세대로 두 가지 종류인데, 아이패드 모델마다 호환되는 애플펜슬이 다르므로 자신의 아이패드와 호환되는 애플펜슬을 확인하고 구매하세요.

나에게 맞는 아이패드 찾기

아이패드도 종류에 따라 사양과 가격에 차이가 나요. 다이어리 작성을 목적으로 아이패드를 구매한다면 굳이 사양이 뛰어난 아이패드가 필요하지는 않겠지만, 드로잉이나 영상 편집 등의 기능도 필요하다면 아이패드의 각 사양을 비교해보고 조건에 맞게 구매하는 것이 좋아요. 그럼 아이패드 모델은 어떤 것이 있는지 알아볼까요?

• 아이패드 프로(iPad Pro)

아이패드 모델 중 사양이 가장 좋은 최상위급 모델로, 디스플레이 크기와 저장 용량이 가장 크며 고화질 스트리밍도 가능해요. 가격은 높아도 가장 좋은 사양의 모델을 원하는 분, 영상 작업 등으로 저장 용량이 많이 필요한 분, 4K 화질의 영상 편집을 하고 싶은 분들에게 추천해요.

• 아이패드 에어(iPad Air)

성능은 좋으면서 아이패드 프로보다 저렴한 모델로, 용량도 최대 256GB로 큰 편이에요. 드로잉 작업을 하고 싶은 분들에게 추천하는 모델이에요.

• 아이패드(iPad)

가장 저렴한 보급형 모델이에요. 디스플레이 크기는 아이패드 에어와 비슷하고 저장 용량은 최대 128GB예요. 다양한 기능보다는 영상 시청, 웹서핑, 간단한 문서 작업 등 기본적인 기능만 필요한 분들에게 추천해요.

• 아이패드 미니(iPad mini)

크기가 가장 작고 무게도 가벼워서 휴대하기 좋아요. 아이패드 프로나 에어에 비해 가격이 저렴하고, 사양은 아이패드 에어와 비슷해요.

• 애플펜슬 1세대

아이패드 프로 12.9형 1·2세대, 아이패드 프로 10.5형, 아이패드 프로 9.7형, 아이패드 에어 3세대, 아이패드 6·7·8세대, 아이패드 미니 5세대와 호환 가능해요. 충전할 때는 애플펜슬 뚜껑을 연 뒤 아이패드 밑면의 충전 단자에 꽂아서 충전하는 형태예요.

• 애플펜슬 2세대

아이패드 프로 12.9형 3·4·5세대, 아이패드 프로 11형 1·2·3세대, 아이패드 에어 4세대와 호환 가능해요. 아이패드 옆면에 자석으로 붙일 수 있고, 무선 충전이 가능해요.

아이패드와 애플펜슬에 관한 더 자세한 정보는 '애플 코리아(www.apple.com/kr/)' 홈페이지에서 비교할 수 있어요.

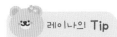

레이나의 Tip

학생이라면 아이패드를 할인받을 수 있어요!

학생과 교직원은 '애플 교육 할인 스토어'를 이용하면 다양한 애플 제품을 할인받아 구매할 수 있어요. 교육 할인 스토어는 애플 공식 스토어이므로 제품 성능과 품질에는 차이가 없으니 학생이라면 꼭 애플 교육 할인 스토어 홈페이지를 방문해보세요!

레이나의 Q&A

애플펜슬은 꼭 필요한가요?

종이 다이어리를 쓰려면 펜이 필요하듯, 아이패드 다이어리를 쓰려면 애플펜슬이 필수예요. 물론 아이패드와 호환되는 좀 더 저렴한 터치펜을 사용해도 필기는 할 수 있지만, 애플펜슬에서만 좀 더 정교한 기능들을 활용할 수 있어요. 따라서 필기 또는 드로잉을 목적으로 아이패드를 사용한다면 애플펜슬을 구매하는 것이 아이패드를 가장 효과적으로 사용하는 방법이랍니다.

와이파이(Wi-Fi) vs 와이파이 + 셀룰러(Wi-Fi + Cellular), 어떤 모델을 선택해야 하죠?

와이파이 모델은 와이파이 환경에서만 인터넷 연결이 가능하고, 셀룰러 모델은 태블릿 전용 요금제나 데이터 쉐어링 요금제에 가입되어 있다면 와이파이가 없는 환경에서도 인터넷 연결이 가능해요. 셀룰러 모델은 언제 어디서나 인터넷을 자유롭게 사용할 수 있다는 장점이 있지만, 기기 가격이 와이파이 모델에 비해 비싸다는 단점이 있어요. 만약 아이패드를 주로 사용하는 공간이 와이파이를 접하기 어려운 환경이거나, 하루 종일 인터넷 연결이 끊기면 안 되는 경우라면 셀룰러 모델이 적합해요. 하지만 와이파이에 쉽게 접근할 수 있는 환경이고, 인터넷 연결이 끊어져도 괜찮다면 와이파이 모델을 추천해요. 저도 와이파이 모델을 가지고 있는데 큰 불편함 없이 사용하고 있답니다.

능률을 높여주는 아이패드 액세서리

• 종이 질감 필름

아이패드에 애플펜슬로 필기하다 보면 액정이 미끄러워서 글씨가 잘 뻗치는데요. 종이 질감 필름은 이름 그대로 종이처럼 약간 거친 느낌의 액정 보호 필름으로, 아이패드에 붙이면 마찰력으로 인해 선의 흔들림과 뻗침이 줄어들어요. 다만 필름을 붙이지 않았을 때보다 아이패드의 화질이 저하되어 보일 수 있고, 애플펜슬 팁(펜촉)이 좀 더 빨리 닳는다는 단점이 있으니 참고해주세요.

• 애플펜슬 팁 보호 커버

아이패드 액정에 종이 질감 필름을 붙였거나, 반대로 액정 보호 필름을 붙이지 않은 경우 많이 사용하는 액세서리예요. 종이 질감 필름을 사용하면 애플펜슬 팁이 빨리 닳는데, 팁을 자주 교체하려면 비용면에서 다소 부담이 되기 때문에 보호 커버를 사용해요. 또, 액정 보호 필름 없이 아이패드를 사용하면 액정이 미끄러워서 예쁘게 필기하기가 어려운데, 이때 마찰력을 높이기 위한 용도로 팁 보호 커버를 사용하기도 해요. 애플펜슬이 액정과 부딪힐 때 생기는 소음도 줄어들고, 팁도 보호할 수 있어 유용한 액세서리예요.

• 블루투스 키보드

다이어리나 문서를 작성할 때 블루투스 키보드를 사용하면 좀 더 빠르고 편하게 작업할 수 있어요. 또, 저의 경우 다이어리 서식을 제작할 때 키보드의 방향키를 사용하면 좀 더 섬세하고 정교한 작업을 하는 데 도움이 되더라고요. 생각보다 활용도가 높아 추천하는 액세서리예요. 애플 제품 중에서는 '매직 키보드', '스마트 키보드 폴리오', '스마트 키보드'가 있으며, 일반 블루투스 키보드도 호환 가능해요.

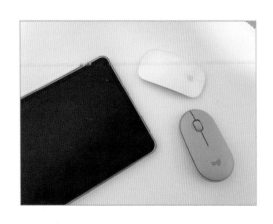

• 블루투스 마우스

다이어리를 작성할 때는 마우스의 활용도가 높지 않지만, 다이어리 서식을 제작할 때 마우스를 사용하면 훨씬 작업이 편리해져요. 또, 영상 편집이나 문서 작업 등 아이패드로 다양한 작업을 하는 경우 블루투스 마우스가 있으면 작업의 능률이 높아진답니다. 애플 제품인 '매직 마우스'에는 일반 블루투스 마우스에서는 사용할 수 없는 제스처 기능도 있지만, 아이패드와 함께 사용하기에는 그냥 일반 블루투스 마우스로도 충분해요.

다이어리 쓰는 방식도 가지각색

'다이어리(Diary)'는 '일정 등을 적어 넣는 수첩'과 '일기'라는 두 가지 뜻이 있어요. 보통 이 두 가지 목적을 가지고 다이어리를 사용하곤 하는데, 작성하는 방법이나 스타일은 사람마다 다양하죠. 저 또한 여러 가지 스타일의 다이어리를 사용하고 있고, 그때그때 마음에 드는 것으로 자유롭게 바꾸기도 해요. 저는 현재 월간 다이어리는 일정 관리와 일기 용도로 각각 나누어 사용하고, 주간 다이어리는 to-do list, 식단, 지출액 등 세부적인 항목들을 추가한 서식을 직접 만들어서 사용하고 있어요. 저는 월간 다이어리 꾸미기 영상을 유튜브에 공유하고 있어서, 주간 다이어리에는 좀 더 개인적인 내용의 일기를 적기도 해요. 일간 다이어리는 공연, 영화를 관람하거나 여행을 다녀온 날처럼 쓸 내용이 많을 때, 또는 예쁜 다꾸 콘셉트가 떠오를 때 종종 작성해요. 이 책에서는 제가 일기를 쓸 때 활용하는 여러 가지 다이어리 꾸미기 팁을 소개할 거예요. 그럼 '일기'로서의 다이어리 서식과 각각의 특성을 살펴보도록 할게요.

월간 다이어리(Monthly Diary)

한 페이지에 월 단위로 일기를 기록하는 방식이에요. 한 칸의 크기가 비교적 작아서 일기 쓰는 데 많은 내용이 필요하지 않아요. 따라서 매일 써도 부담이 적어서 꾸준히 기록하는 습관을 들이는 데 도움이 돼요. 일기는 하루 이틀 밀리면 기억이 흐려지므로 매일 조금이라도 쓰는 습관을 들이는 것이 중요해요. 바쁜 날에는 키워드만 간단하게 적어 두고, 나중에 여유가 생겼을 때 예쁘게 꾸미는 것도 한 가지 방법이랍니다. 이렇게 한 달을 열심히 기록하다 보면 나중에 다시 보게 되더라도 당시에 어떤 일들이 있었는지 한눈에 볼 수 있어서 좋아요.

주간 다이어리(Weekly Diary)

한 페이지에 주 단위로 일기를 기록하는 방식이에요. 월간 다이어리의 칸이 작아서 쓰고 싶은 내용을 다 쓰지 못할 것 같다면 주간 다이어리를 사용하는 것을 추천해요. 칸이 비교적 커서 더 많은 내용을 자세하게 기록할 수 있고, 그림이나 사진도 여러 개 넣을 수 있어요. 쓸 내용이 많지 않은 날에는 칸을 사진으로 꽉 채우고 그 위에 간단한 문구를 적거나, 예쁜 스티커를 여러 개 넣어 꾸며도 좋아요. 무조건 글로만 칸을 꽉 채워야 한다는 부담은 내려놓고 과감하게 여러 가지 시도를 하다 보면 나만의 다이어리 꾸미기 노하우가 생긴답니다.

서식이 달력 하나로 한정적인 월간 다이어리에 비해, 주간 다이어리는 요일 칸을 어떻게 배치하느냐에 따라 서식이 다양해요. 따라서 다이어리를 작성하기 전에 어떤 서식이 나에게 잘 맞는지 판단하고 선택하는 것이 우선이에요. 아래 서식들을 참고하여 나에게 맞는 것을 선택해보세요.

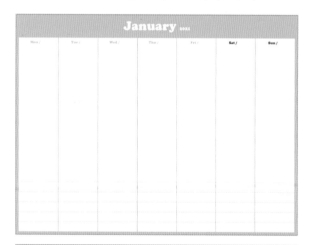

일간 다이어리(Daily Diary)

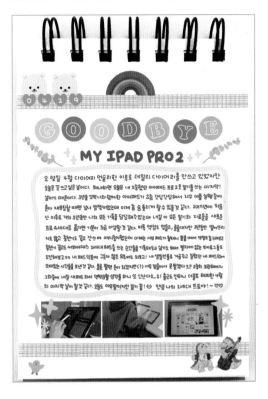

한 페이지에 하루 일기를 기록하는 방식이에요. 보통 '다꾸' 하면 무지 노트나 6공 다이어리에 예쁜 스티커와 메모지로 아기자기하게 꾸민 것이 가장 먼저 떠오르실 텐데요. 디지털 다이어리에서도 꾸미는 방식은 크게 다르지 않아요. 오히려 사진이나 그림 등 이미지 사용이 훨씬 수월하다는 장점이 있어요. 내가 직접 찍은 사진 또는 인터넷에서 다운받은 이미지로 자유롭게 꾸며보세요. 다만 좀 더 실험적으로 다이어리를 꾸밀 수 있는 만큼, 꾸미는 데 시간이 비교적 오래 걸리고 많은 아이디어가 필요해서 매일 쓰기는 어려울 수 있어요. 그래서 다이어리를 꾸준히 쓰는 것이 어려운 분들에게는 추천하지 않아요.

그림일기

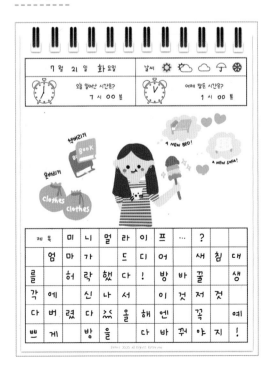

다들 초등학교 때 방학 숙제로 그림일기 한 번씩 쓰지 않으셨나요? 일기 내용은 원고지 칸 안에 간단하게 작성하고 그림과 함께 기록할 수 있는 방식이에요. 그날 먹은 음식이나 데일리룩을 그림으로 기록할 수 있어 그림 그리기를 좋아하는 분들에게 추천해요.

다이어리 꾸미기 루틴

나에게 맞는 다이어리를 선택하셨나요? 그럼 본격적으로 다이어리를 쓰기 전에, 저의 다이어리 꾸미기 루틴을 간단하게 소개해드릴게요. 저는 이런 순서로 다이어리를 써요!

step 01 주제 및 키워드 정하기

다이어리에는 하루 중 가장 기억에 남는 일이나 기록하고 싶은 일 한두 가지를 골라서 적곤 하죠. 저는 다이어리를 쓰기 전에 하루 동안 있었던 일 중 기록하고 싶은 주제를 고르고, 그 주제를 간단하게 표현할 수 있는 키워드를 정해요. 이렇게 하나의 키워드를 정해두면 다꾸 콘셉트를 정하기도 쉽고, 주제가 명확하므로 내용의 흐름이 흐트러지지 않아서 글쓰기도 좀 더 수월해져요.

step 02 레이아웃 구상하기

이 단계는 일기 주제와 가장 잘 어울리는 레이아웃을 정하는 단계예요. 매일 같은 레이아웃으로 다이어리를 쓰면 통일감은 줄 수 있지만 지루한 느낌이 들어요. 저는 그날그날 주제에 따라 레이아웃을 자주 바꾸는 편인데요. 레이아웃은 여러 가지가 있겠지만 저는 '키워드+글', '사진+글', '스티커·그림+글' 형식을 자주 사용해요. 쓰고 싶은 말이 많을 때는 키워드와 글로 꽉 채워 넣고, 쓸 내용이 많지 않거나 마음에 드는 사진이 있을 때는 사진으로 칸을 꽉 채우고 그 위에 단어 몇 개만 적기도 해요. 또는 주제와 관련된 그림을 그리거나 스티커를 사용하기도 하죠. 이렇게 어떤 레이아웃으로 쓸지 머릿속으로 미리 구상해두면 꾸미기가 좀 더 쉬워져요.

▶ 키워드+글　　　　　▶ 사진+글　　　　　▶ 스티커·그림+글

step 03 주제와 어울리는 자료(사진·그림·스티커) 고르고 일기 쓰기

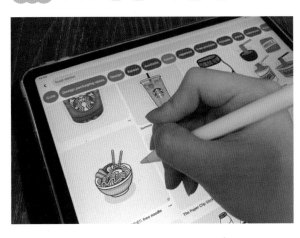

그다음엔 일기 주제와 관련된 자료를 찾아요. 직접 촬영한 사진을 사용하거나, 그림을 그리기도 해요. 또는 인터넷에서 사진이나 그림 등 원하는 이미지를 찾은 뒤, 다이어리 앱에 드래그 앤 드롭(끌어다 놓기)하여 쉽게 첨부해요. 스티커 같은 경우 인터넷에 '아이패드 다이어리 스티커'라고 검색하면 판매 중인 예쁜 스티커들이 많고, 간혹 무료 스티커들도 찾을 수 있어요. 이렇게 찾은 자료를 활용하여 일기를 써요.

step 04 알록달록 예쁜 색으로 꾸미기

하나의 일기에 너무 많은 색을 사용하면 복잡해 보이고 가독성도 떨어져요. 저는 그림을 색칠하거나 글을 꾸밀 때 주제와 어울리는 2~3가지 정도의 색을 사용하는데요. 색을 고를 때는 서로 비슷한 계열을 선택하면 완성했을 때 좀 더 깔끔해요. 사진이나 스티커를 사용한 경우 이미지에 들어있는 색과 비슷한 색을 2~3가지 골라서 사용하는 것이 좋아요.

다이어리를 밀리지 않고 꾸준히 쓰는 방법

• 가볍게 시작하기

매일 너무 많은 내용을 쓰려다 보면 쉽게 포기하게 돼요. 저도 처음엔 매일 한 장씩 일기를 썼지만 몇 개월 지나니 점점 지치더라고요. 그래서 다이어리를 처음 쓰는 분들에게는 몇 개의 단어와 작은 그림 하나만으로도 한 칸을 금방 채울 수 있는 월간 다이어리 형식을 추천해요. 채워야 할 칸의 크기가 작아 부담이 덜하므로 꾸준히 일기 쓰는 습관을 기를 수 있어요.

• 항상 아이패드 가지고 다니기

저는 어딜 가든 아이패드를 항상 가지고 다니는 편이에요. 아이패드를 사용하는 시간이 줄어들면 상대적으로 귀찮은 '일기 쓰기'와도 점점 멀어지거든요. 항상 아이패드를 가까이 두고 틈틈이 시간이 날 때 조금씩 끄적이는 습관을 기르면 다이어리도 꾸준하게 쓸 수 있게 돼요.

- 소통하기

열심히 쓴 다이어리를 SNS에 게시하여 같은 관심사를 가진 사람들과 소통하는 것도 좋은 방법이에요. 저도 처음에 그림일기를 써서 인스타그램에 공유하면서 아이패드 다이어리를 꾸준히 쓰는 습관을 들이게 되었어요. 또한 유튜브에 다이어리 꾸미는 영상을 올리면 많은 분이 좋아해주셔서 더 즐거운 마음으로 일기를 꾸준히 쓸 수 있게 되었어요! 칭찬을 받기 위해 숙제를 열심히 하는 학생이 된 것처럼 말이에요.

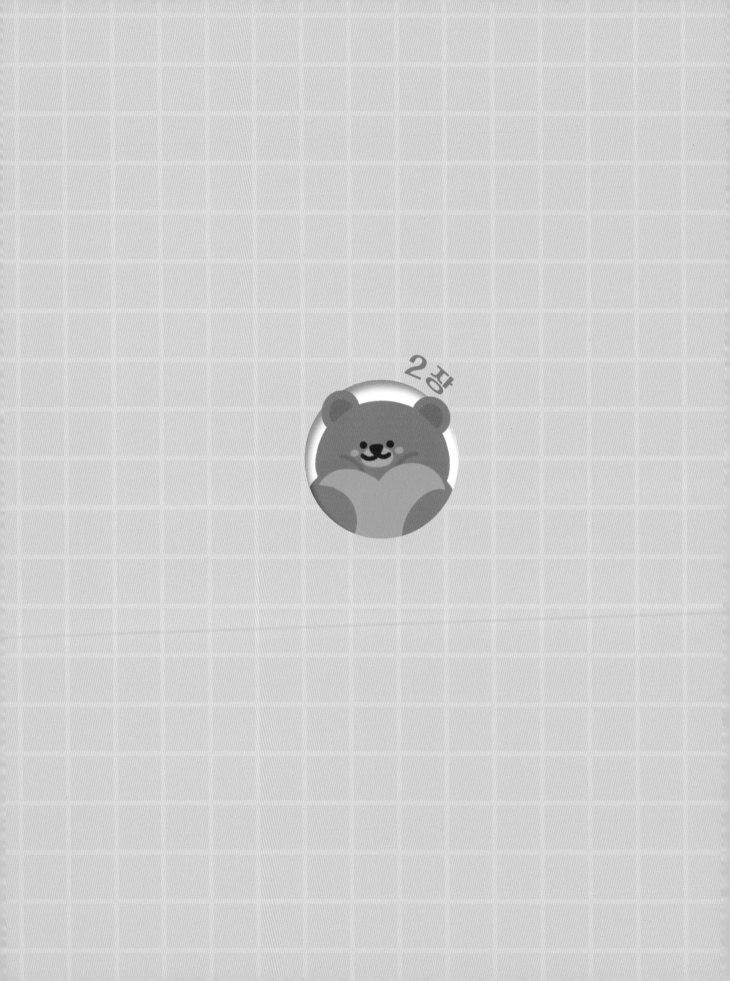

굿노트의 모든 것

아이패드로 다이어리를 쓰려면 앱이 필요해요.
여러 가지 노트 앱 중 하나인 '굿노트'는
다이어리 작성과 꾸미기에 유용한 기능이 많아요.
이번 장에서는 굿노트의 다양한 기능을 배워볼 거예요.
차근차근 따라 하면서 굿노트와 친해져볼까요?

굿노트 시작하기

굿노트가 좋은 이유

애플 앱 스토어에 검색하면 굿노트(GoodNotes), 플렉슬(Flexil), 노타빌리티(Notability) 등 다양한 노트 앱을 찾아볼 수 있는데요. 그중 굿노트는 현재 버전 5까지 나와 있는 유료 앱으로, 처음 한 번만 결제하면 추가 결제 없이 업데이트하면서 계속 앱을 이용할 수 있어요. 굿노트는 아이패드 다이어리 사용자의 대부분이 이용하는 앱인데요. 다양한 색상 지원, 사진 관련 기능의 편리성, 스티커 기능, 하이퍼링크 기능 등 다이어리 작성 및 꾸미기에 유용한 기능이 많아요. 이제 저와 함께 굿노트의 기능을 하나하나 살펴보면서 굿노트의 매력을 알아가볼까요!

굿노트 설치하기

애플 앱 스토어에서 굿노트5(GoodNotes5)를 검색하고 [₩9,900]을 탭한 뒤 결제하면 굿노트5가 설치돼요. 유료 앱을 구매하려면 애플 계정에 로그인하고 지불 정보를 등록해 두어야 해요. 설치가 끝나면 홈 화면의 [GoodNotes5]를 탭하여 프로그램을 실행해보세요.

애플 계정의 지불 정보 등록하기!

애플 앱 스토어에서 유료 앱을 구매하기 위해서는 지불 수단을 등록해 두어야 해요. 먼저 앱 스토어 오른쪽 상단의 프로필 아이콘을 탭한 뒤 본인의 계정을 탭해요. 그다음 [지불 방법 관리] – [지불 방법 추가]를 탭하고 결제를 위한 지불 정보를 입력한 뒤 [완료]를 탭하면 지불 정보가 등록돼요.

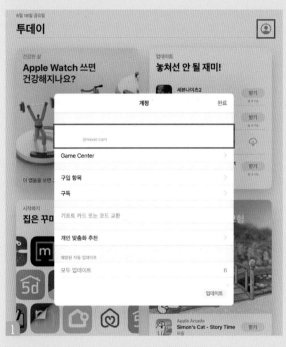

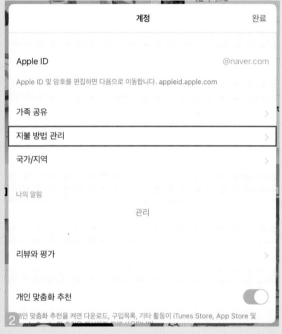

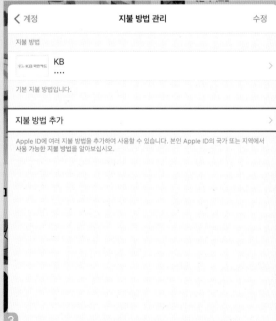

29

굿노트 첫 화면 살펴보기

굿노트 첫 화면, 문서(라이브러리)

처음 굿노트를 실행하면 만나는 화면으로, 내가 생성한 문서(노트북)들이 보여요. 파란색 점선 상자의 [신규(+)]를 탭하면 새로운 노트북이나 폴더를 생성할 수 있어요. 각 노트북의 제목을 탭하면 문서 내보내기/복제/삭제/폴더 이동 등의 작업을 할 수 있어요.

❶ 노트북 : 새로운 노트북을 생성해요.

❷ 폴더 : 노트북들을 분류할 수 있는 폴더를 생성해요.

❸ 이미지 : 사진 앱에 있는 이미지를 불러와 노트북을 생성해요.

❹ 문서 스캔 : 카메라로 문서를 스캔하여 노트북을 생성해요.

❺ 사진 찍기 : 카메라로 사진을 찍어 노트북을 생성해요.

❻ 불러오기 : 아이패드나 iCloud에 보관된 PDF 등의 문서를 불러와요.

❼ QuickNote : 별다른 설정 없이 빠르게 새 노트북을 생성해요. [신규(+)]를 빠르게 두 번 탭하면 바로 QuickNote를 생성할 수 있어요.

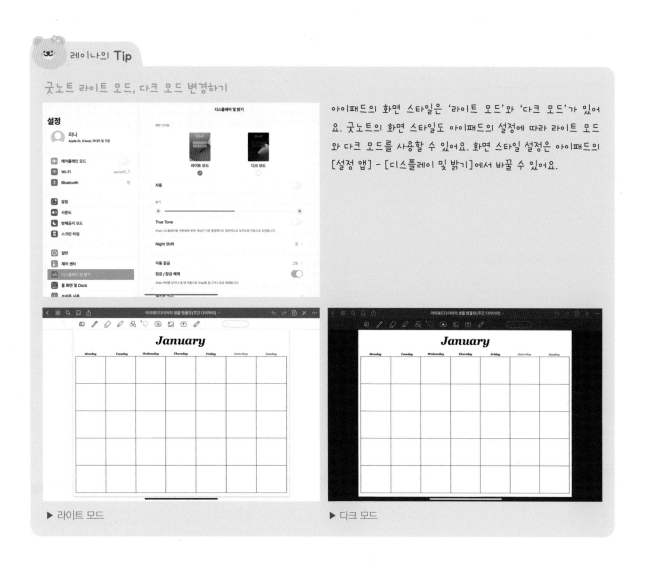

레이나의 Tip

굿노트 라이트 모드, 다크 모드 변경하기

아이패드의 화면 스타일은 '라이트 모드'와 '다크 모드'가 있어요. 굿노트의 화면 스타일도 아이패드의 설정에 따라 라이트 모드와 다크 모드를 사용할 수 있어요. 화면 스타일 설정은 아이패드의 [설정 앱] - [디스플레이 및 밝기]에서 바꿀 수 있어요.

▶ 라이트 모드

▶ 다크 모드

새로운 노트북 생성하기

[신규(+)] – [노트북]을 탭하면 나타나는 화면으로, 노트북의 표지와 종이, 제목 등 기본적인 사항을 설정하는 단계예요.

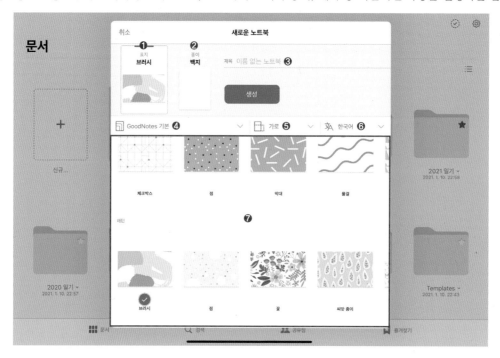

❶ 표지 : 표지 템플릿을 설정해요. 기본 제공되는 템플릿도 다양하고, 직접 만들거나 다운받은 템플릿을 불러와서 추가 할 수도 있어요.

❷ 종이 : 속지 템플릿을 설정해요. 백지, 모눈 종이, 계획표 등 용도에 따라 적절한 디자인을 선택해요. 표지와 마찬가 지로 새로운 템플릿을 추가할 수 있어요.

❸ 제목 : 노트북의 제목을 설정해요.

❹ 템플릿 : 템플릿 규격을 설정해요. 크기와 종이 색상을 설정할 수 있어요.

❺ 레이아웃 : 레이아웃을 가로 또는 세로로 설정해요. 레이아웃에 따라 템플릿 디자인도 달라요.

❻ 언어 감지 : 노트북에서 주로 사용하는 언어를 설정해요.

❼ 템플릿 목록이에요.

인터넷에서 다운받은 다이어리 서식 굿노트에서 사용하기

굿노트에서 기본으로 제공하는 템플릿 이외에도 다양한 템플릿을 불러와서 활용할 수 있어요. 인터넷에 '굿노트 다이어리 속지'를 검색하면 유료 또는 무료 다이어리 속지를 다운받을 수 있답니다.

다운받은 PDF 또는 이미지 형태의 다이어리 서식을 굿노트에서 여는 방법은 크게 두 가지가 있어요. 첫 번째는 인터넷에서 파일을 다운받은 뒤 바로 굿노트로 여는 방법이고, 두 번째는 아이패드 또는 iCloud에 파일을 저장한 뒤 굿노트에서 불러오는 방법이에요. 추가로, 자주 사용하는 서식을 굿노트 기본 템플릿에 등록하는 방법도 소개할게요. 오른쪽의 QR코드를 읽어 '레이나 월간 다이어리 서식'을 다운받고 아래 내용을 따라해보세요.

월간 다이어리
서식

• 인터넷에서 파일 다운받고 굿노트로 바로 열기

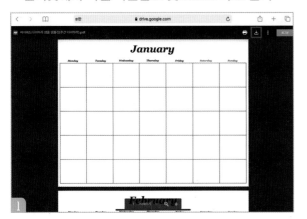

위의 QR코드를 읽어 파일을 다운받을 수 있는 사이트로 이동한 뒤, 다운로드 버튼을 눌러요(구글 드라이브에서는 로그인 없이 다운로드가 가능해요).

다운로드가 완료되면 [내보내기] – [GoodNotes]를 탭해요. 굿노트 앱이 열리면 저장하고 싶은 위치를 선택한 뒤 [새로운 문서로 불러오기]를 눌러 파일을 열어요.

레이나의 Q&A

내보내기에서 굿노트 아이콘이 보이지 않는데 어떻게 하죠?

만약 내보내기 버튼을 눌러도 굿노트 아이콘이 보이지 않는다면, 아이콘을 왼쪽으로 슬라이드하여 맨 끝의 [더 보기]를 탭해요. 팝업창이 뜨면 [편집]을 탭하고 'GoodNotes'를 추가한 뒤 [완료]를 누르면 굿노트 아이콘이 추가된 것을 확인할 수 있어요.

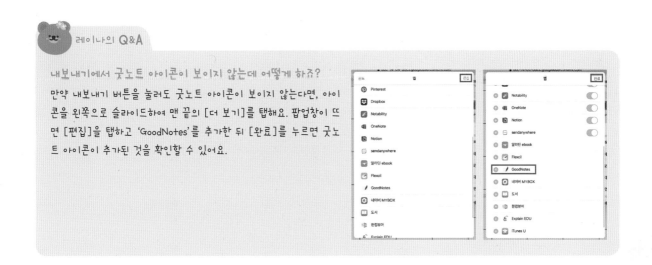

• 아이패드나 iCloud에 저장된 파일 굿노트에서 불러오기

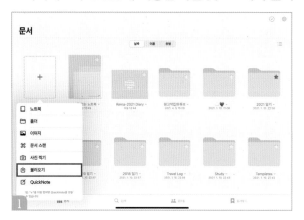

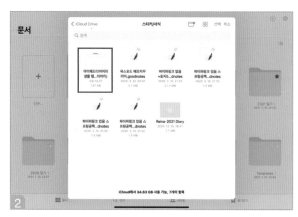

굿노트의 첫 화면에서 [신규(+)] – [불러오기]를 탭해요.

아이패드 또는 iCloud 등 파일을 저장해둔 위치로 이동해서 다운받은 파일을 탭하면 열려요.

• 굿노트 기본 템플릿에 파일 등록 하기

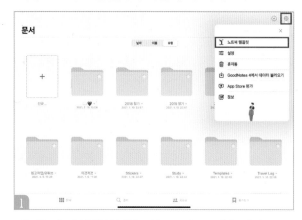

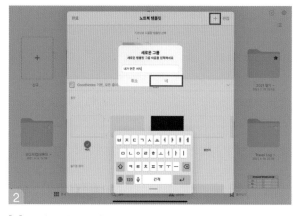

굿노트 첫 화면에서 [설정] – [노트북 템플릿]을 탭해요.

[+]를 탭하여 새로운 템플릿 그룹을 생성하고 그룹 이름을 설정해요.

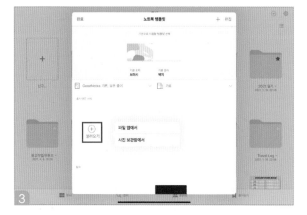

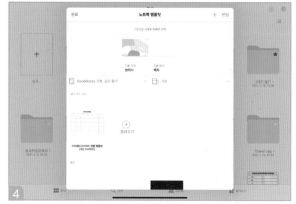

생성된 새 그룹에서 [불러오기]를 탭한 뒤, 다운받은 파일이 저장된 위치에서 파일을 불러와요.

파일이 굿노트 기본 템플릿에 등록되었어요.

굿노트 인터페이스 살펴보기

새로운 노트북을 생성하면 보이는 첫 화면이에요. 여러분도 새 노트북을 생성한 뒤 차근차근 따라 하면서 굿노트의 기능을 익혀보세요.

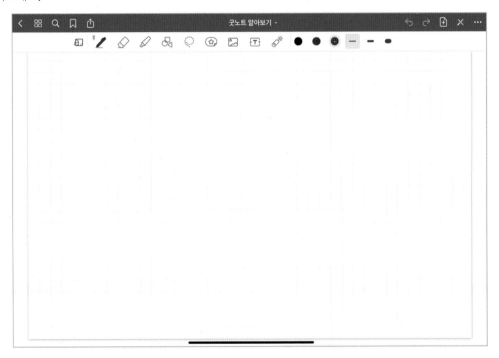

먼저 화면 제일 상단의 메뉴바부터 살펴볼게요.

상단 메뉴바

① 뒤로 가기 : 굿노트 시작 화면으로 돌아가요.

② 페이지 모아보기 : 현재 작업 중인 노트북의 전체 페이지를 작게 모아보아요.

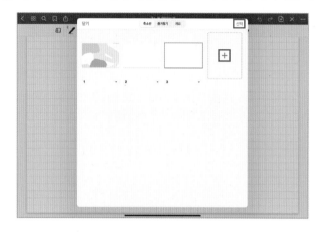

- [+] : 페이지 맨 마지막에 새 페이지를 추가할 수 있어요.

- [선택] : 페이지를 하나 또는 여러 개 선택한 뒤, 선택한 페이지를 복사/회전/내보내기/삭제할 수 있어요.

- 페이지의 순서를 바꾸고 싶으면 페이지를 드래그해서 원하는 위치로 이동시켜요.

③ 검색 : 노트북 내의 내용을 검색해요.

④ 즐겨찾기 : 현재 페이지를 즐겨찾기에 등록해요. 즐겨찾기에 등록하면 아이콘이 빨간색으로 변하고, 다시 한 번 더 탭하면 해제할 수 있어요. 즐겨찾기에 등록한 페이지는 [페이지 모아보기] – [즐겨찾기] 탭에서 확인할 수 있어요.

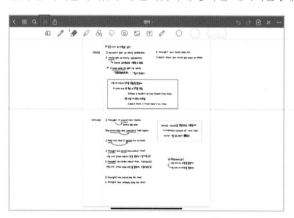

❺ 공유 : 공동작업, 보내기, 프레젠테이션 모드 기능을 사용해요.

– 공동작업 : 링크를 공유하여 여러 사용자가 하나의 문서를 함께 작업할 수 있어요. 다만 공동작업을 하기 위해서는 iCloud 사용 설정이 활성화되어 있어야 해요.

– 보내기 : 현재 페이지 또는 모든 페이지를 PDF, 이미지, 굿노트 파일 형식으로 내보낼 수 있어요.

– 프레젠테이션 모드 : 스크린 미러링 기능을 사용해 프레젠테이션할 수 있어요. 굿노트 화면의 인터페이스를 감추거나, 화면을 확대/축소하는 모습이 청중에게 보이지 않도록 옵션을 선택할 수 있어요.

❻ 제목 : 제목을 탭하면 현재 노트북의 제목을 수정하거나 폴더를 이동할 수 있어요. 또, 노트북이 저장된 위치, 마지막으로 편집한 시간, 페이지 수 등의 정보를 볼 수 있어요.

❼ 실행 취소 : 마지막으로 실행한 동작을 취소해요.

❽ 실행 복구 : 실행 취소한 동작을 다시 복구해요.

❾ 페이지 추가 : 현재 페이지의 전/후/마지막 페이지에 새 페이지를 추가할 수 있어요.

❿ 편집 모드-읽기 모드 전환 : 아이콘을 탭할 때마다 편집 모드-읽기 모드가 전환돼요. 편집 모드에서는 필기가 가능하고, 읽기 모드에서는 필기는 불가능하고 읽기와 하이퍼링크 기능만 사용 가능해요.

⓫ 더 보기 : 현재 페이지 복사/회전/이동/삭제/템플릿 변경 등 현재 페이지와 관련된 다양한 작업이 가능해요. 또, 스크롤 방향 변경이나 스타일러스 및 손바닥 인식 방지 등의 설정도 할 수 있어요.

레이나의 Tip

iCloud 사용 설정 활성화하기

굿노트 첫 화면에서 [설정] 아이콘을 누르고 [설정] - [iCloud 설정]을 탭한 뒤, [iCloud 사용]을 활성화하고 [완료]를 탭해요. 이렇게 iCloud 사용을 활성화하면 문서 공유뿐만 아니라 작업한 파일을 iCloud에 저장(백업)할 수 있어요.

도구 막대

38

상단 메뉴바 바로 아래에는 도구 막대가 있어요. 도구 막대에는 다이어리를 쓸 때 필요한 다양한 기능이 있으므로 도구 하나하나 자세히 살펴보도록 할게요.

• 확대창

파란색 박스로 설정한 영역을 화면 하단에 확대해요. 아이패드에 필기할 때 글씨가 꼬불거리고 잘 뻗치는 분들은 확대창을 사용해보세요. 글씨를 크게 쓸수록 획이 안정적이어서 글씨가 비교적 예쁘게 잘 써져요.

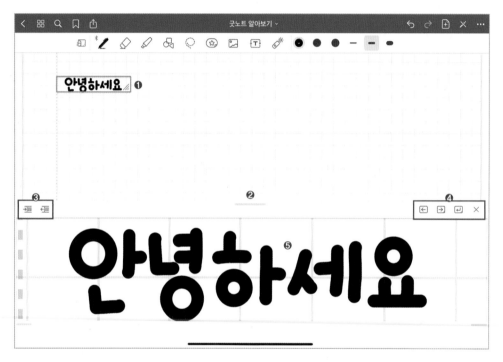

❶ 파란색 박스를 드래그하면 위치를 이동시킬 수 있고, 박스 하단의 오른쪽 모서리를 드래그하면 박스 크기와 모양을 조정할 수 있어요.

❷ 위아래로 드래그하면 확대창의 크기를 조정할 수 있어요.

❸ 가이드(파란색 점선) 위치를 좌우로 움직여요. 가이드에 맞춰서 필기하면 각 줄의 시작 지점을 일정하게 유지할 수 있어요.

❹ 파란색 박스의 위치를 왼쪽, 오른쪽, 아래로 이동시키거나 확대창을 닫아요.

❺ 글씨를 쓰는 확대창이에요.

• 펜

굿노트에서 가장 많이 사용하는 기본적인 작성 도구예요. 펜 종류는 만년필, 볼펜, 화필 세 가지 중에 선택할 수 있고, 색상과 획 두께 등을 원하는 대로 조정할 수 있어요. [펜] 아이콘을 두 번 탭하여 설정 창을 열어주세요. 이제 펜과 관련된 여러 가지 설정에 대해 알아볼게요.

① 펜 종류

– 만년필 : 필압이 약간 반영되어 손의 힘 조절에 따라 획의 두께가 조금씩 변해요. 압력 민감도를 낮게 설정할수록 두께 변화를 줄일 수 있어요.

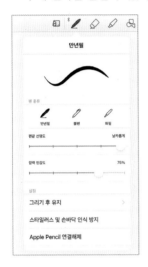

– 볼펜 : 필압과 상관없이 획의 두께가 일정해요. 제가 주로 사용하는 펜이에요.

– 화필 : 필압이 많이 반영되어 힘 조절에 따라 획의 두께가 크게 변화해요. 만년필과 마찬가지로 압력 민감도를 낮게 설정할수록 두께 변화가 줄어들어요.

② 그리기 후 유지 기능

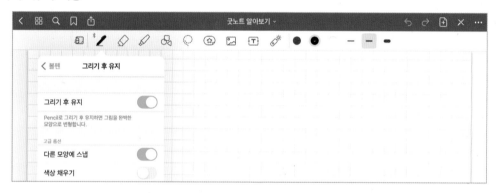

– 그리기 후 유지 : 선을 그린 후 손을 떼지 말고 잠시 기다리면 반듯한 직선이나 곡선으로 변하는 기능이에요. 같은 방법으로 원이나 다각형 등의 도형도 반듯하게 그릴 수 있어요. 또, 직선이나 곡선을 그린 후 잠시 기다려 반듯한 모양이 되면, 손을 떼지 말고 여러 방향으로 드래그해보세요. 선 끝이 손을 따라오면서 기울기나 길이 등을 조정할 수 있어요. 원이나 다각형 또한 반듯한 모양으로 변한 후 손을 떼지 말고 드래그하면 크기를 조정할 수 있어요.

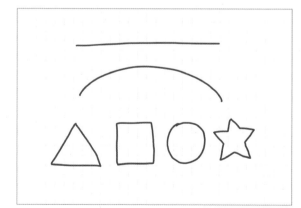
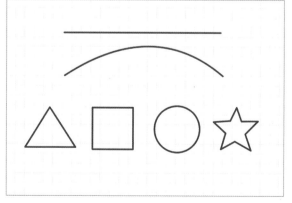

– 다른 모양에 스냅 : 그리기 후 유지 기능을 이용해서 그린 반듯한 선 가까이에 또 다른 반듯한 선을 그릴 때, 선 끝을 가깝게 그리면 두 선이 하나로 연결돼요.

– 색상 채우기 : 그리기 후 유지 기능을 이용해 도형을 그릴 때 도형 내부가 반투명한 색상으로 채워지는 기능이에요.

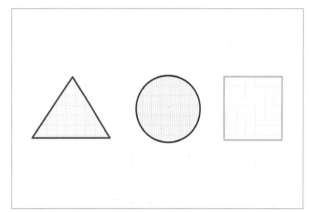

– 그리기 후 유지 기능을 사용해 반듯하게 그린 도형은 손가락으로 한 번 탭하면 파란색 점이 활성화돼요. 파란색 점을 드래그해서 모양을 편집할 수 있어요.

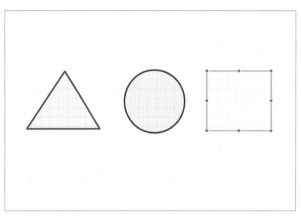

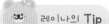

레이나의 **Tip**

쓰기 자세에 따른 손바닥 인식 방지 설정하기

애플펜슬로 글씨를 쓰다 보면 손바닥이 액정에 닿을 수밖에 없는데요. 이를 위해 굿노트에는 손바닥 인식을 방지하는 기능이 있어요. [펜] 설정 창을 열고 [스타일러스 및 손바닥 인식 방지] - [글쓰기 자세]에서 본인이 자주 취하는 글쓰기 자세를 선택하여 설정할 수 있어요.

③ 펜 색상

굿노트에서는 원하는 색을 거의 다 사용할 수 있어요. 또, 자주 사용하는 색 세 가지를 도구 막대에 등록해둘 수 있고, 세 가지 색상 외에 더 많은 색들도 프리셋에 모아둘 수 있어 필요한 색을 찾고 선택하기도 편리해요.

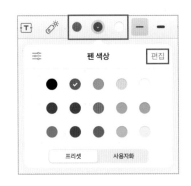

– 프리셋 : 도구 막대에 있는 색상을 두 번 탭하면 프리셋 창이 열려요. 프리셋은 물감 팔레트라고 생각하면 돼요. 여기에 자주 사용하는 색상을 미리 등록해둘 수 있어요. 굿노트를 처음 설치하면 기본으로 15개의 색상이 설정되어 있는데, 내가 좋아하는 색으로 프리셋을 편집해서 나만의 맞춤 팔레트를 만들 수 있어요.

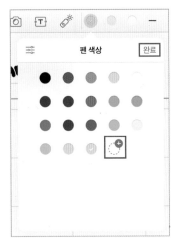

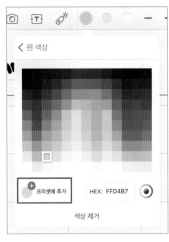

프리셋 창에서 우측 상단의 [편집]을 탭하여 프리셋을 편집할 수 있어요. 여기에서 기존에 등록되어 있는 색상들을 탭하여 수정/삭제할 수 있고, 프리셋 맨 마지막의 [+]를 탭하여 새로운 색을 추가할 수 있어요. 추가할 때는 원하는 색을 선택한 뒤 [프리셋에 추가]를 탭하면 프리셋에 색상이 등록돼요. 프리셋에 등록된 색상은 길게 탭한 후 드래그해서 순서도 변경할 수 있어요. 편집이 끝나면 [완료]를 탭해요.

– 사용자화 : 사용자화 창에서는 색상 팔레트, 색상환, 색상 코드 입력의 세 가지 방법으로 색을 선택할 수 있어요. 원하는 색을 선택한 뒤 창 바깥쪽의 빈 공간을 탭하면 색상을 바로 적용할 수 있고, [프리셋에 추가]를 탭하여 프리셋에 색상을 등록할 수도 있어요. 굿노트는 아쉽게도 색상을 추출하는 스포이드 기능이나 이전에 사용한 색을 선택하는 기능이 없으므로, 마음에 드는 색은 꼭 프리셋

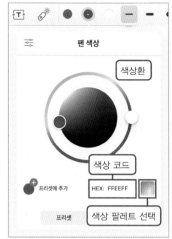

에 추가해두거나 색상 코드를 메모해두는 것을 추천해요.

④ 펜 두께

자주 사용하는 두께 세 가지를 도구 막대에 등록해둘 수 있어요. 조절 바를 움직여서 0.1mm부터 2.0mm까지 0.05mm 단위로 설정할 수 있어요.

레이나의 Tip

내용에 따라 펜 두께를 다르게 쓰기!

저는 작성하는 내용에 따라서 펜 두께를 0.5mm/1.0mm/2.0mm 세 가지로 나누어 사용해요. 쓸 내용이 별로 없어서 간단한 단어로 칸을 채울 때는 2.0mm를, 키워드를 적을 때는 1.0mm를, 그 외 세부 내용을 적을 때는 0.5mm를 사용해요. 기본적으로 이 세 가지 두께를 등록해 두고, 필요할 때마다 조절바를 조정해서 변화를 줘요. 이렇게 내용에 따라 펜 두께를 분류해서 작성하면 다이어리에 통일감을 줄 수 있어요.

펜 두께는 똑같이 설정했는데, 문서마다 펜 두께가 다르게 써져요! 왜 그런 거죠?

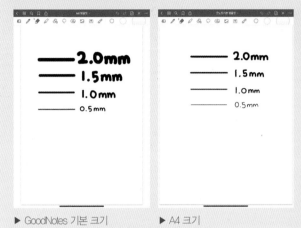

▶ GoodNotes 기본 크기　　▶ A4 크기

글씨를 쓸 때 분명히 같은 두께의 펜을 사용했는데 문서마다 선의 두께가 달라 보인다면 종이 크기의 차이 때문이에요. 굿노트에서는 종이의 크기를 다양하게 설정할 수 있어요. 옆의 사진을 보시면 둘 다 같은 두께의 펜으로 썼는데 종이 크기가 'GoodNotes 기본'인지, 'A4'인지에 따라 이렇게 다르게 보여요. 그 이유는 배율과 관련있는데요. 'GoodNotes 기본'은 아이패드 화면과 크기가 같아서 100% 배율로 보이지만, 'A4'는 아이패드 화면보다 크기가 커서 실제보다 축소되어 보이는 거예요. 종이 자체가 축소되어 보이기 때문에 펜 두께 또한 설정한 것보다 더 얇아 보이는 거죠. 그래서 저는 100% 배율로 보이는 'GoodNotes 기본' 크기를 주로 사용하는 편이에요. 이 책에서도 모든 예시에 'GoodNotes 기본' 크기의 종이를 사용했으니 참고해주세요.

· 지우개 ✎

펜 또는 하이라이터를 지우는 도구예요. 동그란 모양이고, 크기는 세 가지 중 선택할 수 있어요. [지우개] 아이콘을 두 번 탭하여 설정 창을 열어주세요.

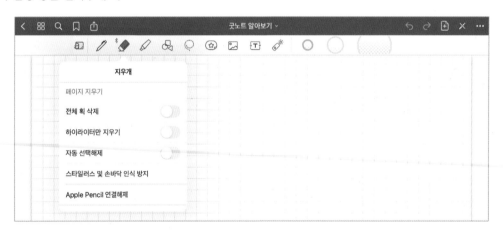

- 페이지 지우기 : 페이지에 입력한 모든 내용이 한 번에 지워져요.

- 전체 획 삭제 : 이 기능을 활성화하면 획 전체가 한 번에 지워져요. 비활성화하면 지우개가 지나간 자리만 지워져요.

– 하이라이터만 지우기 : 이 기능을 활성화하면 펜과 하이라
이터가 겹쳐 있어도 하이라이터만 선택적으로 지울 수 있어
요. 비활성화하면 펜과 하이라이터가 함께 지워져요.

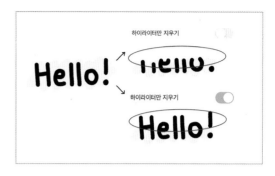

– 자동 선택해제 : 이 기능을 활성화하면 지우개를 한 번 사용하고 손을 떼는 순간 직전에 사용한 도구로 자동으로
바뀌어요. 지우개를 원하는 만큼 계속 사용하려면 비활성화해두는 것이 편해요.

 레이나의 **Tip**

제스처 사용해서 쉽고 빠르게 내용 수정하기!

저는 글씨를 쓰다가 틀렸을 때 도구 막대의 지우개 아이콘을 눌러 사용하기보다는 굿노트 제스처를 사용해 수정하는 편이에요. 쉽고 빠
르게 수정하는 두 가지 방법을 소개할게요.

 첫 번째, 아이패드 화면을 두 손가락으로 '톡톡' 빠르게 더블 탭하면 마지막으로 수행한 작업이 실행 취소
돼요. 계속해서 더블 탭하면 입력한 순서대로 한 단계씩 취소돼요. 지우개 도구와는 다른 속성이지만 애플
펜슬을 사용하지 않고 빠르게 수정할 수 있어요.

 두 번째는 애플펜슬 2세대의 경우에만 해당되는데요. 애플펜슬 2세대는 애플펜슬의 납작한 옆면을 손가
락으로 '톡톡' 더블 탭하면 지우개로 자동 변경돼요. 지우개를 다 사용하면 다시 더블 탭해서 직전에 사용
한 도구로 변경할 수 있어요(굿노트 제스처 활용에 대한 더 자세한 내용은 64p를 참고하세요).

• 하이라이터 ✏️

형광펜 역할을 하는 도구로, 반투명해서 펜으로 쓴 글씨 위에 필기해도 글씨가 가려지지 않아요. 펜과 마찬가지로 색상과 두께 조정이 가능해요. [하이라이터] 아이콘을 두 번 탭하여 설정 창을 열어주세요.

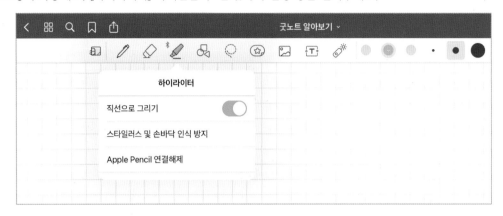

– 직선으로 그리기 : 이 기능을 활성화하면 선을 대충 그려도 손을 떼는 순간 반듯한 직선으로 변해요. 하지만 이 기능을 비활성화했더라도 선을 그린 후 손을 떼지 않고 잠시 기다리면 역시 반듯한 직선으로 변해요. 같은 방법으로 곡선, 원, 다각형 등의 모양도 반듯하게 그릴 수 있답니다.

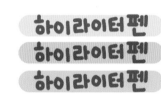

46

🐻 레이나의 Tip

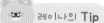

공부하거나 필기할 때는 하이라이터를 중요한 내용을 강조할 때 사용하곤 하죠. 그럼 다꾸할 때는 하이라이터를 어떻게 사용할 수 있을까요? 저는 하이라이터를 주로 이렇게 사용해요!

▶ 그림을 색칠하거나 단어를 강조할 때

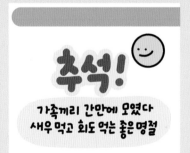

▶ 글씨의 배경이나 테두리를 그릴 때

▶ 연속되는 일정을 표시할 때

• 모양 도구

선을 대충 그려도 손을 떼는 순간 직선, 곡선, 원, 다각형 등의 모양이 반듯하게 그려져요. 펜의 '그리기 후 유지' 기능이 자동으로 적용되어 있다고 생각하면 돼요. 다른 모양에 스냅, 색상 채우기, 모양 편집 등의 기능도 펜과 동일해요.

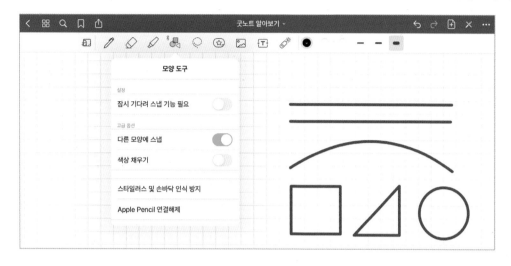

• 올가미 도구

필기(펜이나 하이라이터로 쓴 것), 이미지, 텍스트 상자를 올가미 도구로 영역을 그려서 선택할 수 있어요. 개체를 선택한 뒤 다양한 작업이 가능해요.

① 선택

올가미 도구로 영역을 그려 개체를 선택해요. 올가미 선에 일부분만 걸쳐져도 해당 개체 전체가 선택돼요. 이때 필기는 한 획을 하나의 개체로 인식하기 때문에, 올가미 선에 획 일부분만 걸쳐져도 걸쳐진 획 전체가 선택돼요. 또, 선택한 개체를 길게 탭하면 옵션 상자가 열리는데, 여기에서 크기 조정/오려두기/삭제 등 선택된 개체에 대한 다양한 작업이 가능해요.

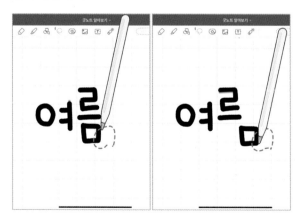

② 이동

선택한 개체를 드래그해서 원하는 위치로 이동시켜요.

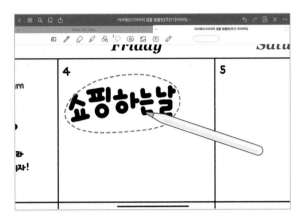 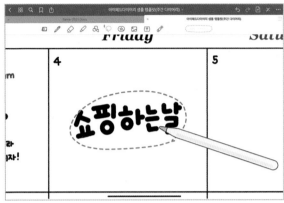

[올가미 도구] 아이콘을 두 번 탭하면 설정 창이 열려요. 여기서 필기, 이미지, 텍스트 상자 중 선택하고 싶은 것만 활성화할 수 있어요. 만약 이미지만 이동시키고 싶은데 필기와 너무 가까이 붙어있거나 겹쳐있을 때, [이미지]는 활성화하고 [필기]는 비활성화해요. 그러면 올가미 도구로 한꺼번에 선택해도 이미지만 선택되어서 편하게 이동시킬 수 있어요.

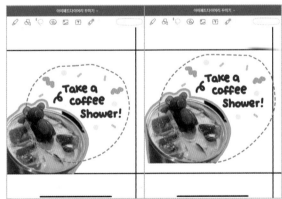

▶ 필기와 이미지를 모두 활성화했을 때

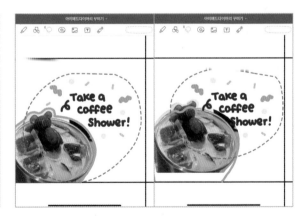

▶ 이미지만 활성화했을 때

③ 스크린샷 촬영

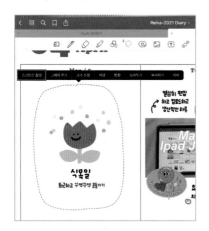 

선택한 영역을 사각형 형태로 캡처해요. 캡처된 이미지는 우측 상단의 [내보내기] 버튼을 탭하여 저장할 수 있어요.

④ 그래픽 추가

선택한 개체를 스티커로 저장해요. 저장한 스티커는 도구 막대의 [스티커] 아이콘을 탭하여 사용할 수 있어요.

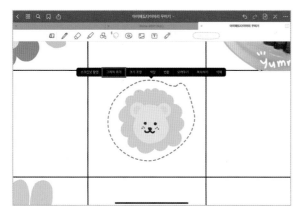 

⑤ 크기 조정

크기를 조정하고 싶은 개체를 올가미 도구로 선택한 뒤, 선택된 개체를 길게 탭하면 옵션 상자가 열려요. [크기 조정]을 탭하면 선택된 개체 테두리에 파란색 박스가 생기면서 크기 편집 모드가 활성화돼요. 파란색 박스 오른쪽 하단의 화살표를 드래그하면 크기를 조정하거나 회전시킬 수 있어요.

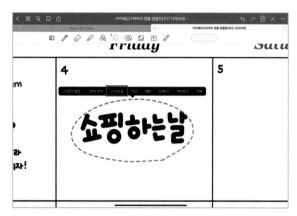
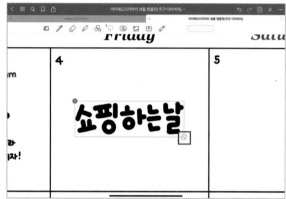

⑥ 색상

색상을 변경하고 싶은 필기나 텍스트를 올가미 도구로 선택한 뒤, 선택된 개체를 길게 탭하면 옵션 상자가 열려요. [색상]을 탭하여 색상 변경 창이 열리면 프리셋과 사용자화 탭에서 원하는 색을 선택하면 색상이 변경돼요.

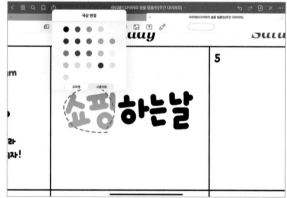

다이어리를 작성하다 보면 여러 가지 색을 계속 바꿔가며 글씨 쓰기가 번거로워요. 그래서 저는 한 가지 색으로 글씨를 다 쓴 다음, 색을 바꾸고 싶은 부분만 올가미 도구를 사용해서 한 번에 변경해요. 이렇게 하면 좀 더 쉽고 빠르게 색을 바꿀 수 있고, 전체적인 분위기를 보면서 색을 선택할 수 있어서 다이어리 꾸미기가 좀 더 쉬워져요.

⑦ 변환

펜으로 필기한 내용을 텍스트로 변환해요. 텍스트로 변환하고 싶은 필기를 올가미 도구로 선택한 뒤 [변환]을 탭하면 텍스트로 변환돼요. 변환된 텍스트는 수정할 수 있고 오른쪽 상단의 [내보내기] 버튼을 눌러 외부로 내보낼 수 있어요.

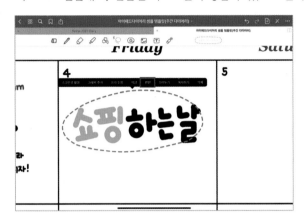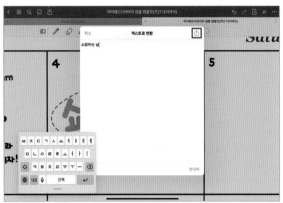

⑧ 오려두기/복사하기

– 오려두기와 붙여넣기 : 개체를 선택한 뒤 [오려두기]를 탭하면 선택된 개체가 사라져요. 그리고 오려둔 개체를 붙여넣고 싶은 곳을 길게 누르면 옵션 상자가 열리는데, [붙여넣기]를 탭하면 오려둔 개체를 붙여넣을 수 있어요.

– 복사하기와 붙여넣기 : 복사하기는 말 그대로 복사하는 기능이에요. 개체를 선택한 뒤 [복사하기]를 탭하면 원래 개체는 그대로 있고, 복사한 개체를 붙여넣고 싶은 곳을 길게 눌러 [붙여넣기] 할 수 있어요.

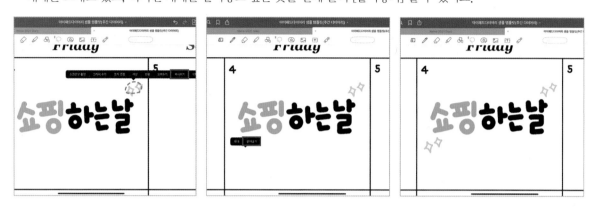

• 스티커

굿노트에서는 스티커 기능을 제공하고 있어요. 필기(펜이나 하이라이터로 쓴 것), 이미지, 텍스트 상자를 컬렉션별로 분류하여 스티커로 저장하고, 필요할 때마다 편하게 찾아 쓸 수 있어요. 다이어리 꾸미기를 위해서는 필수로 익혀 두어야 하는 유용한 기능이니 꼼꼼히 살펴보아요.

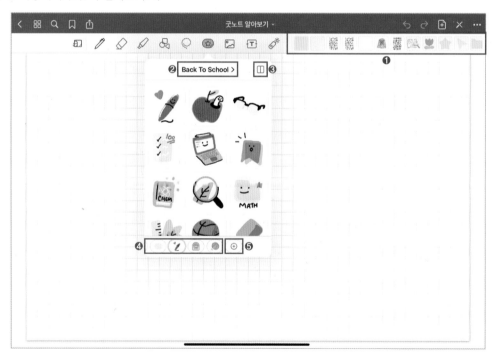

❶ 도구 막대 : 최근에 사용한 스티커를 미리보기에서 확인하고 선택할 수 있어요.

❷ 컬렉션 편집 : 현재 선택된 컬렉션의 이름을 변경하거
나 컬렉션을 삭제할 수 있고, 스티커를 추가/삭제하는
등 편집할 수 있어요. 스티커를 드래그해서 순서도 바
꿀 수 있어요.

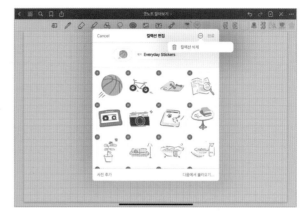

❸ 스플릿 뷰(분할 화면)로 보기 : 스티커 창을 분할 화면
으로 편하게 보면서 원하는 스티커를 추가할 수 있어
요. [×]를 누르면 다시 하나의 화면으로 보여져요.

❹ 스티커 컬렉션 목록이에요.

❺ 새로운 컬렉션 추가 : 사진 앱 또는 외부에서 여러 이미지를 불러와서 새 컬렉션을 만들 수 있어요. 컬렉션 편집을 마
친 뒤 [생성]을 탭하면 새로운 스티커 컬렉션이 생성돼요. 이때 각 컬렉션의 가장 첫 번째 스티커가 대표 이미지로 설
정돼요.

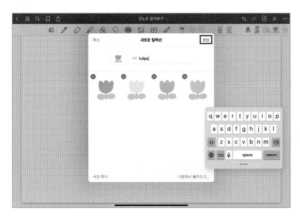

이미지뿐만 아니라 굿노트에서 작성한 필기와 텍스트도 스티커에 추가할 수 있어요. 필기나 텍스트 상자를 올가미 도구로 선택한 뒤 [그래픽 추가]를 탭하여 스티커로 저장해요. 필기, 이미지, 텍스트를 한꺼번에 선택하여 하나의 스티커로 저장하는 것도 가능해요. 자주 사용하는 스타일은 스티커로 만들어서 편하게 활용해보세요.

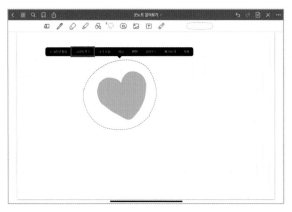 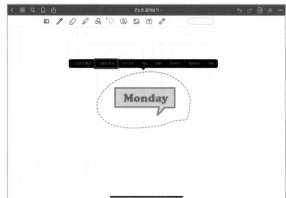

텍스트 형식의 스티커는 [텍스트] 아이콘을 탭한 후에 텍스트를 더블 탭하여 내용을 편집할 수도 있어요.

• 사진 🖼️

디지털 다이어리는 사진 첨부가 편리하다는 것이 큰 장점이에요. 그럼 이제 사진과 관련된 기능을 알아볼까요!

① 사진 추가

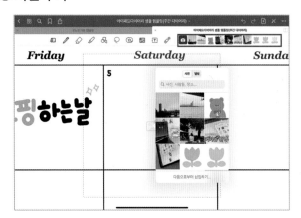

사진을 추가하는 방법은 두 가지가 있어요. 첫 번째는 [사진] 아이콘을 탭하면 최근 저장된 사진들이 도구 막대에 미리보기 형태로 뜨는데, 여기서 원하는 사진을 탭하면 자동으로 사진이 추가돼요. 두 번째는 사진을 좀 더 크게 볼 수 있는 방법인데요. [사진] 도구가 선택된 상태에서 빈 공간을 탭하면 사진 창이 열려요. 여기서 원하는 사진을 탭하면 돼요.

② 사진 이동/편집

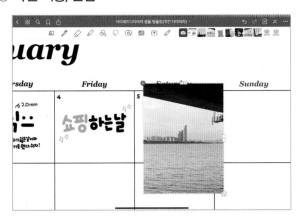

[사진] 도구가 선택된 상태에서 사진을 한 번 탭하면 사진의 테두리에 파란색 점선이 활성화돼요. 이 상태에서 사진을 드래그해서 원하는 위치로 이동시킬 수 있고, 파란색 박스의 모서리와 꼭짓점을 드래그해서 사진 크기와 각도를 조정할 수 있어요. 왼쪽 상단의 [×]를 눌러 사진을 삭제할 수도 있어요. 다시 빈 공간을 한 번 탭하면 점선이 해제돼요.

③ 사진 자르기

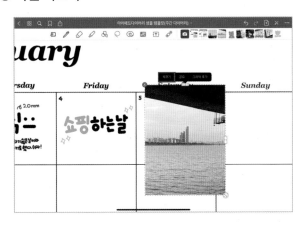

파란색 점선이 활성화된 상태에서 사진을 길게 탭하면 옵션 상자가 열려요. 여기서 [자르기]를 탭하면 사진을 자를 수 있는 창이 열려요. 사진은 [Rectangle]과 [Freehand]의 두 가지 방법으로 자를 수 있어요.

– Rectangle : 사진을 사각형 형태로 자를 수 있어요. 파란색 박스의 모서리와 꼭짓점을 드래그해서 모양을 조정한 뒤 [완료]를 탭하면 사진이 잘려요.

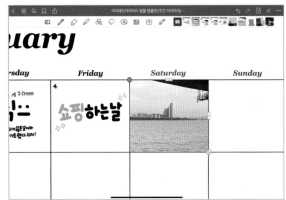

이렇게 사진을 잘라서 칸에 채운 다음 그 위에 단어나 짧은 글을 적어주는 것만으로도 예쁘고 간단하게 꾸밀 수 있어요.

– Freehand : 내가 원하는 모양으로 자유롭게 자를 수 있어요. 자르고 싶은 모양대로 그리면 잘릴 영역이 초록색 선으로 표시돼요. 그다음 [완료]를 탭하면 사진이 잘려요.

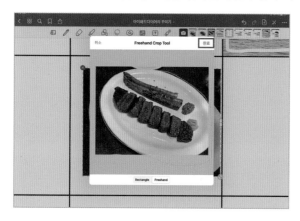

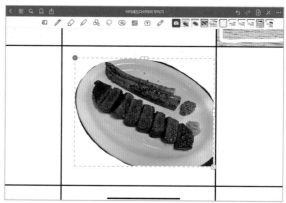

자유롭게 사진을 자르면 자른 사진의 테두리가 깔끔하지 않을 수 있어요. 이럴 때는 사진 테두리에 펜으로 선을 그려주면 좀 더 깔끔하고 예쁘게 마무리 돼요.

스플릿 뷰(화면 분할) 기능 사용해서 편리하게 사진 첨부하기

아이패드에서는 스플릿 뷰(화면 분할)로 두 개의 앱을 동시에 띄울 수 있어요. 스플릿 뷰 기능을 사용하려면 멀티태스킹 설정이 활성화되어 있어야 하는데요. 아래 과정을 따라서 멀티태스킹 설정을 활성화하고 스플릿 뷰로 사파리(Safari) 앱을 실행한 뒤, 인터넷에서 검색한 사진을 드래그 앤 드롭으로 굿노트에 추가해보세요.

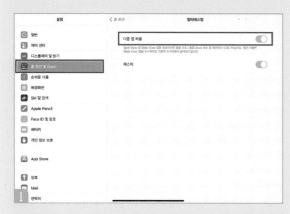

[설정 앱] – [홈 화면 및 Dock] – [멀티태스킹]에서 [다중 앱 허용]을 활성화해주세요.

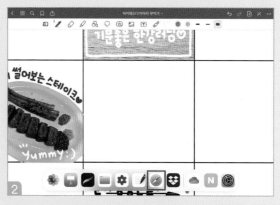

화면 하단을 위로 슬라이드하여 독바(Dock Bar)를 띄워요. 이때 추가로 실행할 앱(사파리)이 독바에 들어있어야 해요.

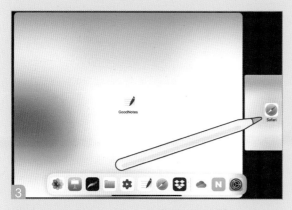

독바에서 앱(사파리)을 드래그해서 화면 왼쪽 또는 오른쪽으로 기져가면 화면이 분리돼요. 이때 손을 떼주세요.

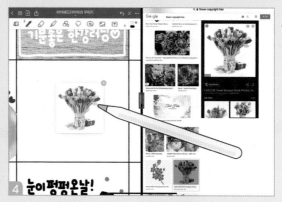

스플릿 뷰로 두 개의 앱이 실행되었어요. 인터넷에서 원하는 사진을 검색한 뒤, 굿노트 앱으로 드래그해서 추가해보세요. 두 앱 사이의 바를 좌우로 슬라이드하면 앱 크기를 조정할 수 있고, 바를 화면 끝까지 슬라이드해서 앱을 닫을 수 있어요.

• 카메라

[사진] 도구를 선택하면 도구 막대의 미리보기 맨 앞에 [카메라] 아이콘이 있어요. [카메라] 아이콘을 탭하면 카메라가 실행되어 사진을 촬영할 수 있어요.

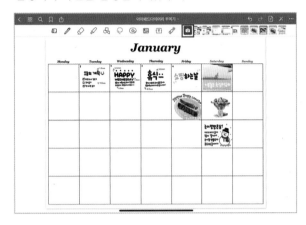

사진을 찍은 후 [사진 사용]을 탭하면 굿노트에 사진이 추가돼요. 카메라 앱을 별도로 열지 않아도 굿노트에서 바로 사진을 찍고 첨부할 수 있어 편리한 기능이에요.

• 텍스트 [T]

타이핑해서 텍스트를 입력할 수 있는 도구예요. 많은 내용을 필기하거나 글씨체에 자신이 없을 때는 [텍스트] 도구를 활용하면 좋아요. 그럼 이제 텍스트와 관련된 기능을 알아볼까요!

① 텍스트 스타일

[텍스트] 아이콘을 탭하면 도구 막대에서 서체, 크기, 단락, 텍스트 색상 등의 스타일을 설정할 수 있어요. 텍스트를 입력하기 전에 미리 설정해두어도 되고, 이미 입력해둔 텍스트를 선택한 뒤 변경할 수도 있어요.

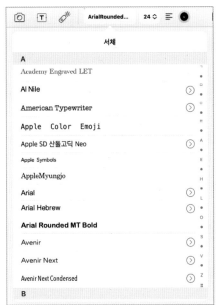
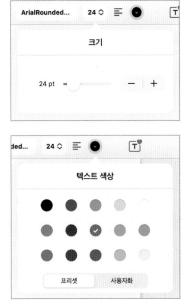

② 텍스트 입력

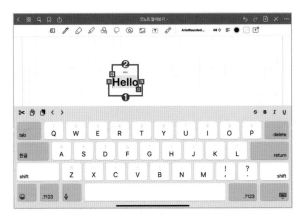

[텍스트] 도구가 선택된 상태에서 빈 공간을 탭하면 텍스트 상자가 생성되고 키보드가 열리면서 텍스트를 입력할 수 있어요. 그리고 텍스트를 '톡톡' 더블 탭하면 텍스트를 전체 선택할 수 있어요.

❶ 텍스트 상자 좌우의 파란색 점을 드래그하면 텍스트 상자의 크기를 조정할 수 있어요.

❷ 텍스트가 전체 선택된 상태에서 파란색 점을 드래그하면 텍스트의 선택 범위를 조정할 수 있어요.

③ 텍스트 상자 스타일

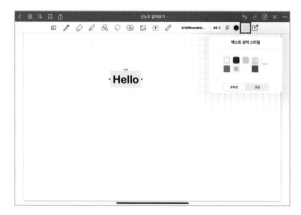

텍스트를 입력한 뒤 도구 막대에서 텍스트 상자 스타일을 설정할 수 있어요. 텍스트 상자의 색상, 모양 등을 설정해요. [프리셋]에는 기본 설정된 텍스트 상자 스타일들이 있어요.

[고급]을 탭하면 텍스트 상자의 배경 색상, 테두리 색상, 둥근 모서리, 그림자를 원하는 스타일로 직접 설정할 수 있어요.

④ 텍스트 스타일 저장

자신이 자주 사용하는 텍스트 서체, 크기, 단락, 색상, 텍스트 상자 스타일을 텍스트의 기본값으로 설정해둘 수 있어요. 텍스트 상자를 선택한 뒤 도구 막대 맨 끝의 [텍스트 스타일] – [기본값으로 저장]을 탭하면 저장돼요. 텍스트 스타일을 따로 설정하지 않아도 기본값으로 저장된 스타일이 텍스트를 쓸 때마다 자동 적용돼요.

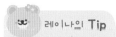

레이나의 Tip

인터넷에서 서체 다운받고 아이패드에 설치하기

아이패드에 기본 제공되는 영어 서체는 많지만, 한글 서체는 다운받아서 사용해야 해요. 또, 서체를 다운받고 설치하려면 서체를 설치해 주는 별도의 앱을 다운받아야 해요. 지금부터 차근차근 따라해볼까요?

애플 앱 스토어에서 'iFont' 앱을 검색해 다운받아요.

인터넷에 '무료 서체'라고 검색하면 무료 서체를 제공하는 다양한 사이트가 있어요. 자신이 원하는 무료 서체를 찾고 다운받아요.

서체 다운로드가 완료되면 [다운로드 항목]에서 다운받은 서체 파일을 탭한 뒤, 새 창이 열리면 [내보내기] – [iFont]를 탭해요.

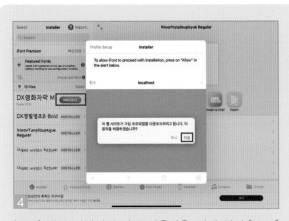

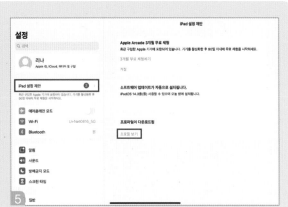

'iFont' 앱이 실행되면 방금 다운받은 서체 옆의 [install] 버튼을 탭하고 팝업창에서 [허용]을 탭해요.

설정 앱으로 이동하여 [iPad 설정 제안]에서 [프로필 보기]를 탭해요.

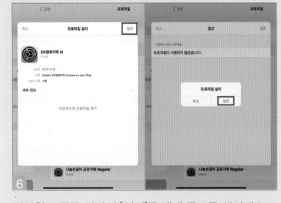

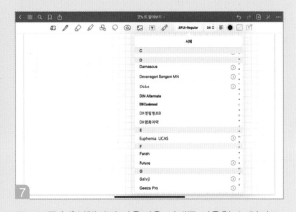

팝업창 오른쪽 상단의 [설치]를 탭해 폰트를 설치해요.

굿노트를 (재)실행하면 다운받은 서체를 사용할 수 있어요.

· 레이저 포인터 ✨

굿노트로 발표할 때 포인터로 사용할 수 있는 기능이에요. 레이저 포인터는 그리면 잠시 보여졌다가 사라져서 문서에 영향을 주지 않고 원하는 위치에 시선을 주목시킬 수 있어요. 포인터는 점/선 두 가지 중 선택할 수 있어요.

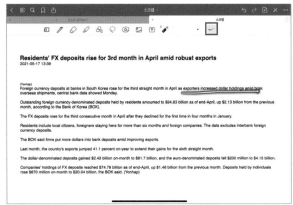

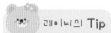 레이니의 **Tip**

굿노트와 함께 사용하기 좋은 앱·사이트

• 프로크리에이트(Procreate)

 아이패드 드로잉 앱 중에 가장 많은 사용자를 보유하고 있어요. 12,000원의 유료 앱으로, 한 번 구매하면 계속 사용 가능해요. 드로잉에 특화된 앱인 만큼 다양한 브러시와 그리기 기능을 사용할 수 있어 다이어리 스티커를 만들 때 많이 사용해요.

• 메디방 페인트(Medibang Paint)

 무료로 사용 가능한 드로잉 앱이에요. 프로크리에이트와 비교하면 부족한 점들이 있지만, 유료로 앱을 구매하기는 부담스러운 초보자에게 추천해요. 블러 기능 등 프로크리에이트에서 부족한 일부 기능도 보완할 수 있어서 프로크리에이트와 함께 사용하면 좋아요.

• 키노트(Keynote)

 아이패드에서 기본 제공되는 문서 작성 앱이에요. 표, 도형을 만드는 기능이 편리해서 다이어리 서식을 만들 때 주로 사용해요.

• 핀터레스트(Pinterest)

 그림, 사진 등 다양한 이미지 자료를 검색할 수 있는 앱이에요. 이미지를 스크랩하는 기능이 있어서 마음에 드는 이미지들은 '내 보드'에 저장해두면 나중에 다시 찾아보기도 편리해요. 또한, 다이어리 꾸미기에 유용한 예쁘고 감성적인 이미지가 많아요.

• 언스플래시(Unsplash)

 저작권이 없는 고화질의 무료 이미지를 검색할 수 있는 앱이에요. 전문적이고 퀄리티가 높은 사진들이 많아요.

• Font Meme

 영문 서체를 다운받을 수 있는 사이트예요. 사이트에서 마음에 드는 서체를 클릭한 뒤, 문구 입력하는 칸에 영문을 입력하면 해당 서체를 적용해서 배경이 투명한 PNG 형태의 이미지 파일로 변환해줘요. 변환된 이미지는 저장한 뒤 다이어리 스티커로 사용할 수 있어요.

▶ 홈페이지 주소 : fontmeme.com

• Remove BG

 이미지의 배경을 투명하게 바꿀 수 있는 사이트예요. 포토샵에서처럼 정교하고 깔끔하게 지우기는 어렵지만, 쉽고 빠르게 이미지의 배경을 지울 수 있도록 도와줘요. 직접 찍은 사진 또는 다운받은 이미지의 배경을 지워 다이어리 스티커로 활용하기 좋아요.

▶ 홈페이지 주소 : remove.bg

※ 주의!

인터넷에서 이미지나 서체를 다운받을 때는 해당 이미지나 서체의 저작권 정보를 확인해두는 것이 좋아요. 다이어리 작성 등 개인적인 용도로만 사용하는 경우에는 문제가 되지 않겠지만, 저작권이 있는 이미지나 서체를 저작권자의 허락 없이 배포하거나 수정해서 배포하는 경우 저작권법에 위반될 수 있어요. 또한, 무료 이미지나 서체라고 하더라도 상업적으로 이용하려는 경우에는 비상업적 용도인지, 상업적 용도인지 사용 가능 범위를 꼭 확인해야 해요.

알아 두면 편리한 굿노트 제스처

아이패드로 다이어리 쓰는 것이 편리한 이유 중 하나는 제스처를 활용해 좀 더 빠르고 쉽게 작업이 가능하기 때문이에요. 굿노트에서 자주 쓰이는 간단한 제스처를 알아볼까요?

• 화면 확대/축소하기

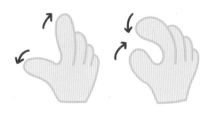

두 손가락을 화면에 대고 바깥쪽으로 벌리면 화면이 확대되고, 오므리면 화면이 축소돼요. 화면을 확대한 상태에서 두 손가락을 떼지 않고 움직이면 화면을 이동할 수도 있어요.

• 실행 취소하기

두 손가락(또는 세 손가락)으로 화면을 '톡톡' 더블 탭하면 마지막으로 실행한 작업을 취소할 수 있어요. 연속해서 더블 탭하면 이전 작업이 순서대로 취소돼요. 필기하다가 틀렸을 때 지우개를 사용하는 대신 이 제스처를 사용해 지울 수 있어서 편리해요.

• 애플펜슬로 지우개 도구 전환하기(애플펜슬 2세대)

애플펜슬 2세대의 경우 펜슬의 납작한 부분을 손가락으로 '톡톡' 더블 탭하면 지우개로 전환할 수 있어요. 다시 더블 탭하면 지우개에서 직전에 사용했던 도구로 돌아가요.

• 페이지 전환

페이지 전체가 보이는 상태에서 한 손가락 또는 두 손가락으로 화면을 좌우 또는 위 아래로 (설정한 스크롤 방향에 따라) 짧게 슬라이드하면 이전 페이지/다음 페이지로 이동해요.

• 실행 취소

세 손가락을 화면에 대고 왼쪽으로 짧게 슬라이드하면 마지막으로 실행한 작업이 취소돼요.

• 실행 복구

세 손가락을 화면에 대고 오른쪽으로 짧게 슬라이드하면 직전에 취소한 작업을 다시 복구해요.

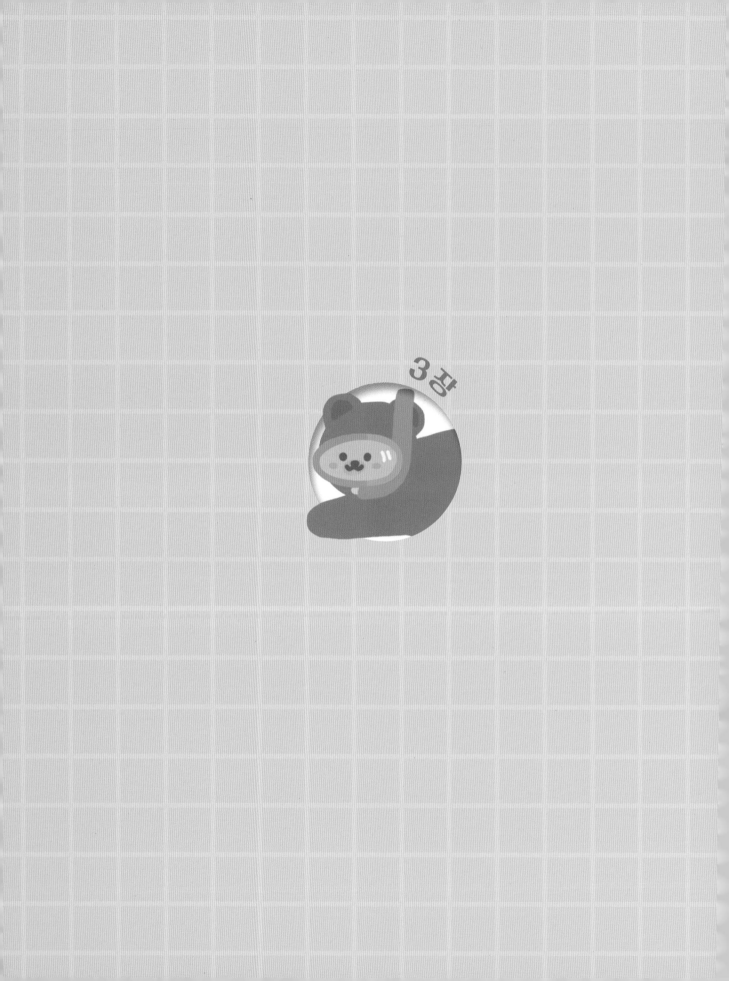

3장

아이패드 다이어리
꾸미기 기초

다꾸에 귀여운 그림이 빠지면 섭섭하죠!
굿노트에서도 충분히 그림을 그릴 수 있지만
드로잉 앱을 사용하면 더욱 쉬워요.
또, 다꾸에 잘 어울리는 예쁜 글씨체도
소개할 테니 차근차근 연습해보세요.

드로잉 앱으로 다꾸 능력 UP

다이어리를 더 아기자기하고 풍성하게 만들어주는 그림! 그림 그리기에 자신이 없더라도 걱정할 필요는 없어요. 인터넷에서 다운받은 그림이나 스티커를 활용해 충분히 예쁘게 꾸밀 수 있으니까요. 하지만 아주 간단하고 투박한 그림이더라도 직접 그린 그림으로 다이어리를 꾸미면 나중에 다시 봤을 때 뿌듯하기도 하고 더욱 특별하게 느껴진답니다. 간단한 그림이라면 굿노트에서 바로 그려도 괜찮지만, 좀 더 복잡하고 다양한 그림을 그리고 싶다면 드로잉 앱을 사용하는 것이 좋아요. 그럼 이제 드로잉 앱에 대해 간단하게 소개할게요.

굿노트와 드로잉 앱의 가장 큰 차이, 레이어 기능!

굿노트와 드로잉 앱의 가장 큰 차이점은 바로 '레이어(layer)' 기능에 있는데요. '층'을 뜻하는 레이어는 쉽게 말해 투명한 종이라고 생각하면 돼요. 여러 장의 종이에 부분부분 그림을 그린 뒤 종이를 겹쳐서 하나의 그림을 완성한다고 상상해보세요. 각각의 레이어는 서로 분리되어 있기 때문에 한 레이어에서 그림을 수정하거나 이동해도 다른 레이어에는 영향을 주지 않아요. 굿노트에는 이러한 레이어 기능이 없어서 펜 도구 하나만으로 그림을 계속 덧대어 그릴 수밖에 없고, 일부분만 선택적으로 수정하기가 어려워요. 그러므로 그림을 그릴 때는 드로잉 앱을 사용하는 걸 추천해요. 저는 드로잉 앱 중 '메디방 페인트'와 '프로크리에이트'를 주로 사용해요. 두 앱 모두 아주 다양한 기능이 있지만 여기에서 모든 걸 소개하기는 어려우므로 드로잉 앱에서 그림을 그리고 굿노트에서 활용하는 과정만 간단하게 소개할게요.

메디방 페인트

메디방 페인트는 무료 드로잉 앱이에요. 앱을 설치한 뒤 앱 내에서 유료 버전(크리에이티브 팩, 9900원)을 구매하면 더 다양한 기능을 사용할 수 있고, 광고도 제거할 수 있어요. 하지만 간단한 그림을 그리기에는 무료 버전도 충분하답니다.

• 첫 화면 살펴보기

메디방 페인트를 실행하면 보이는 화면이에요. [새로운 캔버스] – [신규작성]을 탭하여 새로운 캔버스를 열어 볼게요.

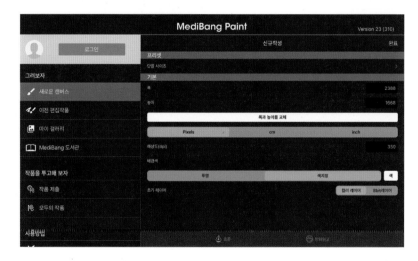

캔버스의 크기 등을 설정해요. 기본 크기는 아이패드 화면과 동일한 크기로 설정되어 있어요. 이 크기를 그대로 사용해도 괜찮고, 자신이 원하는 크기로 바꿔도 좋아요. 다만 폭과 높이를 최소 1000×1000pixels로 설정하는 것을 추천해요. 너무 작은 캔버스에 그림을 그리면 굿노트로 옮겼을 때 그림이 너무 작아 보일 수 있어요. 드로잉 앱에서 그린 그림은 원본보다 확대할수록 선명도가 떨어지기 때문에 애초에 크게 그리는 것이 좋아요.

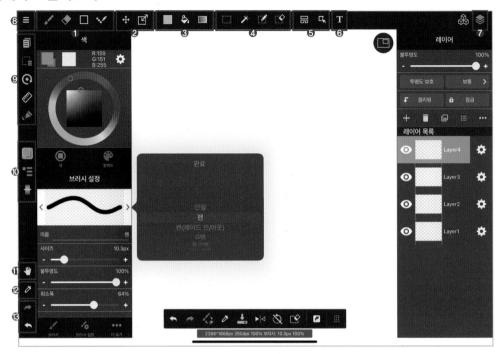

❶ 그리기 도구 : 브러시, 지우개, 모양 도구 등 그림을 그릴 때 사용해요.

❷ 이동 도구 : 선택된 레이어 또는 레이어 내의 선택된 영역을 이동하거나 변형해요.

❸ 색 채우기 도구 : 특정 영역을 색 또는 그러데이션으로 채워요.

❹ 선택 도구 : 특정 영역을 선택해요.

❺ 프레임 도구 : 만화를 그릴 때 필요한 프레임을 추가하고 이동 및 변형해요.

❻ 텍스트 : 텍스트를 입력해요.

❼ 레이어 : 레이어 추가/삭제/복제/병합, 레이어 순서 정렬 등 레이어와 관련된 작업을 해요.

❽ 메인 메뉴 : 앱과 관련된 다양한 설정을 해요. 여기에서 캔버스에 그린 그림을 다양한 포맷의 파일로 저장할 수 있어요.

❾ 사이드 메뉴 : 잘라내기/복사/붙여넣기, 캔버스 회전/반전/크기 변경, 가이드 설정, 필압감지 설정 등 다양한 작업을
해요.

❿ 색상 및 브러시 설정 : 색상 및 브러시와 관련된 설정을 해요.

⓫ 손바닥 : 캔버스를 이동하거나 확대/축소해요.

⓬ 스포이드 : 캔버스 위의 색상을 추출해요.

⓭ 실행 취소/복구 : 마지막으로 실행한 작업을 취소하거나, 취소한 작업을 다시 실행해요.

• 레이어 분리해서 그림 그리기

드로잉 앱의 레이어 개념을 잘 이해하면 좀 더 쉽고 편하게 그림을 그릴 수 있어요. 이번에는 레이어를 분리해서 간단한 그림을 그려볼 거예요. 직접 그림을 따라 그리면서 레이어 개념을 이해하는 시간을 가져요.

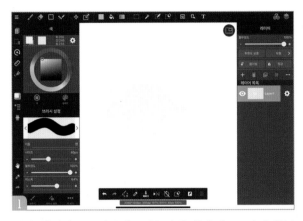

여자 캐릭터를 그려볼게요. 첫 번째 레이어(Layer1)에 얼굴을 그려요.

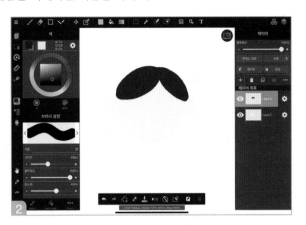

앞머리를 그릴 거예요. [+] – [컬러 레이어]를 탭해 레이어(Layer2)를 추가한 뒤 앞머리를 그려요. 새 레이어를 추가하면 레이어 목록에서 현재 선택되어 있는 레이어(파란색 레이어)의 바로 위에 새 레이어가 생성돼요. 레이어 목록에서 위에 있을수록 앞쪽에 위치한 레이어라고 생각하면 돼요.

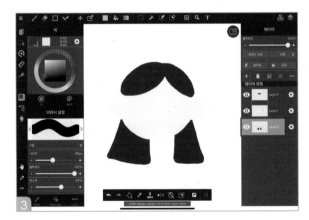

이제 뒷머리를 그릴 거예요. [+] – [컬러 레이어]를 탭해 레이어(Layer3)를 추가해주세요. 뒷머리는 얼굴보다 뒤쪽에 위치하므로, 레이어 목록에서 [Layer3]을 드래그해서 맨 아래로 이동시킨 뒤 뒷머리를 그려요. 얼굴이 그려진 레이어(Layer1)보다 뒤쪽에 있어서 얼굴과 겹치는 부분이 가려지는 것을 확인할 수 있어요.

[+] – [컬러 레이어]를 탭해 레이어(Layer4)를 추가한 뒤 [Layer4]를 드래그해서 맨 위로 올려요. 그다음 표정을 그리면 완성이에요.

그림을 다 그리면 [메인 메뉴] – [png/jpg형식으로 엑스포트] – [png(투과)]를 탭해요. 이렇게 하면 배경이 투명한 이미지가 만들어져서 굿노트에서 스티커처럼 활용할 수 있어요. [png]나 [jpeg]를 선택하면 배경이 투명하지 않고 흰색으로 보여 굿노트에서 활용하기 적절하지 않아요. 이렇게 내보낸 이미지는 두 가지 방법으로 굿노트에서 불러올 수 있어요.

첫 번째는 [복사]한 다음 굿노트에서 [붙여넣기]하는 방법이에요. 이렇게 하면 이미지를 사진 앱에 저장하지 않고도 일회성으로 불러올 수 있어요.

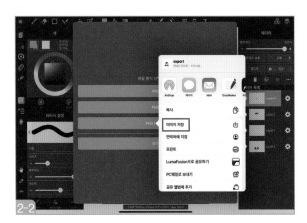 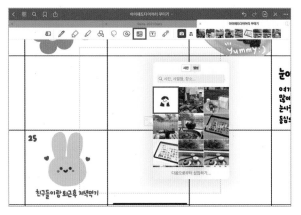

두 번째는 [이미지 저장]을 탭해 이미지를 사진 앱에 저장하고, 굿노트의 [사진] 도구를 활용해 불러오는 방법이에요. 두 가지 중 자신에게 편한 방법을 선택하면 돼요.

프로크리에이트

프로크리에이트는 유료 앱이지만, 드로잉 앱 중에 활용도가 높아서 추천하는 앱이에요. 메디방 페인트보다 간단하고 직관적인 인터페이스를 가지고 있고, 브러시 종류도 훨씬 많아요.

• 첫 화면 살펴보기

프로크리에이트를 실행하면 보이는 화면이에요. 오른쪽 상단의 [+] 버튼을 탭하면 캔버스 크기를 선택할 수 있어요. 위쪽에는 스크린 크기와 클립보드에 저장된 이미지의 크기가 있고, 아래쪽에는 이전에 생성했던 캔버스 크기가 있어요. 캔버스 크기를 새로 설정하고 싶으면 🎞 버튼을 탭하면 돼요. 캔버스 크기는 '스크린 크기' 또는 최소 1000×1000pixels 로 설정하는 것을 추천해요.

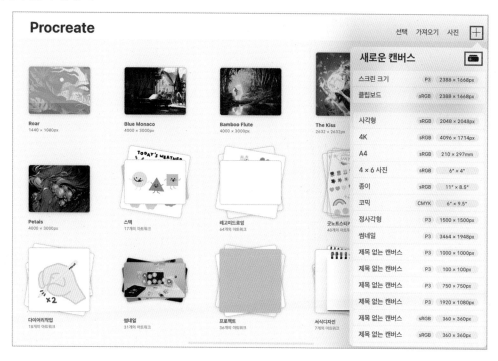

• 인터페이스 살펴보기

❶ 갤러리 : 프로크리에이트 시작 화면으로 돌아가요.

❷ 툴 영역

  – 동작 : 사진이나 글씨를 추가하거나 불러와요. 또, 캔버스 크기 및 사양 등을 변경하고, 캔버스에 그린 그림을 다양한 포맷의 파일로 저장할 수 있어요. 이밖에도 타임랩스, 인터페이스 설정, 도움말 등 다양한 기능이 있어요.

  – 조정 : 그림에 다양한 효과를 넣고, 색과 밝기 등을 조정해요.

  – 선택 : 특정 영역을 선택해요.

  – 이동 : 선택한 영역을 이동하거나 크기, 기울기 등의 형태를 변형해요.

❸ 그리기 도구 : 브러시, 스머지, 지우개 도구를 사용해 그림을 그려요.

❹ 레이어 : 레이어 추가/삭제/복제/병합, 레이어 순서 정렬 등 레이어와 관련된 작업을 해요.

❺ 색상 : 브러시의 색상을 선택해요. 선으로 막혀있는 모양 안에 [색상] 아이콘을 드래그 앤 드롭하면 해당 색상으로 모양 안쪽이 채워져요.

❻ 사이드 바

  – 상단 조절 바 : 브러시 크기를 조절해요.

  – 스포이드 : 캔버스 위의 색상을 추출해요.

  – 하단 조절 바 : 브러시 불투명도를 조절해요.

  – 실행 취소/복구 : 마지막으로 실행한 작업을 취소하거나, 취소한 작업을 다시 실행해요.

• 레이어 분리해서 그림 그리기

프로크리에이트에서도 레이어를 분리해서 그림을 그려볼 거예요. 이번에는 레이어를 분리해서 그림을 그린 뒤, 마지막에 레이어들을 하나로 병합하는 것까지 배워보아요.

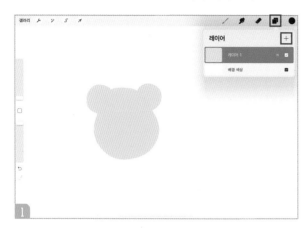

사자 캐릭터를 그려볼게요. 첫 번째 레이어(레이어1)에 사자 얼굴을 그려요.

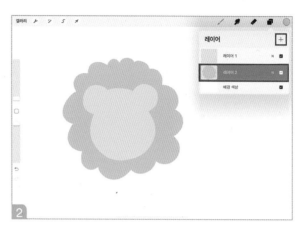

사자 갈기를 그릴 거예요. [+]를 탭해 새 레이어(레이어2)를 추가해요. 사자 갈기는 얼굴보다 뒤쪽에 위치하므로 [레이어2]를 드래그해서 레이어1 아래로 이동시킨 뒤 사자 갈기를 그려요.

[+]를 탭하여 새 레이어(레이어3)를 추가하고 맨 위로 이동시킨 뒤 사자의 표정을 그려요. 그림을 완성했으니 이제 세 개의 레이어를 하나로 합쳐볼 거예요. [레이어3]을 한 번 더 탭하고 [아래 레이어와 병합]을 탭하면 레이어 목록에서 아래 레이어(레이어1)와 합쳐져요.

같은 방법으로 한 번 더 병합하여 레이어를 하나로 만들어주세요. 레이어는 한 번 병합하고 나면 '실행 취소'를 해야만 다시 분리할 수 있으니 그림 작업이 모두 끝난 다음에 레이어를 합쳐주세요.

• 이미지를 내보내고 굿노트에서 불러오기

굿노트에서 스티커로 사용하려면 배경을 투명하게 만들어야 해요. 레이어 목록에서 [배경 색상] 레이어의 체크 표시를 탭해서 해제하면 배경이 투명해져요.

[동작] – [공유]를 탭하고 이미지 공유에서 [PNG]를 탭해요. 이렇게 내보낸 이미지는 세 가지 방법으로 굿노트에서 불러올 수 있어요.

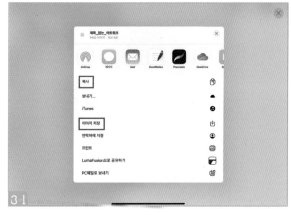

두 가지 방법은 메디방 프린트에서 이미지를 내보내는 방식과 동일해요. [복사] 또는 [이미지 저장]을 선택한 뒤 굿노트에서 불러오면 돼요(72p를 참고하세요).

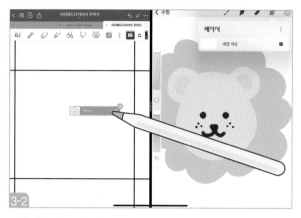
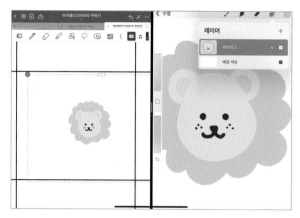

남은 한 가지 방법은 스플릿 뷰 기능을 이용하는 건데요. 좀 더 쉽고 빠르게 그림을 불러올 수 있어요. 먼저 독바를 활용해 두 앱을 동시에 열어주세요(스플릿 뷰 기능 사용법은 57p를 참고하세요). 그다음 그림이 그려진 레이어를 굿노트로 드래그 앤 드롭해주면 돼요.

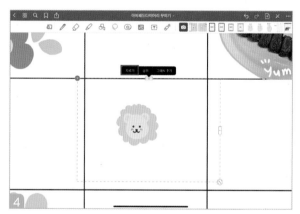
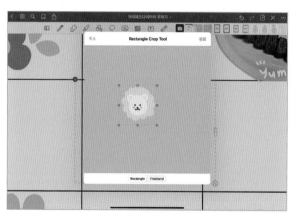

캔버스 전체 크기가 불러와져서 그림 바깥쪽의 여백이 너무 크다면 [자르기] 기능을 사용해서 그림의 여백을 잘라주세요.

또박또박 예쁜 글씨

다이어리를 쓸 때 가장 고민되는 부분 중 하나는 '글씨체'일 거예요. 평소 내 글씨체가 예쁘지 않다고 생각하는 분이라면 아이패드에 애플펜슬로 글씨를 쓰는 것이 더 어렵게 느껴질 수도 있어요. 아이패드 화면은 종이에 비해 미끄러워 처음엔 글씨가 이리저리 뻗치고 지렁이처럼 꼬불거릴지도 몰라요. 하지만 포기하지 않고 연습하다 보면 어느새 예쁜 글씨체로 업그레이드되어 있을 거예요. 여러분의 글씨 연습에 도움이 될 수 있도록 저만의 글씨 예쁘게 쓰는 노하우를 소개할 테니 차근차근 연습해보세요.

글씨 연습에 도움이 되는 굿노트 서식을 활용해요

글씨 연습할 때는 보조선이 들어가 있는 서식을 활용하는 것이 좋아요. 굿노트에서 기본으로 제공하는 속지 서식 중에 '모눈 종이'를 활용해보세요. 모눈 종이를 확대한 다음 모눈 한 칸, 또는 네 칸 정도에 한 글자씩 적는 연습을 해요. 정사각형의 칸 안에 글자를 적는 연습을 계속하다 보면 글자의 모양과 크기 등을 일정하게 유지하면서 쓰는 데 도움이 돼요.

보조선이 있는 서식을 직접 만들어 사용하는 것도 한 가지 방법이에요. 저도 다양한 서식을 만들어서 글씨 연습을 해어요. 아래의 QR코드를 통해 제가 만든 서식을 공유할 테니 여리분도 꾸순히 연습해보세요. 그럼 이제부터 글씨를 예쁘게 쓰는 몇 가지 팁을 알려드릴게요!

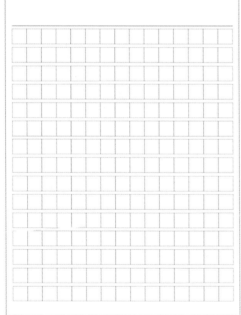

글씨 연습 서식

〈자음〉

ㄱ ㄴ ㄷ ㄹ ㅁ ㅂ ㅅ
ㅇ ㅈ ㅊ ㅋ ㅌ ㅍ ㅎ
ㄲ ㄸ ㅃ ㅆ ㅉ

〈모음〉

ㅏ ㅑ ㅓ ㅕ ㅗ ㅛ ㅜ ㅠ
ㅡ ㅣ ㅐ ㅒ ㅔ ㅖ ㅚ ㅙ

• 자음과 모음 쓰기

① 직각에 유의하기

저는 글씨 쓸 때 각을 살리는 것이 아주 중요하다고 생각해요. 영어의 알파벳과 달리 한글은 'ㅇ'과 'ㅎ'을 제외하고는 자음과 모음 모두 직선으로 이루어져 있죠. 이때 각각의 선들이 만나는 각도가 최대한 직각을 이루도록 쓰면 글씨가 좀 더 깔끔하고 예뻐 보여요.

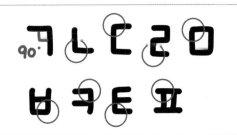

② 자음 'ㅅ', 'ㅈ', 'ㅊ'

'ㅅ', 'ㅈ', 'ㅊ'은 'ㅅ'에서 획이 하나씩 늘어나는 글자로, 모양이 비슷한 유형의 자음이에요. 따라서 'ㅅ', 'ㅈ', 'ㅊ' 세 자음이 모두 비슷한 모양과 각도를 유지하도록 글씨를 쓰면 전체적으로 통일감이 생겨요. 아래 그림을 보면 표시된 세 부분의 각도가 세 개의 자음 모두 비슷하게 유지되고 있죠? 각도를 신경 쓰면서 계속 연습해보세요.

③ 자음 'ㅇ'과 'ㅎ'

'ㅇ'과 'ㅎ'을 쓸 때는 동그라미가 정원이 되도록 해요. 최대한 동그랗게 그릴수록 글씨가 전체적으로 동글동글해지면서 귀여운 느낌이 들어요. 한 가지 팁을 알려드리면 펜의 '그리기 후 유지' 기능을 활성화해둔 뒤, 'ㅇ'을 쓰고 잠시 유지하면 정원을 그릴 수 있어요.

'ㅇ'의 선이 완전히 만나지 않거나, 옆이나 위로 찌그러지면 글씨가 지저분해 보일 수 있어요. 'ㅇ'과 'ㅎ'만 깔끔한 원형으로 적어도 글씨가 주는 인상이 확 달라져요.

④ 모음

모음을 이루는 모든 선들은 일직선으로 수직과 수평을 이루도록 쓰는 게 좋아요. 완벽한 일직선을 이룰 필요까지는 없지만, 신경 써서 글씨를 쓰다 보면 더욱 정돈되어 보이는 느낌을 줄 수 있어요.

• 한 글자 쓰기

① 받침이 없는 글자

받침이 없는 글자의 가로세로 길이는 되도록 비슷하게 써요. 제가 앞에서 제공한 서식 중 첫 번째 서식을 활용하면 글자의 중심과 비율을 쉽게 확인할 수 있어요. 자로 잰 듯 똑같이 쓸 순 없지만, 최대한 한 칸의 중심점을 기준으로 상하좌우가 비슷한 길이가 되도록 글씨를 써보세요.

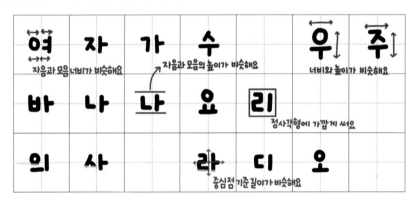

그런데 받침이 없는 글자 중에서도 예외가 있는데요. 모음 'ㅐ', 'ㅒ', 'ㅔ', 'ㅖ'나, 자음 'ㄲ', 'ㄸ', 'ㅃ', 'ㅆ', 'ㅉ'이 들어가면 글자의 가로 길이가 조금 길어져요. 이런 경우에는 억지로 비율을 맞춰서 쓰려고 하지 말고, 자연스럽게 조금 더 길게 써도 괜찮아요.

또한 'ㅊ'이나 'ㅎ' 같은 경우에는 자음의 세로 길이가 조금 길어요. 만약 모음이 'ㅊ'과 'ㅎ'의 아래에 온다면, 모음의 세로 길이를 좀 더 짧게 써주세요. 그리고 모눈 칸의 가로 보조선을 기준으로 글자를 살짝 내려서 써주면 칸의 가운데에 글자를 맞출 수 있어요.

② 받침이 있는 글자

받침이 있는 글자들은 획이 많으므로 받침이 없는 글자보다 상대적으로 크기가 커질 수 있어요. 특히 'ㄹ'은 세로 길이가 길어서 글자가 더 길어지는데요. 이럴 때는 억지로 비율을 맞춰서 쓰려고 하지 말고, 자연스럽게 조금 더 길게 써도 괜찮아요.

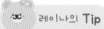

레이나의 Tip

'그리기 후 유지' 기능 활용해서 글씨 예쁘게 쓰기

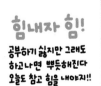

[펜] 도구의 설정 옵션 중 '그리기 후 유지'를 활용하면 글씨를 더 또박또박 쓸 수 있어요. 획을 그은 후 잠시 기다리면 직선과 동그라미, 사각형 등이 반듯하게 그려지기 때문에 원과 직선으로 이루어진 한글을 예쁘고 반듯하게 쓸 수 있답니다.

▶ 그냥 쓴 것과 '그리기 후 유지' 기능을 활용해서 쓴 것

① 글자의 너비와 간격 비슷하게 쓰기

한 글자씩 쓰는 연습을 했다면 이제 단어와 문장을 써보아요. 앞에서 제공한 서식 중 두 번째 서식을 활용해보세요. 가운데의 빨간색 보조선을 기준으로 위아래를 비슷한 비율로 글씨를 써요. 이것만 지켜도 글씨가 훨씬 깔끔해 보인답니다. 글자들의 너비와 사이 간격, 띄어쓰기 간격도 되도록 일정하게 유지하면서 쓰는 것이 좋아요.

② 글자의 높이 비슷하게 유지하기

받침이 있는 글자와 받침이 없는 글자가 각각 비슷한 높이를 유지하도록 글씨를 써요. 세로가 긴 글자는 긴 글자끼리, 짧은 글자는 짧은 글자끼리 일종의 보이지 않는 선을 지키면서 글씨를 쓰는 거죠. 보조선을 활용하면 좀 더 쉽게 쓸 수 있어요. 물론 손으로 쓰는 거라서 언제나 완벽할 순 없으니 너무 과도하게 신경 쓰지 않는 것이 좋아요.

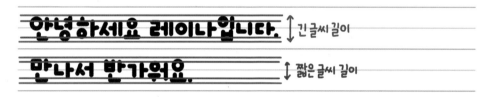

글자의 높이와 간격에 유의하면서 아래 문구들을 직접 써보세요.

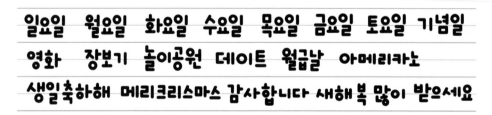

영어 예쁘게 쓰기

< 대문자 >

A B C D E F G H I
J K L M N O P Q R
S T U V W X Y Z

< 소문자 >

a b c d e f g h i
j k l m n o p q r
s t u v w x y z

85

• 알파벳 쓰기

① 곡선에 유의하기

Monday fun snow
great lunchtime
bag strawberry iPad

영어는 한글과 달리 주로 곡선으로 이루어져 있으므로 곡선을 동글동글하고 부드럽게 쓰도록 신경 쓰면서 연습해보세요.

② 같은 알파벳은 모양 통일하기

toilet → toilet

yammy → yammy

하나의 단어나 문장에서 같은 알파벳을 다른 모양으로 쓰면 통일감이 없어 보여요. 한 번 사용한 알파벳은 계속 같은 모양으로 써야 훨씬 보기 좋답니다.

① 알파벳 높이 비슷하게 유지하기

영어를 쓸 때는 아래의 선을 기준으로 써요. 'g'와 'y'를 제외한 세로가 긴 소문자와 대문자는 높이를 비슷하게 맞춰서 써요. 마찬가지로 세로가 짧은 소문자들도 비슷한 높이로 맞춰주면 훨씬 깔끔해 보여요.

↕Hello, my name is Reina.
대문자와 긴 알파벳의 높이가 비슷해요

↕Nice to meet you.
소문자의 높이가 비슷해요

Thank you so much!
y와 g를 제외한 모든 알파벳의 아래 선을 맞춰요

밋밋한 글씨 예쁘게 꾸미기

기본적인 글씨 연습이 끝났으니 이제 글씨를 예쁘게 꾸미는 여러 가지 방법을 소개할게요. 굿노트의 기능을 활용하면 좀 더 쉽고 빠르게 글씨 꾸미기가 가능해요. 직접 하나하나 따라 하면서 익혀보세요.

글자 색상 바꾸기

그냥 검은색으로 쓴 글씨도 색을 어떻게 바꾸느냐에 따라 다양하게 꾸밀 수 있어요. 펜 또는 모양 도구로 단어나 문장을 쓴 다음 올가미 도구로 글자를 선택해 색을 바꿔보아요.

[펜] 또는 [모양 도구]로 글씨를 써요. 그다음 [올가미 도구]로 강조하고 싶은 글자를 한 번에 선택한 뒤, [색상]을 탭해 원하는 색으로 변경해요.

내용과 분위기에 따라서 글자를 다양한 색으로 꾸며보세요!

CHEERUP
< 두가지 색을 번갈아 쓰기 >

HAPPY
< 서로 다른 색으로 조합하기 >

집에가고싶다
< 비슷한 톤으로 조합하기 >

감사합니다
< 키워드만 색 다르게 하기 >

즐거운주말!
< 단어의 앞글자 강조하기 >

글자에 테두리 두르기

이번에는 글자에 테두리를 두르고 패턴을 넣어볼 거예요. 하이라이터와 펜을 사용해 글자를 쓰고 꾸며볼게요.

• 테두리 두르기 ①

[하이라이터(2.5mm)]로 글씨를 써요.

tip 하이라이터는 반투명해서 획이 겹쳐지는 부분은 색이 진해져요. 글자를 쓸 때 각 자음과 모음은 선이 끊어지지 않도록 한 획으로 써주세요.

글자보다 좀 더 진한 색을 선택한 뒤, [펜(0.5mm)]으로 글자의 테두리를 따라 선을 둘러요.

도트나 빗금으로 패턴을 넣어 글자를 좀 더 아기자기하게 꾸며보세요.

• 테두리 두르기 ②

[펜] 또는 [모양 도구]로 글씨를 써요.

[하이라이터]로 1번 과정에서 쓴 글자보다 좀 더 넓게 색칠해요. 이때 한 글자를 다 칠할 때까지 손을 떼지 말고 한 획으로 칠해야 해요.

박스 글자 쓰기

박스 글자는 강조하고 싶은 글자를 쓸 때 많이 사용해요. 색상을 다르게 하거나 패턴을 넣는 등 작은 변화로도 다양한 느낌을 줄 수 있어요.

• 박스 글자 쉽게 쓰는 방법

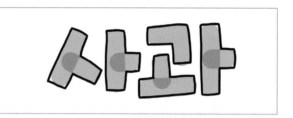

박스 글자를 예쁘게 쓰기 어렵다면 하이라이터를 보조선으로 활용해보세요. 먼저 [하이라이터]로 글자를 쓴 다음 [펜]으로 외곽선을 따라 선을 그어요.

글자를 다 쓰면 [지우개]의 [하이라이터만 지우기]를 활성화한 뒤, 하이라이터로 쓴 글자만 지우면 예쁜 박스 글자가 완성돼요.

입체 글자 쓰기

박스 글자를 응용하여 입체감이 느껴지는 입체 글자를 써요. 이번에는 모양 도구와 펜을 사용해 글자를 쓰고 하이라이터로 칠해볼게요.

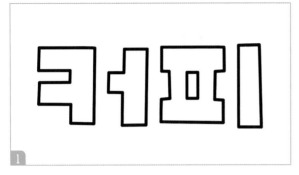

[모양 도구]로 반듯하게 박스 글자를 적어요.

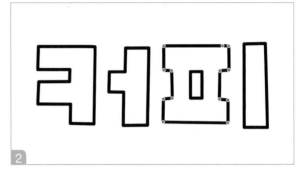

[모양 도구]가 선택된 상태에서 손가락으로 글자를 한 번 탭하면 꼭짓점에 파란색 점이 활성화돼요. 파란색 점을 드래그해서 글자의 모양을 예쁘게 수정해주세요.

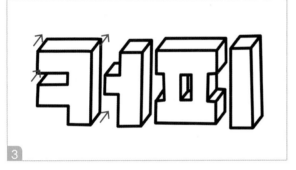

같은 두께의 [펜]으로 박스 글자의 꼭짓점에서 오른쪽 대각선 방향으로 선을 긋고 연결해요. 모든 선의 기울기가 비슷하도록 유의해주세요.

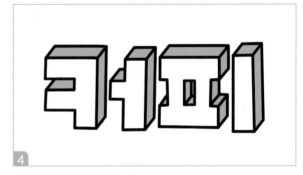

[하이라이터]로 테두리 안쪽의 면을 색칠하여 입체적인 느낌을 강조해요.

같은 입체 글자도 채색을 어떻게 하느냐에 따라 다양한 느낌을 줄 수 있어요. 글자 테두리를 올가미 도구로 선택하여 색상을 바꿔보기도 하면서 여러 가지 색상을 조합해 칠해보세요.

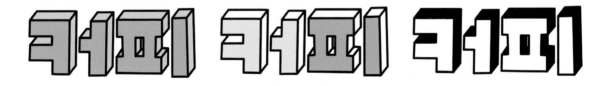

올가미 도구로 입체 글자 쓰기

올가미 도구를 사용해 좀 더 쉽게 입체 글자를 만들어볼까요? 펜이나 모양 도구로 글씨를 쓰고 올가미 도구의 복사하기 기능을 사용해서 입체적인 글자를 표현해보아요.

[펜(1.0mm)]이나 [모양 도구(1.0mm)]로 글씨를 써요.

[올가미 도구]로 글자를 선택한 뒤, [복사하기]를 탭해요.

빈 공간을 길게 탭하여 [붙여넣기] 해요.

붙여넣은 글자의 옵션 상자에서 [색상]을 탭해 원하는 색으로 바꿔요.

글자가 입체적으로 보이도록 드래그해서 위치를 조정해요. 글자를 한 번 더 겹치면 좀 더 독특한 입체 글자가 완성돼요.

글의 내용과 어울리는 작은 그림들을 그려서 글씨를 꾸며요. 같은 문구라도 어떻게 꾸며주느냐에 따라 느낌이 다양하게
바뀌어요. 만약 그림 그리기에 자신이 없다면 작은 스티커나 이모티콘을 활용해도 좋아요.

문구의 의미를 살려줄 수 있는 직관적인 그림을 그려 꾸며보세요. '첫눈 오는 날'이라는 문구에는 글자에 연한 회색으로
눈이 쌓인 것처럼 표현하고, '사랑해'라는 문구에는 하트를 그려주는 등 내용을 강조할 수 있는 그림을 그리는 거예요.

글상자 안에 글자 쓰기

글상자를 그린 뒤 그 안에 글자를 쓰는 방법도 있어요. 원이나 하트, 구름, 팻말, 메모지 등 작은 그림을 그리고 그 안에
글자를 적어보세요.

• 여러 가지 도형

• 입체 상자/리본

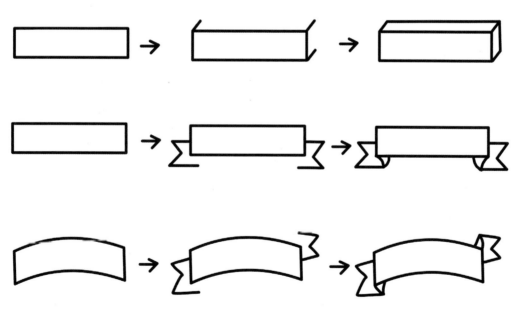

• 팻말

• 메모지

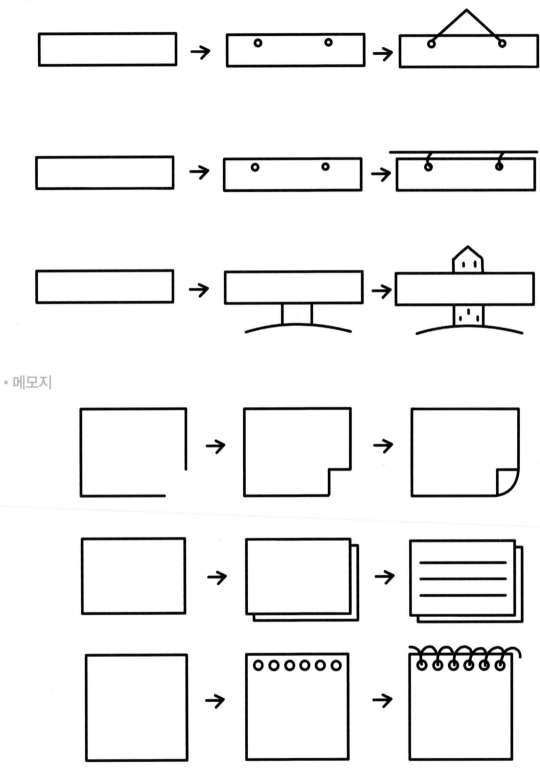

아이패드의 필기감 높이는 방법

예쁘게 필기하려고 큰맘 먹고 아이패드를 샀는데, 생각보다 글씨가 예쁘게 안 써져서 당황하는 분들이 많아요. 지렁이처럼 꼬불꼬불하고 이리저리 뻗치는 글씨, 왜 그런 걸까요? 아이패드 액정은 유리로 되어 있어서 종이보다 훨씬 미끄럽기 때문인데요. 종이에 연필로 쓸 때와는 전혀 다른 느낌이죠. 아이패드의 필기감을 높이려면 종이에 쓸 때와는 조금 다른 전략들이 필요해요.

• 천천히, 그리고 크게 쓰자!

아이패드에서 글씨를 예쁘게 쓰는 가장 기본적인 공식은 한 자씩 천천히, 그리고 화면을 확대해서 크게 쓰는 거예요. 공부할 때처럼 빠르게 필기해야 하는 상황에서는 이렇게 쓰기 어렵지만, 다이어리 쓰기 같이 여유로운 시간을 활용할 수 있는 경우에는 글씨를 천천히 써보세요. 또, 화면을 확대하거나 도구 막대의 확대창을 사용해 글씨를 크게 쓰면 획을 좀 더 안정적으로 그을 수 있어서 글씨가 꼬불거리고 뻗치는 것이 줄어들 거예요.

• 애플펜슬 각도 조정하기

최대한 90도에 가깝게 최대한 직각으로 씁니다

제가 아이패드 필기에서 가장 중요하게 생각하는 팁은 애플펜슬의 각도예요. 굿노트는 아이패드 기본 노트 앱보다 글씨의 뻗침이 심한 편이에요. 이런 글씨의 뻗침을 최소화하려면 애플펜슬의 각도가 화면과 90°를 이루도록 세워서 필기하는 것이 좋아요. 이렇게 하면 애플펜슬의 흔들림이 줄어들어서 글씨도 좀 더 예쁘게 써져요.

• 나에게 편한 필기 방식 찾기

노트 필기를 할 때도 사람마다 노트를 두는 각도와 연필을 잡는 방법이 다르듯이, 아이패드에 필기할 때도 자신에게 편한 필기 방식이 있어요. 저는 노트를 정방향이 아닌 사선으로 비스듬히 놓고 쓰는 습관이 있어요. 아이패드에 필기할 때도 마찬가지로 살짝 비스듬히 두고 사용해야 편하더라고요. 또, 거치대에 올려놓고 필기하는 것보다는 평평한 바닥에 두고 사용하는 것이 더 편했어요. 이렇게 여러 가지 방식을 시도하면서 나에게 편한 필기 방식을 찾아보세요.

• 아이패드 액세서리 사용하기

필기감을 높이는 가장 빠른 방법은 '종이 질감 필름'을 사용하는 거예요. 그냥 액정보다 마찰력이 높아서 애플펜슬이 덜 미끄러져요. 같은 원리로 고무로 된 '애플펜슬 팁 보호 커버'를 사용하는 방법도 있어요. 또 다른 방법은 '애플펜슬 케이스'를 사용하는 거예요. 애플펜슬의 크기는 똑같은데 손 크기는 사람마다 달라서 누군가에게는 애플펜슬이 너무 가늘게 느껴질 수도 있어요. 애플펜슬이 자신의 손에 너무 가늘면 필기하기 불편하므로 그립감을 향상시킬 수 있는 다양한 애플펜슬 케이스를 사용해보는 것도 추천해요.

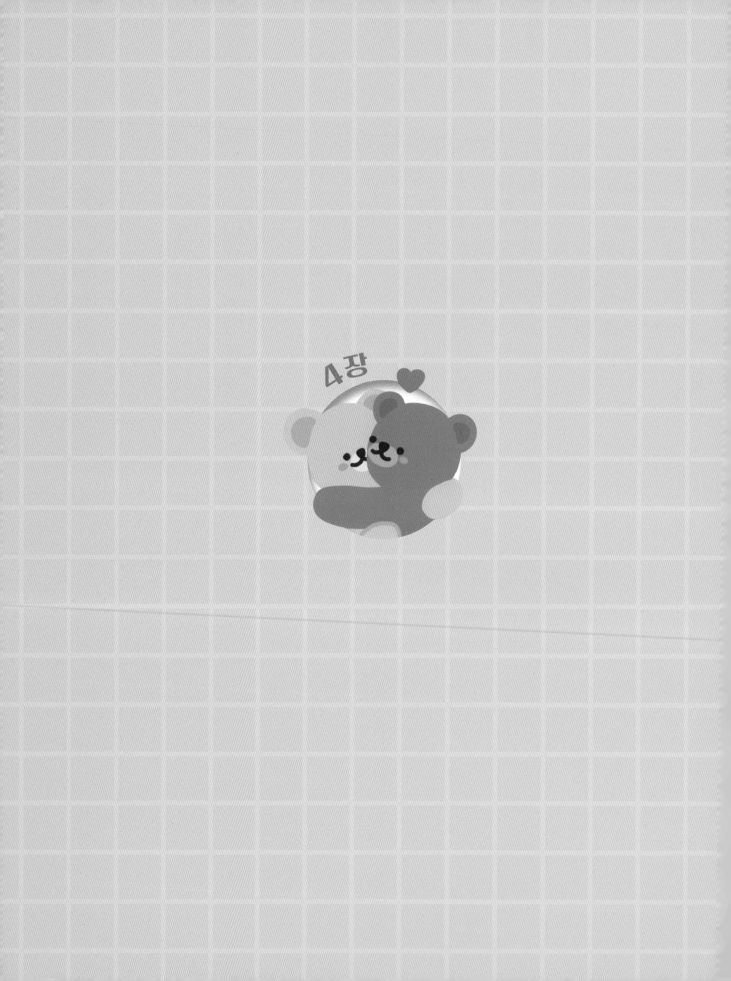

4장

아이패드 다이어리 꾸미기 실전

이제 아이패드 다이어리를 직접 꾸며보아요.
글, 그림, 사진, 스티커 등을 사용해서
제가 평소 다이어리를 꾸미는 방식을
다양한 예시와 함께 소개해 볼게요.
여러분도 따라 하면서 자신만의 스타일을 찾아보세요.

어떻게 꾸밀까? 다이어리 레이아웃!

굿노트의 기능도 익히고, 유용한 다꾸 팁도 배워보았다면 이제 본격적으로 다이어리를 써 볼 차례예요. 이번 장에서는 다양한 유형의 다이어리 레이아웃을 살펴볼 거예요. 월간 다이어리, 주간 다이어리, 일간 다이어리 등 다양한 다이어리에서 응용 가능한 다이어리 레이아웃을 함께 알아보아요.

글로만 꽉 채우기!

가장 기본적인 방식은 글로만 한 칸을 꽉 채우는 거예요. 기록하고 싶은 내용이 많을 때 주로 사용하는 방법인데요. 글로만 채울 때 가장 중요한 점은 글씨의 크기와 간격을 비슷하게 맞추는 거예요. 또, 글이 칸 가운데에 오도록 양옆과 위아래의 여백을 동일한 간격으로 비워주면 훨씬 깔끔해 보여요. 글을 다 적은 다음에 올가미 도구로 옮겨서 가운데에 배치해보세요. 만약 글만 썼을 때 너무 밋밋해 보인다면 몇몇 단어의 색상을 바꾸거나, 하이라이터로 강조해 포인트를 주어요. 또, 작은 그림을 그려주면 귀여운 포인트가 될 수 있어요.

키워드 + 글 조합!

주제(키워드)

본문

내용을 대표하는 키워드 하나를 크게 적은 뒤, 그 아래에 본문 내용을 적는 거예요. 이때, 키워드는 다양한 색을 사용하거나 작은 그림으로 꾸며 강조해요. 키워드를 강조해주었으니 본문 글씨는 검은색이나 짙은 회색으로 깔끔하게 써요. 비슷한 레이아웃이더라도 키워드를 어떻게 꾸미는지에 따라 느낌이 달라져요. 키워드를 다양하게 꾸미는 재미가 있어 가장 많이 사용하는 방법이랍니다.

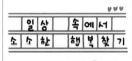

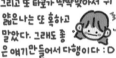

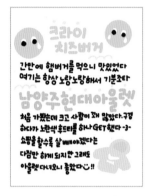

사진 + 글 조합!

• 사진으로 한 칸을 꽉 채우고 그 위에 간단한 글 적기

하루 동안 찍은 수많은 사진 중 가장 맘에 들거나 의미 있는 사진으로 한 칸을 꽉 채우고 간단한 글을 적어요. 저는 주로 맛있는 음식을 먹거나 선물을 받았을 때 사진으로 기록해요. 또는 기록할 내용이 없는 날에 사진 하나로 다이어리 한 칸을 손쉽게 채울 수 있어서 좋아요. 사진에 이미 많은 색이 들어가 있기 때문에 글을 적을 때는 흰색으로 적어주는 것이 좋아요. 만약 좀 더 꾸미고 싶다면 사진에 테두리를 그리거나 글자에 색을 넣어주는 방법도 있어요. 글자에 색을 넣을 때는 사진에 들어있는 색 또는 사진의 색감과 잘 어울리는 색상을 선택해주세요.

• 사진을 작게 넣고 빈 공간에 글 적기

사진을 활용하는 또 다른 방법은 사진을 작게 넣은 뒤 빈 공간에 일기를 적는 거예요. 이때 사진 주변에 스티커를 넣거나, 사진의 테두리를 그려서 사진과 글이 잘 어우러지도록 꾸며주어요.

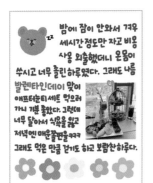

밤에 잠이 안와서 겨우 세시간정도만 자고 비용 사용 외출했더니 온몸이 쑤시고 너무 힘린 하루였다. 그래도 나름 발렌타인데이 맞춰 애프터눈티세트 먹으러 가니 기분 좋았고. 그런데 너무 달아서 식욕을 잃고 저녁엔 매운쭈꾸미ㅋㅋㅋ 그래도 먹은 만큼 걸기도 하고 보람찬하루다.

드디어 오래오래 기다린 나의 맥북이 재택하는 날 마침 딱하고 도착했다! 언박싱 영상도 찍고 요리조리 탐색을 해보는데 아직은 잘 모르겠다.🥰🥰

혼자 호캉스를 한다고 은근 기대했는데 생각보단 좀 쓸쓸했지만

아침에 맥모닝 먹으니 기분좋아짐! 집오는길엔 귀여운 조이도 샀다! 꿀귀꿀귀탱이야

콧바람 쐬러 서해바다에 다녀왔다. 대부도-선재도-영흥도에 몸살까지 완전 섭투어 칼국수랑 가리비구이도 먹고 친구들이랑 보드게임도 하고 짧았지만즐거운 나들이였다. 그런데 왜 놀때만 시간이 빨리가지?

• 사진 잘라서 넣고 빈 공간에 글 적기

사진의 일부를 잘라서 배치한 뒤, 빈 공간에 일기를 적어요. 사진 하나를 그대로 사용할 때보다 좀 더 독특하고 재미있는 느낌을 줄 수 있어요. 이때 자른 사진의 테두리를 따라 펜으로 덧그리면 좀 더 깔끔한 느낌을 줄 수 있답니다.

나의 드림카에 처음으로 앉아보 았는데 너무좋았으니까 언젠가는 진짜 꼭사고 말것이다 ㅠㅠㅠ!!

인생갈비찜을 만나니 이제 여한이 없는듯하다. 이건정말 감동의 맛

조카들에게 갖고싶어하던 버블요술봉 조공완료✧✧ 짱귀요미-

BUBBLE BUBBLE

커피머신 언박싱♡

YEAH!

요즘은 꽃을 보면 기분이 정말 좋다 이것도 나이가 들어가는 증거 인걸까🙂

요즘 문구점 핫템 이라는 푸시팝을 사봤는데 별것도 아닌게 은근 재밌고 힐링이된다. 뽁뽁소리 죠아

근무중 소소한 즐거움 TIME 마카롱 칼같이 잘라 나눠먹기

감동 100%였던 GAUDI TOUR

아인슈페너는 맛있어😊 다들맛있다더니 진짜 맛있네!! 테이크아웃인데 20분을 더 기다렸 지만 가치가 있다 또 먹으러 가야지

드디어 기다리던 시계가 다시 판 매되어 주문했다! 너무 귀여워서 안살수가 없었다 얼른 배송됐으면♡

₩39,000

왠지 시계와 너무 잘 어울릴것 같은 캔들도 주문완료! 기대된다뮹

₩13,000

저번주에 이어 또 눈펑펑! 조카들이랑 동생이랑 무장 하고 나가서 눈사람을 만들었다. 나름 올라프 비슷하게 만들었더니 초딩꼬마들이 불러와 했다ㅋㅋ 뽀득뽀득ㅂ

퇴근길 걷기 PROJECT DAY 1!! 굳은 다짐과 함께 퇴근길에 한시간을 걸었다! 비록 하루만 했지만 벌써 뻐근하다ㅋ 3월내내 열심히 또 걸어보자ㅂ

그림 + 글 조합!

그림을 그려서 칸을 채우고, 그 밑에는 짧은 문장이나 단어를 적어 간단하게 다이어리를 완성해요. 다이어리에 그리는 그림은 너무 자세하게 묘사할 필요가 없어요. 간단한 캐릭터로 행동을 표현해도 좋고, 주제를 대표하는 사물을 그려 하루를 기록해도 좋아요.

내생일 축하해!

런데이   3일차♥

장마스타트-!

카페에서 아이패드하며 여유부리기
왠지 카페에 가야 영감이 떠올라♥

WEDDING DAY!
CONGRATULATION

NEW PAJAMA!

딱히 살 외출복도 없고 매일 집에
있어서 예쁜 잠옷을 샀는데 완전
마음에 든다! 완전 브이로그 재질!

뜬금없이 시작된
설악산 당일치기여행
하지만 단풍은 없었다

THANK YOU SO MUCH

조카들도 함께하는
복작복작 어버이날

즐거운 어린이날에 나홀로
미뤄뒀던 레고정리를 했다!
도대체 왜 다 섞어놓을건지
과거의 나를 쎄게 치고싶었다
다시는 섞지 않도록 하자 꼭꼭...

EARTH DAY

햇볕은 쨍쨍~
모래알은 반짝-!

하	루	총	일		비	가		올	것
갈	아	서		장	화		신	었	다
데		퇴	근	길	에		어	느	
때	보	다		맑	았	다			

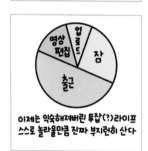

영상
편집   업로드   잠
출근

이제는 익숙해져버린 투잡(?)라이프
스스로 놀라울만큼 진짜 부지런히 산다

집   1시   3시   6시
은행가기   치과예약   영어회화
스터디
(강남)

바쁘게 움직인 하루
생산적으로 보낸 것 같아 만족

START
DRAWING

그림을 슬슬 시작해보려고 한다
하나하나 그리다보면 나만의 스타일도
생기겠지? 이번엔 진짜로 배운다!!

LET'S GO TO
JEJU
ISLAND

DOLPHIN
CRUISE TOUR

이번 광주여행에서 가장 기대했던
돌고래투어였는데 아쉽게도 거의
보지 못했다. 배멀미만 잔뜩 겼ㅆ

스티커 + 글 조합!

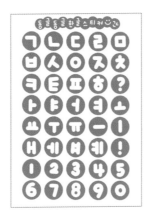
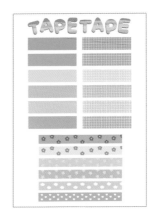

그림 그리는 것에 자신이 없다면 스티커를 활용해보세요. 디지털 다이어리 스티커를 제작하는 창작자들이 많아지면서 알파벳, 한글 스티커부터 다양한 데코 스티커까지 원하는 스티커를 쉽게 찾을 수 있어요. 저는 직접 그림을 그려서 스티커를 만들기도 하고, 인터넷에서 예쁜 스티커를 다운받아 사용하기도 해요. 또는 텍스트의 이모티콘을 스티커처럼 활용하기도 하는데요. 스티커의 활용 방법은 무궁무진해요. 간단하게 일기를 쓰고 싶은 날이나, 쓸 내용이 없는 날에는 스티커로 칸을 채우고 글은 조금만 적어요. 제가 직접 제작한 다이어리 스티커를 공유할 테니 QR코드를 읽어 스티커를 다운받고 다이어리를 예쁘게 꾸며보세요.

다이어리
스티커

106

🦊 레이나의 Tip

굿노트 스티커북 만들어 스티커 보관하기

굿노트가 5.7 버전으로 업데이트되면서(2021.06 기준) 앱 내에 스티커 기능이 추가되었지만, 스티커를 보관하는 또 다른
방법이 있어요. 바로 굿노트에서 스티커북을 만들어 보관하는 건데요. 이렇게 나만의 스티커북에 캐릭터, 문자, 마스킹테
이프 등 스티커를 종류별로 분류해서 모아 두면 필요할 때 쉽게 찾고 불러올 수 있어요. 또, 인터넷에서 무료 스티커를 다
운받았는데 하나의 이미지 파일에 여러 가지 스티커가 모여 있는 경우에는 스티커북에 보관하고 필요할 때마다 잘라서
쓰는 것을 추천해요. 스플릿 뷰 기능을 활용하면 굿노트 앱 두 개를 동시에 열어둔 채 손쉽게 스티커를 추가할 수 있어요.
제가 직접 제작한 스티커북 서식을 공유할 테니 QR코드를 읽어 스티커북을 다운받고 스티커를 보관해보세요.

스티커북 서식

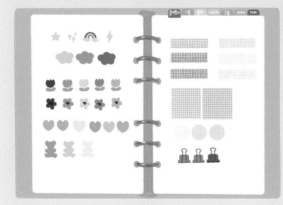

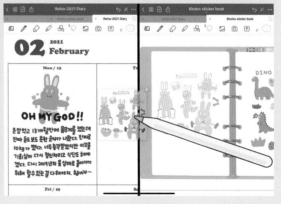

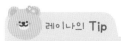

이모티콘을 스티커처럼 사용하는 방법!

텍스트의 기본 이모티콘들도 스티커처럼 활용할 수 있어요. 그러면 이모티콘을 추가하고 편집하는 방법을 알아볼까요?

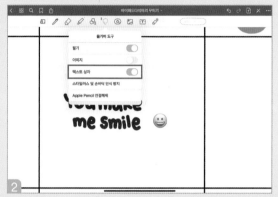

[텍스트] 도구를 선택한 상태에서 빈 공간을 탭하여 키보드를 띄워요. 키보드 왼쪽 하단의 이모티콘을 탭하고 원하는 이모티콘을 입력해요.

이모티콘 크기는 [올가미 도구]로 조정해 볼게요. 먼저 [올가미 도구] 아이콘을 두 번 탭하여 설정 창을 열고 [텍스트 상자]를 활성화해주세요.

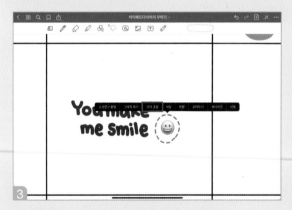

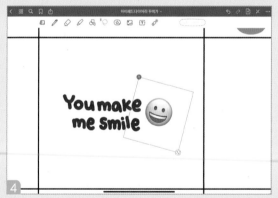

이모티콘을 선택한 뒤 [크기 조정]을 탭해요.

파란색 상자가 활성화되면 오른쪽 하단의 화살표를 드래그해서 원하는 대로 크기를 조정하고 회전시켜요.

무지 6공 다이어리

종이 다이어리 꾸미기 세계에서 가장 인기 있는 것은 아무래도 6공 다이어리가 아닐까요? 무지 6공 다이어리는 월간 다이어리나 주간 다이어리보다 공간이 훨씬 넓어서 그만큼 여러 가지 시도를 해볼 수 있어요. SNS에 다이어리 꾸미기를 검색하면 정말 많은 6공 다이어리 꾸미기 사진을 만날 수 있는데요. 굿노트에서도 무지 6공 다이어리 템플릿을 활용하면 종이 다이어리보다 더 쉽게 꾸밀 수 있어요. 매일매일 6공 다이어리를 작성하기는 조금 부담스럽지만, 기록하고 싶은 내용이 많거나 여러 가지 스티커를 활용하고 싶은 날에는 6공 다이어리를 활용해보세요. 디지털 다이어리는 스티커의 종류도 무궁무진하고, 한 번 쓰면 끝이 아니라 계속해서 사용할 수 있어요. 직접 스티커를 제작하거나 무료 스티커를 다운받으면 매번 스티커를 구매하느라 드는 비용도 아낄 수 있고요. 또, 스티커를 이리저리 옮기면서 수정할 수 있기 때문에 훨씬 자유롭고 부담 없이 여러 가지 시도를 할 수 있답니다.

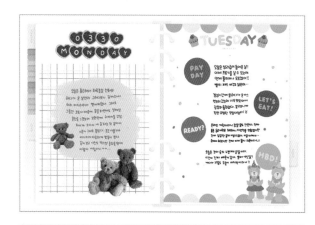

다이어리로 나의 삶 관리하기

아이패드 다이어리는 귀엽게 꾸미는 재미도 있지만 일정 관리나 자기 관리 등의 생산적인 목적으로 활용하기도 해요. 이번에는 월간 플래너로 일정을 관리하고, 주간 플래너로 자기 관리하는 방법을 소개할게요.

월간 플래너로 한 달 일정 관리하기

월간 다이어리는 한 달의 일정을 확인하고 계획하는 플래너로 활용할 수 있어요. 월간 플래너에 일정을 기록하고 한눈에 확인하면서 시간을 효율적으로 사용해보세요.

• 중요한 일정 표시하기

매달 초, 한 달 일정을 관리하기 위해 가장 먼저 하는 일은 날짜가 정해진 중요한 일정을 표시하는 거예요. 하이라이터로 칸 윗부분에 선을 그어 연속된 일정을 표시하고, 기념일이나 약속 등 중요한 일정도 표시해요. 중요한 일정을 가장 먼저 달력에 표시해두면, 추후에 추가되는 일정을 우선순위에 따라 비어있는 날에 계획할 수 있어요.

• 주기적인 일정 표시하기

다음으로는 주기적으로 해야 하는 일을 잊지 않도록 표시해요. 저는 운동과 영어 공부를 주기적으로 하기 때문에 칸의 아랫부분에 요일별로 표시해두었어요. 굿노트에는 복사하기와 붙여넣기 기능이 있어서 반복되는 일정을 기록하기 편리해요. 어떤 일정인지 한눈에 알아볼 수 있도록 그림이나 이모티콘과 함께 기록해도 좋아요.

• 이번 달에 해야 하는 일들을 적어 두고 배치하기

정확한 일정은 정해지지 않았지만 이번 달 내에 꼭 해야 할 일들을 플래너 한쪽에 메모지를 활용해 적어 두어요. 이렇게 메모지로 플래너에 적어두면 일정을 확인하면서 계속 보게 되니, 잊어버리지 않을 수 있고 전체적인 일정을 관리하면서 한가한 날에 적절히 배치할 수 있어요.

• 일정이 바뀌면 언제든 간편하게 수정하기

계획된 일정대로 실행할 수 없을 때도 많죠. 상황에 따라 일정을 수정하거나 취소할 때도 있어요. 만약 종이 다이어리라면 이미 꽉 차있는 플래너에서 수정액으로 지우고 다시 적는 것이 난감할 때가 있어요. 하지만 디지털 다이어리에서는 올가미 도구를 활용해 일정을 원하는 위치로 이동시키기만 하면 되니 깔끔하게 수정할 수 있고 편리하답니다.

• 해빗트래커로 바른 습관 형성하기

캘린더의 여유 공간을 활용해 자신의 습관을 기록하고 관리해보세요. 인터넷에 해빗트래커 서식을 검색하면 쉽게 찾을 수 있는데요. 해빗트래커는 꾸준히 실천하고 싶은 목표를 설정하고 해당 목표를 달성할 때마다 한 칸씩 체크해서 목표 달성률을 한눈에 확인할 수 있는 메모장이라고 생각하면 돼요. 그 달의 목표 또는 꾸준히 실천하고 싶은 행동이 있다면 플래너에 기록하면서 매일매일 실천하도록 노력해보세요.

주간 플래너로 자기 관리하기

한 달 일정을 전체적으로 관리하기에는 월간 플래너가 유용하지만, 좀 더 구체적이고 세세한 자기 관리를 위해서는 주간 플래너가 가장 효율적이라고 생각해요. 월간 플래너는 한 달의 내용을 거시적으로 볼 수 있지만, 구체적인 항목을 기록하기에는 칸이 너무 작아서 불편해요. 주간 플래너를 활용하여 더 나은 나를 만드는 자기 관리 방법을 소개할게요.

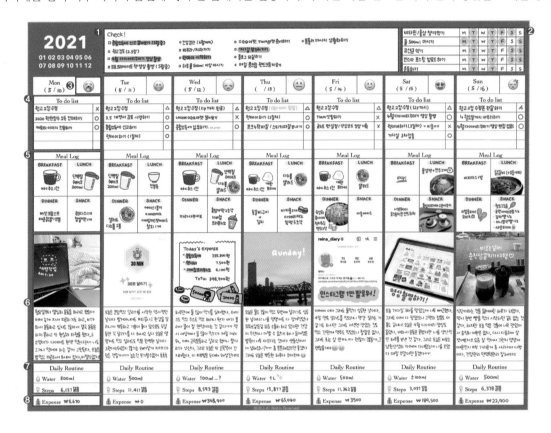

❶ 주간 일정 체크하기 : 한 주가 시작되기 전에 그 주에 해야 할 중요한 일들이나 기억해 두어야 할 일들을 미리 적어요. 이렇게 하면 잊지 않고 한 번 더 체크할 수 있고, 한 주의 일정을 계획하기에도 유용해요.

❷ 해빗트래커 작성하기 : 매일매일 지키고 싶은 목표를 설정해 두고 요일별로 체크해요.

❸ 오늘의 기분 기록하기 : 매일매일 어떤 감정을 느꼈는지 스스로를 되돌아보며 이모티콘을 통해 오늘의 기분을 간단하게 기록해요.

❹ 다음날 꼭 해야 할 일 체크하기 : 매일 저녁 일기를 쓰면서 다음날 해야 할 일을 to-do list에 미리 적어두어요. 병원 진료 스케줄이나 친구와의 약속, 아침에 챙겨야 하는 물건 등 꼭 해야 하는 일과 관련된 내용을 가장 위쪽에 적어 놓치지 않도록 확인해요.

❺ 식단 기록하기 : 체중 관리를 위해 매일 무엇을 먹었는지 기록하고, 식단을 관리하고 있어요.

❻ 일기 쓰기 : 그날의 일기를 사진과 함께 기록해요. 기록할 게 많다면 텍스트로 타이핑해서 입력해보세요.

❼ 건강한 하루 만들기 : 꼭 지키고 싶지만 잘 지켜지지 않는 습관들이 있을 거예요. 매일매일 기록하는 것은 습관을 유지하는 데 많은 동기부여가 돼요. 그래서 저는 하루 몇 보를 걸었는지, 물을 얼마나 마셨는지 등을 기록하면서 꾸준히 실천하려고 노력하고 있어요.

❽ 하루 동안의 지출 관리하기 : 저는 가계부를 따로 작성하고 있지만, 그날그날 얼마를 소비했는지 전체적인 지출내역을 따로 기록해요. 일주일동안 얼마나 소비했는지 쉽게 체크할 수 있어 건강한 소비습관을 키우도록 스스로를 일깨우는 방법이랍니다.

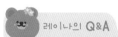 레이나의 Q&A

매일 반복되는 평범한 일상이라 뭘 적어야 할지 모르겠어요!

"제 일상은 특별한 게 없어서 일기에 쓸 내용이 없어요!"

"일기를 쓰다가 적을 게 없는 날엔 어떡하나요?"

유튜브에 다이어리 꾸미기 영상을 게시하면 이런 내용의 댓글을 심심치 않게 볼 수 있어요. 사실 저 또한 매일 같이 특별한 일이 생기는 건 아니에요. 평범한 일상을 보내 딱히 적을 게 없는 날에는 그냥 간단한 스마일이나 하트 등 작은 그림만 그려 넣기도 해요. 좋아하는 스티커 하나만 채워 넣기도 하고요. 정말 쓸 게 없는 날에는 그냥 비워 두어도 괜찮지만, 그래도 한 칸을 채우고 싶다면 그날 먹은 음식 사진이나 인터넷에서 다운받은 예쁜 이미지로 채워보세요. 즐겨 듣는 노래 가사나 나에게 위로가 되는 좋은 문구를 적어보는 것도 괜찮아요. 또는 그날 구매한 물건에 대해 적어보거나, 하루 중 문득 들었던 생각을 짧게 쓰는 등 기록할만한 것이 한 가지는 있을 거예요. 아주 사소해 보이는 것이더라도 나의 하루를 기록하기에 충분하답니다.

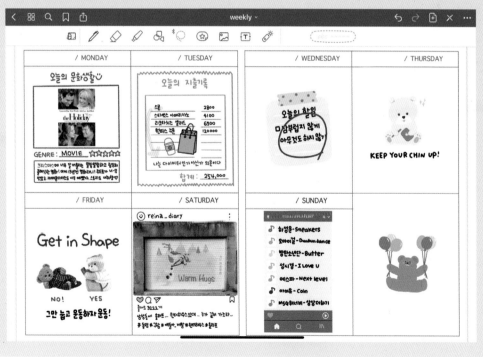

굿노트를 똑똑하게 활용하는 다양한 방법

굿노트를 다이어리나 플래너로만 사용하기는 아깝죠! 저는 평소 이것저것 기록하기를 좋아하는데, 굿노트는 기록하는데 편리한 기능들이 많아서 더욱 애용하는 앱이기도 해요. 그럼 지금부터 굿노트를 200% 활용하는 방법을 소개할 테니 여러분도 즐거운 기록 생활을 시작해보세요.

세상에 하나뿐! 취미 · 취향 스크랩북

굿노트는 스크랩하기에도 제격인 앱이에요. 개인적으로 즐기는 취미나 취향을 기록하는 것은 다이어리 꾸미기와는 또다른 재미가 있죠. 독서나 영화 감상 등 자신이 즐기는 취미를 기록할 수도 있고, 좋아하는 음식이나 패션 브랜드 등 취향을 기록하는 스크랩북으로도 활용할 수 있어요.

• 리뷰 노트(Review Note)

저는 평소 영화나 드라마를 즐겨 보는데요. 재미있게 본 작품들도 시간이 지나면 막연히 재미있었다는 기억만 남아있더라고요. 그래서 작품을 다 감상한 후에 감명 깊었던 대사나 구절, 느낀 점 등을 기록하기 시작했어요. 이렇게 하니 주변 사람들에게 추천해 줄 때도 어떤 점이 좋았는지 이야기해 줄 수 있어 좋더라고요. 인터넷에서 작품의 포스터나 스틸컷 같은 이미지를 다운받아서 붙여넣고, 평점과 감상평을 기록해요. 이렇게 꾸준히 기록하다 보면 어느새 많은 작품이 쌓여 나만의 리뷰책이 만들어져요.

• 테이스트 노트(Taste Note)

영화나 드라마뿐만 아니라 좋아하는 음식 등 자신의 취향을 기록할 수도 있어요. 만약 와인을 좋아한다면 와인을 마실 때마다 맛이나 향 등을 기록해보세요. 이렇게 자신이 좋아하는 하나의 주제에 대해 꾸준히 기록하고, 이 기록이 쌓이고 쌓이다 보면 세상에 하나뿐인 나만의 취향책이 만들어져요.

공부할 때 딱! 스터디 노트 · 플래너

• 스플릿 뷰 기능을 활용한 강의 필기 노트

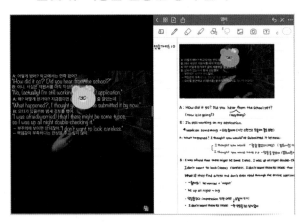
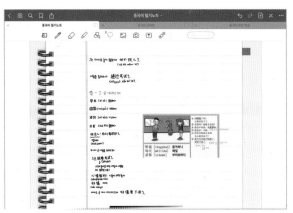

아이패드의 스플릿 뷰 기능을 활용하면 동영상 강의를 듣는 동시에 강의 내용을 필기할 수 있어요. 영상을 보다가 필요한 부분은 바로 캡처해서 굿노트에 이미지로 첨부할 수 있어서 더욱 유용하답니다. 여러 권의 노트와 책 없이도 아이패드와 굿노트 앱만 있으면 언제 어디서든 학습하고 또 복습할 수 있어요.

🐻 레이나의 Tip

아이패드 화면을 캡처하는 두 가지 방법

• 아이패드 버튼으로 캡처하기

 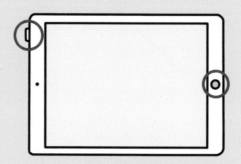

아이패드 하단에 홈버튼이 없는 아이패드 모델은 '전원 버튼'과 '음량 키우기 버튼'을 동시에 짧게 눌러 캡처해요. 만약 홈버튼이 있는 모델이라면 '홈버튼'과 '전원 버튼'을 동시에 짧게 눌러서 캡처하면 돼요.

• 애플펜슬로 캡처하기

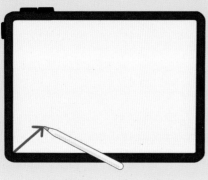 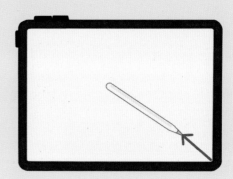

아이패드 화면의 아래쪽 모서리에서 중앙쪽으로 애플펜슬을 슬라이드하면 손쉽게 화면을 캡처할 수 있어요.

• 어학 공부를 위한 노트와 단어장

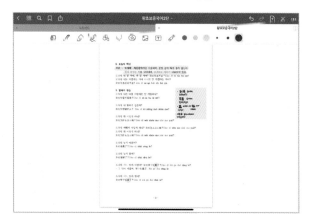 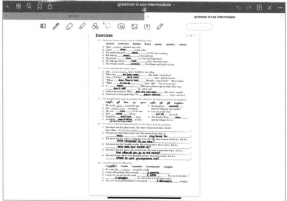

저는 어학 공부를 꾸준히 하고 있는데요. 공부할 때도 역시 굿노트를 활용하면 편리하답니다. 강의자료를 다운받아서 필기하거나, 문제집을 스캔해서 문제를 풀 수 있어요. 문제집을 다 푼 다음에는 흔적이 남지 않도록 깔끔하게 지우고 다시 풀어보면서 복습하기도 좋아요. 수백, 수천 페이지에 달하는 공부 자료들을 굿노트 안에 저장해두면, 무거운 책을 힘들게 가지고 다니지 않아도 되니 정말 편리하답니다.

 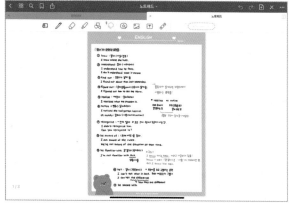

제가 원하는 형식을 갖춘 노트 서식을 '키노트' 앱으로 직접 만들어서 사용하고 있어요. 나의 공부 방식에 딱 맞는 노트로 공부의 효율도 높일 수 있고, 공부할 때 기분도 좋아져요(키노트 앱으로 노트 서식 만드는 방법은 145p를 참고하세요).

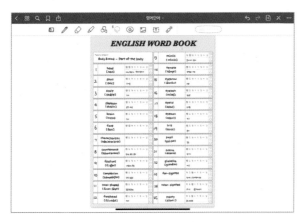
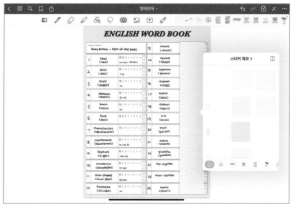

어학 단어장도 원하는 형식대로 만들어 사용해요. 저는 영어단어를 공부할 때 발음기호와 품사를 기록하고, 암기 여부를 체크할 수 있는 형식이 필요해서 직접 서식을 만들었어요. 단어를 암기할 때는 메모지 스티커로 단어나 뜻 부분을 가리면서 공부하면 편리해요.

• 굿노트의 플래시 카드 서식으로 단어장 만들기

굿노트에서 기본 제공되는 서식 중 '플래시 카드'라는 속지 서식이 있는데요. 외우고 싶은 단어를 정리한 후 플래시 카드 기능을 활용해 좀 더 편리하게 단어를 암기할 수 있어요. 그럼 어떻게 만드는지 차근차근 따라해볼까요?

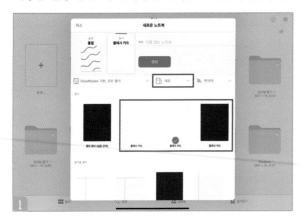

굿노트 첫 화면에서 [신규(+)] – [노트북]을 탭한 뒤, 레이아웃에서 [세로]를 탭하면 '필수' 카테고리 안에 '플래시 카드'라는 서식이 있어요. 이 서식으로 노트북을 생성해주세요.

화면 상단의 'QUESTION' 부분에는 단어를 적고, 'ANSWER' 부분에는 뜻을 적어요. 물론 반대로 적어도 괜찮고요. 페이지를 추가하면서 외우고 싶은 단어를 모두 적어주세요.

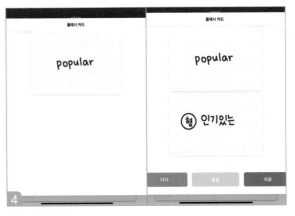

단어를 다 적었으면 이제 학습 플래시 카드 기능을 활용해 보아요. 굿노트 오른쪽 상단의 [더 보기] 아이콘을 탭한 뒤, 맨 아래에 있는 [학습 플래시 카드]를 탭해요.

화면에 문제가 보이면 답을 생각한 뒤, 화면을 한 번 탭하여 답을 확인해요.

4번 과정을 반복해 모든 단어의 학습이 끝나면 학습 결과도 통계를 통해 확인할 수 있어요.

• 스터디 플래너

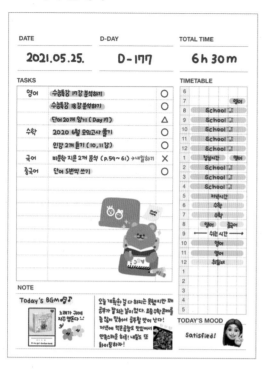

아이패드를 공부 용도로 사용하는 학생이라면 스터디 플래너로 하루 동안 공부할 내용과 시간을 관리해보세요. 스터디 플래너 한 켠에 일기 쓸 공간을 만들어서 하루를 정리해보기도 하고요. 다이어리와 스터디 플래너를 따로 관리하기 힘든 학생들에게는 이렇게 스터디 플래너와 다이어리를 한 번에 작성할 수 있는 서식이 효율적이랍니다.

새어 나가는 돈을 막자! 수입 · 지출 가계부

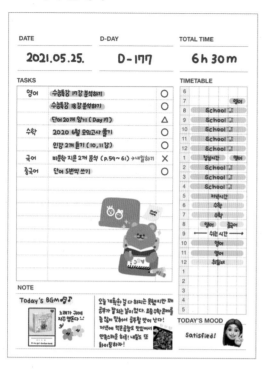

가계부는 종이 가계부, 엑셀 가계부, 가계부 앱 등 정말 다양한 형태가 있는데요. 요즘에는 내가 사용하는 카드나 계좌를 연동하여 바로바로 수입 · 지출 내역이 기록되기도 하고, 한 달 동안 어디에 얼마를 썼는지 통계로 확인할 수 있는 디지털 가계부들도 있답니다. 저 또한 관리가 편리한 가계부 앱을 주로 활용하는데요. 하지만 앱으로 저의 소비 '내용'을 기록하는 것에는 뭔가 부족함을 느꼈어요. 그래서 딱 필요한 내용만을 갖춘 굿노트 가계부를 직접 만들어 함께 사용하고 있답니다.

레이나의 가계부 작성 팁!

• 나에게 꼭 필요한 항목으로만 가계부 구성하기

저는 직장인이라서 주 수입원인 급여를 제외하면 수입 내역에 적을 내용이 많지 않아요. 그래서 수입 칸을 적게 만들고, 대신 지출 칸을 많이 만들었어요. 또, 일주일 동안 하루하루 얼마를 썼는지 한눈에 확인하고 싶어서 주간 단위로 가계부를 만들었어요. 개인적으로 공부하고 있는 주식을 위한 칸도 만들어 수시로 기록하는 습관을 길렀고요. 이렇게 자신의 수입 및 지출 패턴에 맞는 가계부를 만들면 작성하는 것이 더 편하고 효율적이에요.

• '무엇'에 썼는지 사진과 함께 기록하기

가계부 앱은 자동으로 지출 통계를 제공해주어 편리하지만, 굿노트는 사진과 함께 기록할 수 있어 훨씬 기억하기 좋아요. 무엇을 사고 무엇을 먹는 데 돈을 썼는지 사진과 함께 기록하면 좀 더 직관적으로 소비 내역을 파악할 수 있어요. 또, 글과 숫자만 가득한 가계부를 좀 더 예쁘게 꾸미는 효과도 있다는 점이 마음에 들었어요.

• 소비 유형 분류하기

매일매일 소비한 내용을 기록하면서 소비의 유형을 분류하는 것이 올바른 소비습관을 형성하는 데 도움이 된다는 걸 느꼈어요. 그래서 지출 내역을 다 적은 다음 하이라이터를 사용해 '식비', '교통비', '쇼핑' 등의 소비 유형을 색상별로 표시해두었어요. 꼭 통계를 내지 않아도 색상의 비율을 보면 어디에 돈을 많이 쓰는지 한눈에 확인할 수 있어요. 또, 내가 '잘 썼다'라고 생각하는 '똑똑한 소비'와 안 해도 됐을 '멍청한 소비'도 하이라이터로 체크하면서 소비 내역을 되돌아보는 습관을 기를 수 있었어요.

세상에 하나뿐! 나만의 캐릭터 만들기

다이어리를 꾸밀 때 무엇을 어떻게 그려야 할지 모르겠다면 나만의 캐릭터를 하나 만들어서 표정만 조금씩 바꿔줘도 그날의 기분을 더욱 생생하게 표현할 수 있어요. 자신의 모습 또는 좋아하는 동물, 식물 등 하나뿐인 나만의 캐릭터를 만들어 다꾸에 활용해보세요. 다이어리 꾸미기가 더욱 쉽고 재미있어질 거예요. 다꾸를 위한 캐릭터는 복잡하게 그릴 필요가 전혀 없고, 얼굴만 그려도 충분해요. 사람 캐릭터 같은 경우 자신의 헤어스타일 등 간단한 특징을 표현하는 정도로만 그려보세요. 아주 섬세하게 묘사할 필요가 없답니다. 저는 사람 코를 잘 못 그려서 코를 빼놓고 얼굴을 그리기도 해요. 한 가지 팁이 있다면 사람이나 동물을 그릴 때 발그레한 볼을 표현해주면 훨씬 생동감 있어 보여요.

• **곰돌이 캐릭터**

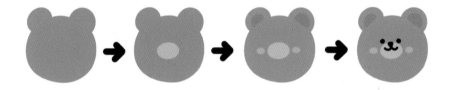

• **여자 캐릭터**

• 남자 캐릭터

다이어리를 쓰다 보면 그날 느낀 감정을 기록할 때가 많은데요. 상황에 맞는 표정을 지은 캐릭터를 함께 그려주면 일기를 좀 더 생생하게 기록할 수 있어요. 기쁨, 슬픔, 화남, 무서움 등 다양한 감정을 표정으로 표현해보세요.

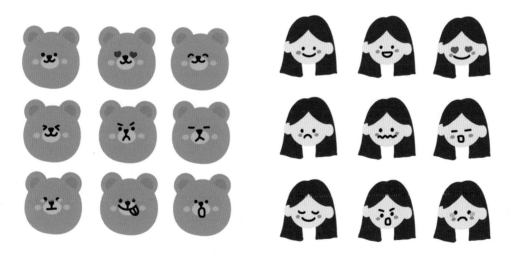

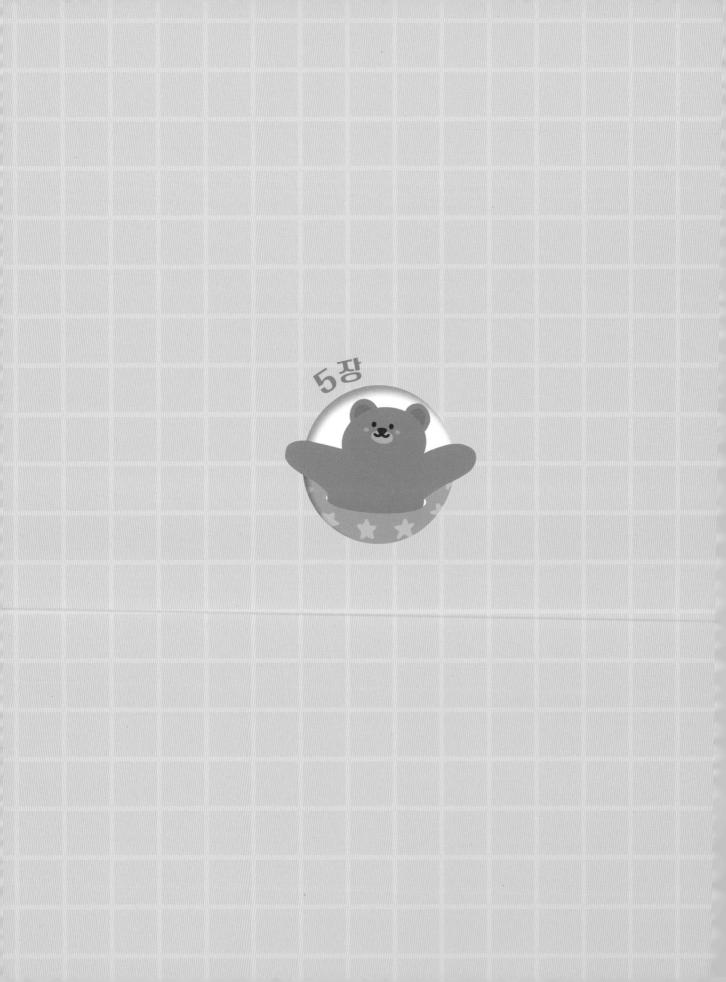

5장

키노트로 다이어리 서식과 스티커 만들기

내 맘에 쏙 드는 다이어리 서식과 스티커!
지금부터 직접 만들어 볼 거예요.
이를 위해서는 '키노트'라는 앱이 필요한데요.
키노트는 기본 앱이라 따로 설치할 필요는 없답니다.
예쁜 서식과 스티커를 만들어 사용해보세요!

키노트 무작정 따라하기

디지털 다이어리의 가장 큰 장점은 바로 나에게 딱 맞춘 서식을 만들어 사용할 수 있다는 건데요. 이번 장에서는 '키노트'라는 앱으로 다이어리 속지 서식과 스티커를 만들어 볼 거예요. 그럼 먼저 키노트는 어떤 앱이고, 어떻게 사용하는지 간단하게 살펴볼까요?

키노트는 어떤 앱인가요?

키노트(Keynote)는 아이패드에서 기본 제공되는 앱으로, 프레젠테이션을 위한 문서 작업을 할 수 있는 ios(애플 제품에 탑재되는 운영체제) 기반의 기본 앱이에요. 쉽게 말해 '파워포인트'와 비슷한 기능을 하는 앱이라고 생각하면 돼요. 키노트는 표, 도형 등을 만드는 기능이 잘 되어 있고, 작성한 문서를 PDF 형식으로 내보낼 수 있어서 다이어리 서식을 만들기에 적합해요.

키노트 첫 화면 살펴보기

• 새로운 프레젠테이션 생성하고 빈 슬라이드 만들기

1 키노트 앱을 실행한 후, 왼쪽 바의 '위치'에서 문서를 저장할 위치를 선택해요. 그다음 [프레젠테이션 생성]을 탭해요.

2

팝업창이 열리면 [테마 선택]을 탭해요.

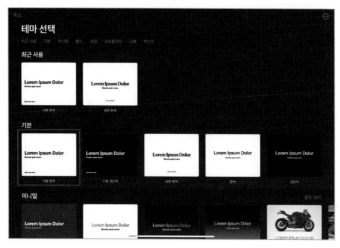

3

테마 선택 창에서 [기본 흰색]을 탭해 새로운 프레
젠테이션을 생성해요.

4

새 프레젠테이션을 열면 이렇게 기본 설정된 텍
스트가 있어요. 다이어리 서식이나 스티커를 제작
하기 위해 먼저 빈 슬라이드를 만들어 볼게요.

5

각 개체를 탭하여 옵션 상자를 연 다음 [삭제]를 탭하여 모두 지워주세요.

tip 개체 하나를 애플펜슬로 꾹 누른 채 다른 손가락으로 나머지 개체들을 하나씩 누르면 다중 선택할 수 있어요.

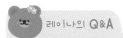 레이나의 **Q&A**

애플펜슬로 개체를 누르면 '선택'이 안 되고 '선'이 그려져요! 어떻게 해야 하나요?

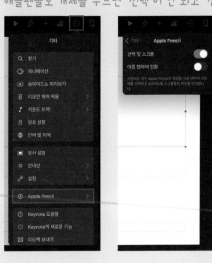

키노트로 처음 문서를 만들고 애플펜슬로 여기저기 눌러보는데, 선택은 안 되고 선만 그려져서 당황스러우실 거예요. 이럴 땐 화면 오른쪽 상단의 [기타]에서 [Apple Pencil]을 탭한 후, [선택 및 스크롤]을 활성화해주세요. 이제 애플펜슬로 각 개체를 누르면 선택이 가능할 거예요.

만약 애플펜슬 2세대라면 [이중 탭하여 전환]을 활성화하여 사용해보세요. 이 기능을 활성화하면 애플펜슬의 납작한 옆면을 '톡톡' 더블 탭하여 '선택 및 스크롤' 모드와 '그리기' 모드를 빠르게 전환할 수 있어요.

키노트 인터페이스 살펴보기

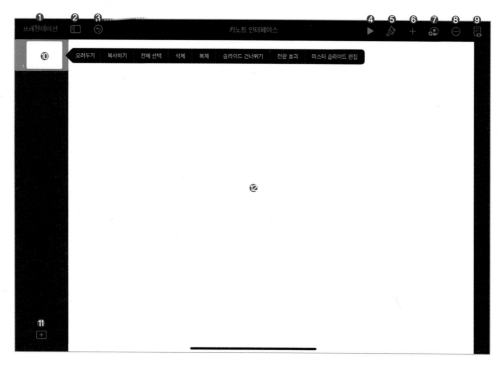

❶ 프레젠테이션 : 키노트 시작 화면으로 돌아가요.

❷ 슬라이드를 하나씩 볼지, 여러 개를 한 번에 모아볼지 선택할 수 있어요.

❸ 실행 취소 : 마지막으로 실행한 작업을 취소하고 한 단계 이전으로 되돌려요.

❹ 프레젠테이션 재생 : 프레젠테이션 발표 모드로 전환해요.

❺ 편집 도구 : 슬라이드 배경, 표, 차트, 도형, 텍스트, 이미지 등 선택된 개체의 스타일이나 정렬 등을 편집해요.

❻ 추가 : 표, 차트, 도형, 텍스트, 이미지 등을 추가해요.

❼ 공동작업 : 키노트 문서를 다른 사용자와 공유하여 함께 편집할 수 있어요.

❽ 기타 : 키노트 작업과 관련된 기본 설정을 변경하거나, 슬라이드를 외부로 내보낼 때 사용해요.

❾ 편집 모드와 읽기 모드를 전환해요.

❿ 슬라이드 목록 : 슬라이드를 두 번 탭하면 오려두기/복사하기/삭제/복제 등이 가능해요.

⓫ 새 슬라이드를 추가해요.

⓬ 슬라이드 작업 공간이에요.

다이어리 서식 만들기

키노트의 표 만드는 기능을 사용하여 월간 및 주간 다이어리 서식과 모눈 노트를 만든 뒤, PDF 파일로 내보내 굿노트에서 활용해보아요. 모든 작업은 새 프레젠테이션을 생성하여 빈 슬라이드를 만든 다음에 시작할 거예요. 서식을 만들기 전에 '키노트 첫 화면 살펴보기(126p)'를 참고하여 빈 슬라이드를 만들어주세요.

월간 다이어리 서식

• 키노트에서 서식 만들기

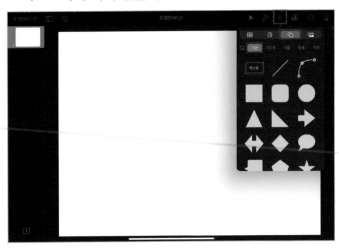

1
먼저 '월'을 입력해볼게요. [추가(+)] – [도형] – [기본]에서 [텍스트]를 탭해서 슬라이드에 추가해요.

2

빈 공간을 탭해서 텍스트 입력창이 뜨면 'January'
라고 입력해요.

3

텍스트가 선택된 상태(테두리에 파란색 박스 활성
화)에서 [편집 도구] – [텍스트]를 탭해 텍스트 스
타일을 수정해요. 저는 Georgia/굵게/기울임/52pt
로 설정했어요.

tip 텍스트를 다 입력한 다음 빈 공간을 한 번 탭해서 해
제한 뒤, 텍스트를 다시 한 번 탭하면 텍스트가 선택
(파란색 박스 활성화)돼요.

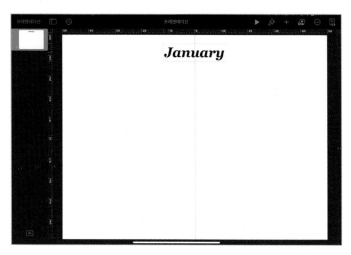

4

텍스트를 드래그해서 원하는 위치로 이동시켜요.
이때 슬라이드 중앙으로 가져가면 중앙 보조선이
표시되어 쉽게 가운데에 맞출 수 있어요.

5

이제 월간 다이어리 표를 만들어볼게요. [추가(+)] – [표]를 탭해 가장 기본적인 표를 슬라이드에 추가해요.

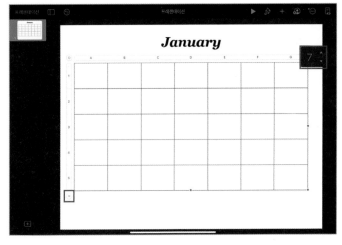

6

표의 행과 열 끝의 [=] 버튼을 탭하면 행렬의 개수를 설정할 수 있어요. 월간 다이어리를 만들 것이므로 월에 맞게 행렬을 추가해주세요.

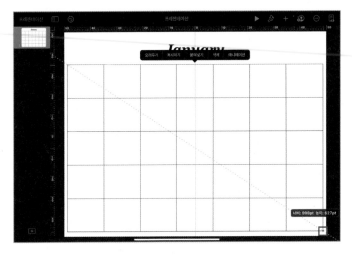

7

표 테두리의 파란색 점을 드래그해서 크기를 조정하고, 표를 드래그해서 원하는 위치로 이동시켜요.

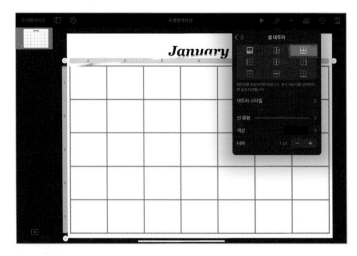

8

표가 선택된 상태에서 [편집 도구] – [셀] – [셀 테두리]를 탭해요. 그다음 세 번째 아이콘인 [모든 테두리]를 탭하고 셀 테두리의 선 유형, 색상 등을 원하는 스타일로 변경해요.

9

이제 '요일'을 입력해볼게요. 텍스트를 추가하여 요일을 하나 입력하고, 3번 과정과 같은 방법으로 텍스트 스타일을 변경해요. 그다음 텍스트를 드래 그해서 원하는 위치로 이동시켜요.

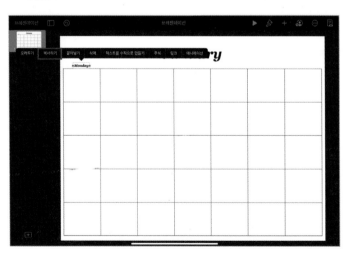

10

텍스트가 선택된 상태에서 한 번 더 탭해서 옵션 상자를 연 뒤, [복사하기]를 탭해요.

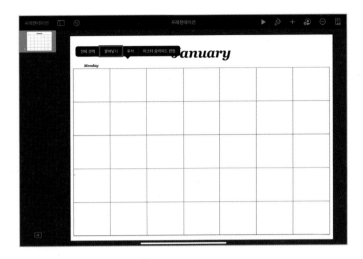

11

텍스트를 붙여넣고 싶은 곳을 길게 탭하여 옵션 상자가 열리면 [붙여넣기]를 탭해요.

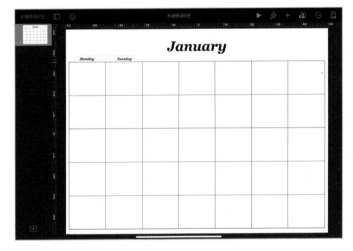

12

텍스트를 더블 탭하여 요일을 수정해요.

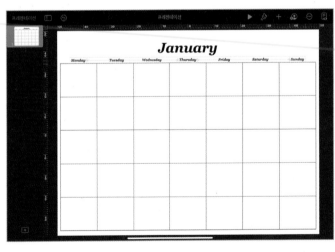

13

같은 방법으로 모든 요일을 입력한 뒤, 간격을 조정해요.

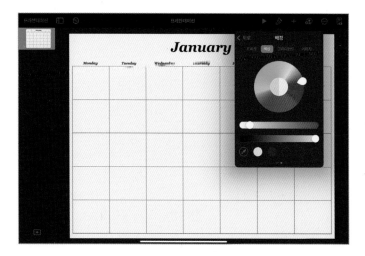

14

슬라이드의 배경색을 바꾸고 싶다면 아무것도 선택되지 않은 상태에서 [편집 도구(슬라이드 레이아웃)] – [배경]을 탭해 바꿀 수 있어요.

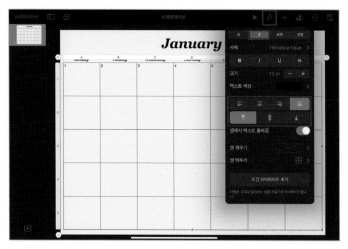

15

표 안에 날짜를 넣고 싶다면 각 셀을 더블 탭하여 숫자를 하나씩 입력해요. 그다음 표 전체가 선택된 상태에서 [편집 도구] – [셀]을 탭해 서체 스타일을 변경해요. 날짜를 셀의 왼쪽 상단에 위치시키려면 텍스트의 위치를 사진과 같이 설정해주세요.

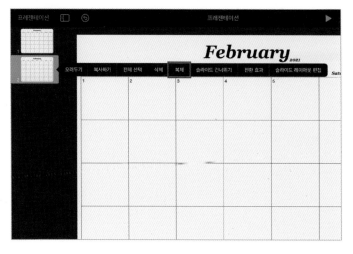

16

1월 다이어리 서식을 완성했으면 서식을 복사해서 12월까지 만들어볼게요. 슬라이드 목록에서 슬라이드를 두 번 탭해서 옵션 상자를 연 뒤 [복제]를 탭해요. 그다음 복제된 슬라이드에서 월과 날짜를 수정해요. 같은 방법으로 12월 다이어리 서식까지 만들면 돼요.

• 서식 내보내고 굿노트에서 사용하기

1

서식을 완성했다면 굿노트에서 사용하기 위해서 PDF로 내보낼 거예요. [기타] – [내보내기] – [PDF]를 탭해요.

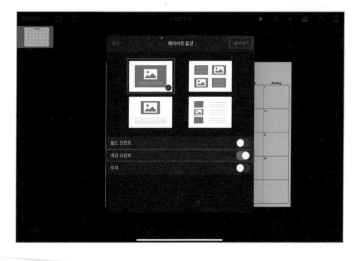

2

레이아웃 옵션을 사진과 같이 선택한 후 [내보내기]를 탭해요.

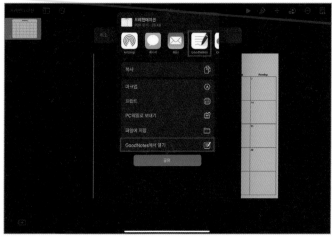

3

PDF로 변환한 서식을 굿노트에서 바로 열어볼 거예요. [GoodNotes] 아이콘 또는 [GoodNotes에서 열기]를 탭해요. 만약 서식을 저장해 두고 싶다면 [파일에 저장]을 탭해 아이패드나 iCloud에 저장할 수 있어요.

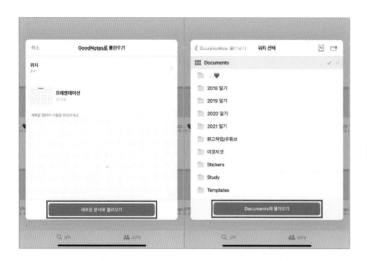

4

굿노트 앱이 자동으로 실행되면서 팝업창이 열리면 [새로운 문서로 불러오기]를 탭한 뒤, 새 노트북을 저장할 위치(폴더)를 선택하고 [Documents에 불러오기]를 탭해요.

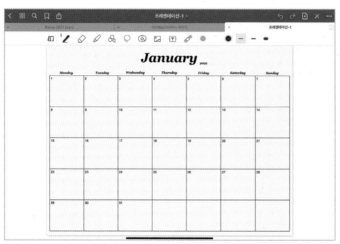

5

키노트에서 만든 서식이 굿노트에 불러와졌어요.

다이어리 서식에 하이퍼링크 삽입하기

하이퍼링크는 텍스트, 도형 등 특정 개체에 링크를 삽입하여, 개체를 탭하면 해당 링크로 바로 이동할 수 있는 기능이에요. 앞에서 만든 월간 다이어리 서식에 하이퍼링크를 삽입하여 다른 달로 편하게 이동할 수 있도록 만들어볼게요.

1

첫 번째 슬라이드 오른쪽 상단에 텍스트를 추가하고 '1'을 입력해요. 그다음 텍스트가 선택된 상태에서 [편집 도구] – [텍스트]를 탭하여 서체 스타일을 원하는 대로 변경해요.

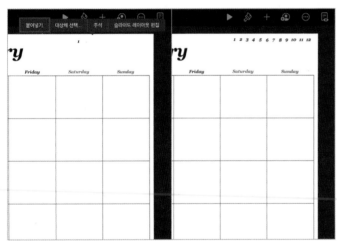

2

텍스트를 [복사하기]한 뒤 바로 옆에 [붙여넣기]하고 텍스트를 더블 탭하여 '2'로 수정해요. 같은 방법으로 '12'까지 만들고 텍스트의 간격이 일정하도록 위치를 조정해요.

3

텍스트 '1'을 탭하여 옵션 상자를 연 뒤 [▶]를 탭하고 [링크]를 탭해요.

4

링크 설정 창에서 [다음 슬라이드에 링크] – [1]을 탭해요. 이제 텍스트 '1'을 탭하면 1번 슬라이드로 바로 연결돼요. 링크가 삽입된 개체는 화살표 모양으로 표시되어 링크가 있음을 알 수 있어요.

5

나머지 숫자들도 3~4번 과정을 반복하여 각각 해당하는 슬라이드 링크를 삽입해요.

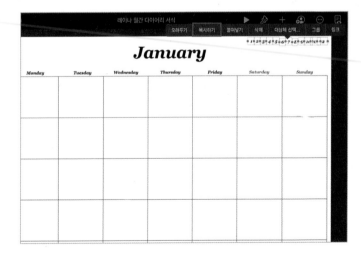

6

1월 서식의 하이퍼링크 작업이 끝났으니 다른 달의 서식에도 똑같이 하이퍼링크를 넣어줄 거예요. 텍스트 '1'부터 '12'까지 한 번에 선택한 뒤 복사하여 다른 슬라이드에 붙여 넣어요. 좀 더 쉽게 다중 선택하기 위해 슬라이드의 빈 공간을 길게 탭하고 옵션 상자에서 [대상체 선택]을 탭해요.

7

애플펜슬 또는 손가락으로 텍스트 '1'부터 '12'까지 쭉 드래그해서 모두 선택한 뒤 하단의 [완료]를 탭해요.

8

다중 선택된 개체의 옵션 상자에서 [복사하기]를 탭해요.

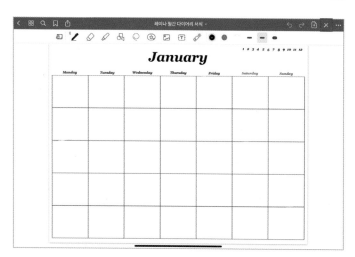

9

슬라이드 목록에서 두 번째 슬라이드인 2월 서식을 선택한 뒤, 빈 공간을 길게 탭하고 [붙여넣기]를 탭해요. 빈 공간 어디를 탭하더라도 복사한 개체와 동일한 위치에 붙여 넣을 수 있어요. 같은 방법으로 12월 서식까지 하이퍼링크를 삽입하면 완성이에요.

10

파일을 PDF로 저장한 뒤 굿노트에서 사용해보아요. 굿노트 상단 메뉴바의 [편집 모드-읽기 모드 전환] 아이콘을 탭하여 '읽기 모드'로 전환해요. 이제 각 숫자를 탭하면 링크된 페이지로 바로 이동할 수 있을 거예요.

주간 다이어리 서식

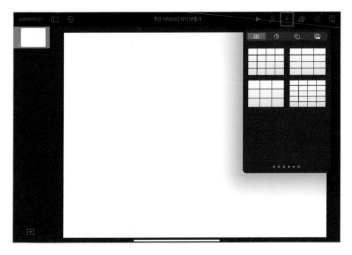

1
[추가(+)] – [표]를 탭해 가장 기본적인 표를 슬라이드에 추가해요.

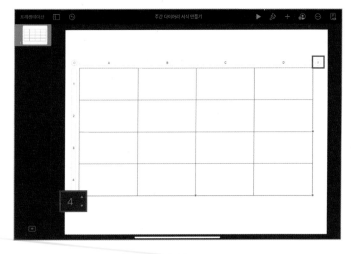

2
표의 행렬 끝부분의 [=] 버튼을 탭하여 행렬을 4×4로 만들어주세요.

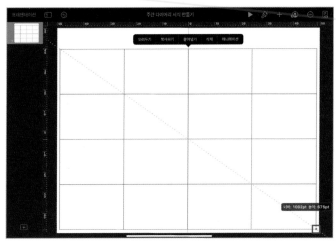

3
표 모서리의 파란색 점을 드래그해서 표의 크기를 조정해요. 그다음 표를 드래그해서 원하는 위치로 이동시켜요.

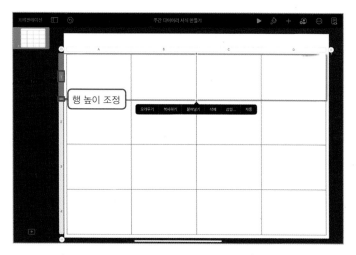

4
이제 1·3행의 크기를 줄일 거예요. 1행 왼쪽의 숫자 부분을 탭하면 행 전체가 선택되고, 숫자 아래쪽의 [=]를 드래그하면 행 높이를 조정할 수 있어요. 위로 드래그해서 높이를 35pt로 조정해주세요.

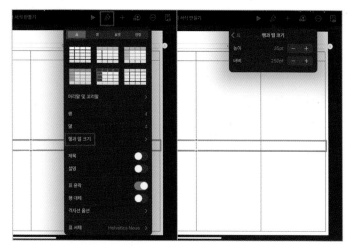

5
마찬가지로 3행도 높이를 35pt로 조정해요. 이때 [편집 도구] - [표] - [행과 열 크기]를 탭하면 버튼을 눌러서 1pt씩 크기를 세밀하게 조정할 수 있어요.

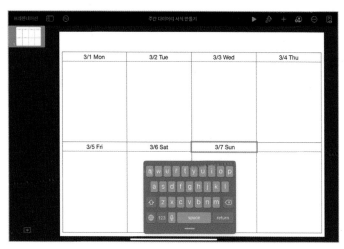

6
1·3행의 각 셀을 더블 탭하여 날짜와 요일을 입력해요.

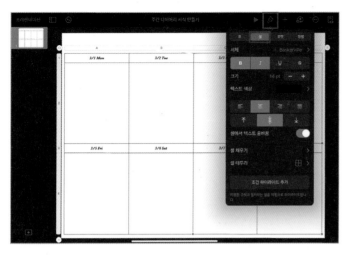

7

표가 선택된 상태에서 [편집 도구] – [셀]을 탭하고 서체 스타일을 변경해요.

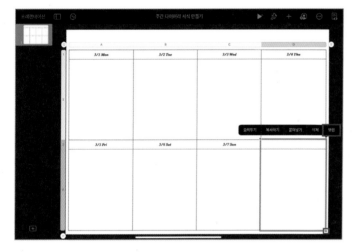

8

셀을 탭하여 선택하고 모서리의 파란색 점을 드래그해서 셀 선택 범위를 조정할 수 있어요. 3행의 D열 셀을 탭한 뒤, 파란색 점을 아래로 드래그해서 두 칸을 선택해요. 그다음 옵션 상자에서 [병합]을 탭하여 셀을 하나로 합쳐요. 이 칸은 메모장으로 사용하면 돼요.

9

슬라이드 맨 위에 '월'을 입력하면 심플한 주간 다이어리가 완성돼요. 완성한 서식은 136p를 참고하여 PDF 파일로 내보내 굿노트에서 사용해보세요.

모눈 노트

1

모눈 노트는 가로보다 세로가 더 긴 형태로 만들 거예요. 슬라이드 크기를 바꾸기 위해 [기타] – [문서 설정]을 탭해요.

2

[슬라이드 크기]에서 세로 형태인 [3:4] 비율을 선택한 후 [완료]를 탭해요.

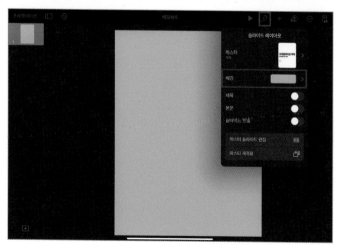

3

[편집 도구(슬라이드 레이아웃)] – [배경]을 탭하여 배경색을 원하는 색으로 변경해요.

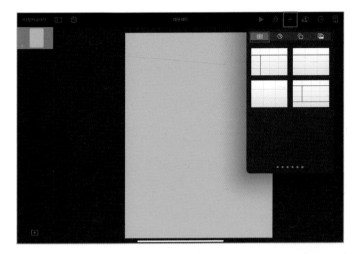

4

표를 활용해 모눈 종이 서식을 만들어볼게요. 먼저 [추가(+)] – [표]에서 가장 기본적인 표를 슬라이드에 추가해요.

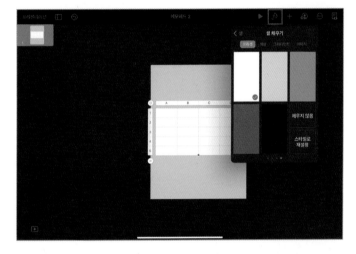

5

셀이 투명한 표가 만들어졌다면 표가 선택된 상태에서 [편집 도구] – [셀] – [셀 채우기]를 탭한 뒤, 흰색을 선택해 셀을 채워주세요.

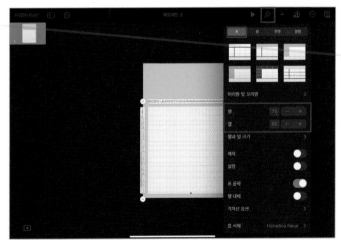

6

이제 표의 칸 개수를 늘려서 모눈 종이처럼 만들어볼게요. [편집 도구] – [표]를 탭하여 '행'을 75, '열'을 60으로 변경해요.

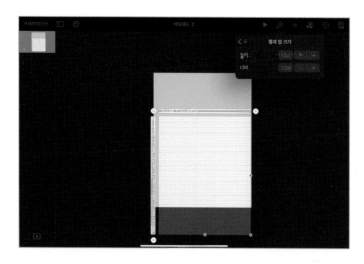

7 각 셀이 정사각형 모양이 되도록 행과 열의 크기
도 변경해볼게요. [편집 도구] — [표] — [행과 열
크기]를 탭하여 높이와 너비를 모두 12pt로 변경
해요.

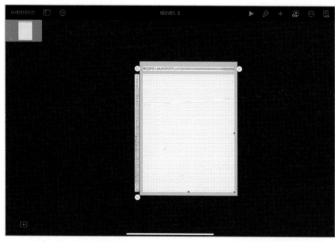

8 표를 드래그해서 원하는 위치로 이동시켜요.

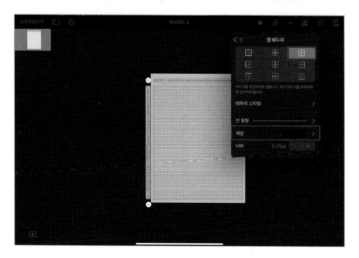

9 이제 셀 테두리 색을 변경해볼게요. [편집 도구]
— [셀] — [셀 테두리]를 탭한 뒤, 세 번째 아이콘
인 [모든 테두리]를 선택하고 [색상]을 탭해요.

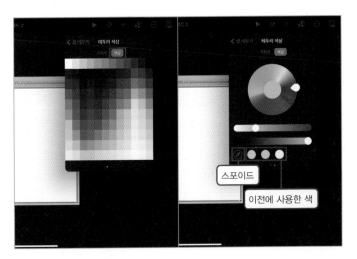

10
[색상] 탭에서 원하는 색을 선택해요. 이때 탭을 왼쪽으로 슬라이드 하면 색상환이 나오는데, 여기에서 [스포이드]를 사용해 슬라이드에 있는 색을 추출하거나 이전에 사용한 색을 선택할 수 있어요. 저는 배경색과 어울리는 연한 분홍색으로 바꿔볼게요.

11
이제 도형을 활용해 노트의 윗부분을 꾸며볼게요. [추가(+)] – [도형]을 탭하여 다양한 도형을 추가해보세요. 저는 [기호] 탭에서 '하트'를 추가해볼게요.

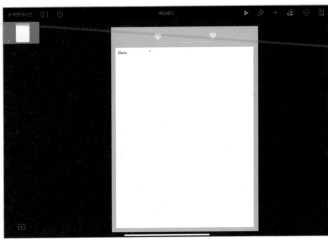

12
하트 두 개와 선을 추가한 뒤 [편집 도구]에서 색상을 바꾸고, 텍스트도 추가해 모눈 노트를 완성했어요. 완성한 서식은 136p를 참고하여 PDF 파일로 내보내 굿노트에서 사용해보세요.

03

다이어리 스티커 만들기

키노트의 도형 만드는 기능으로 여러 가지 스티커를 만들고 굿노트에서 사용해보아요. 마찬가지로 모든 작업은 새 프레젠테이션을 생성하여 빈 슬라이드를 만든 다음에 시작할 거예요. 서식을 만들기 전에 '키노트 첫 화면 살펴보기(126p)'를 참고하여 빈 슬라이드를 만들어주세요.

반투명한 원형 스티커

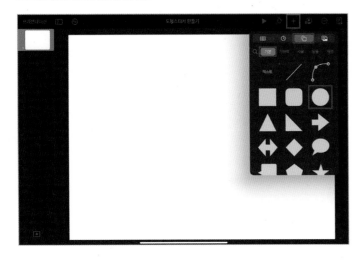

1

[추가(+)] – [도형] – [기본]에서 원을 슬라이드에
추가해요.

149

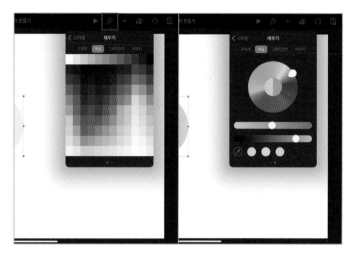

2

원을 선택한 상태에서 [편집 도구] – [스타일] – [채우기]를 탭해 원하는 색상을 선택해요. 색상을 좀 더 미세하게 조정하고 싶다면 [색상] 탭에서 왼쪽으로 슬라이드 한 뒤, 색상환 옵션에서 색을 선택해보세요.

3

원하는 색을 선택했으면 다시 [스타일]로 되돌아가서 불투명도를 조정해요. 불투명도를 낮출수록 원이 투명해져요.

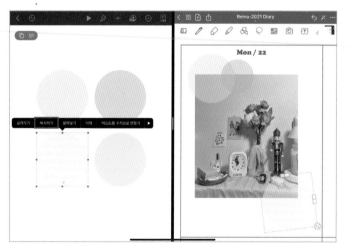

4

원을 탭하고 옵션 상자가 열리면 [복사하기]를 탭한 뒤, 빈 곳에 [붙여넣기]하여 원을 여러 개 만들고 색상을 변경해요. 그다음 원을 [복사하기]한 뒤 굿노트에서 [붙여넣기]하여 스티커로 활용해보세요.

구름 모양 스티커 - 도형 합치기 기능

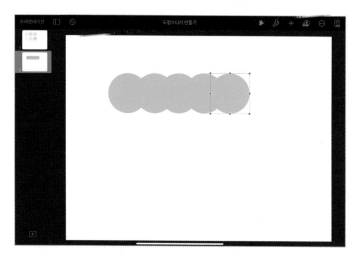

1

[추가(+)] - [도형] - [기본]에서 원을 슬라이드에 추가해요. 그다음 원을 탭해 [복사하기]한 뒤, 바로 옆에 [붙여넣기]하여 원 다섯 개를 만들고 살짝 겹쳐주세요.

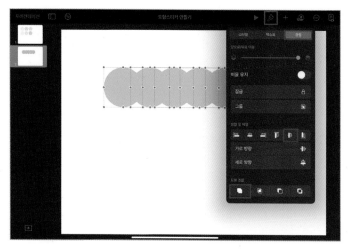

2

여러 개의 도형을 합쳐서 하나로 만들어볼게요. 먼저 원 하나를 애플펜슬로 꾹 누른 채 다른 손가락으로 나머지 원들을 하나씩 눌러 다중 선택해요. [편집 도구] - [정렬]에서 정렬 및 배열의 다섯 번째 아이콘인 [가로 가운데 정렬]을 탭해요. 그다음 도형 조합의 첫 번째 아이콘인 [합치기]를 탭해요.

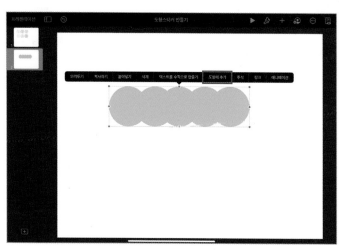

3

직접 만든 도형을 저장하고 싶다면 옵션 상자에서 [도형에 추가]를 탭해요. 그러면 '나의 도형' 카테고리에 추가되어 나중에 다시 사용할 수 있어요.

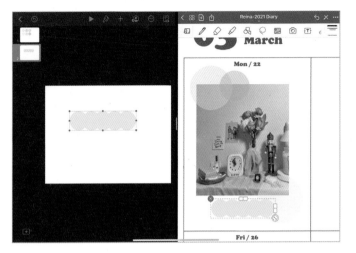

4

도형을 [복사하기]한 뒤 굿노트에서 [붙여넣기]하여 스티커로 활용해보세요.

폴라로이드 스티커 - 도형 빼기 기능

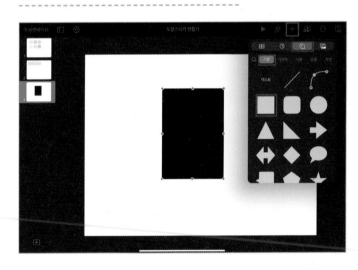

1

[추가(+)] − [도형] − [기본]에서 사각형을 슬라이드에 추가해요. 사각형 테두리의 파란색 점을 드래그해서 세로가 긴 직사각형을 만들어요.

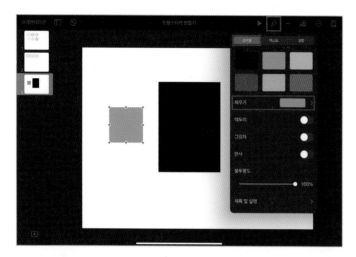

2

사각형을 하나 더 추가한 뒤, [편집 도구] – [스타일] – [채우기]에서 눈에 잘 띄는 색상으로 변경해주세요.

153

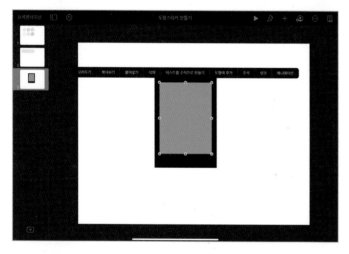

3

사각형 두 개를 겹쳐서 배치하고, 파란색 사각형의 크기와 모양을 조정해 폴라로이드 모양으로 만들어주세요.

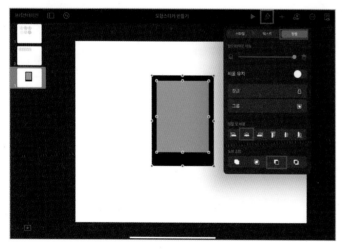

4

두 개의 사각형을 모두 선택한 뒤, [편집 도구] – [정렬]에서 정렬 및 배열의 두 번째 아이콘인 [세로 가운데 정렬]을 탭해요. 그다음 도형 조합의 세 번째 아이콘인 [빼기]를 탭해요.

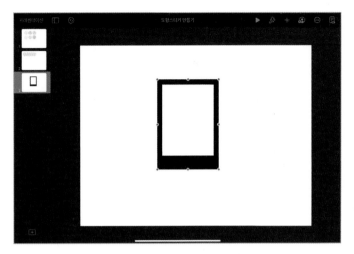

5

아래에 있는 도형에서 위에 겹쳐진 도형의 면적
만큼 제거되어 가운데가 뚫린 폴라로이드 모양의
도형이 만들어졌어요.

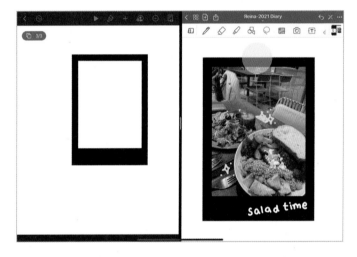

6

완성된 폴라로이드 도형을 [복사하기]한 뒤 굿노트
에서 [붙여넣기]하여 사진과 함께 활용해보세요.

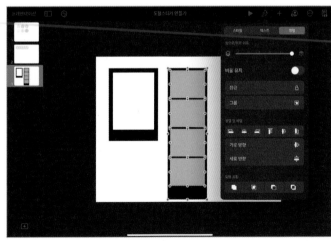

7

같은 방법으로 길쭉한 직사각형 안에 사각형 네
개를 배치하고 도형을 빼면 '인생네컷' 형태의 폴
라로이드 스티커도 만들 수 있어요.

반투명한 마스킹테이프 스티커

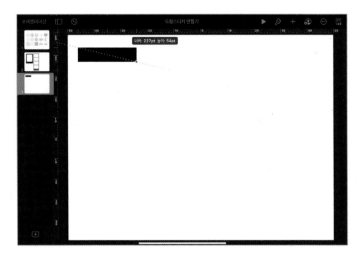

1
[추가(+)] – [도형] – [기본]에서 사각형을 슬라이드에 추가하고 모서리의 파란색 점을 드래그해서 가로가 긴 직사각형을 만들어요.

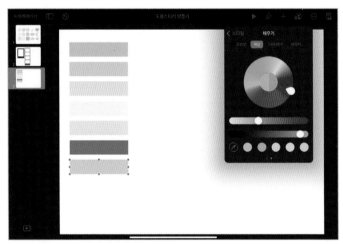

2
사각형이 선택된 상태에서 [편집 도구] – [채우기]를 탭하여 원하는 색상으로 변경한 뒤, 불투명도를 낮춰요. 같은 방법으로 여러 가지 색상의 사각형을 만들어요.

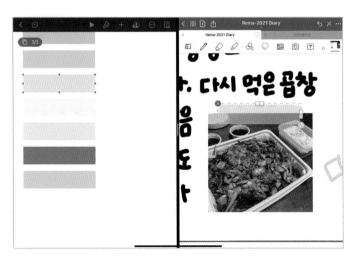

3
사각형을 [복사하기]한 뒤 굿노트에서 [붙여넣기]하여 마스킹테이프 스티커로 활용해보세요.

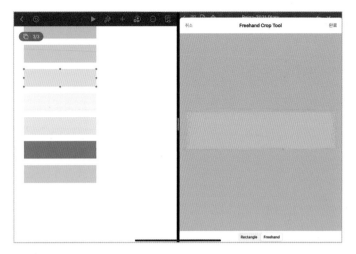

4

여기서 좀 더 실제 마스킹테이프 같은 느낌이 들도록 만들어볼게요. 방금 붙여넣은 마스킹테이프 이미지를 탭하고 [자르기] – [Freehand]를 탭하여 끝부분이 불규칙하게 잘린 느낌이 나도록 뾰족뾰족한 모양을 그려 잘라주세요.

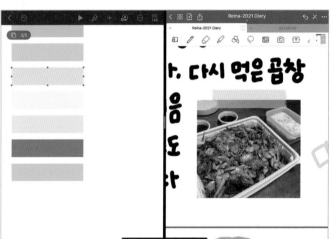

5

좀 더 사실적인 느낌의 마스킹테이프 모양이 만들어졌어요.

패턴이 들어간 마스킹테이프 스티커

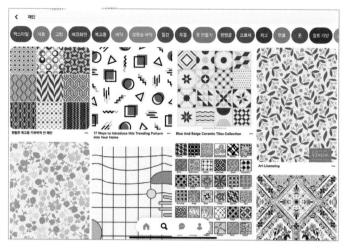

1

스티커를 만들기 전에 인터넷에 '패턴'이라고 검색하여 원하는 패턴 이미지를 다운받아요. 만약 직접 그린 패턴이 있다면 그걸 활용해도 좋아요.

tip 무료 이미지를 검색하려면 'copyright free'라는 검색어를 추가해보세요. 하지만 무료 이미지더라도 상업적인 용도로 사용하는 경우에는 문제가 될 수 있으므로 개인적인 용도로만 사용하는 것을 권장해요.

2

이제 키노트에서 스티커를 만들어볼게요. 앞의 '반투명한 마스킹테이프 스티커'와 같은 방법으로 가로가 긴 직사각형을 만들어요. 그다음 사각형을 선택한 뒤 [편집 도구] – [채우기] – [이미지]에서 [이미지 변경] – [사진 선택]을 탭해요.

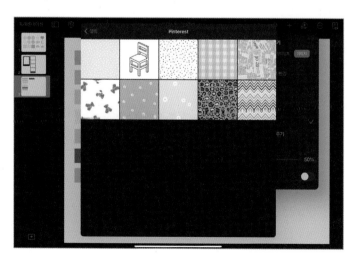

3

다운받은 패턴 이미지 또는 직접 그린 패턴 이미지를 선택해요.

4

도형의 내부가 선택한 이미지로 채워져요.

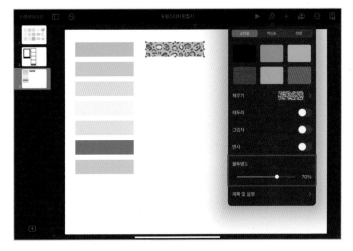

5

다시 [스타일]로 돌아가서 불투명도를 낮춰요.

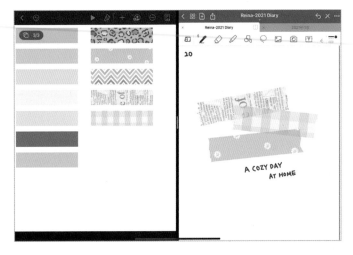

6

같은 방법으로 여러 가지 패턴의 마스킹테이프 모
양을 만들고 굿노트에서 스티커로 활용해보세요.

폴라로이드 꾸미기(폴꾸)

키노트에서 만드는 폴라로이드 스티커를 활용해 폴라로이드 꾸미기를 해보세요. 좋아하는 연예인 사진이나, 감명 깊게 본
영화의 포스터, 직접 찍은 내 사진에 폴라로이드 스티커를 입히면 색다른 느낌으로 즐거운 기록을 할 수 있어요.

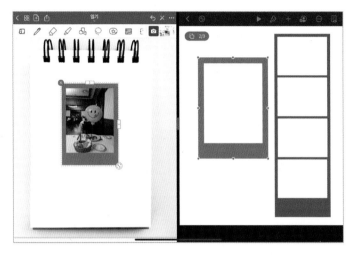

1

굿노트에 사진을 추가한 뒤 폴라로이드 스티커도
추가해요. 폴라로이드 스티커의 크기를 사진에 맞
게 조정해요.

2

아기자기한 스티커와 문구를 넣어 폴라로이드를
꾸미면 완성이에요.

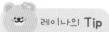

굿노트에서 겹쳐있는 개체의 순서를 바꾸고 싶어요! 나중에 추가한 개체를 아래로 보내려면 어떻게 해야 하나요?

굿노트에는 레이어 기능이 없어서 개체를 추가한 순서대로 위로 쌓여요. 나중에 추가한 개체가 먼저 추가한 개체보다 위에 겹쳐지게 되는데요. 따라서 맨 마지막에 추가한 개체를 가장 아래쪽으로 보내려면 먼저 추가한 개체를 오려낸 다음 다시 붙여 넣어야 해요. 아래 예시를 따라하면서 배워볼까요?

마지막에 추가한 하트 스티커를 맨 밑으로 보낼 거예요.

먼저 하트 스티커를 잠시 옆으로 옮긴 뒤, 나머지 개체를 [올가미 도구]로 한꺼번에 선택하고 [오려두기]를 탭해요.

빈 공간을 길게 탭하여 옵션 상자를 연 뒤 [붙여넣기]를 탭해요.

붙여넣은 개체들이 맨 마지막에 추가되었으므로 하트 스티커가 가장 아래쪽으로 이동한 것을 확인할 수 있어요.

160

레이나가 애용하는 색상 코드!

000000	555555	FFFFFF	CE3C3C	3A6593
F65353	FF8585	FFA8AA	FFAF78	FFBF94
FFCF7D	FFE17D	FFE97D	FFEB6C	FFF1A0
7FC15E	ABDC76	77D3E3	77C0E3	6F84CD
9E88C8	B8B2E0	D3BB9B	BF9D76	A87D53

다이어리 꾸미기에 유용한 간단 손그림 예시

• 날씨와 식물

• 맛있는 음식

• 신나는 여행

• 특별한 기념일

굿노트 사용법부터 오밀조밀 다이어리 꾸미기까지

일상이 반짝이는 아이패드 다이어리

초 판 발 행 일	2021년 07월 15일
발 행 인	박영일
책 임 편 집	이해욱
저 자	레이나
편 집 진 행	박소정
표 지 디 자 인	김도연
편 집 디 자 인	신해니
발 행 처	시대인
공 급 처	(주)시대고시기획
출 판 등 록	제 10-1521호
주 소	서울시 마포구 큰우물로 75 [도화동 538 성지 B/D] 6F
전 화	1600-3600
팩 스	02-701-8823
홈 페 이 지	www.sidaegosi.com
I S B N	979-11-383-0130-5[13000]
정 가	16,000원

시대인은 종합교육그룹 (주)시대고시기획 · 시대교육의 단행본 브랜드입니다.

2021
The쉽게
합격하는

전산회계 2급

이론+실무+기출문제 10회

Always **with you**

사람이 길에서 우연하게 만나거나 함께 살아가는 것만이 인연은 아니라고 생각합니다.
책을 펴내는 출판사와 그 책을 읽는 독자의 만남도 소중한 인연입니다.
(주)시대고시기획은 항상 독자의 마음을 헤아리기 위해 노력하고 있습니다.
늘 독자와 함께하겠습니다.

PREFACE

머리글

시중에 수많은 전산회계 서적이 즐비한 가운데 또 하나의 책을 추가한다는 것이 여간 부담스러운 일이 아닐 수 없다. 그럼에도 불구하고 수험생들의 회계 입문에 도움이 되고자 하는 마음으로 집필하게 되었다. 이미 기존에 좋은 책들이 많이 나와 있는 중에 새로 도서를 출간하면서 기존의 책들의 집필방식을 답습한다면 본 서의 저자 목적은 상실되는 것이다. 따라서 책의 처음부터 끝까지 집필의도와 주안점을 보다 명확히 하여, 방향성을 잃지 않은 채 책이 집필될 수 있도록 총력을 기울였다. 그 중에서도 가장 중점을 둔 부분은 다음과 같다.

1. 모든 실기문제에 대하여 유형별 분석 및 상세한 답안을 작성하였다.

저자는 전산회계 자격시험 컴퓨터 프로그램을 활용하는 시험임에도 불구하고, 시중에 많은 책들이 실기문제에 대하여는 충분한 설명 없이 문제집 수준에서 구성되어 있는 점에 안타까움을 느껴왔다. 이에 따라, 우리 저자들은 실기 기출문제를 시험초기부터 현재 시행되는 시험까지 상세하게 분석하여 이들을 각 유형별로 분류하였다. 또한 각 유형별 문제를 충분히 연습해 볼 수 있도록 문제를 구성하였고, 스스로 답안을 확인할 수 있도록 모든 답안은 프로그램을 캡처하여 수록하였다.

2. 필기문제에 대한 효율적인 대비를 위하여 서브노트형식으로 구성하였다.

전산회계 자격시험은 총 배점이 필기 30%, 실기 70%로 구성되어 있다. 따라서, 전산회계 2급 시험에서의 필기문제는 합격의 당락에 매우 중요한 부분으로 인식된다. 우리 저자들은 이를 위해 필기문제의 출제범위가 되는 부분을 철저히 분석하여 이론편을 구성하였고, 각 파트 후에는 단원별 기출문제를 수록하였다. 필기문제를 대비하기 위한 이론편은 방대한 양을 효과적으로 기억하고 정리할 수 있도록 가능한 표를 사용하여 서브노트 형식으로 구성하였다.

3. 기출문제를 현행 기업회계기준으로 변환하였다.

전산회계 자격시험은 이미 수십 회가 시행된 시험이며, 시험에 가장 효과적으로 대응하는 방법은 기출문제를 풀어보는 것이다. 우리 저자들은 최근의 기출문제를 현행 기업회계 기준에 맞도록 수정 · 보완하고, 최신 10회분을 수록하여 독자들이 많은 문제를 경험해 볼 수 있도록 하였다.

아울러 출간만으로 저자의 의무를 다하였다고 생각하지 않고 온 · 오프라인을 통해 계속하여 독자들과 만나며, 독자들께서 주시는 제언들을 밑거름으로 하여 더 좋은 책을 만들기 위한 노력을 계속해 나갈 것이다.

끝으로 본서가 나오기까지 아낌없는 지원을 해준 사랑하는 가족들에게 항상 고마움을 느끼며, 다시 한번 감사의 말씀을 전한다.

공동저자 씀

전산회계 2급 자격시험 안내

목 적

전산세무회계의 실무처리능력을 보유한 전문인력을 양성할 수 있도록 조세의 최고전문가인 1만여 명 세무사로 구성된 한국세무사회가 엄격하고 공정하게 자격시험을 실시하여 그 능력을 등급으로 부여함으로써, 학교의 세무회계 교육방향을 제시하여 인재를 양성시키도록 하고, 기업체에는 실무능력을 갖춘 인재를 공급하여 취업의 기회를 부여하며, 평생교육을 통한 우수한 전문인력 양성으로 국가발전에 기여하고자 한다.

시험정보

시험구분	국가공인 민간자격증
응시자격	제한없음
시험시간	60분
합격기준	70점 이상 합격(100점 만점)
응시료	25,000원(전자결제 수수료 제외)
준비물	유효 신분증, 수험표, 필기구 및 일반계산기
접수방법	각 회차별 접수기간 중 한국세무사회 홈페이지(license.kacpta.or.kr)로 접속하여 단체 및 개인별 접수(회원가입 및 사진등록 필수)
접수기간	각 회차별 원서접수기간 내 접수(접수 마지막 날 18시 마감)
자격발급기관	한국세무사회
자격 유효기간	합격일로부터 5년(매5년 단위로 갱신 필요)

2021 시험일정

회 차	원서접수	장소공고	시험일자	발 표
제94회	01.07~01.13	02.01~02.07	02.07(일)	02.26(금)
제95회	03.04~03.10	03.29~04.03	04.03(토)	04.22(목)
제96회	04.29~05.06	05.31~06.05	06.05(토)	06.24(목)
제97회	07.08~07.14	08.02~08.07	08.07(토)	08.26(목)
제98회	09.01~09.07	09.27~10.03	10.03(일)	10.21(목)
제99회	11.04~11.10	11.29~12.04	12.04(토)	12.22(수)

※ 일정은 주관처의 사정에 따라 변경될 수 있습니다. 자세한 사항은 한국세무사회 홈페이지(license.kacpta.or.kr)에 접속하여 확인하시길 바랍니다.

평가 범위

대분류	이론 30%	실기 70%		
중분류	회계원리 30%	기초정보의 등록 및 수정 20%	거래자료의 입력 40%	입력자료 및 제장부 조회 10%
소분류	1. 회계의 기본원리 2. 당좌자산 3. 재고자산 4. 유형자산 5. 부 채 6. 자 본 7. 수익과 비용	1. 회사등록 2. 거래처등록 3. 계정과목 및 적요등록 4. 초기이월	1. 일반전표의 입력 2. 입력자료의 　 수정·삭제 등 3. 결산정리사항 입력	1. 전표입력 자료의 조회 2. 장부의 조회

※ 각 구분별 ±10% 이내에서 범위를 조정할 수 있습니다.

시험장소

서울, 부산, 대구, 광주, 대전, 인천, 울산, 강릉, 춘천, 원주, 안양, 안산, 수원, 평택, 성남, 고양, 의정부, 청주, 충주, 천안, 당진, 포항, 경주, 구미, 안동, 창원, 진주, 김해, 전주, 익산, 순천, 목포, 제주 등

※ 상기지역은 상설시험장이 설치된 지역이나 응시인원이 일정인원에 미달일 때는 인근지역을 통합하여 실시됩니다.
※ 상기지역 내에서의 시험장 위치는 응시원서 접수결과에 따라 시험시행일 일주일 전부터 한국세무사회 홈페이지에 공고됩니다.

합격률

회 차	전산세무		전산회계			합 계
	1급	2급	1급	2급	1급(특별회차)	
92회	18.57%	50.15%	51.14%	60.63%	40.16%	48.68%
91회	12.68%	57.35%	34.96%	54.01%	47.94%	47.11%
90회	14.74%	54.65%	65.67%	55.38%	-	57.56%
88회	7.35%	48.76%	24.85%	49.55%	-	35.17%
87회	8.31%	31.15%	21.89%	50.32%	-	29.92%

※ 제89회는 코로나19로 인하여 취소되었습니다.

The 쉽게 합격하는 비법 구성

제93회 기출문제

이론

다음 문제를 보고 알맞은 것을 골라 이론문제 답안작성 메뉴에 입력하시오. (객관식 문항당 2점)

< 기 본 전 제 >

문제에서 한국채택국제회계기준을 적용하도록 하는 전제조건이 없는 경우, 일반기업회계기준을 적용한다.

01 다음 설명 중 잘못된 것은?

① 자산은 과거의 거래나 사건의 결과로서 현재 기업실체에 의해 지배되고 미래에 경제적 효익을 창출할 로 기대되는 자원
② 기업의 자금조달방법에 따라 타인자본과 자기자본으로 구분된다. 부채는 자기자본에 해당되며, 타인

● 최신 기출문제 10회분 수록

시험 직전에는 방대한 양의 문제보다는 오답을 복습할 수 있을 만큼의 문제를 풀고, 핵심만 공부하는 것이 중요합니다. 문제은행 방식의 시험이오니 10회분의 기출문제를 풀고 시험에 대비하시기 바랍니다.

| 전산회계2급 49회

03 다음 빈칸에 들어갈 금액을 바르게 나열한 것은?

회사명	자 산	부 채	자 본
일산물산	(A)	450,000원	550,000원
바로상사	900,000원	360,000원	(B)

	(A)	(B)
①	1,000,000원	1,260,000원
②	1,000,000원	540,000원
③	100,000원	1,260,000원
④	100,000원	540,000원

해설

• 자산 = 부채 + 자본
  ∴ 자산(A) = 부채 450,000원 + 자본 550,000원 = 1,000,000원
• 자본 = 자산 - 부채
  ∴ 자본(B) = 자산 900,000원 - 부채 360,000원 = 540,000원

● 실력다지기 단원별 기출문제

전산회계 2급을 처음 응시하는 학습자들을 위한 맞춤형 단원별 기출문제입니다. 이론을 배우고 바로 기출문제로 실력을 다지며 기출문제 유형에 쉽게 적응할 수 있습니다.

문제 4

① 7월 3일 일반전표 입력

(차) 잡급(판)   150,000   (대) 현 금   15

2021 년 07 ▽ 월 3 ▽ 일 변경 현금잔액: 74,757,530 대차차액:

□	일	번호	구분	계 정 과 목	거래처	적 요	차 변	대 변
□	3	00001	차변	0805 잡급			150,000	
□	3	00001	대변	0101 현금				
				합 계			150,000	1

② 8월 6일 일반전표 입력

(차) 사무용품비(판)   80,000   (대) 미지급금(신한카드)   8
                                                 또는 미지급비용

2021 년 08 ▽ 월 6 ▽ 일 변경 현금잔액: 38,692,830 대차차액:

□	일	번호	구분	계 정 과 목	거래처	적 요	차 변	대 변
□	6	00001	차변	0829 사무용품비			80,000	
□	6	00001	대변	0253 미지급금	99601 신한카드			
				합 계			80,000	

③ 9월 25일 일반전표 입력

(차) 차량유지비   205,000   (대) 현 금   20

● 2021 실무프로그램 화면을 수록한 명쾌한 해설

2021년도에 맞춰진 실무프로그램 화면을 수록하여 문제와 답을 최신화하였으며, 명쾌한 해설을 통해 혼자서도 정확하게 학습할 수 있습니다. 한 번에 합격하시기 바랍니다.

이 책의 차례

제1편 이론편

이 책의 차례

※ 제89회는 코로나19로 인하여 취소되었습니다.

제1편

이론편

제 1 장 | 회계의 기본개념

1 회계란 무엇인가?

구 분	내 용
회계란	기업의 재무상태를 측정하여 이해관계자들에게 정보로 전달하는 과정
재무제표 작성목적	• 회사의 재산상태 파악 • 수익상황 보고(경영성과)

회계정보이용자 (회사의 이해관계자)	주 주	자신들이 가진 한정된 자원의 효율적 관리를 위해 어느 기업의 주식에 투자할지 의사결정
	채권자	자금대여 의사결정을 할 때 의사결정에 관한 기초자료로서 회계정보 이용
	정부기관	기업의 이익에 대해서 어느 정도의 세금을 부과할지 의사결정
	경영자	경영활동에 대한 의사결정과 성과평가를 위해 회계정보 이용

2 재무제표

정보이용자들에게 정보를 전달하는 수단이 재무제표인데 재무제표는 재무상태표, 손익계산서, 현금흐름표, 자본변동표, 주석으로 구성된다.

구 분	제공하는 정보
재무상태표	일정시점의 재무상태 파악(자산, 부채, 자본)
손익계산서	일정기간의 경영성과 파악(수익, 비용)
자본변동표	자본의 크기와 그 변동내역
현금흐름표	현금의 유입과 유출 내역
주 석	재무제표에 대한 보충적 설명

3 재무상태표

구 분		내 용
기본개념		회사의 재산 즉, 자산이 주주의 투자금액과 타인에게서 차입한 부채로 이루어져 있는 것을 나타낸 것
재무상태표 등식		자산 = 부채 + 자본
재무상태표 양식		재무상태표 (기업명)　　　　　　　　작성일자　　　　　　　　　　(단위) 　　자　산　　　　　　　｜　　부　채 　　　　　　　　　　　　｜　　자　본 　　　　　(차　변)　　　｜　　　　(대　변)
재무상태표 계정	자 산	자산은 과거 사건의 결과로 기업이 통제하고 있고 미래경제적 효익이 유입될 것으로 기대되는 자원 예 현금, 외상매출금, 미수금, 상품 등
	부 채	과거 사건에 의하여 발생하였으며 경제적 효익을 갖는 자원이 기업으로부터 유출됨으로써 이행될 것으로 기대되는 현재의무 예 외상매입금, 차입금, 선수금, 미지급금 등
	자 본	기업의 자산에서 모든 부채를 차감한 후의 잔여지분으로 회사의 소유주 자신이 투자한 출자금으로서 소유주 지분
재무상태표 작성기준	자산과 부채의 유동성 구분	자산과 부채는 1년을 기준으로 하여 유동항목과 비유동항목으로 구분한다.
	유동성배열법	자산과 부채를 재무상태표에 기재할 때, 자산과 부채의 항목배열은 유동성이 높은 것부터 낮은 것의 순서로 배열한다.
	구분표시원칙	자산, 부채, 자본 중 중요한 항목은 재무상태표 본문에 별도 항목으로 구분하여 표시한다. 중요하지 않은 항목은 성격 또는 기능이 유사한 항목에 통합하여 표시할 수 있으며, 통합할 적절한 항목이 없는 경우에는 기타 항목으로 통합한다.
	총액주의	자산·부채 및 자본은 총액에 의하여 기재함을 원칙으로 하고, 자산의 항목과 부채 또는 자본의 항목을 상계함으로써 그 전부 또는 일부를 재무상태표에서 제외해서는 안 된다.

4 손익계산서

구 분	내 용		
기본개념	일정기간 동안의 거래내용을 파악하여 수익과 비용으로 구분하고 이를 표로 나타낸 것		
손익계산서 등식	수익 − 비용 = (+) 순이익 　　　　　　(−) 순손실		
손익계산서 양식	손익계산서 (기업명)　　　　　1. 1 ~ 12. 31　　　　　(단위) <table><tr><td>비　용 (차　변) </td><td>수　익 (대　변) </td></tr></table>		
손익계산서 계정	수 익	자산의 유입이나 증가 또는 부채의 감소에 따라 자본의 증가를 초래하는 특정 회계기간 동안에 발생한 경제적 효익의 증가를 말한다(지분참여자에 의한 출연과 관련된 것은 제외).	
	비 용	자산의 유출이나 소멸 또는 부채의 증가에 따라 자본의 감소를 초래하는 특정회계기간 동안에 발생한 경제적 효익의 감소를 말한다(지분참여자에 대한 분배와 관련된 것은 제외).	
손익계산서 작성기준	발생주의	현금 유·출입이 있는 기간이 아니라 거래나 사건이 발생한 기간에 수익과 비용을 인식하는 방법	
	총액표시	수익과 비용은 총액에 의하여 기재함을 원칙으로 하고 수익항목과 비용항목을 직접 상계함으로써 그 전부 또는 일부를 손익계산서에서 제외해서는 안 된다.	
	구분표시 원칙	손익계산서는 매출총손익, 영업손익, 법인세비용차감전순손익과 당기순손익으로 구분표시하여야 한다.	
재무상태표와 손익계산서의 관계	• 순자산 증가에 따른 손익의 증감계산		
	기말 순자산(기말자본) − 기초 순자산(기초자본) = (+) 당기순이익 　　　　　　　　　　　　　　　　　　　　　　　　　(−) 당기순손실		
	• 자본등식		
	기말자산 − 기말부채 = 기초자본 ± 당기순이익(당기순손실)		

5 재무상태표 및 손익계산서의 계정

구 분		계 정	
재무상태표	자 산	현 금	회사자금으로서 회사의 재산에 해당
		보통예금	현금을 예치하여 차후 현금이란 자산을 찾을 수 있는 권리
		외상매출금	상품을 외상으로 판매한 후 외상대금를 청구할 수 있는 권리
		미수금	상품 외 자산을 판매한 후 대금을 받지 않아, 차후에 그 외상대금을 청구할 수 있는 권리
		선급금	상품 등을 매입하기 위하여 계약금을 지급한 것으로 추후 잔금만을 지급하고 상품 등의 자산을 구입할 수 있는 권리
		대여금	타인에게 현금을 빌려주고 차후에 현금이란 자산을 청구할 수 있는 권리
		상 품	판매할 목적으로 소유하고 있는 물건
		건물, 토지, 비품	기업활동에 사용하고 있는 회사의 재산
		받을어음	상품 등의 자산을 판매한 후 약속어음이나 환어음 수취시 받을 권리
		차량운반구	자동차, 운반기구
	부 채	외상매입금	상품을 외상으로 구입한 금액으로 차후에 대금을 갚아야 할 의무
		차입금	남에게 빌린 돈으로서 차후에 현금으로 갚아야 할 의무
		선수금	상품을 사고자 하는 사람에게 미리 받은 선금이나 계약금(이는 받은 계약금에 대하여 차후에 상품 등을 인도함으로 갚아야 할 의무에 해당)
		미지급금	상품 이외의 물건을 외상으로 구입한 경우 그 금액으로 차후에 대금을 갚아야 할 의무
		지급어음	상품 등의 자산을 매입하고 약속어음 발행시 갚아야 할 의무
	자 본	자본금	사업주가 개인기업에 납입한 출자금
		인출금	개인기업에서 사업주가 자금을 출금한 금액
손익계산서	수 익	매출액	상품, 제품을 판매하거나 용역을 제공하고 얻은 수익
		임대료	건물이나 토지 등을 임대하고 얻은 수익
		이자수익	은행에 예금한 금액에 대하여 받은 이자
		수수료수익	수수료 수취로 인한 수익
	비 용	매출원가	매출된 상품, 제품의 원가
		급 여	종업원에게 지급하는 근로의 대가
		광고선전비	광고선전에 드는 비용
		지급임차료	부동산과 점포, 사무실 등을 빌린 경우에 지급하는 대가
		감가상각비	건물 등 유형자산에 대한 취득원가의 기간 배분액
		이자비용	차입금에 대해 발생하는 이자
		세금과공과	각종 세금이나 공과금 납부액
		보험료	화재보험, 자동차보험 등의 납부액
		수도광열비	수도료, 전기료, 난방비 지출액
		도서인쇄비	각종 도서, 잡지, 신문구독료 지출액

		접대비	사업과 관련된 거래처 접대로 인한 지출액
		잡손실	영업과 무관한 지출액
		수선비	사업용 자산의 수선비용 지출액

예제

01 계정과목의 분류

다음의 계정과목을 자산, 부채, 자본으로 표시하시오.

① 현 금   (   )
② 외상매입금   (   )
③ 상 품   (   )
④ 외상매출금   (   )
⑤ 토 지   (   )
⑥ 자본금   (   )
⑦ 대여금   (   )
⑧ 비 품   (   )
⑨ 선수금   (   )
⑩ 미수금   (   )
⑪ 미지급금   (   )
⑫ 차입금   (   )
⑬ 선급금   (   )
⑭ 인출금   (   )

풀이

자 산	①, ③, ④, ⑤, ⑦, ⑧, ⑩, ⑬
부 채	②, ⑨, ⑪, ⑫
자 본	⑥, ⑭

02 재무상태표의 작성

다음 자료를 참고하여 한길의 20X1년 1월 1일과 12월 31일의 재무상태에 의하여 기초 재무상태표와 기말 재무상태표를 작성하시오.

〈1월 1일의 재무상태〉

• 현 금	500,000원	• 외상매출금	700,000원
• 상 품	800,000원	• 외상매입금	400,000원
• 차입금	600,000원	• 토 지	1,000,000원
• 자본금	2,000,000원		

〈12월 31일의 재무상태〉

• 현 금	1,400,000원	• 보통예금	400,000원
• 외상매출금	900,000원	• 상 품	800,000원
• 토 지	1,000,000원	• 외상매입금	400,000원
• 차입금	1,300,000원	• 자본금	2,800,000원

풀이

재무상태표

(한길)　　　　　　　　　　　　20X1년 1월 1일　　　　　　　　　　　　(단위 : 원)

현 금	500,000	외상매입금	400,000
외상매출금	700,000	차입금	600,000
상 품	800,000		
토 지	1,000,000	자본금	2,000,000
자산총계	3,000,000	**부채와자본총계**	3,000,000

재무상태표

(한길)　　　　　　　　　　　　20X1년 12월 31일　　　　　　　　　　　　(단위 : 원)

현 금	1,400,000	외상매입금	400,000
보통예금	400,000	차입금	1,300,000
외상매출금	900,000		
상 품	800,000		
토 지	1,000,000	자본금	2,800,000
자산총계	4,500,000	**부채와자본총계**	4,500,000

03 손익계산서의 작성

다음 자료를 참고하여 한길의 20X1년 손익계산서를 작성하시오.

• 매출원가	300,000원	• 매출액	1,000,000원
• 임대료	400,000원	• 광고선전비	150,000원
• 이자비용	50,000원	• 급 여	100,000원

풀이

손익계산서

(한길)	20X1년 1월 1일 ~ 20X1년 12월 31일		(단위 : 원)
매출원가	300,000	매출액	1,000,000
광고선전비	150,000	임대료	400,000
이자비용	50,000		
급 여	100,000		
당기순이익	800,000		
	1,400,000		1,400,000

04 재무상태표와 손익계산서

다음 자료를 참고하여 미래상사의 20X1년도의 기초 재무상태표와 기말 재무상태표, 손익계산서를 작성하시오.

〈미래상사의 기초 재무상태〉

• 현 금	500,000원	• 상 품	1,200,000원
• 외상매출금	800,000원	• 받을어음	600,000원
• 대여금	400,000원	• 지급어음	300,000원
• 외상매입금	200,000원	• 미지급금	700,000원
• 자본금	2,300,000원		

〈미래상사의 기말 재무상태〉

• 현 금	500,000원	• 상 품	1,600,000원
• 받을어음	1,000,000원	• 선급금	500,000원
• 건 물	2,000,000원	• 차입금	1,000,000원
• 외상매입금	700,000원	• 미지급금	500,000원
• 자본금	3,400,000원		

<미래상사의 경영성과>

• 매출액	1,800,000원	• 급 여	500,000원
• 임대료	1,000,000원	• 통신비	200,000원
• 이자비용	600,000원	• 지급임차료	400,000원

풀이

기초 재무상태표

(미래상사)	20X1년 1월 1일		(단위 : 원)
현 금	500,000	외상매입금	200,000
외상매출금	800,000	지급어음	300,000
받을어음	600,000	미지급금	700,000
대여금	400,000		
상 품	1,200,000	자본금	2,300,000
자산총계	3,500,000	**부채와자본총계**	3,500,000

기말 재무상태표

(미래상사)	20X1년 12월 31일		(단위 : 원)
현 금	500,000	외상매입금	700,000
받을어음	1,000,000	미지급금	500,000
선급금	500,000	차입금	1,000,000
상 품	1,600,000		
건 물	2,000,000	자본금	3,400,000
자산총계	5,600,000	**부채와자본총계**	5,600,000

손익계산서

(미래상사)	20X1년 1월 1일 ~ 20X1년 12월 31일		(단위 : 원)
통신비	200,000	매출액	1,800,000
급 여	500,000	임대료	1,000,000
이자비용	600,000		
임차료	400,000		
당기순이익	1,100,000		
	2,800,000		2,800,000

단원별 기출문제

│전산회계2급 48회

01 다음 중 빈칸에 가장 알맞은 것은?

(가) + 비용 = 기말부채 + (나) + 수익

	(가)	(나)
①	기초자본	당기순이익
②	기말자산	당기순이익
③	기말부채	기말자본
④	기말자산	기초자본

│전산회계2급 48회

02 다음 자료에서 기초부채를 계산하면 얼마인가?

• 기초자산	60,000원	• 추가출자	15,000원
• 기말자산	70,000원	• 기말부채	30,000원
• 당기순이익	5,000원		

① 40,000원   ② 35,000원

③ 30,000원   ④ 25,000원

해설

• 기초자본 + 추가출자 15,000원 + 순이익 5,000원 = 기말자본 40,000원(기말자산 - 기말부채)
∴ 기초자본 : 20,000원
• 기초자산 60,000원 = 기초부채 + 기초자본 20,000원
∴ 기초부채 : 40,000원

---

03 다음 빈칸에 들어갈 금액을 바르게 나열한 것은?

회사명	자 산	부 채	자 본
일산물산	(A)	450,000원	550,000원
바로상사	900,000원	360,000원	(B)

	(A)	(B)
①	1,000,000원	1,260,000원
②	1,000,000원	540,000원
③	100,000원	1,260,000원
④	100,000원	540,000원

해설

• 자산 = 부채 + 자본
  ∴ 자산(A) = 부채 450,000원 + 자본 550,000원 = 1,000,000원
• 자본 = 자산 − 부채
  ∴ 자본(B) = 자산 900,000원 − 부채 360,000원 = 540,000원

04 다음은 재무상태표의 기본구조에 대한 설명이다. 틀린 것은?

① 자산과 부채는 유동성이 낮은 항목부터 배열하는 것을 원칙으로 한다.
② 비유동자산은 투자자산, 유형자산, 무형자산, 기타비유동자산으로 구분한다.
③ 유동자산은 당좌자산과 재고자산으로 구분한다.
④ 자본은 자본금, 자본잉여금, 자본조정, 기타포괄손익누계액 및 이익잉여금으로 구분한다.

해설

자산과 부채는 유동성이 높은 항목부터 배열하는 것을 원칙으로 한다.

05 **┃** 전산회계2급 50회

다음 (　　) 안에 들어갈 내용으로 옳은 것은?

> (　　)은(는) 순자산으로서 기업실체의 자산에 대한 소유주의 잔여청구권이다.

① 자 산　　　　　　　　　　② 부 채
③ 자 본　　　　　　　　　　④ 당기순이익

해설

자본은 기업실체의 자산 총액에서 부채 총액을 차감한 잔여액 또는 순자산으로서 기업실체의 자산에 대한 소유주의 잔여청구권이다.

06 **┃** 전산회계2급 50회

다음 자료에서 기말자산을 계산하면 얼마인가?

• 기초자산	90,000원	• 기초부채	40,000원
• 기말부채	30,000원	• 당기순손실	10,000원

① 50,000원　　　　　　　　② 70,000원
③ 80,000원　　　　　　　　④ 90,000원

해설

• 기초자본 = 기초자산 90,000원 − 기초부채 40,000원 = 50,000원
• 기초자본 50,000원 − 당기순손실 10,000원 = 기말자산 − 기말부채 30,000원
∴ 기말자산 : 70,000원

07 **┃** 전산회계2급 51회

다음 중 재무제표에 함께 기재하지 않아도 되는 것은?

① 기업명　　　　　　　　　② 보고기간 종료일 또는 회계기간
③ 대표자명　　　　　　　　④ 보고통화 및 금액단위

08
전산회계2급 51회
다음의 작성방법은 어느 것을 나타내는 것인가?

> 해당 개별항목에 기호를 붙이고 별지에 동일한 기호를 표시하여 그 내용을 설명한다.

① 주 기   ② 주 석
③ 인 식   ④ 측 정

09
전산회계2급 52회
다음 괄호 안에 들어갈 내용으로 옳은 것은?

> (   )는 일정기간 동안 기업실체의 경영성과에 대한 정보를 제공하는 재무보고서이다.

① 현금흐름표   ② 손익계산서
③ 재무상태표   ④ 합계잔액시산표

해설

손익계산서는 일정기간 동안 기업실체의 경영성과에 대한 정보를 제공하는 재무보고서이다.

10
전산회계2급 52회
다음 자료에서 기초자산을 계산하면 얼마인가?

• 기초부채	70,000원	• 기말부채	50,000원
• 기말자산	90,000원	• 당기순이익	20,000원

① 70,000원   ② 80,000원
③ 90,000원   ④ 100,000원

해설

• 기초자본 = 기말자산 90,000원 − 기말부채 50,000원 − 당기순이익 20,000원 = 20,000원
∴ 기초자산 = 기초부채 70,000원 + 기초자본 20,000원 = 90,000원

┃전산회계2급 53회

11 재무상태표를 작성할 때 부채부분에서 단기차입금을 장기차입금보다 먼저(위에) 표시하는 것은 어느 원칙을 따르는 것인가?

① 유동성배열법　　　　　　　　　　　② 총액표시원칙
③ 구분표시원칙　　　　　　　　　　　④ 계속주의원칙

🔲해설

유동성배열법을 설명하고 있다.

┃전산회계2급 53회

12 기초자산 720,000원, 기초부채 350,000원, 기말부채 250,000원이다. 회계기간 중의 수익총액은 520,000원, 비용총액은 400,000원인 경우 기말자산은 얼마인가?

① 740,000원　　　　　　　　　　　② 750,000원
③ 760,000원　　　　　　　　　　　④ 770,000원

🔲해설

• 기말자본 = 기초자본 370,000원 + 순이익 120,000원 = 490,000원
∴ 기말자산 = 기말자본 490,000원 + 기말부채 250,000원 = 740,000원

┃전산회계2급 53회

13 다음은 팔도상사의 재무자료이다. 아래의 자료를 이용하여 회계기간 중 발생한 비용총액을 계산하면 얼마인가?

• 전기 말 자산총계	5,000,000원	• 전기 말 부채총계	2,000,000원
• 당기 말 자산총계	6,300,000원	• 당기 말 부채총계	3,000,000원
• 당기 중 수익총액	2,800,000원		

① 2,400,000원　　　　　　　　　　　② 2,500,000원
③ 2,600,000원　　　　　　　　　　　④ 2,700,000원

🔲해설

• 전기 말 자산 5,000,000원 − 전기 말 부채 2,000,000원 = 전기 말 자본(당기 기초자본) 3,000,000원
• 당기 말 자산 6,300,000원 − 당기 말 부채 3,000,000원 = 당기 말 자본 3,300,000원
• 기말자본(순자산) 3,300,000원 = 기초자본 3,000,000원 + 당기순손익(총수익 2,800,000 − 총비용)
∴ 당기 총비용 : 2,500,000원

14 | 전산회계2급 54회

다음 중 회계의 목적에 대한 설명으로 바르지 않은 것은?

① 일정시점의 재무상태를 파악한다.

② 일정기간 동안의 경영성과를 측정한다.

③ 종업원의 근무성적을 산출하여 승진에 반영한다.

④ 이해관계자들에게 의사결정에 필요한 정보를 제공한다.

15 | 전산회계2급 55회

다음 자료에 의하여 기말자본을 계산하면 얼마인가?

• 기초자산	1,000,000원	• 기초부채	400,000원
• 총수익	5,100,000원	• 총비용	3,600,000원

① 2,000,000원

② 2,100,000원

③ 2,200,000원

④ 2,300,000원

■해설

• 기초자산 1,000,000원 − 기초부채 400,000원 = 기초자본 600,000원

• 총수익 5,100,000원 − 총비용 3,600,000원 = 당기순이익 1,500,000원

∴ 기말자본 = 기초자본 600,000원 + 당기순이익 1,500,000원 = 2,100,000원

16 | 전산회계2급 57회, 63회

(A), (B), (C) 및 (D)에 들어갈 용어를 올바르게 짝지은 것은?

재무상태표는 (A)의 (B)를 나타내는 재무제표이고, 손익계산서는 (C)의 (D)를 나타내는 재무제표이다.

① A : 일정기간   B : 재산상태   C : 일정시점   D : 경영성과

② A : 일정기간   B : 경영성과   C : 일정시점   D : 재산상태

③ A : 일정시점   B : 재산상태   C : 일정기간   D : 경영성과

④ A : 일정시점   B : 경영성과   C : 일정기간   D : 재산상태

▌전산회계2급 57회

17 다음 괄호 안에 들어갈 내용으로 옳은 것은?

> (   )은(는) 기업실체의 경영활동의 결과로서 발생하였거나 발생할 현금유출액을 나타내며, 경영활동의 종류
> 와 당해 (   )이(가) 인식되는 방법에 따라 매출원가, 급여, 감가상각비, 이자비용, 임차비용 등과 같이 다양
> 하게 구분될 수 있다.

① 자 산
② 부 채
③ 수 익
④ 비 용

■해설

비용에 관한 설명이다.

▌전산회계2급 57회

18 다음 중 빈 칸에 들어갈 금액으로 옳은 것은?

기 초	기 말			당기순손실
자 본	자 산	부 채	자 본	
80,000원	㉮	90,000원	㉯	10,000원

① ㉮ 140,000원 ㉯ 70,000원
② ㉮ 140,000원 ㉯ 90,000원
③ ㉮ 160,000원 ㉯ 70,000원
④ ㉮ 160,000원 ㉯ 90,000원

■해설

㉯ 기말자본 = 기초자본 80,000원 − 당기순손실 10,000원 ∴ 기말자본 : 70,000원
㉮ 기말자산 = 기말부채 90,000원 + 기말자본 70,000원 ∴ 기말자산 : 160,000원

▌전산회계2급 60회

19 회계의 목적으로 가장 적합한 것은?

① 거래처의 채권과 채무를 기록 및 계산한다.
② 기업의 소유주에게 이익을 극대화 시켜준다.
③ 자금조달을 원활할 수 있도록 자료를 제공한다.
④ 기업 이해관계자들의 의사결정에 유용한 회계 정보를 제공한다.

20 | 전산회계2급 62회

다음 중 일반기업회계기준에서 규정하고 있는 재무제표의 종류가 아닌 것은?

① 재무상태표
② 손익계산서
③ 자본변동표
④ 주 기

■해설

일반기업회계기준상 재무제표의 종류는 재무상태표, 손익계산서, 현금흐름표, 자본변동표, 주석이다.

21 | 전산회계2급 64회

현행 일반기업회계기준에서 재무상태표를 작성할 때, 유의해야 할 사항 중 가장 적절하지 않은 것은?

① 자산은 현금화하는데 빠른 계정과목을 먼저 기재한다.
② 장기차입금을 단기차입금보다 먼저(위에) 표시한다.
③ 중요하지 않은 항목은 성격 또는 기능이 유사한 항목에 통합하여 표시할 수 있다.
④ 자산, 부채, 자본은 총액을 기재함을 원칙으로 한다.

■해설

부채는 상환기간이 빠른 유동부채를 먼저 표시한다.

22 | 전산회계2급 65회

다음 중 재무상태표 작성의 기준이 아닌 것은?

① 1년 기준
② 총액주의
③ 유동성배열법
④ 발생주의

■해설

발생주의는 손익계산서 작성 기준이다.

제 **2** 장 | 회계의 흐름

1 부기와 회계의 흐름

1 복식부기와 단식부기

구 분	복식부기	단식부기
의 의	하나의 거래에 대하여 두 가지 이상을 기록하는 회계 시스템	하나의 거래에 대하여 현금의 증감과 같은 한 가지 기록만 수행 **예** 가계부
특 징	• 현금 이외의 모든 재산을 대상 • 기록에 대해 오류 검증 가능 • 현대의 모든 기업이 채택	현재 장부에 기록한 금액과 실제로 보유한 현금이 일치하는지 여부만 알 수 있음

2 회계의 순환과정

회계란 회사의 재무정보를 장부에 기입하고, 정보를 전달하는 과정을 말하는 것이다. 그러면, 이번에는 어떠한 방법으로 장부를 기록하고 회계정보를 생산하는지에 대하여 알아볼 것이다.

회계정보를 장부에 기록하는 방법은 일련의 과정을 거치게 되는데 이를 회계의 순환과정이라 한다.

[회계의 순환과정]

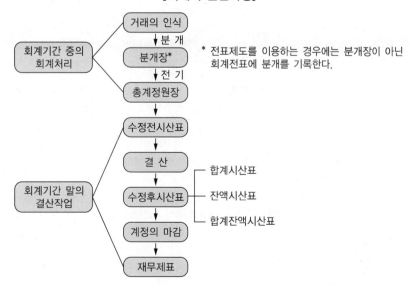

2 거래의 개념(분개)

구 분	내 용
의 의	기업의 경영활동(영업활동)에서 자산, 부채, 자본에 증감변화를 가져오는 것이다.
회계상 거래의 요건	① 기업의 행위가 재무상태에 영향을 미쳐야 한다. 즉, 자산·부채·자본의 변동을 가져오거나 수익 또는 비용이 발생하여야 한다. ② 그 내용을 금액으로 신뢰성 있게 측정할 수 있어야 한다.
거래의 판단사례	• 일상생활에서는 거래로 보나, 회계상 거래가 아닌 사례 　건물의 임대차 계약, 매출액에 대한 계약, 상품의 주문, 담보의 제공 등 • 일상생활에서는 거래로 보지 않으나, 회계상 거래인 사례 　회사 자산의 도난, 파손 또는 화재로 인한 손실 등
거래의 이중성	거래의 내용이 자산·부채·자본의 변동에만 영향을 미치는 것을 교환거래, 거래의 총액이 모두 수익 또는 비용으로 발생하는 거래를 손익거래, 교환거래와 손익거래가 혼합되어 발생하는 것을 혼합거래라 한다. • 교환거래의 예 　현금 5,000,000원을 출자 받아 회사를 설립하다. 　→ 자산(현금) 5,000,000원이 증가하고 자본금 5,000,000원이 증가하였다. • 손익거래의 예 　직원급여 500,000원을 현금으로 지급하다. 　→ 비용(급여) 500,000원이 발생하고 자산(현금) 500,000원이 감소하였다. • 혼합거래의 예 　외상매출금 1,000,000원에 대해 송금수수료 1,000원을 차감한 잔액이 보통예금으로 입금되었다. 　→ 자산(외상매출금) 1,000,000원이 감소하고, 비용(수수료비용) 1,000원이 발생하였으며 자산(보통예금) 999,000원이 증가하였다.
거래의 8요소	[거래 8요소의 결합관계표] 　왼쪽(차변)　　　　　　　　　　　　　　오른쪽(대변) 　자산의 증가　　　　　　　　　　　　　자산의 감소 　부채의 감소　　　　　　　　　　　　　부채의 증가 　자본의 감소　　　　　　　　　　　　　자본의 증가 　비용의 발생　　　　　　　　　　　　　수익의 발생 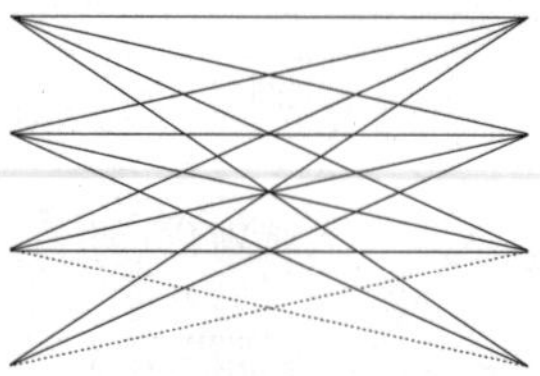 ※ 위의 그림에서 점선으로 표시된 거래는 거의 발생하지 않는 거래임
거래와 계정	① 거래와 계정과목 　거래발생시 자산·부채·자본의 증감변화를 구체적으로 기록, 계산, 정리하는 단위를 계정이라 한다. 계정과목은 계정 안에서 구체적으로 부여된 회계적 이름이다. ② 계정과 계정과목 분류 　계 정 ┬ 재무상태표 계정 ┬ 자산 계정 : 현금, 예금, 외상매출금, 상품, 비품, 토지, 건물 등 　　　　│　　　　　　　├ 부채 계정 : 외상매입금, 단기차입금, 미지급금, 선수금 등 　　　　│　　　　　　　└ 자본 계정 : 자본금 등 　　　　└ 손익계산서 계정 ┬ 수익 계정 : 매출, 임대료수익, 이자수익, 등 　　　　　　　　　　　　　└ 비용 계정 : 매출원가, 급여, 광고선전비, 임차료, 이자비용 등

분 개	분개란 회계상 거래를 파악하고 이를 차변항목과 대변항목으로 분류하고 이를 기록하는 과정이다. 이러한 분개는 다음과 같은 절차를 거치는 것이 보다 쉽게 접근할 수 있다. ① 먼저 해당 거래에 대하여 자산인지, 부채 또는 자본인지, 수익이니 비용인지 판단힌디. ② 해당 계정을 차변에 기입할 것인지, 대변에 기입할 것인지를 판단한다. 아래의 T-계정을 그려놓고 차변, 대변에 맞는 계정과목을 기록하는 것이다. T-계정 자 산 ┊ 부 채 ┊ 자 본 비 용 ┊ 수 익 (차 변) ┊ (대 변)

3 총계정원장과 재무제표

1 총계정원장

분개가 끝나면 분개한 내용을 총계정원장에 계정별로 옮겨 놓는 절차가 있는데 이를 전기라 한다. 전기를 하게 되면 일정기간 동안의 해당 계정의 증가, 감소액을 파악할 수 있고 일정시점에서 해당 계정의 잔액을 알 수 있다. 이러한 거래를 각 계정과목별로 분류하고 정리하여 하나로 모아둔 장부를 총계정원장이라고 한다. 전기는 다음과 같은 절차에 의해서 이루어진다.

① 차변과 대변에 기록된 분개에 해당하는 계정을 찾는다.

② 분개된 차변(또는 대변) 계정의 금액을 총계정원장의 해당 계정 차변(또는 대변)에 기입하고 상대계정과목을 기입한다.

예시

3월 5일　　　상품을 200,000원에 외상으로 판매하였을 때 분개와 전기는 다음과 같이 된다.

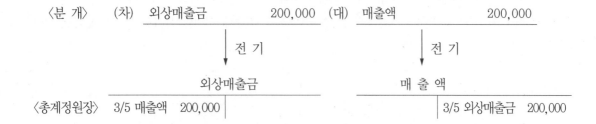

〈분 개〉　(차) 외상매출금　　200,000　(대) 매출액　　200,000

〈총계정원장〉　외상매출금　3/5 매출액　200,000　│　매 출 액　3/5 외상매출금　200,000

② 합계잔액시산표

합계잔액시산표란 각 계정의 차변 합계액과 대변 합계액을 모아 작성한 표이다. 시산표의 합계액은 그 회계기간에 있어서의 거래총액으로 나타난다. 이는 원장기입의 정확여부를 검사하기 위하여 작성하는 일람표이다. 시산표는 분개장에서 원장으로 전기가 정확히 이루어졌는가 등을 대차평균의 원리에 의해 검증한다. 결산에 대비하여 작성하는 중간단계의 표라고 보면 된다.

합계잔액시산표

(기업명)   제××기 : 20X1년 12월 31일 현재   (단위 : 원)

차 변 합 계		계 정 과 목	대 변 합 계	
잔 액	합 계		합 계	잔 액
		합 계		

③ 재무상태표와 손익계산서의 작성

(1) 재무상태표와 손익계산서

합계잔액시산표에 정리된 각 계정별 잔액을 바탕으로 손익계산서와 재무상태표를 작성하게 된다. 손익계산서는 수익과 비용을 기록한 것이며, 재무상태표는 자산, 부채, 자본을 기록한 것이다. 재무제표 작성시에는 손익계산서를 먼저 작성하고 재무상태표를 작성하여야 한다. 왜냐하면 재무상태표 항목 중 하나인 자본에 당기순이익을 기록하여야 하는데 이는 손익계산서를 작성하여서 계산된 결과이기 때문이다.

(2) 대차평균의 원리

지금까지 살펴본 대로 발생한 거래를 장부에 기록하기 위해서는 복식부기의 원리에 따라 차변과 대변으로 나누어 기록해야 한다. 이때 모든 거래는 거래요소의 결합관계에 따라 반드시 차변과 대변에 같은 금액을 기입하며 아무리 많은 거래를 기입하더라도 기입한 전체의 차변 합계금액과 대변 합계금액은 반드시 일치하게 되는데 이것을 부기에서는 대차평균의 원리라고 한다. 이 원리에 근거하면 마지막에 차변과 대변의 합계액을 비교해 봄으로써 분개의 적정성 여부를 검증해 볼 수 있는데 이것이 복식부기의 가장 큰 장점이라고 할 수 있다.

4 회계장부

기업 활동에서 발생하는 회계상 거래를 기록, 정리하기 위한 장부를 회계장부라 한다. 회계장부는 주요부와 보조부로 구성되어 있다.

- 주요부(main book) : 분개장과 총계정원장이 있다.
- 보조부(subsidiary book) : 보조기입장과 보조원장이 있다.
  - 보조기입장 : 현금출납장, 당좌예금출납장, 소액현금출납장, 매입/매출장, 받을어음/지급어음출납장
  - 보조원장 : 상품재고장, 매입/매출처원장, 유형자산대장(비품대장, 토지대장)

5 회계기간

정보이용자들은 기업에게 많은 정보를 기간과 관계없이 요구할 수 있다. 그러므로 기업은 재무제표를 보고할 경우 기간을 설정하여야 한다. 일반적으로 회계기간은 1년을 초과하지 않는 범위 내에서 정보이용자에게 보고를 하도록 정하고 있다. 일반적으로 1월 1일부터 12월 31일까지를 회계기간으로 정하고 있으나, 금융업의 경우 4월 1일부터 다음해 3월 31일까지 회계기간을 정하기도 한다.

4 회계전표

1 회계전표의 이해

전표란 회계상 거래에 대하여 계정과목, 금액, 거래일자, 주요 거래내용 등을 기재할 수 있는 문서를 말한다. 회계상 거래가 인식되면 분개장에 분개를 하는 대신 회계전표에 분개를 기록하고 그 내용을 바탕으로 총계정원장에 전기를 할 수 있다. 전표제도는 사용하는 전표의 종류에 따라 다음과 같이 구분할 수 있다.

구 분	내 용
1전표제	분개전표
3전표제	입금전표, 출금전표, 대체전표
5전표제	입금전표, 출금전표, 대체전표, 매출전표, 매입전표

2 전표의 사례

(1) 입금전표

입금전표는 현금이 들어오는 거래에 대하여 작성하는 전표를 말하는데, 항상 차변 계정과목은 현금이며, 전표에는 대변 계정과목만을 기재하여 작성한다.

작 성 사 례

20X1년 5월 1일　　대구상사의 외상매출금 5,000,000원을 현금으로 회수하였다.

(차) 현 금　　　　　　　　　5,000,000　　　(대) 외상매출금　　　　　　　5,000,000

입 금 전 표
20X1년 5월 1일

No.

계정과목	외상매출금		거래처	대구상사									사 장
적　　요				금　　액									
외상매출금의 현금 회수					5	0	0	0	0	0	0		이 사
													부 장
													과 장
합　　계					5	0	0	0	0	0	0		담 당
품의서NO.			증빙서류										

(2) 출금전표

출금전표는 입금전표와 반대로 현금이 지출되는 거래에 대하여 작성하는 전표를 말하는데, 항상 대변 계정과목은 현금이며, 전표에는 차변 계정과목만을 기새하여 작성한다.

작 성 사 례

20X1년 5월 8일   도서구입대금 300,000원을 교보문고에 현금으로 지급하였다.

(차) 도서인쇄비	300,000	(대) 현 금	300,000

출 금 전 표
20X1년 5월 8일

No. _____

계정과목	도서인쇄비	거래처	교보문고							사 장	
적 요			금 액								
도서구입대금					3	0	0	0	0	0	이 사
											부 장
											과 장
합 계					3	0	0	0	0	0	담 당
품의서NO.		증빙서류									

(3) 대체전표

대체전표는 현금의 입금과 지출이 없는 거래에 대하여 작성하는 전표를 말하는데, 대체전표에는 차변 계정과목과 대변 계정과목을 모두 기재하여 작성한다. 대체전표는 일부 현금이 포함된 거래가 기록될 수 있는데 예를 들어 상품을 구입하면서 일부는 외상으로 하고 일부를 현금으로 지급하였다면 현금 계정과목이 포함된 대체전표를 작성하여야 한다.

작 성 사 례

20X1년 5월 15일   부산상사로부터 상품 2,000,000원을 매입하고 매입대금은 다음 달 10일에 지급하기로 하였다.

(차) 상 품   2,000,000   (대) 외상매입금   2,000,000

대 체 전 표			결 재	담 당	부서장	임 원	사 장
작성일자	20X1 년 5 월 15 일		거래처	부산상사			
차변과목	금 액	적 요		대변과목		금 액	
상 품	2,000,000	상품의 외상매입		외상매입금		2,000,000	
합 계	2,000,000			합 계		2,000,000	
품의서NO.			증빙서류				

5 회계의 순환과정

예제

01 다음의 거래에 대하여 다음의 회계의 순환과정을 수행하시오.

(1) 분개 → (2) 총계정원장에 전기 → (3) 합계잔액시산표의 작성 → (4) 손익계산서 및 재무상태표의 작성

3월 1일	리젠은 현금 8,000,000원을 출자하여 회사를 설립하다.
3월 2일	비품을 구입하고 대금 300,000원을 현금으로 지급하다.
3월 3일	본사 사무실용 건물을 매입하고 현금 5,000,000원을 지급하다.
3월 4일	상품 600,000원 상당액을 매입하고, 대금은 차후에 지급하기로 하다.
3월 5일	상품 500,000원 상당액을 매입하고, 대금 중 300,000원은 현금으로 지급하고 잔액은 외상으로 처리하다.
3월 6일	원가 100,000원의 상품을 매출하고 현금 150,000원을 받다.
3월 7일	원가 500,000원의 상품을 700,000원에 매출하고 대금은 차후에 받기로 하였다.
3월 8일	은행에 현금을 예금하고 이자로 80,000원을 지급받았다.
3월 9일	직원에 대한 급여 300,000원을 현금으로 지급하였다.
3월 10일	소모품 200,000원 상당액을 구입하고 대금을 차후에 지급하기로 하다(비용으로 처리).
3월 11일	건물 일부를 임대하고 임대료 500,000원을 현금으로 지급받다.

풀이

(1) 분 개

3월 1일	(차) 현 금(자산의 증가)	8,000,000	(대) 자본금(자본의 증가)	8,000,000
3월 2일	(차) 비 품(자산의 증가)	300,000	(대) 현 금(자산의 감소)	300,000
3월 3일	(차) 건 물(자산의 증가)	5,000,000	(대) 현 금(자산의 감소)	5,000,000
3월 4일	(차) 상 품(자산의 증가)	600,000	(대) 외상매입금(부채의 증가)	600,000
3월 5일	(차) 상 품(자산의 증가)	500,000	(대) 현 금(자산의 감소)	300,000
			외상매입금(부채의 증가)	200,000
3월 6일	(차) 현 금(자산의 증가)	150,000	(대) 매출액(수익의 발생)	150,000
	(차) 매출원가(비용의 발생)	100,000	(대) 상 품(자산의 감소)	100,000
3월 7일	(차) 외상매출금(자산의 증가)	700,000	(대) 매출액(수익의 발생)	700,000
	(차) 매출원가(비용의 발생)	500,000	(대) 상 품(자산의 감소)	500,000
3월 8일	(차) 현 금(자산의 증가)	80,000	(대) 이자수익(수익의 발생)	80,000
3월 9일	(차) 급 여(비용의 발생)	300,000	(대) 현 금(자산의 감소)	300,000
3월 10일	(차) 소모품비(비용의 발생)	200,000	(대) 미지급금(부채의 증가)	200,000
3월 11일	(차) 현 금(자산의 증가)	500,000	(대) 임대료(수익의 발생)	500,000

(2) 전 기

현 금

3/1	자본금	8,000,000	3/2	비 품	300,000
3/6	매출액	150,000	3/3	건 물	5,000,000
3/8	이자수익	80,000	3/5	상 품	300,000
3/11	임대료	500,000	3/9	급 여	300,000

자 본 금

3/1	현 금	8,000,000

비 품

3/2	현 금	300,000

건 물

3/3	현 금	5,000,000

상 품

3/4	외상매입금	600,000	3/6	매출원가	100,000
3/5	현 금	300,000	3/7	매출원가	500,000
	외상매입금	200,000			

외상매입금

3/4	상 품	600,000
3/5	상 품	200,000

매출액

3/6	현 금	150,000
3/7	외상매출금	700,000

외상매출금

3/7	매출액	700,000

매출원가

3/6	상 품	100,000
3/7	상 품	500,000

이자수익

3/8	현 금	80,000

급 여

3/9	현 금	300,000

소모품비

3/10	미지급금	200,000

미지급금

3/10	소모품비	200,000

임대료

3/11	현 금	500,000

(3) 합계잔액시산표

합계잔액시산표

(리젠)   제××기 : 20X1년 3월 31일 현재   (단위 : 원)

차 변 합 계		계 정 과 목	대 변 합 계	
잔 액	합 계		합 계	잔 액
2,830,000	8,730,000	현 금	5,900,000	
700,000	700,000	외상매출금		
300,000	300,000	비 품		
5,000,000	5,000,000	건 물		
500,000	1,100,000	상 품	600,000	
		외상매입금	800,000	800,000
		미지급금	200,000	200,000
		자본금	8,000,000	8,000,000
		매출액	850,000	850,000
		이자수익	80,000	80,000
600,000	600,000	매출원가		
300,000	300,000	급 여		
200,000	200,000	소모품비		
		임 대 료	500,000	500,000
10,430,000	16,930,000	합 계	16,930,000	10,430,000

(4) 손익계산서 및 재무상태표의 작성

손익계산서

(리젠)   20X1년 1월 1일 ～ 20X1년 12년 31월   (단위 : 원)

매출원가	600,000	매출액	850,000
급 여	300,000	이자수익	80,000
소모품비	200,000	임대료	500,000
당기순이익	330,000		
	1,430,000		1,430,000

재무상태표

(리젠)   20X1년 12월 31일   (단위 : 원)

현 금	2,830,000	외상매입금	800,000
외상매출금	700,000	미지급금	200,000
상 품	500,000		
비 품	300,000		
건 물	5,000,000	자본금*	8,330,000
자산총계	9,330,000	**부채와자본총계**	9,330,000

*자본금 : 결산 후의 자본금은 기초의 자본금에 당기순이익을 합한 금액으로 계산한다. 따라서 기초자본금 8,000,000원에 당기순이익 330,000원을 합한 금액을 자본금으로 기록하여야 한다.

02 **다음의 거래에 대하여 다음의 회계의 순환과정을 수행하시오.**

(1) 분개 → (2) 총계정원장에 전기 → (3) 합계잔액시산표의 작성 → (4) 손익계산서 및 재무상태표의 작성

5월 2일	주원유통은 현금 28,000,000원을 출자하여 회사를 설립하다.
5월 4일	건물을 구입하고 현금 10,000,000원을 지급하다.
5월 7일	비품 500,000원을 구입하고 대금은 외상으로 하다.
5월 9일	상품 6,000,000원을 매입하고 대금은 현금으로 지급하다.
5월 11일	서울은행의 보통예금 통장에 8,000,000원을 예금하다.
5월 14일	원가 2,000,000원의 상품을 4,000,000원에 외상으로 매출하다.
5월 19일	5월 7일의 비품 구입대금을 현금으로 지급하다.
5월 25일	종업원 급여 800,000원을 지급하다.
5월 26일	은행에서 4,000,000원을 차입하였다.
5월 31일	상품 6,000,000원을 매입하고 대금은 약속어음을 발행하다.

풀이

(1) 분 개

5월 2일	(차) 현 금(자산의 증가)	28,000,000	(대) 자본금(자본의 증가)	28,000,000
5월 4일	(차) 건 물(자산의 증가)	10,000,000	(대) 현 금(자산의 감소)	10,000,000
5월 7일	(차) 비 품(자산의 증가)	500,000	(대) 미지급금(부채의 증가)	500,000
5월 9일	(차) 상 품(자산의 증가)	6,000,000	(대) 현 금(자산의 감소)	6,000,000
5월 11일	(차) 보통예금(자산의 증가)	8,000,000	(대) 현 금(자산의 감소)	8,000,000
5월 14일	(차) 외상매출금(자산의 증가)	4,000,000	(대) 매출액(수익의 발생)	4,000,000
	(차) 매출원가(비용의 발생)	2,000,000	(대) 상 품(자산의 감소)	2,000,000
5월 19일	(차) 미지급금(부채의 감소)	500,000	(대) 현 금(자산의 감소)	500,000
5월 25일	(차) 급 여(비용의 발생)	800,000	(대) 현 금(자산의 감소)	800,000
5월 26일	(차) 현 금(자산의 증가)	4,000,000	(대) 차입금(부채의 증가)	4,000,000
5월 31일	(차) 상 품(자산의 증가)	6,000,000	(대) 지급어음(부채의 증가)	6,000,000

(2) 총계정원장

현 금			
5/2 자본금 28,000,000	5/4 건 물 10,000,000
5/26 차입금 4,000,000	5/9 상 품 6,000,000
	5/11 보통예금 8,000,000
	5/19 미지급금 500,000
	5/25 급 여 800,000

자본금	
	5/2 현 금 28,000,000

건 물	
5/4 현 금 10,000,000	

비 품	
5/7 미지급금 500,000	

미지급금				상 품			
5/19 현 금	500,000	5/7 비 품	500,000	5/9 현 금	6,000,000	5/14 매출원가	2,000,000
				5/31 지급어음	6,000,000		

보통예금			외상매출금		
5/11 현 금	8,000,000		5/14 매출액	4,000,000	

지급어음			매출원가		
	5/31 상 품	6,000,000	5/14 상 품	2,000,000	

매출액			급 여		
	5/14 외상매출금	4,000,000	5/25 급 여	800,000	

차입금		
	5/26 현 금	4,000,000

(3) 합계잔액시산표

합계잔액시산표

(주원유통) 제××기 : 20X1년 5월 31일 현재 (단위 : 원)

차 변 합 계		계 정 과 목	대 변 합 계	
잔 액	합 계		합 계	잔 액
6,700,000	32,000,000	현 금	25,300,000	
10,000,000	10,000,000	건 물		
500,000	500,000	비 품		
10,000,000	12,000,000	상 품	2,000,000	
8,000,000	8,000,000	보통예금		
4,000,000	4,000,000	외상매출금		
		지급어음	6,000,000	6,000,000
		차입금	4,000,000	4,000,000
		자본금	28,000,000	28,000,000
		매출액	4,000,000	4,000,000
2,000,000	2,000,000	매출원가		
800,000	800,000	급 여		
42,000,000	69,300,000	합 계	69,300,000	42,000,000

(4) 손익계산서 및 재무상태표

손익계산서

(주원유통)	20X1년 5월 1일 ~ 20X1년 5월 31일	(단위 : 원)	
매출원가	2,000,000	매출액	4,000,000
급 여	800,000		
당기순이익	1,200,000		
	4,000,000		4,000,000

재무상태표

(주원유통)	20X1년 5월 31일	(단위 : 원)	
현 금	6,700,000	차입금	4,000,000
보통예금	8,000,000	지급어음	6,000,000
외상매출금	4,000,000		
상 품	10,000,000		
비 품	500,000		
건 물	10,000,000	자본금*	29,200,000
자산총계	39,200,000	**부채와자본총계**	39,200,000

*자본금 : 결산 후의 자본금은 기초의 자본금에 당기순이익을 합한 금액으로 계산한다. 따라서 기초자본금 28,000,000원에 당기순이익 1,200,000원을 합한 금액을 자본금으로 기록하여야 한다.

단원별 기출문제

제1장

┃ 전산회계2급 48회

01 다음 중 회계상 거래로 볼 수 없는 것은?

① 수해로 건물의 일부가 파손되다.
② 현금을 분실하다.
③ 상품이 운송 도중 파손되다.
④ 상품의 인도계약을 체결하다.

■해설

계약은 회사의 자산, 부채, 자본에 영향을 미치지 아니하므로 회계상 거래로 보지 않는다.

┃ 전산회계2급 49회

02 다음 중 빈칸에 들어갈 (가)와 (나)의 내용으로 옳은 것은?

> 특정 계정의 금액을 다른 계정으로 옮기는 것을 (가)(이)라고 하고, 분개장에 기장된 분개기입을 해당계정 원장에 옮겨 적는 것을 (나)(이)라고 한다.

① (가) : 전기, (나) : 대체
② (가) : 대체, (나) : 전기
③ (가) : 이월, (나) : 전기
④ (가) : 기장, (나) : 전기

┃ 전산회계2급 50회

03 다음 중 밑줄 친 (가)의 결산절차에 해당하는 내용으로 옳은 것은?

> 결산절차 : (가) → 본 절차 → 보고서 작성

① 시산표 작성
② 재무상태표 작성
③ 분개장 마감
④ 원장의 마감

■해설

(가)는 예비 절차로 시산표 등을 작성한다.

04 **전산회계2급 51회**

다음 자료에 의한 으뜸상사의 총자산은 얼마인가?

• 상 품	60,000원	• 미수금	30,000원
• 지급어음	10,000원	• 비 품	15,000원
• 선수금	40,000원	• 받을어음	20,000원
• 외상매출금	35,000원		

① 140,000원　　　　　　　　　　② 150,000원
③ 160,000원　　　　　　　　　　④ 170,000원

해설

상품 60,000원 + 미수금 30,000원 + 비품 15,000원 + 받을어음 20,000원 + 외상매출금 35,000원 = 160,000원

05 **전산회계2급 51회**

상품 300,000원을 매입하고 대금은 현금 100,000원과 약속어음 200,000원을 발행하여 지급한 경우 영향으로 옳은 것은?

① 총자산과 총자본이 증가한다.
② 총자산과 총부채가 증가한다.
③ 총부채가 증가하고, 총자본은 감소한다.
④ 총자산이 감소하고, 총부채가 증가한다.

해설

(차) 상 품(자산의 증가)　　　　　300,000　　　(대) 현 금(자산의 감소)　　　　　100,000
　　　　　　　　　　　　　　　　　　　　　　　　　지급어음(부채의 증가)　　　　200,000

06 **전산회계2급 52회**

다음의 거래 결합관계에서 성립할 수 없는 것은?

① (차) 자산의 감소　(대) 자산의 증가　　② (차) 부채의 감소　(대) 부채의 증가
③ (차) 부채의 감소　(대) 수익의 발생　　④ (차) 자산의 증가　(대) 수익의 발생

해설

(차) 자산의 증가　(대) 자산의 감소

┃전산회계2급 53회

07 분개장에 분개된 거래가 총계정원장에 바르게 전기 되었는지의 정확성 여부를 대차평균의 원리에 따라 검증하기 위해 작성하는 것은?

① 정산표
② 시산표
③ 손익계산서
④ 재무상태표

┃전산회계2급 55회

08 다음 중 회계상 거래에 속하지 않는 것은?

① 상품 1,000,000원을 매입하기로 계약하고 계약금 200,000원을 현금으로 지급하다.
② 겨울 폭설로 인하여 자재창고의 지붕이 붕괴되어 1,000,000원의 손실이 발생하다.
③ 영업사원 부족으로 급여 1,000,000원을 지급하기로 하고 직원을 채용하다.
④ 결산시 장부잔액과 실제잔액이 1,000,000원의 차이가 있음을 밝혀내다.

해설

직원을 채용하기로 한 것은 일상생활에서는 거래에 해당되지만, 회계상에서는 거래에 해당하지 않는다.

┃전산회계2급 56회

09 다음은 시산표에 대한 설명이다. 틀린 것은?

① 차변과 대변의 합계액이 일치한다면 계정기록의 오류가 전혀 없다는 것을 의미한다.
② 작성시기에 따라 수정전시산표와 수정후시산표로 구분된다.
③ 대차평균의 원리에 근거하여 분개장에서 원장으로의 전기의 정확성을 점검한다.
④ 시산표의 종류에는 잔액시산표, 합계시산표, 합계잔액시산표가 있다.

해설

시산표가 정확하게 작성되었다 할지라도 발견할 수 없는 오류가 있을 수 있다.

10 ┃전산회계2급 57회

다음 중 주요장부로만 짝지워진 것은?

가. 분개장	나. 현금출납장
다. 총계정원장	라. 상품재고장

① 가, 나   ② 나, 다

③ 다, 라   ④ 가, 다

해설

현금출납장과 상품재고장은 보조장부이다.

11 ┃전산회계2급 57회

다음 분개에 대한 거래의 종류가 날짜별로 옳은 것은?

9월 5일	(차) 현 금	52,000	(대) 단기대여금	50,000
			이자수익	2,000
9월 7일	(차) 소모품비	30,000	(대) 보통예금	30,000

① 9월 5일 : 교환거래, 9월 7일 : 혼합거래

② 9월 5일 : 교환거래, 9월 7일 : 손익거래

③ 9월 5일 : 혼합거래, 9월 7일 : 손익거래

④ 9월 5일 : 혼합거래, 9월 7일 : 교환거래

12 ┃전산회계2급 58회

다음 내용 중 회계상의 거래를 모두 고른 것은?

대한가구는 사업 확장을 위해 (가) 영업사원 1명을 채용하고, 거래처에 (나) 판매용 가구 5백만원을 주문하다. 또한 (다) 영업용 자동차 8백만원을 12개월 무이자할부로 구입하고 (라) 차량에 휘발유 5만원을 현금으로 주유하다.

① 가, 나   ② 가, 다

③ 나, 다   ④ 다, 라

┃전산회계2급 58회

13 다음 내용을 회계의 순환과정으로 바르게 나열한 것은?

가. 거래의 발생	나. 시산표 작성
다. 재무제표 작성	라. 총계정원장 기입

① 가 → 나 → 다 → 라
② 가 → 나 → 라 → 다
③ 가 → 다 → 나 → 라
④ 가 → 라 → 나 → 다

┃전산회계2급 59회

14 다음 보기에서 회계상의 거래에 해당되지 않는 것은?

① 경영활동에 의하여 자산·부채의 증감변화를 일으키는 현상
② 경영활동에 의하여 수익·비용의 발생을 일으키는 현상
③ 수익·비용의 발생으로 자본의 증감변화를 일으키는 현상
④ 종업원 채용·주문·계약 등의 일상적인 현상

┃전산회계2급 60회

15 회계의 순환과정 중 일부이다. (가), (나)에 들어갈 용어로 옳은 것은?

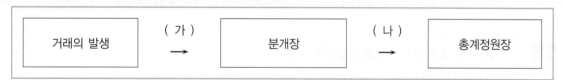

① (가) : 대체, (나) : 이월
② (가) : 분개, (나) : 전기
③ (가) : 이월, (나) : 대체
④ (가) : 전기, (나) : 분개

▌전산회계2급 61회

16 다음 거래에서 계정의 증감 내용이 기입될 곳으로 바른 것은?

[거래] 외상매입금 1,000,000원을 당사 보통예금 계좌에서 이체하여 지급하다.			
자산 계정		부채 계정	
가	나	다	라

① 가, 다   ② 가, 라

③ 나, 다   ④ 다, 라

해설

(차) 외상매입금(부채의 감소 : 다)   1,000,000   (대) 보통예금(자산의 감소 : 나)   1,000,000

▌전산회계2급 61회

17 다음 중 회계상 거래에 속하지 않는 것은?

① 7월 장마 폭우로 인해 건물 지붕 1,000,000원이 소실되다.

② 매출대금으로 받아 보관 중인 받을어음 1,000,000원이 지급거절되어 부도처리하다.

③ 공장에 화재가 발생하여 1,000,000원의 기계장치가 불에 전소되다.

④ 신제품 개발을 위하여 복판엔지니어와 1,000,000원의 연구개발 용역을 체결하기로 하다.

해설

계약의 체결, 약속 및 주문접수하는 행위는 기업의 자산, 부채 및 자본에 영향을 미치지 않으므로 회계상의 거래가 아니다.

▌전산회계2급 61회

18 회계기간에 대한 설명으로 옳은 것은?

① 경영성과와 재무상태를 파악하기 위해 설정한 시간적 범위이다.

② 자산 및 자본의 증감변화를 기록 및 계산하기 위해 설정한 장소적 범위이다.

③ 반드시 1년을 기준으로 설정하여야 한다.

④ 개인기업과 법인기업은 1월 1일부터 12월 31일까지로 설정한다.

해설

법인기업은 설립시 작성되는 정관에서 설정한 기간을 말한다. 한편 자산 및 자본의 증감변화를 기록 및 계산하기 위해 설정한 장소적 범위는 회계단위인 계정이다.

| 전산회계2급 62회

19 3전표를 사용하는 회사에서 다음 각 거래에 대해서 작성하는 전표를 바르게 나타낸 것은?

① 상품을 매출하고 대금은 현금으로 받다. : 내체전표

② 상품을 매입하고 대금은 보통예금 통장에서 계좌이체하다. : 대체전표

③ 직원의 회식비를 현금으로 지급하다. : 입금전표

④ 거래처 외상매출금을 거래처 당좌수표로 받다. : 대체전표

해설

① : 입금전표, ③ : 출금전표, ④ : 입금전표

| 전산회계2급 62회

20 다음 중 주요장부로만 짝지어진 것은?

① 총계정원장, 상품재고장

② 분개장, 매입장

③ 분개장, 총계정원장

④ 매입장, 매출장

해설

• 주요부 : 분개장, 총계정원장
• 보조원장 : 상품재고장, 매출처원장, 매입처원장, 가지급원장, 전도금원장
• 보조기입장 : 현금출납장, 당좌예금출납장, 받을어음기입장, 지급어음기입장, 매입장

| 전산회계2급 63회

21 다음 중 회계순환과정을 바르게 나타낸 것은?

① 거래의 인식 → 분개장 → 시산표 → 총계정원장 → 재무제표

② 거래의 인식 → 시산표 → 분개장 → 총계정원장 → 재무제표

③ 거래의 인식 → 총계정원장 → 분개장 → 시산표 → 재무제표

④ 거래의 인식 → 분개장 → 총계정원장 → 시산표 → 재무제표

┃전산회계2급 63회

22 다음 중 손익계산서 작성에 영향을 주는 거래는?

① 외상으로 매출한 대금을 현금으로 받다.

② 거래처와 상품매매 계약을 체결하다.

③ 보관 중인 약속어음이 만기가 되어 현금으로 받다.

④ 건물에 대한 임차료를 현금으로 지급하다.

해설

• 손익계산서는 비용 및 수익 계정을 작성하는 재무제표이다.

① (차) 현 금(자산의 증가)　　　(대) 외상매출금(자산의 감소)

② 분개 없음

③ (차) 현 금(자산의 증가)　　　(대) 받을어음(자산의 감소)

④ (차) 임차료(비용의 발생)　　　(대) 현 금(자산의 감소)

┃전산회계2급 64회

23 다음과 같은 거래의 결합관계와 거래의 종류로 이루어진 거래는?

거래의 결합관계	거래의 종류
(차) 자산의 증가　　　(대) 자산의 감소	교환거래

① 비품 1,000,000원을 구입하고 현금으로 지급하다.

② 국민은행으로부터 5,000,000원을 단기차입하다.

③ 현금 5,000,000원을 출자하여 상품매매업을 시작하다.

④ 상품을 2,000,000원을 외상으로 구입하다.

┃전산회계2급 65회

24 다음 거래 내용에서 총계정원장에 기록할 수 있는 거래로 옳은 것은?

① 하나치킨집에 치킨 한 마리를 20,000원에 주문하다.

② 세운상가에서 냉장고를 1,000,000원에 구입하기로 계약하다.

③ 태풍으로 인하여 창고에 있는 상품 500,000원이 파손되다.

④ 기획사를 차리고 매니저 한명을 월급 3,000,000원을 주기로 하고 채용하다.

해설

주문, 계약, 고용(채용)은 회계상 거래가 아니다. 즉, 총계정원장 작성을 할 수 없다.

┃전산회계2급 65회

25 다음과 같은 결합관계로 이루어진 거래로 옳은 것은?

(차) 부채의 감소	(대) 자산의 감소

① 국제구호단체에 300,000원을 현금으로 기부하다.
② 미지급금 300,000원을 현금으로 지급하다.
③ 사무실 임차보증금 2,000,000원을 보통예금에서 지급하다.
④ 거래처에 상품 매출하기로 계약하고, 계약금 100,000원을 현금으로 받다.

해설

① (차) 기부금(비용의 발생)	300,000	(대) 현 금(자산의 감소)	300,000
② (차) 미지급금(부채의 감소)	300,000	(대) 현 금(자산의 감소)	300,000
③ (차) 임차보증금(자산의 증가)	2,000,000	(대) 보통예금(자산의 감소)	2,000,000
④ (차) 현금(자산의 증가)	100,000	(대) 선수금(부채의 증가)	100,000

┃전산회계2급 62회

26 다음 중 시산표 작성에서 발견할 수 있는 오류는?

① 1,000,000원의 정기예금 계정과목을 정기적금 계정과목으로 사용한 경우
② 200,000원의 현금잔액이 부족한 현금과부족 계정과목을 잡손실 계정과목으로 대체하지 않은 경우
③ 출장여비로 판명된 150,000원의 가지급금 계정과목을 여비교통비 계정과목으로 대체하지 않은 경우
④ 대변에 기말 대손충당금 100,000원을 설정하면서 차변에 대손상각비 10,000원으로 분개한 경우

해설

분개에서 차변과 대변의 금액을 다르게 기입했을 경우 시산표에서 오류를 발견할 수 있다.

┃전산회계2급 49회

27 기말 결산분개 중 감가상각비의 계상에 적용되는 전표는?

① 입금전표   ② 출금전표
③ 입출금전표   ④ 대체전표

해설

기말 감가상각비는 입·출금이 발생하지 않는 대체전표이다.

제 **3** 장 | 자산계정(1) – 유동자산

1 당좌자산

1 당좌자산의 의의

당좌자산이란 유동자산 중에서 판매과정을 거치지 않고 1년 이내에 현금화가 가능한 자산을 말한다. 가장 유동성이 높은 자산이므로 기업의 경영활동에 있어 매우 중요하다. 당좌자산에는 현금및현금성자산, 매출채권, 단기투자자산, 선급비용 등이 있다.

2 현금및현금성자산

구 분		내 용
현금및현금성자산	통 화	지폐, 동전
	통화대용증권	타인발행수표, 자기앞수표, 송금수표, 우편환증서, 만기가 된 공·사채이자표, 여행자수표, 국고지급통지서, 배당금영수증, 가계수표, 일람출급어음
	요구불예금	당좌예금, 보통예금
	현금성자산	• 큰 거래비용 없이 현금으로 전환이 용이하며 • 이자율 변동에 따라 가치 변동이 중요하지 않고 • 취득 당시 만기가 3개월 이내 도래하는 채권, 환매채 등
예·적금		① 금융기관에 예치하는 예금과 적금에는 보통예금, 당좌예금, 정기예금, 정기적금 등 ② 이 중 보통예금과 당좌예금은 재무제표 작성시 현금및현금성자산에 포함 ③ 정기예금과 정기적금은 만기가 1년 이내 도래 여부에 따라 단기금융상품(당좌자산) 또는 장기금융상품(투자자산)으로 구분한다.
전도금(소액현금)		전도금 제도란 일정액의 현금을 은행에서 인출하여 사용부서에 넘겨주고, 소액현금 관리자가 현금 지출거래를 통제·관리하는 제도이다.
현금과부족		회계기록의 오기, 누락, 착오 등에 의한 현금출납장 잔액과 실제 현금 시재액은 일치하지 않을 수도 있다. 이때에 발생하는 차액을 회계상 조정하기 위해 설정하는 임시계정이 '현금과부족' 계정이다. 현금과부족 계정은 임시계정이므로 회계기간 중에 원인이 밝혀지면, 밝혀진 원인별 수정분개를 하여야 하며 결산시까지 원인이 밝혀지지 않은 경우에는 잡손실, 잡이익으로 처리하여 기간순손익 계산에 포함한다.

3 매출채권

구 분	내 용						
의 의	재고자산을 판매하고 거래 상대방의 사정 등으로 거래 당시 현금을 받지 않고 차후에 현금을 받는 경우 발생하는 권리						
외상매출 회계처리	외상판매시	(차) 외상매출금(자산의 증가)	100,000	(대) 매 출(수익의 발생)	100,000		
	어음결제시	(차) 받을어음(자산의 증가)	100,000	(대) 매 출(수익의 발생)	100,000		
	즉, 외상매출금은 외상매출이 발생하는 시점에 증가, 대금을 회수하는 시점에 감소, 잔액은 차기이월 처리한다.						
대손상각	① 기업이 보유하고 있는 채권이 채무자의 파산 등으로 회수가 불가능하게 되는 경우 이를 대손이라고 한다. ② 대손에 관한 회계처리 방법은 현행 기업회계기준상 충당금설정법을 사용한다(차액보충법). ③ 충당금설정법은 기말 현재 수취채권잔액에서 회수불능채권을 추정(대손율 사용)하여 대손충당금을 설정하고 동금액을 당기비용으로 처리 　즉, 대손상각비 = 추정한 대손충당금 − 장부상 대손충당금 잔액(대손 예상액)						
대손상각 회계처리	결산수정분개	• 추정한 대손충당금 > 장부상 대손충당금					
		(차) 대손상각비	50,000	(대) 대손충당금	50,000		
		• 추정한 대손충당금 < 장부상 대손충당금					
		(차) 대손충당금	30,000	(대) 대손충당금환입(영업외수익)	30,000		
	대손확정시	(차) 대손충당금	20,000	(대) 외상매출금	20,000		
		※ 실제 대손액에 미달하는 대손충당금이 있을 때에는 미달액을 '대손상각비' 비용처리한다.					
	재무상태표상 표시방법	매출채권 대손충당금	1,000,000 (150,000) 850,000				

4 어음관리

(1) 의 의

외상거래시 채권·채무관계를 명확히 하기 위하여 어음을 사용하게 되는데, 이는 법에 따라 일정사항을 기재하여 발행하는 것으로서 기업이 발행한 경우에는 지급어음(부채), 수취한 경우에는 받을어음(자산)으로 처리한다.

(2) 배서양도

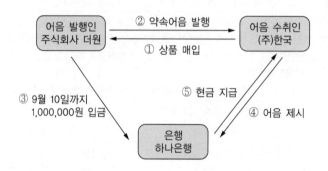

어음상의 권리는 자유로이 타인에게 양도할 수 있는데 이렇게 어음금액을 수령할 수 있는 권리 즉, 채권자적 지위를 타인에게 양도하는 방법이 바로 '배서'이다. 이는 수표에 관한 권리를 타인에게 양도할 때 사용하는 '이서'와 유사한 제도이다.

(3) 어음의 할인

어음은 만기 전에도 은행 등 금융기관을 통하여 어음을 현금으로 바꿀 수 있는데, 이것을 '어음할인'이라고 한다. 은행은 수취인에게 이자상당액을 차감하고 어음금액을 지급하게 된다. 이때 지급기일에 받을 수 있는 어음금액과 어음할인시 실제 수취하는 금액의 차이를 어음할인료라 하고 회계처리시 '매출채권처분손실'로 기록한다.

① 어음할인시

(차) 보통예금	×××	(대) 받을어음	×××
매출채권처분손실	×××		

5 단기투자자산

구 분	내 용
개 요	단기투자자산은 기업이 여유자금의 활용 목적으로 보유하는 단기예금, 단기매매증권, 단기대여금 및 유동자산으로 분류되는 매도가능증권과 만기보유증권 등의 자산을 포함한다. 이들 자산은 현금및현금성자산과 함께 기업의 단기 유동성을 파악하는데 중요한 정보이기 때문에 개별 표시한다.

구 분		내 용
단기투자자산의 범위	단기금융상품	금융기관이 취급하는 정기예금·정기적금·사용이 제한되어 있는 예금 및 양도성예금증서 (CD)·환매채(RP) 등 정형화된 상품 등으로 단기적 자금운용을 목적으로 소유하거나 만기가 보고기간말로부터 1년 내에 도래하는 것을 말한다.
	단기대여금	거래처 관계회사 등에 대여한 자금으로 회수기한이 1년 내에 도래하는 것을 말한다.

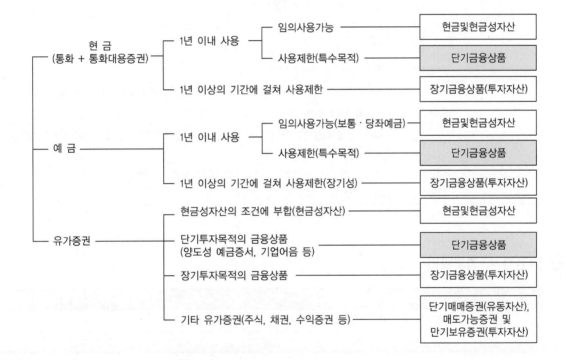

6 기타의 당좌자산

구 분	내 용
단기대여금	거래처 관계회사 등에 대여한 자금으로 회수기한이 1년 내에 도래하는 것
미수금	일반적 상거래 이외에서 발생한 미수채권
미수수익	당기에 속하는 수익 중 결산시점까지 회수되지 않은 미수액
선급금	상품·원재료 등의 매입을 위하여 선급한 금액
선급비용	선급된 비용 중 1년 내에 비용으로 되는 것
주임종단기채권	주주, 임원, 종업원에게 자금을 대여하고 그 회수기간이 1년 이내인 것

2 재고자산

1 재고자산 의의

구 분		내 용
의 의		정상적인 영업과정에서 판매를 위해 보유하거나 생산과정에 있는 자산 및 생산 또는 서비스 제공과정에 투입될 원재료나 소모품 형태로 존재하는 자산을 말함
종 류	상 품	판매를 목적으로 구입한 상품 **예** 미착상품, 적송품 등
	제 품	판매를 목적으로 제조한 생산품 **예** 부산물 등
	반제품	자가제조한 중간제품 **예** 부분품 등
	재공품	제품 또는 반제품의 제조를 위하여 재공 과정에 있는 것
	원재료	**예** 원료, 재료, 매입부분품, 미착원재료 등
	저장품	**예** 소모품, 소모공구, 비품 등
취득원가		매입원가 = 매입가액 + 매입부대비용 − 매입할인·매입에누리·매입환출
	매입부대비용	매입을 위해 추가적으로 발생하는 운반비, 보험료, 수입관세 등
	매입할인	재고자산을 외상으로 구입한 후 외상매입금을 조기에 지급하는 경우 판매자가 일정액을 할인 해주는 것(매입액에서 차감)
	매입에누리	매입한 상품의 결함이나 파손이 있는 경우 가격을 할인해주는 것
	매입환출	매입한 상품의 파손 등으로 반환하는 것

2 재고자산 기록방법

구 분	내 용
계속기록법	재고자산의 입·출고 수량에 대하여 계속적으로 기록하는 방법
	기초재고수량 + 당기매입수량 − 당기판매수량 = 장부상 기말재고수량
실지재고 조사법	재고자산 매입시 수량을 계속 기록하지만 판매시에는 아무런 기록하지 않고 결산일에 창고의 실지재고수량을 파악하여 기말재고수량으로 결정
	기초재고수량 + 당기매입수량 − 기말실지재고수량 = 단기판매수량

〈계속기록법과 실지재고조사법 비교〉

시 점	계속기록법	실지재고조사법
매입시	(차) 상 품　　　100,000 (대) 외상매입금 100,000	(차) 상 품　　　100,000 (대) 외상매입금 100,000
매출시	(차) 외상매출금 200,000 (대) 매 출　　　200,000 (차) 매출원가　　100,000 (대) 상 품　　　100,000	(차) 외상매출금 200,000 (대) 매 출　　　200,000
결산시	분개 없음	(차) 매출원가　　100,000 (대) 상 품　　　100,000

③ 재고자산의 인식

구 분		내 용
의 의		재고자산의 소유권에 대한 인식 회계상으로 언제 재고자산의 소유권을 인식하여야 하는가에 대한 판단기준
미착상품	선적지인도조건	• 상품이 선적된 시점에 소유권이 매입자에게 이전 • 미착상품은 매입자의 재고자산에 포함
	목적지(도착지)인도조건	• 상품이 목적지에서 매입자에게 인수된 시점에 소유권이 매입자에게 이전 • 미착상품은 매입자의 재고자산에 포함되지 않음
시송품		• 매입자가 일정기간 사용 후에 매입 여부를 결정하는 조건으로 판매한 상품 • 매입자가 구입의사를 표시하기 전까지는 판매자의 재고자산에 포함
적송품(위탁상품)		• 판매를 위탁하여 수탁자에게 적송한 재고자산에 해당 • 수탁자가 판매하기 전까지 위탁자의 재고자산에 포함

④ 재고자산 흐름의 가정(단가의 결정)

구 분	내 용
개별법	① 각각의 재고자산에 개별 취득원가를 기록하였다가 판매할 때 해당 재고자산을 매출원가로 기록하는 방법 ② 실제 물량흐름과 원가흐름이 정확히 일치 → 가장 이상적인 방법 ③ 그러나 종류가 많은 경우 사실상 적용이 불가능 → 주문생산 등 제품별로 원가를 식별할 수 있을 때 제한적으로 사용
선입선출법	① 먼저 매입·생산한 재고항목이 먼저 판매·사용된다고 원가흐름을 가정하는 방법 ② 실제 물량흐름과 일치 → 논리적인 방법
후입선출법	① 가장 최근에 매입 또는 생산한 재고항목이 가장 먼저 판매된다고 원가흐름을 가정하는 방법 ② 기말재고자산이 현실을 반영하지 못하는 단점 ③ 물가가 상승하는 상황이라면 후입선출법하에서 기말재고자산은 실제가액보다 낮게 평가되는 단점
평균법	① 기초재고자산의 원가와 회계기간 중 매입 또는 생산한 재고자산의 원가를 가중평균하여 산정 ② 기말재고자산 수량을 어떻게 적용하느냐에 따라 총평균법과 이동평균법으로 구분

⑤ 재고자산의 회계처리

(1) 개 요

상품의 매매거래에 있어서 재고자산에 대한 회계처리 방법은 크게 다음과 같이 2가지 방법이 있다.

① 상품의 매입·매출시 재고자산에 대하여 상품계정 하나만을 사용하여 회계처리하는 방법

② 상품계정을 이월상품, 매입, 매출계정으로 분할하여 회계처리하는 방법

(2) 분할법(3분법)

상품계정을 이월상품, 매입, 매출계정으로 분할하여 기록처리 하는 것을 분할법이라 한다. 즉, 상품을 매입하면 매입, 상품을 매출하면 매출, 팔고 남은 상품은 이월상품으로 기록·표시한다. 따라서 분할법을 사용하면 매입에누리·매출할인·매출환입은 매출계정 차변에 기록된다. 분할법에서의 매출총손익을 산출하기 위해서는 순매출액에서 매출원가를 차감하면 된다. 이를 정리하면 다음과 같다.

> • 매출총이익 = 순매출액 − 매출원가
> • 순매출액 = 총매출액 − 매출에누리·매출할인·매출환입
> • 매출원가 = 기초상품재고액 + 당기순매입액 − 기말상품재고액
> • 순매입액 = 총매입액 − 매입에누리·매입할인·매입환출

(3) 분할법(3분법)의 회계처리

실무상으로는 분할법에 의한 회계처리가 널리 이용되므로 이에 대한 회계처리만을 설명하고자 한다.

기록시기		거래내용	차 변		대 변	
매입시, 에누리 등	4월 5일	상품 300원을 외상 매입하다.	매 입	300	매입채무	300
	4월 10일	위 상품 100원을 반품하다.	매입채무	100	매 입	100
매출시, 에누리 등	10월 5일	상품 800원을 외상 매출하다.	매출채권	800	매 출	800
	10월 7일	위 매출한 상품하자로 150원을 에누리하다.	매 출	150	매출채권	150
결산 및 마감	12월 31일	기초상품 100원, 기말상품 170원 매입계정에 대체하다.	매 입	100	이월상품	100
			이월상품	170	매 입	170
	12월 31일	매입계정에서 산출된 매출원가 330원을 매출원가계정에 대체하다.	매출원가	330	매 입	330

01 ▍전산회계2급 48회

다음 중 현금및현금성자산에 해당하지 않는 것은?

① 우편환증서　　　　　　　　② 당좌예금

③ 상 품　　　　　　　　　　④ 배당금지급통지표

■해설

상품은 재고자산 항목이다.

02 ▍전산회계2급 48회

다음 중 당좌자산에 속하는 것은?

① 받을어음　　　　　　　　　② 상 품

③ 선수금　　　　　　　　　　④ 예수금

■해설

상품은 재고자산이며, 선수금과 예수금은 유동부채이다.

03 ▍전산회계2급 48회

다음 중 재고자산 항목이 아닌 것은?

① 반제품　　　　　　　　　　② 저장품

③ 재공품　　　　　　　　　　④ 정답 없음

■해설

반제품, 저장품, 재공품은 모두 재고자산 항목이다.

04 | 전산회계2급 48회

기말 결산시 현금 계정 차변잔액 200,000원, 현금과부족 계정 차변잔액 2,000원이며 현금 실제액이 199,000원이다. 결산정리 분개시 차변 계정과목과 금액으로 옳은 것은?

① 현금 1,000원 　　　　　　　　　　　② 현금 3,000원
③ 잡손실 1,000원 　　　　　　　　　　④ 잡손실 3,000원

■해설

| (차) 잡손실 | 3,000 | (대) 현금과부족 | 2,000 |
| | | 현 금 | 1,000 |

05 | 전산회계2급 48회

다음은 유동자산의 분류이다. (가)에 해당하는 계정과목으로 옳은 것은?

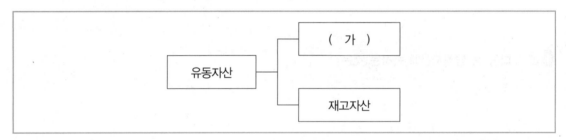

① 토 지 　　　　　　　　　　　　　② 상 품
③ 미수금 　　　　　　　　　　　　　④ 차량운반구

■해설

(가)는 당좌자산이다. 상품은 재고자산이며, 토지와 차량운반구는 유형자산이다.

06 다음 자료에 의하여 총매입액을 계산하면 얼마인가?

• 매입에누리	60,000원	• 순매출액	250,000원
• 기초재고액	100,000원	• 매출총이익	100,000원
• 기말재고액	250,000원		

① 350,000원   ② 360,000원

③ 370,000원   ④ 380,000원

해설

• 매출총이익 100,000원 = 순매출액 250,000원 − 매출원가
∴ 매출원가 : 150,000원
• 매출원가 150,000원 = 기초상품재고액 100,000원 + 당기순매입액 − 기말상품재고액 250,000원
∴ 당기순매입액 : 300,000원
• 당기순매입액 300,000원 = 총매입액 − 매입에누리 60,000원
∴ 총매입액 : 360,000원

07 상품매매 거래를 3분법으로 기장하는 경우 매출원가를 산출할 수 있는 계정은?

① 매 입
② 이월상품
③ 매 출
④ 손 익

해설

매입계정의 순매입액에 기초상품재고액을 차변에 기입하고 기말상품재고액을 대변에 기입하여 매출원가를 산출한다.

08 | 전산회계2급 49회

다음 자료로 당기 외상매출금 발생액을 구하면 얼마인가?

• 기초 외상매출금	2,300,000원
• 당기 외상매출금 회수액	2,900,000원
• 기초 대손충당금	0원
• 기말 대손충당금	11,000원
• 대손율	1%

① 1,500,000원

② 1,600,000원

③ 1,700,000원

④ 1,800,000원

해설

• 기말 외상매출금 × 대손율 1% = 기말 대손충당금 11,000원

∴ 기말 외상매출금 : 1,100,000원

• 기말 외상매출금 1,100,000원 = 기초 외상매출금 2,300,000원 + 당기 외상매출금 발생액 − 당기 외상매출금 회수액 2,900,000원

∴ 당기 외상매출금 발생액 : 1,700,000원

09 | 전산회계2급 49회

다음 중 재고자산의 취득원가를 구성하는 항목은?

① 매입운임

② 매입할인

③ 매입환출

④ 매입에누리

해설

재고자산의 취득원가는 매입가액에 매입운임 등 취득과정에서 정상적으로 발생한 부대비용을 가산한 금액이다. 나머지는 매입원가에서 차감한다.

│ 전산회계2급 49회

10 다음은 손익계산서의 일부이다. 빈 칸에 들어갈 (가), (나), (다)의 내용으로 옳은 것은?

구 분	2020년	2021년
매출액	110,000원	120,000원
기초상품재고액	12,000원	(나)
당기총매입액	94,000원	(다)
기말상품재고액	15,000원	16,000원
매출총이익	(가)	20,000원

	(가)	(나)	(다)
①	91,000원	14,000원	110,000원
②	19,000원	15,000원	101,000원
③	91,000원	15,000원	101,000원
④	19,000원	15,000원	130,000원

■해설

(2020년)	• 기초상품재고액 12,000원 + 당기총매입액 94,000원 = 매출원가 + 기말상품재고액 15,000원 ∴ 매출원가 : 91,000원 • 매출액 110,000원 − 매출원가 91,000원 = 매출총이익(가) 19,000원
(2021년)	• 매출액 120,000원 − 매출원가 = 매출총이익 20,000원 ∴ 매출원가 : 100,000원 • 기초상품재고액(나) 15,000(2020년 기말상품재고액) + 당기총매입액(다) = 매출원가 100,000원 + 기말상품재고 16,000원 ∴ 당기총매입액(다) : 101,000원

│ 전산회계2급 49회

11 다음 자료에 의하여 매출총이익을 계산하면 얼마인가?

• 당기매출액	5,000,000원	• 기초상품재고액	700,000원
• 당기상품매입액	800,000원	• 기말상품재고액	1,000,000원
• 매입운임	50,000원	• 이자비용	300,000원

① 3,850,000원   ② 4,150,000원

③ 4,450,000원   ④ 4,500,000원

해설

• 매출총이익 구할 때 이자비용은 고려대상이 아니다.
• 매출총이익 = 매출액 5,000,000원 − {기초상품재고액 700,000원 + (당기상품매입액 800,000원 + 매입운임 50,000원)
　　　　　 − 기말상품재고액 1,000,000원}
∴ 매출총이익 : 4,450,000원

전산회계2급 49회

12 충청상사의 갑상품 거래내역이다. 갑상품의 월말재고액으로 옳은 것은?(단, 선입선출법)

• 월초 재고	5개	@5,000원
• 당월 매입	8개	@6,000원
• 당월 매출	10개	@10,000원

① 10,000원
② 12,000원
③ 15,000원
④ 18,000원

해설

선입선출법은 먼저 매입한 상품이 먼저 매출되는 것으로 간주하여 상품의 인도단가를 결정하는 방법이며, 가장 최근에 매입한 상품이 월말재고액으로 남는다.
• 갑상품 월말재고액 : 3개 × @6,000원 = 18,000원

전산회계2급 50회

13 기말재고자산을 과대평가 하였을 때 나타나는 현상으로 옳은 것은?

① 매출원가 : 과대, 당기순이익 : 과대
② 매출원가 : 과대, 당기순이익 : 과소
③ 매출원가 : 과소, 당기순이익 : 과대
④ 매출원가 : 과소, 당기순이익 : 과소

해설

기말재고자산의 과대평가로 매출원가가 과소계상되며, 매출원가의 과소계상으로 당기순이익이 과대계상된다.

┃전산회계2급 50회

14 잔액시산표 작성시 당좌예금 계정 잔액 20,000원을 외상매출금 계정 차변에 기입하는 오류가 발생한 경우 차·대변 합계에 미치는 영향으로 옳은 것은?

① 차변 합계만 20,000원 과대계상된다.

② 대변 합계만 20,000원 과소계상된다.

③ 차·대변 합계에 영향이 없다.

④ 차·대변 모두 20,000원 과소계상된다.

┃해설

(차변)당좌예금을 (차변)외상매출금으로 기입한 분류상의 오류이므로 차·대변 합계액에 영향을 미치지 않는다.

┃전산회계2급 50회

15 다음 자료에 의하여 결산 재무상태표에 표시되는 현금및현금성자산을 구하면 얼마인가?

• 당좌예금	150,000원
• 배당금지급통지표	500,000원
• 만기도래한 사채이자표	120,000원
• 양도성예금증서(100일 만기)	500,000원
• 우 표	5,000원

① 770,000원

② 655,000원

③ 620,000원

④ 275,000원

┃해설

당좌예금 150,000원 + 배당금지급통지표 500,000원 + 만기도래한 사채이자표 120,000원 = 770,000원

16 | 전산회계2급 50회

다음 자료는 대명가구의 거래내역이다. 기말 현재 재무상태표에 계상될 매출채권은 얼마인가?

> • 기초 매출채권 500,000원
> • 미래상사에게 침대를 200,000원에 판매하고 어음을 받다.
> • 부천유통에게 책상을 300,000원에 판매하고 100,000원은 현금으로, 200,000원은 어음을 받다.
> • 기말 현재 어음의 만기일은 도래하지 않다.

① 500,000원　　　　　　　　　　② 700,000원
③ 900,000원　　　　　　　　　　④ 1,000,000원

■해설

(500,000원 + 200,000원 + 200,000원) = 900,000원

17 | 전산회계2급 50회

다음 중 상품재고액의 단가를 결정하는 방법은?

① 계속기록법
② 실지재고조사법
③ 계속기록법과 실지재고조사법 동시 사용
④ 선입선출법 또는 후입선출법

■해설

상품재고액은 수량 × 단가로 계산되며, 수량의 결정은 계속기록법, 실지재고조사법 등이 있고, 단가의 결정에는 선입선출법, 후입선출법, 이동평균법, 총평균법 등이 있다.

18 | 전산회계2급 50회

다음 중 상품의 매입부대비용으로 볼 수 없는 것은?

① 매입수수료　　　　　　　　　　② 매입하역비
③ 매입관세　　　　　　　　　　　④ 매입할인

■해설

상품의 취득원가는 매입가액에 매입부대비용을 가산하고, 매입에누리와 환출, 매입할인을 차감하여 계산한다.

19 주어진 자료로 당기 기초상품재고액을 계산하면 얼마인가?(단, 3분법)

• 매입액	40,000원
• 매입환출액	1,000원
• 기말상품재고액	2,000원

손 익			
매 입	50,000원	매 출	70,000원

① 13,000원   ② 14,000원

③ 15,000원   ④ 16,000원

해설

매출원가 50,000원 = 기초상품재고액 + (매입액 40,000원 − 매입환출액 1,000원) − 기말상품재고액 2,000원
∴ 기초상품재고액 = 13,000원

20 기말자산 계정의 잔액이다. 재무상태표에 당좌자산으로 표시될 금액은?

• 현 금	2,000원	• 보통예금	5,000원
• 상 품	3,000원	• 외상매출금	3,000원
• 받을어음	2,000원	• 비 품	1,000원

① 12,000원

② 13,000원

③ 14,000원

④ 15,000원

해설

상품은 재고자산이며, 비품은 유형자산이다.

| 전산회계2급 51회

21 다음 자료에서 20X1년 말 대손충당금 추가설정액은 얼마인가?(단, 대손충당금은 매출채권 잔액의 1%를 설정하며, 전기회수불능채권은 대손충당금으로 상계처리한 것으로 가정한다)

• 20X1년 1월 1일	대손충당금 이월액	1,200,000원
• 20X1년 7월 1일	전기회수불능채권 현금회수액	200,000원
• 20X1년 12월 31일	매출채권잔액	200,000,000원

① 600,000원

② 800,000원

③ 1,000,000원

④ 1,200,000원

해설

(200,000,000원 × 1%) − (1,200,000원 + 200,000원) = 600,000원

| 전산회계2급 51회

22 다음 자료에서 매출원가를 구하면 얼마인가?

• 기초상품재고액	1,500,000원
• 매입에누리	90,000원
• 당기매입액	3,000,000원
• 기말상품재고액	2,000,000원
• 매입운임	200,000원
• 매입환출	50,000원

① 2,560,000원

② 2,580,000원

③ 2,610,000원

④ 2,700,000원

해설

(1,500,000원 + 3,000,000원 + 200,000원) − (90,000원 + 2,000,000원 + 50,000원) = 2,560,000원

23 | 전산회계2급 52회

다음 중 재고자산의 원가계산방법에 해당되지 않는 것은?

① 선입선출법　　　　　　　　　② 개별법
③ 연수합계법　　　　　　　　　④ 이동평균법

해설

연수합계법은 감가상각방법에 해당된다.

24 | 전산회계2급 52회

다음 항목 중 재고자산에 포함되는 것은 몇 개인가?

• 저장품	• 비 품
• 상 품	• 미착품

① 1개　　　　　　　　　　　　② 2개
③ 3개　　　　　　　　　　　　④ 4개

해설

비품은 유형자산에 포함된다.

25 | 전산회계2급 53회

다음 중 현금및현금성자산의 금액은 얼마인가?

• 수입인지	3,000원	• 배당금지급통지표	5,000원
• 사채이자지급통지표	5,000원	• 보통예금	3,000원
• 만기 6개월 정기예금	5,000원	• 타인발행당좌수표	5,000원

① 18,000원　　　　　　　　　② 20,000원
③ 23,000원　　　　　　　　　④ 28,000원

해설

배당금지급통지표 5,000원 + 사채이자지급통지표 5,000원 + 보통예금 3,000원 + 타인발행당좌수표 5,000원 = 18,000원

26 | 전산회계2급 53회

다음 괄호 안에 들어갈 내용으로 옳은 것은?

> ( )은(는) 영업과정에서 판매를 위하여 보유하거나 생산과정에 있는 자산 및 생산 또는 서비스 제공과정에 투입될 원재료나 소모품의 형태로 존재하는 자산이다.

① 무형자산   ② 당좌자산

③ 유형자산   ④ 재고자산

 해설

재고자산에 관한 설명이다.

---

27 | 전산회계2급 53회

다음의 자료에 기초하여 상품의 취득원가를 계산하면 얼마인가?

• 매입상품 수량	120개
• 매입단가	3,000원
• 매입운반비	8,000원
• 매입수수료	2,000원
• 매입후 판매시까지 발생한 창고보관료	5,000원

① 360,000원   ② 368,000원

③ 370,000원   ④ 375,000원

해설

취득원가 = 매입가액 + 매입부대비용 = (3,000원 × 120개) + 8,000원 + 2,000원 = 370,000원

---

28 | 전산회계2급 54회

다음 설명 중 밑줄 친 (가)와 관련 있는 계정과목으로만 나열된 것은?

> 자산은 기업이 경영활동을 하기 위하여 소유하고 있는 각종 재화와 채권(가)을 말한다.

① 단기대여금, 외상매출금   ② 선급금, 비품

③ 미수금, 상품   ④ 상품, 제품

| 전산회계2급 54회

29 다음 자료에 의하여 당기 중에 외상으로 매출한 상품대금을 계산하면 얼마인가?

• 외상매출금 기초잔액	60,000원
• 외상매출금 기말잔액	80,000원
• 외상매출액 중 에누리액	15,000원
• 외상매출액 중 대손액	10,000원
• 외상매출액 중 환입액	15,000원
• 당기 외상매출액 중 회수액	500,000원

① 440,000원   ② 450,000원

③ 550,000원   ④ 560,000원

해설

• 기말잔액 80,000원 + 당기 중 회수액 500,000원 = 기초잔액 60,000원 + (당기 외상매출금 − 대손액 10,000원 − 에누리액 15,000원 − 환입액 15,000원)
∴ 당기 외상매출금 : 560,000원

| 전산회계2급 54회

30 다음 중 재고자산의 매입원가를 산출하는 계산식으로 틀린 것은?

① 매입원가 = 매입금액 + 매입운임 − 매입환출 및 매입에누리
② 매입원가 = 매입금액 + 매입운임 − 매입할인 및 매입에누리
③ 매입원가 = 매입금액 + 매입운임 − 매입환출 및 매입할인
④ 매입원가 = 매입금액 + 매입운임 − 매출환입 및 매출에누리

해설

재고자산의 매입원가는 매입금액에 매입운임, 하역료 및 보험료 등 취득과정에서 정상적으로 발생한 부대원가를 가산한 금액이다. 매입과 관련된 할인, 에누리 및 기타 유사한 항목은 매입원가에서 차감한다. 성격이 상이한 재고자산을 일괄하여 구입한 경우에는 총매입원가를 각 재고자산의 공정가치 비율에 따라 배분하여 개별 재고자산의 매입원가를 결정한다.

전산회계2급 54회

31 다음 분개에 대한 설명으로 옳은 것은?

(차) 현 금	10,000	(대) 현금과부족	10,000

① 현금과잉액의 원인이 밝혀진 경우
② 현금의 실제잔액이 장부잔액보다 많음을 발견한 경우
③ 현금부족분의 원인이 밝혀진 경우
④ 현금의 실제잔액이 장부잔액보다 부족함을 발견한 경우

전산회계2급 55회

32 다음 중 대손처리 할 수 있는 계정과목은?

① 지급어음　　　　　　　　　　② 미지급금
③ 선수금　　　　　　　　　　　④ 외상매출금

해설

외상매출금, 나머지는 부채로 대손처리할 수 없다.

전산회계2급 55회

33 다음 자료는 둘리전자의 거래내역이다. 기말 재무상태표에 계상된 매출채권은 얼마인가?

- 기초 매출채권 350,000원
- 아라전자에 판매용 스마트TV를 400,000원에 외상판매하다.
- 우리유통에 판매용 냉장고를 500,000원에 판매하고 200,000원은 현금으로 나머지는 어음을 받다.
- 기말 현재 어음의 만기일은 도래하지 않았고, 아라전자의 외상대금은 회수되다.

① 350,000원　　　　　　　　　② 650,000원
③ 750,000원　　　　　　　　　④ 1,050,000원

해설

- 기말 매출채권 = 기초 350,000원 + 당기(아라전자) 400,000원 + 당기(우리유통) 300,000원 − 당기 회수(아라전자) 400,000원
- ∴ 기말 매출채권 : 650,000원

34 다음에서 밑줄 친 (가)와 (나)를 회계처리한 경우 재무상태표에 통합 표시될 항목으로 옳은 것은?

> 서울상사는 거래처에서 외상대금 500만원을 회수하여 (가) 200만원은 6개월 만기 정기예금에 가입하고, (나) 잔액은 당좌예금에 입금하다.

① (가) 단기투자자산　　　(나) 단기투자자산
② (가) 단기투자자산　　　(나) 현금및현금성자산
③ (가) 현금및현금성자산　(나) 단기투자자산
④ (가) 현금및현금성자산　(나) 현금및현금성자산

35 그림은 8월 중 갑상품에 대한 내용이다. 월말재고액을 선입선출법으로 계산한 금액으로 옳은 것은?

월초재고 1일 10개 단가 1,000원	→	당월 매입 5일 20개 단가 1,100원 10일 30개 단가 1,200원	→	당월 매출 20일 40개 단가 2,200원

① 21,000원
② 22,000원
③ 23,000원
④ 24,000원

▶해설

• 판매가능수량 60개 − 당월매출수량 40개 = 월말재고수량 20개
∴ 월말재고액 = 월말재고수량 20개 × 단가 1,200 = 24,000원

┃전산회계2급 56회

36 다음 중 기말 계정잔액의 표시가 잘못된 것은?

①	받을어음		②	현 금	
	150,000원			200,000원	

③	자본금		④	미수수익	
		300,000원			500,000원

■해설

미수수익은 자산이므로 차변에 위치한다.

┃전산회계2급 56회

37 다음의 자료를 토대로 기말 대손상각비로 계상할 금액은 얼마인가?

> • 기초 매출채권에 대한 대손충당금 잔액은 200,000원이다.
> • 3월 3일 거래처의 파산으로 매출채권 80,000원이 회수불능되었다.
> • 기말 매출채권에 대한 대손충당금은 150,000원이다.
> • 대손충당금은 보충법을 적용한다.

① 10,000원   ② 20,000원
③ 30,000원   ④ 40,000원

■해설

150,000원 − (200,000원 − 80,000원) = 30,000원

┃전산회계2급 57회

38 다음 선급금계정에서 4월 6일 거래의 설명으로 옳은 것은?

선급금			
4/6 현 금	150,000원	4/8 상 품	150,000원

① 상품을 주문하고 계약금을 지급하다.   ② 상품을 주문받고 계약금을 받다.
③ 상품을 매입하고 계약금을 차감하다.   ④ 상품을 매출하고 계약금을 차감하다.

| 전산회계2급 57회

39 아래 내용의 (가)에 해당하는 계정과목으로 옳은 것은?

> 자산은 1년을 기준으로 유동자산과 비유동자산으로 구분되며, 유동자산은 (가)과 재고자산으로 분류된다.

① 상 품   ② 단기대여금
③ 비 품   ④ 외상매입금

■해설

(가)는 당좌자산이다. 상품은 재고자산, 비품은 유형자산, 외상매입금은 부채이다.

| 전산회계2급 57회

40 다음 자료에서 기초상품재고액은 얼마인가?

• 당기매입액	300,000원	• 당기매출액	600,000원
• 기말상품재고액	80,000원	• 매출총이익	220,000원

① 160,000원   ② 180,000원
③ 200,000원   ④ 220,000원

■해설

• 매출총이익 220,000원 = 당기매출액 600,000원 − 매출원가
∴ 매출원가 : 380,000원
• 매출원가 380,000원 = 기초상품재고액 + 당기매입액 300,000원 − 기말상품재고액 80,000원
∴ 기초상품재고액 : 160,000원

┃전산회계2급 57회

41 대손충당금을 설정할 경우의 거래내용과 회계처리가 적절하지 않은 것은?

거래내용	회계처리			
① 대손예상액 > 대손충당금 잔액	(차) 대손상각비 ×××	(대) 대손충당금	×××
② 대손예상액 = 대손충당금 잔액	(차) 대손상각비 ×××	(대) 대손충당금	×××
③ 대손예상액 < 대손충당금 잔액	(차) 대손충당금 ×××	(대) 대손충당금환입	×××
④ 대손충당금 잔액이 없을 경우	(차) 대손상각비 ×××	(대) 대손충당금	×××

■해설

분개 없음

┃전산회계2급 58회

42 다음 甲(갑)상품 자료에서 선입선출법으로 10월 말의 월말재고액을 계산하면?

> • 10월 1일 월초재고액   10개   @500원
> • 10월 15일 매입액   10개   @600원
> • 10월 23일 매출액   15개   @900원
> • 10월 25일 매입액   5개   @700원

① 5,500원   ② 6,000원
③ 6,500원   ④ 7,000원

■해설

월말재고액 = (10월 15일 5개 × @600원) + (10월 25일 5개 × @700원) = 6,500원

┃전산회계2급 58회

43 다음 계정과목 중 대손충당금 설정 대상으로 적절하지 않은 것은?

① 미지급금   ② 받을어음
③ 외상매출금   ④ 단기대여금

■해설

대손충당금은 회사가 보유하고 있는 채권에 대하여 설정하는 것으로, 미지급금은 부채 계정으로 대손충당금을 설정하지 않는다.

| 전산회계2급 58회

44 단기금융상품은 만기 1년 이내인 정기예금 및 정기적금 등을 말한다. 만기 1년 이내의 기준일로 적절한 것은?

① 정기예금 및 정기적금을 가입한 기준일
② 재무상태표 기준일
③ 정기예금 및 정기적금을 찾는 기준일
④ 정기예금 및 정기적금의 이자지급 기준일

| 전산회계2급 58회

45 다음 보기에서 재고자산으로 분류될 수 없는 것은?

① 판매를 위해 증권회사가 보유하는 주식
② 사용할 목적으로 보유하는 자동차
③ 부동산매매업자가 판매를 위해 보유하는 토지
④ 외부매입 후 재판매할 목적으로 보유 중인 미착상품

| 전산회계2급 58회

46 다음 자료에서 당기 중에 외상으로 매출한 금액은 얼마인가?

• 외상매출금 기초잔액	100,000원	• 외상매출금 당기회수액	400,000원
• 외상매출금 중 에누리액	20,000원	• 외상매출금 기말잔액	80,000원

① 300,000원　　　　　　　　② 360,000원
③ 400,000원　　　　　　　　④ 500,000원

해설

외상매출금

기초잔액	100,000	회수액	400,000
당기 외상매출	( )	에누리액	20,000
		기말잔액	80,000
	500,000		500,000

• 회수액 + 에누리액 + 기말잔액 = 기초잔액 + 당기 외상매출
∴ 당기 외상매출 = 500,000원 − 100,000원 = 400,000원

│전산회계2급 59회

47 경리담당자는 현재시재액이 장부잔액보다 30,000원 많은 것을 발견하였으나, 그 원인을 알 수 없어서 현금과부족계정을 이용하여 차이를 조정하였다. 그 후 현금불일치의 원인이 임대료수입의 기장누락에 있었음을 발견하였다. 현금불일치의 원인이 발견된 시점에서 필요한 분개는?

① (차) 현금과부족   30,000   (대) 현 금   30,000
② (차) 현금과부족   30,000   (대) 임대료   30,000
③ (차) 현 금   30,000   (대) 현금과부족   30,000
④ (차) 임대료   30,000   (대) 현금과부족   30,000

■ 해설

차이 조정시   (차) 현 금   30,000   (대) 현금과부족   30,000
원인 발견시   (차) 현금과부족   30,000   (대) 임대료   30,000

│전산회계2급 59회

48 다음은 기말자산과 기말부채의 일부분이다. 기말 재무상태표에 표시될 계정과목과 금액이 틀린 것은?

• 외상매출금	400,000원	• 자기앞수표	300,000원
• 지급어음	150,000원	• 외상매입금	200,000원
• 받을어음	100,000원	• 당좌예금	50,000원

① 현금및현금성자산 300,000원
② 매출채권 500,000원
③ 매입채무 350,000원
④ 당좌자산 850,000원

■ 해설

현금및현금성자산 = 자기앞수표 300,000원 + 당좌예금 50,000원 = 350,000원

▌전산회계2급 59회

49 다음은 12월 상품재고장이다. 재고자산평가방법으로 총평균법을 사용할 경우 12월의 매출총이익은 얼마인가?

상품재고장

구 분	수량(개)	단가(원)	금액(원)
기 초	100	100	10,000
매 입	500	100	50,000
매 출	250	210	52,500
매 입	200	100	20,000
매 출	250	210	52,500

① 55,000원

② 60,000원

③ 80,000원

④ 130,000원

▌해설

매출총이익 = 매출액(500개 × 210원) − 매출원가(500개 × 100원) = 55,000원

▌전산회계2급 60회

50 다음의 계정과목 중에서 임시계정으로 기말 재무상태표에는 표시하지 않는 것은?

① 선급금

② 예수금

③ 현금과부족

④ 미지급금

▌해설

현금과부족 계정은 현금의 실제액과 장부액의 차이가 발견시 그 원인을 발견하지 못하는 경우에 처리하는 계정으로 기말까지 원인을 알 수 없는 경우에는 반대계정으로 대체시켜 잡이익이나 잡손실로 처리하여야 한다.

▌전산회계2급 61회

51 다음 중 손익계산서 나타나는 계정과목이 아닌 것은?

① 미수수익

② 이자수익

③ 대손상각비

④ 유형자산처분손실

▌해설

미수수익은 자산계정으로 재무상태표에 나타난다.

52 | 전산회계2급 61회

아래 상품 거래와 관련된 내용을 토대로 판매가능금액을 구하면 얼마인가?

• 총매출액	1,500,000원
• 매출에누리	75,000원
• 기초상품재고액	350,000원
• 총매입액	1,050,000원
• 매입에누리	14,000원
• 기말상품재고액	370,000원

① 910,000원   ② 1,016,000원

③ 1,386,000원   ④ 1,425,000원

■해설

판매가능금액이란 기초상품재고액에 당기상품순매입액 가산하여 산출되므로
기초상품재고액 350,000원 + 총매입액 1,050,000원 − 매입에누리 14,000원 = 판매가능금액 1,386,000원

53 | 전산회계2급 61회

다음 중 받을어음 계정 대변에 기록되는 거래가 아닌 것은?

① 거래처로부터 받아 보관 중인 약속어음 100,000원을 만기전 은행에서 할인하다.
② 매출대금으로 받아 보관 중인 거래처발행 약속어음 100,000원이 만기가 되어 현금으로 받다.
③ 거래처가 발행한 환어음 100,000원의 인수제시가 있어 인수를 승낙하다.
④ 외상매입금을 지급하기 위해 소지하고 있던 거래처 발행 약속어음 100,000원을 배서양도하다.

■해설

받을어음계정 대변에는 자산의 감소. 즉, 받을어음의 할인, 상환, 배서, 부도 등이 기록된다. 환어음의 인수는 지급어음 계정 대변에 기록된다.

▌전산회계2급 61회

54 다음 현금과부족 계정의 (   ) 안에 들어갈 계정과목은?

현금과부족			
12/10 이자수익	15,000원	12/8 현 금	30,000원
12/31 ( )	15,000원		

① 현금과부족   ② 잡이익

③ 잡손실   ④ 차기이월

◼해설

기말 결산시까지 현금과부족의 원인을 알 수 없으면 잡이익으로 처리한다.

▌전산회계2급 61회

55 다음의 설명 중 틀린 것은?

① 상품을 매입하고 어음을 발행하면 지급어음 계정으로 처리한다.

② 120일 만기의 양도성예금증서는 현금성자산이다.

③ 당점발행수표는 당좌예금 계정으로 처리한다.

④ 보통예금과 당좌예금은 현금성자산이다.

◼해설

현금성자산은 만기가 3개월(90일) 이내인 금융자산을 말한다.

▌전산회계2급 61회, 64회

56 다음 자료에서 당기 손익계산서에 보고되는 대손상각비는 얼마인가?

- 전기 말 외상매출금에 대한 대손충당금 잔액은 20,000원이다.
- 당기 중 거래처의 파산으로 외상매출금 10,000원을 대손처리하다.
- 당기 말 외상매출금 잔액 5,000,000원에 대해 1%의 대손을 설정하다.

① 20,000원   ② 30,000원

③ 40,000원   ④ 50,000원

◼해설

(5,000,000원 × 1%) − (20,000원 − 10,000원) = 40,000원

57 | 전산회계2급 62회

재고자산은 그 평가방법에 따라 금액이 달라질 수 있는데, 평가방법의 변경에 따른 기말재고자산 금액의 변동이 매출원가와 매출총이익에 미치는 영향으로 올바른 것은?

① 기말재고자산 금액이 증가하면 매출원가가 증가한다.
② 기말재고자산 금액이 증가하면 매출총이익이 증가한다.
③ 기말재고자산 금액이 감소하면 매출총이익이 증가한다.
④ 기말재고자산 금액이 감소하면 매출원가가 감소한다.

🔲 해설

기말재고자산금액의 증가 → 매출원가의 감소 → 매출총이익 증가

58 | 전산회계2급 62회

아래 내용의 괄호에 해당하는 계정과목으로 옳은 것은?

> 자산은 1년을 기준으로 유동자산과 비유동자산으로 구분되며, 유동자산은 (   )과 재고자산으로 분류된다.

① 상 품   ② 미수금
③ 건 물   ④ 외상매입금

🔲 해설

(   )는 당좌자산이다. 상품은 재고자산, 건물은 유형자산, 외상매입금은 부채이다.

59 | 전산회계2급 63회

다음 중 재고자산에 해당하는 것은?

① 판매용으로 구입한 핸드폰
② 거래처 직원에게 명절에 줄 선물세트를 구매한 경우
③ 영업용으로 구입한 복사기
④ 직원에게 지급할 단체복을 구입한 경우

🔲 해설

재고자산은 판매를 목적으로 구입한 자산을 말하며 상품, 제품, 재공품, 원재료 등을 말한다.

| 전산회계2급 63회

60 다음 중 상품에 대한 기말재고자산의 단가를 결정하는 방법에 속하지 않는 것은?

① 연수합계법 ② 이동평균법
③ 총평균법 ④ 개별법

해설

상품재고단가 결정방법에는 선입선출법, 후입선출법, 이동평균법, 개별법 등이 있으며, 연수합계법은 감가상각방법의 종류이다.

| 전산회계2급 63회

61 다음의 계정과목 중 당좌자산에 해당되지 않는 것은?

① 당좌예금 ② 외상매출금
③ 보통예금 ④ 장기성예금

해설

장기성예금은 투자자산 계정과목이다.

| 전산회계2급 64회

62 다음은 외상매출금 계정의 차변과 대변에 기록되는 내용을 표시한 것이다. 틀리게 표시하고 있는 항목은?

외상매출금			
기초재고액	XXX	환입및에누리액	XXX
매출액	XXX	대손액	XXX
회수액	XXX	기말재고액	XXX

① 매출액 ② 회수액
③ 환입및에누리액 ④ 대손액

해설

외상매출금의 회수액은, 외상매출금 계정의 대변에 기입하여야 한다.

| 전산회계2급 64회

63 다음 중 회계처리과정에서 차변에 현금 계정이 기입되는 거래는?

① 상품을 매입하고 자기앞수표로 지급하다.

② 상품매입대금을 약속어음을 발행하여 지급하다.

③ 상품매출대금으로 타인발행수표를 받다.

④ 상품외상대금으로 약속어음을 받다.

■해설

자기앞수표로 지급하면 대변에 현금, 약속어음을 발행하면 대변에 지급어음 계정이 생기고, 약속어음을 받으면 차변에 받을어음 계정이 생긴다.

| 전산회계2급 65회

64 다음 중 상품매입액에서 차감하는 계정과목이 아닌 것은?

① 매입할인
② 매입환출
③ 매입에누리
④ 매입운임

■해설

매입운임이 발생하면 매입원가에 포함하여야 한다.

제4장 | 자산계정(2) - 비유동자산

1 유형자산

1 유형자산의 의의

구 분	내 용	
의 의	① 기업의 정상적인 영업활동 과정에서 사용될 목적으로 장기간 보유하고 있는 물리적 실체를 가지고 있는 자산 ② 주된 영업활동뿐 아니라 임대수익을 목적으로 하는 경우도 유형자산에 속하나 투자목적으로 취득한 투자자산과 판매목적으로 취득한 재고자산과는 구별된다. ③ 물리적 형태가 있는 자산이므로 물리적 형태가 없는 무형자산과 구분된다.	
종 류	토 지	대지, 임야 전답, 잡종지 등
	건 물	건물, 냉난방, 전기, 통신 및 기타의 건물 부속설비 등
	구축물	교량, 궤도, 갱도, 정원설비 및 기타의 토목설비 또는 공작물 등
	기계장치	기계장치·운송설비(콘베어, 호이스트, 기중기 등)와 기타의 부속설비 등
	건설중인자산	건설이 완료되지 않은 자산
	기타 유형자산	위의 유형자산 이외의 차량운반구, 선박, 비품, 공기구 등
인식요건	다음의 인식조건을 모두 충족하여야 한다. ① 자산으로부터 발생하는 미래경제적 효익이 기업에 유입될 가능성이 매우 높다. ② 자산의 원가를 신뢰성 있게 측정할 수 있다.	

2 유형자산

(1) 취득원가

구 분	내 용
취득원가	• 매입가액 + 취득부대비용 • 현물출자, 증여, 무상취득한 자산은 공정가액으로 기록 • 매입할인 등이 있는 경우에는 이를 차감하여 취득원가로 산출
교환에 의한 취득	• 이종자산의 경우 취득원가는 교환시 제공한 자산의 공정가액 • 동종자산의 경우 취득원가는 교환시 제공한 자산의 장부가액
취득시 부대비용	• 운송비, 설치비, 자본화 대상 금융 비용 • 취득세, 등록세 등 취득과 직접 관련된 제세공과금 • 취득과 관련하여 국·공채 등을 불가피하게 매입하는 경우 당해채권의 매입가액과 현재가치와의 차액

(2) 취득 후 지출 방법

구 분	수익적 지출	자본적 지출
의 의	현상유지를 위하거나 지출의 효과가 단기인 지출	그 지출로 인해 내용연수가 증가 되거나 당해 유형자산의 가치가 증가되는 경우
사 례	• 건물 또는 벽의 도장 • 파손된 외관의 복구 • 기계의 소모된 부속품의 대체와 벨트의 대체 • 자동차의 타이어 대체 • 조업가능상태의 유지 등	• 본래의 용도를 변경하기 위한 개조 • 엘리베이터 또는 냉방장치의 설치 • 내용연수의 증가 또는 현저한 가치증대
회계처리	비용으로 처리(수선비)	자산으로 처리(유형자산)

3 유형자산의 감가상각

(1) 감가상각의 기본요소

구 분	내 용
감가상각 대상 금액	• 감가상각 대상금액은 취득원가에서 잔존가액*을 차감한 금액이다. *잔존가액 : 내용연수가 끝나는 시점에서 자산을 처분할 때의 금액에서 처분비용을 차감한 가액
내용연수	유형자산을 영업활동에 사용할 수 있는 기간(즉, 수익획득과정에 사용될 것으로 기대되는 기간)이다.
감가상각 방법	• 감가상각 대상금액을 체계적이고 합리적으로 배분하는 방법이다. • 정액법, 정률법, 연수합계법 등이 있다. • 기중에 유형자산을 취득한 경우 월할상각을 한다.
감가상각 대상 자산	• 건물, 구축물, 기계장치 등은 내용연수가 유한하므로 감가상각 대상 자산에 해당한다. • 토지는 내용연수가 무한하므로 감가상각 대상이 아니다.

(2) 감가상각 방법

구 분	내 용
정액법	감가상각 대상금액을 내용연수 동안 균등하게 배분하는 방법
	감가상각비 $= \dfrac{\text{취득원가} - \text{잔존가액}}{\text{내용연수}}$
정률법	수익비용대응의 원칙을 잘 반영
	감가상각비 = 장부가액(취득원가 − 감가상각누계액) × 상각률*
	*상각률 $= 1 - \sqrt[n]{\text{잔존가액/취득원가}}$
생산량 비례법	자산의 예상조업도 혹은 예상생산량에 근거하여 감가상각비를 계산하는 방법
	감가상각비 = (취득원가 − 잔존가액) $\times \dfrac{\text{당기 실제생산량}}{\text{총생산가능수량}}$
연수합계법	자산의 내용연수를 합계하여 분모로 하고 잔여기간을 분자로 하여 감가상각비를 계산하는 방법
	감가상각비 = 상각대상금액 ÷ 내용연수합계 × 잔존내용연수
적용시 유의할 점	• 한번 선택한 감가상각 방법은 특별한 사유가 없는 한 매기 지속적으로 적용(계속성) • 감가상각비는 매연도 말 비용으로 인식 • 이때 자산의 성격에 따라 판관비, 영업외비용 등으로 인식 • 상대계정은 감가상각누계액 사용(자산에서 직접 차감하지 않음)

2 무형자산

1 무형자산의 의의

구 분	내 용
의 의	① 기업에 장기간에 걸쳐 경제적 효익을 가져올 것으로 예상되는 자산 ② 물리적 실체가 없지만 식별이 가능하고, 기업이 배타적으로 통제하고 있는 비화폐성자산

종 류	• 산업재산권(특허권, 실용신안권, 의장권, 상표권, 상호권 및 상품명 포함 등)
	• 라이선스와 프랜차이즈
	• 저작권
	• 컴퓨터소프트웨어
	• 개발비(제조비법, 공식, 모델, 디자인 및 시작품 등의 개발)
	• 임차권리금
	• 광업권, 어업권 등
	• 영업권
	   − 동종업계의 정상 이익을 초과할 수 있는 능력인 무형의 자원
	   − 일반적인 자산과 달리 기업과 분리되어 독립적으로 거래될 수 없음
	   − 현행 기업회계기준상 사업상 가치가 있어 대가를 지급한 영업권만 인정하며 자가 창설 영업권은 인정하지 않음

인식 요건	다음의 인식조건을 모두 충족하여야 한다. ① 자산에서 발생하는 미래경제적 효익이 기업에 유입될 가능성이 매우 높다. ② 자산의 원가를 신뢰성 있게 측정할 수 있다.

2 무형자산의 상각

(1) 무형자산의 내용연수

구 분	내 용
유한한 경우	내용연수 동안 상각한다.
무한한 경우	상각하지 않고, 매년 또는 손상 징후가 있을 때 손상검사를 수행한다.

(2) 무형자산의 상각방법

구 분	내 용
상각기간	• 20년 이내의 합리적인 기간 • 단, 독점적·배타적 권리가 법률, 계약에 의해 정해진 경우에는 예외로 함 • 상각은 자산이 사용가능한 때(취득한 때 ×)부터 시작
상각방법	• 자산의 경제적 효익이 소비되는 형태를 반영한 합리적인 방법 　예 정액법, 정률법, 연수합계법 등 • 다만 합리적인 상각방법을 정할 수 없는 경우에는 정액법 사용
무형자산 상각비	• 상각이 다른 자산의 제조와 관련된 경우에는 제조원가로, 그 밖의 경우에는 판매비와관리비로 계상 • 상각시 유형자산과 달리 상각누계액을 표시하지 않고 자산을 직접 감액

(3) 무형자산의 잔존가치

무형자산의 잔존가치는 없는 것을 원칙으로 한다. 다만, 경제적 내용연수보다 짧은 상각기간을 정한 경우에 상각기간이 종료될 때 제3자가 구입하는 약정이 있거나, 그 자산에 대한 활성시장이 존재하여 상각기간이 종료되는 시점에 자산의 잔존가치가 활성시장에서 결정될 가능성이 매우 높다면 잔존가치를 인식할 수 있다.

(4) 무형자산 상각의 회계처리

유형자산의 경우 감가상각누계액이라는 자산의 차감 계정을 사용하나, 무형자산은 자산에서 직접 차감한다.

(차) 무형자산상각비 　　　　　xxx 　　　(대) 무형자산 　　　　　xxx

3 투자자산과 기타비유동자산

1 투자자산

여유자금을 운용하여 장기적인 투자이윤을 얻기 위해, 또는 다른 기업을 통제할 목적으로 보유하고 있는 자산

예 장기금융상품, 매도가능증권, 만기보유증권, 장기대여금 등

2 기타비유동자산

기타비유동자산은 임차보증금, 이연법인세자산, 장기매출채권, 유·무형 자산에 속하지 않는 비유동자산을 포함한다.

단원별 기출문제

전산회계2급 48회

01 다음 중 잔액시산표에서 잔액이 차변에 나타나는 계정은?

① 미지급금 ② 외상매입금
③ 토 지 ④ 자본금

■해설

자산은 차변잔액, 부채와 자본은 대변잔액을 나타낸다.

전산회계2급 48회

02 주어진 자료에서 기말(20X1년 12월 31일)에 계상할 감가상각비(1년분)를 정액법으로 계산하면?

1. 20X1년 1월 1일 차량운반구 취득	
• 내용연수	10년
• 잔존가액	0원
• 취득가액	5,000,000원
• 취득세	200,000원
• 자동차보험료	300,000원
2. 20X1년 6월 30일 차량운반구 자동차세 지급	300,000원

① 500,000원
② 520,000원
③ 550,000원
④ 580,000원

■해설

정액법에 의한 감가상각비 = (취득원가 5,200,000원 − 잔존가액 0원) ÷ 내용연수 10년 = 520,000원

전산회계2급 48회

03 다음 중 유형자산의 정의로 틀린 것은?

① 물리적 형체가 있는 자산
② 모든 유형자산은 감가상각의 대상이 됨
③ 1년을 초과하여 사용할 것이 예상되는 자산
④ 재화의 생산, 용역의 제공, 타인에 대한 임대 또는 자체적으로 사용할 목적으로 보유

해설

• 토지의 경우에는 감가상각의 대상이 아니다.
• 유형자산이란 재화의 생산, 용역의 제공, 타인에 대한 임대 또는 자체적으로 사용할 목적으로 보유하는 물리적 형체가 있는 자산으로서, 1년을 초과하여 사용할 것이 예상되는 자산이다.

전산회계2급 49회

04 다음의 거래에서 발생하지 않은 계정과목은 무엇인가?

> 본사 신축용 토지 1,000m²를 300,000,000원에 구입하고, 대금 중 100,000,000원은 자기앞수표로 지급하고, 잔액은 한 달 후에 지급하기로 하였다.

① 미수금   ② 토 지
③ 미지급금   ④ 현 금

해설

미수금은 채권이다.

전산회계2급 49회

05 다음은 유형자산의 감가상각방법을 나타낸다. A, B에 해당하는 것은?

> • 정액법 = (취득원가 − A) ÷ 내용연수
> • 정률법 = (취득원가 − B) × 감가상각률

	A	B
①	잔존가액	감가상각누계액
②	잔존가액	내용연수
③	감가상각누계액	잔존가액
④	내용연수	잔존가액

06 │전산회계2급 50회
부일상사는 2019년 1월 1일 토지와 건물을 각각 아래와 같이 취득하였을 경우 2021년 12월 31일의 감가상각비와 감가상각누계액은 각각 얼마인가?

• 토지취득가액	100,000,000원
• 건물취득가액	50,000,000원
※ 감가상각방법 : 정액법, 내용연수 : 20년, 잔존가액 : 0원	

	감가상각비	감가상각누계액
①	2,500,000원	5,000,000원
②	2,500,000원	7,500,000원
③	5,000,000원	15,000,000원
④	7,500,000원	22,500,000원

■해설

• 2019년 감가상각비 : 50,000,000원 ÷ 20년 = 2,500,000원
• 2020년 감가상각비 : 50,000,000원 ÷ 20년 = 2,500,000원
∴ 2021년 감가상각비 : 50,000,000원 ÷ 20년 = 2,500,000원
　2021년 감가상각누계액 : 2,500,000원 + 2,500,000원 + 2,500,000원 = 7,500,000원

07 │전산회계2급 51회
다음 ( ) 안에 들어갈 내용의 연결이 옳은 것은?

유동자산은 당좌자산과 (A)으로 구분하고, 비유동자산은 (B), (C), 무형자산, (D)으로 구분한다.

① A : 자 본,　　　B : 투자자산
② A : 투자자산,　　D : 재고자산
③ B : 재고자산,　　C : 투자자산
④ B : 투자자산,　　D : 기타비유동자산

■해설

유동자산은 당좌자산과 재고자산으로 구분하고, 비유동자산은 투자자산, 유형자산, 무형자산, 기타비유동자산으로 구분한다.

| 전산회계2급 52회

08 다음 설명의 (가), (나), (다)의 내용으로 옳은 것은?

> 토지를 판매 목적으로 취득하면 (가)으로, 토지를 투기 목적으로 취득하면 (나)으로, 토지를 영업에 사용할
> 목적으로 취득하면 (다)으로 처리한다.

① (가) 투자자산, (나) 재고자산, (다) 유형자산
② (가) 재고자산, (나) 투자자산, (다) 유형자산
③ (가) 재고자산, (나) 유형자산, (다) 투자자산
④ (가) 투자자산, (나) 유형자산, (다) 재고자산

해설

동일한 자산이라고 하더라도 보유하는 목적에 따라 재고자산, 투자자산 및 유형자산으로 구분할 수 있다.

| 전산회계2급 52회

09 다음 내역 중 건물 계정 차변에 기입될 수 있는 내용으로 옳은 것으로 나열한 것은?

> 가. 건물 취득 후 자본적 지출   나. 건물 취득시 취득세 지급
> 다. 건물 취득 후 화재보험료 지급   라. 건물 취득 후 재산세 지급

① 가, 나   ② 가, 라
③ 나, 다   ④ 다, 라

| 전산회계2급 52회

10 다음 중 계정잔액의 표시가 잘못된 것은?

① _____자본금_____
　　　　 | 5,000,000원

② _____상　품_____
　 100,000원 |

③ _____미지급금_____
　　　　 | 100,000원

④ _____임차보증금_____
　　　　 | 300,000원

해설

임차보증금은 자산이므로 차변에 위치한다.

11 | 전산회계2급 52회

유형자산에 대한 차감적 평가계정의 계정과목으로 옳은 것은?

① 인출금
③ 감가상각누계액

② 대손충당금
④ 단기매매증권평가손실

12 | 전산회계2급 53회

다음 중 유형자산 항목이 아닌 것은?

① 구축물
③ 차량운반구

② 영업권
④ 건설중인자산

■해설

영업권은 무형자산이다.

13 | 전산회계2급 53회

20X1년 7월 1일에 차량운반구 5,000,000원을 현금 구입하고, 취득세 500,000원을 현금으로 납부하였다. 20X1년 12월 31일 결산시 정액법에 의해 감가상각을 할 경우 감가상각비는 얼마인가?(단, 내용연수 5년, 잔존가액 0원, 결산 연 1회)

① 400,000원
② 450,000원
③ 500,000원
④ 550,000원

■해설

• 일반기업회계기준에서는 월할상각을 원칙으로 하고 있으므로 감가상각비는 다음과 같이 계산할 수 있다.

• (취득원가* 5,500,000원 − 잔존가액 0원) ÷ 내용연수 5년 × $\dfrac{6}{12}$ = 550,000원

  *취득원가 = 차량운반구 5,000,000원 + 취득세 500,000원

| 전산회계2급 54회

14 소유기간이 1년 이상인 자산 중 영업활동에 활용할 목적으로 보유하는 형태가 있는 자산에 해당되는 것으로만 묶인 것은?

> ㉮ 상품 운반용 트럭
> ㉯ 판매용 컴퓨터
> ㉰ 투자 목적용 건물
> ㉱ 사무실용 책상

① ㉮, ㉯   ② ㉮, ㉱

③ ㉯, ㉰   ④ ㉰, ㉱

■해설

상품 운반용 트럭(차량운반구)과 사무실용 책상(비품)은 유형자산에 해당하고, 판매용 컴퓨터(상품)는 재고자산, 투자 목적용 건물(투자부동산)은 투자자산에 해당한다.

| 전산회계2급 54회

15 다음 거래에서 거래요소의 결합관계로 옳은 것은?

> 토지를 70,000,000원에 취득하고, 지방세인 취득세 2,000,000원과 함께 당좌수표를 발행하여 지급하다.

① (차) 자산의 증가   (대) 자산의 감소
            비용의 증가
② (차) 비용의 증가   (대) 자산의 감소
③ (차) 자산의 증가   (대) 자산의 감소
④ (차) 자산의 증가   (대) 부채의 증가

| 전산회계2급 54회

16 개인기업에서 납부하는 각종 세금에 대한 회계처리시 계정과목이 잘못 연결된 것은?

① 건물 취득시 납부한 취득세 : 건물 계정

② 회사 소유 차량에 대한 자동차세 : 차량운반구 계정

③ 사업주 개인 소유 건물의 재산세 : 인출금 계정

④ 종업원 급여 지급시 원천징수한 소득세 : 예수금 계정

| 전산회계2급 55회

17 유형자산을 감가상각할 경우 다음 중 감가상각의 3요소가 아닌 것은?

① 취득원가

② 감가상각누계액

③ 잔존가치

④ 내용연수

| 전산회계2급 55회

18 다음 중 유형자산에 대한 설명으로 틀린 것은?

① 토지, 건물, 구축물, 기계장치 등은 유형자산에 속한다.

② 유형자산은 1년을 초과하여 사용할 것이 예상되는 자산이다.

③ 유형자산은 자체적으로 사용할 목적으로 보유하는 물리적 형체가 없는 자산이다.

④ 유형자산의 감가상각방법에는 정액법, 정률법, 연수합계법, 생산량비례법 등이 있다.

■)해설

유형자산은 재화의 생산, 용역의 제공, 타인에 대한 임대 또는 자체적으로 사용할 목적으로 보유하는 물리적 형체가 있는 자산으로서, 1년을 초과하여 사용할 것이 예상되는 자산을 말한다.

┃전산회계2급 55회, 63회

19 다음 중 손익계산서에 영향을 미치는 거래로만 짝지어진 것은?

> 가. 상품을 매출하고 당점에서 매출운임 50,000원을 현금으로 지급하다.
>
> 나. 토지를 취득하고 취득세 100,000원을 현금으로 지급하다.
>
> 다. 본사 건물에 대한 재산세 500,000원을 현금으로 지급하다.
>
> 라. 상품을 매입하고 당점에서 매입운임 50,000원을 현금으로 지급하다.

① 가, 나   ② 나, 다

③ 가, 다   ④ 나, 라

■]해설

나와 라는 취득한 자산의 취득원가에 포함된다.

┃전산회계2급 56회

20 유형자산에 대한 지출내역이다. 자본적 지출로 처리해야 할 금액의 합계는 얼마인가?

> • 건물의 냉·난방설비 설치를 위한 지출 20,000,000원
>
> • 회사 전체 복사기의 토너 교체를 위한 지출 1,000,000원
>
> • 건물 외벽에 페인트를 칠하고 2,000,000원을 수선비로 처리
>
> • 5년째 운행 중인 화물차의 엔진과 주요 부품을 교체하고 4,000,000원을 지출하다(그 결과 내용연수가 4년 연장됨).

① 20,000,000원   ② 22,000,000원

③ 24,000,000원   ④ 25,000,000원

21 ┃전산회계2급 56회

다음 항목들과 관련하여 회계처리하는 경우 분개상 차변에 비용이 발생하는 경우가 아닌 것은?

> 가. 상품을 매입하고 매입대금 500,000원과 매입운임 30,000원을 현금으로 지급하다.
> 나. 은행차입금에 대한 이자 10,000원이 현재 미지급상태이다.
> 다. 거래처 직원의 결혼축하금으로 현금 50,000원을 지급하다.
> 라. 상품 운반용 트럭을 구입하면서 취득세 20,000원을 현금으로 지급하다.

① 가, 나   ② 가, 다
③ 나, 라   ④ 가, 라

🔲해설

매입운임과 취득세는 취득원가에 가산되는 항목이다.

22 ┃전산회계2급 56회

다음 중 손익계산서 항목이 아닌 것은?

① 개발비   ② 연구비
③ 접대비   ④ 기부금

🔲해설

개발비는 자산(무형자산) 계정으로 재무상태표 항목에 속한다.

23 ┃전산회계2급 56회

주어진 자료에서 당기 말 현재(20X1년 12월 31일) 손익계산서에 계상될 감가상각비는 얼마인가?

1. 20X1년 1월 1일 차량운반구 취득			
• 내용연수	5년	• 잔존가액	0원
• 취득가액	10,000,000원	• 취 득 세	200,000원
• 자동차보험료(1년분)	600,000원	• 상각방법	정액법
2. 20X1년 7월 1일 차량운반구 수선비(수익적 지출분)			100,000원

① 2,000,000원   ② 2,040,000원
③ 2,160,000원   ④ 2,180,000원

🔲해설

(취득가액 10,000,000원 + 취득세 200,000원 − 잔존가액 0원) ÷ 내용연수 5년 = 2,040,000원

| 전산회계2급 56회, 58회

24 다음 중 감가상각 대상 자산에 해당하지 않는 것은?

① 비 품   ② 건 물
③ 토 지   ④ 기계장치

▣해설

토지는 감가상각 대상 자산이 아니다.

| 전산회계2급 57회

25 다음은 대한상사의 차량 처분과 관련된 자료이다. 차량 취득가액은 얼마인가?

• 감가상각누계액	8,000,000원
• 처분가액	11,000,000원
• 유형자산처분손실	2,000,000원

① 20,000,000원   ② 21,000,000원
③ 22,000,000원   ④ 23,000,000원

▣해설

• 취득가액 = 처분가액 11,000,000원 + 감가상각누계액 8,000,000원 + 유형자산처분손실 2,000,000원 = 21,000,000원

(차) 현금(미수금)	11,000,000	(대) 차량운반구	XXX
감가상각누계액	8,000,000		
유형자산처분손실	2,000,000		

| 전산회계2급 57회

26 다음 중 비유동자산으로만 짝지어진 것은?

① 비품 : 받을어음   ② 토지 : 차량운반구
③ 선급금 : 임대보증금   ④ 비품 : 선수금

▣해설

받을어음과 선급금은 유동자산이고, 선수금과 임대보증금은 부채이다.

27

▎전산회계2급 57회

건물에 엘리베이터(자본적 지출)를 설치하고 아래와 같이 회계처리한 경우 발생하는 효과로 옳은 것은?

(차) 수선비	5,000,000	(대) 미지급금	5,000,000

① 비용의 과대계상
② 부채의 과대계상
③ 자산의 과대계상
④ 수익의 과대계상

■해설

비용의 과대계상 및 자산의 과소계상되며, 부채 및 수익은 불변한다.

28

▎전산회계2급 57회

다음 자료에서 일반기업회계기준의 유동성배열법에 따라 자산 계정들을 올바르게 나열한 것은?

(가) 재고자산	(나) 당좌자산
(다) 유형자산	(라) 무형자산

① (가) - (나) - (다) - (라)
② (가) - (나) - (라) - (다)
③ (나) - (가) - (다) - (라)
④ (나) - (가) - (라) - (다)

■해설

유동성배열법에 따라 자산은 먼저 유동자산, 비유동자산 순서로 나열되고, 유동자산은 당좌자산, 재고자산 순서로 나열되어야 한다. 또한 비유동자산은 투자자산, 유형자산, 무형자산, 기타비유동자산 순서로 나열된다.

| 전산회계2급 58회

29 다음 자료에서 차량 처분시 유형자산처분손익을 계산한 금액으로 옳은 것은?(단, 회계기간은 1월 1일 ~ 12월 31일이며, 감가상각은 월할계산한다)

> • 20X2년 1월 1일 : 차량운반구 취득(취득가액 10,000,000원, 잔존가액 0원, 내용연수 10년, 정액법 상각)
> • 20X4년 7월 1일 : 차량운반구 처분(현금 처분금액 7,300,000원)

① 처분이익 200,000원

② 처분이익 300,000원

③ 처분손실 200,000원

④ 처분손실 300,000원

■해설

(차) 감가상각누계액*	2,500,000	(대) 차량운반구	10,000,000
현 금	7,300,000		
유형자산처분손실	200,000		

*감가상각누계액 = 20X2년분(10,000,000원 $\times \dfrac{1}{10}$) + 20X3년분(10,000,000원 $\times \dfrac{1}{10}$) + 20X4년분(10,000,000원

$\times \dfrac{1}{10} \times \dfrac{6}{12}$)

| 전산회계2급 59회

30 유형자산에 대한 설명으로 옳지 않은 것은?

① 판매를 목적으로 보유한다.

② 물리적인 형태가 있다.

③ 1년을 초과하여 사용할 것으로 예상된다.

④ 토지, 건물, 비품, 차량운반구 등이 있다.

■해설

판매을 목적으로 보유하는 자산은 재고자산(상품 등)이다.

31 | 전산회계2급 59회

유형자산의 취득원가에 포함되지 않는 것은?

① 구입시 취득세　　　　　　　　② 구입시 중개수수료
③ 보유 중 감가상각비　　　　　　④ 구입시 보험료

32 | 전산회계2급 60회

정액법에 의하여 감가상각비를 계산하는데 필요하지 않은 내용은 무엇인가?

① 취득원가　　　　　　　　　　② 감가상각누계액
③ 잔존가액　　　　　　　　　　④ 내용연수

해설

정액법은 취득원가에서 잔존가액을 차감하고 내용연수로 나누어 계산한다.

33 | 전산회계2급 60회

다음 중 유형자산의 정의로 맞는 것을 모두 고르면?

가. 물리적 형체가 있는 자산
나. 모든 유형자산은 감가상각의 대상이 됨
다. 1년을 초과하여 사용할 것이 예상되는 자산
라. 재화의 생산, 용역의 제공, 타인에 대한 임대 또는 자체적으로 사용할 목적으로 보유

① 가　　　　　　　　　　　　② 가, 나
③ 가, 다, 라　　　　　　　　　④ 나, 다, 라

해설

토지, 건설중인자산은 감가상각 대상 자산이 아니다.

34 | 전산회계2급 61회

아래 내용의 (가)항목에 해당하는 자산으로 옳은 것은?

> 비유동자산은 투자자산, (가), 무형자산, 기타비유동자산으로 구분된다.

① 차량운반구
② 임차보증금
③ 투자부동산
④ 산업재산권

해설

유형자산의 종류는 토지, 건물, 차량운반구, 기계장치, 비품, 건설중인자산 등이다.

35 | 전산회계2급 61회

다음 중 감가상각의 대상이 아닌 것으로 묶은 것은?

① 건물, 건설중인자산
② 토지, 건설중인자산
③ 건물, 비품
④ 차량운반구, 기계장치

해설

토지와 건설중인자산은 감가상각 대상 자산이 아니다.

36 | 전산회계2급 62회

다음 중 유형자산에 해당하지 않는 것은?

① 토 지
② 특허권
③ 기계장치
④ 구축물

해설

특허권은 일반기업회계기준상 무형자산에 해당된다.

37 | 전산회계2급 62회

다음은 당기에 설치하고 사용한 기계장치와 관련하여 발생한 비용이다. 이 중 취득원가에 해당하지 않는 것은?

① 감가상각비
② 시운전비
③ 설치비
④ 매입운반비

■해설

감가상각비는 유형자산의 가치 감소액이다.

38 | 전산회계2급 63회

다음 중 감가상각에 대한 설명 중 틀린 것은?

① 정액법은 매년 같은 금액으로 감가상각을 하는 방법이다.
② 감가상각의 3요소는 내용년수, 취득원가, 잔존가치이다.
③ 모든 유형자산은 감가상각의 대상이 된다.
④ 감가상각비는 판매관리비에 해당한다.

■해설

토지 및 건설중인자산은 감가상각의 대상이 아니다.

39 | 전산회계2급 63회

다음 자료에 의한 20X5년 7월 1일 현재 감가상각누계액은 얼마인가?

• 20X4년 1월 1일 건물을 30,000,000원에 구입
• 20X5년 1월 1일 건설중인자산이 20,000,000원이 있음
• 감가상각방법 : 정액법   • 내용년수 : 10년   • 잔존가치 : 0원

① 4,000,000원
② 4,500,000원
③ 5,000,000원
④ 7,500,000원

■해설

• 건설중인자산은 감가상각대상이 아니므로 건물에 대해서만 1년 6개월분에 대한 감가상각을 해야 한다.
• (취득원가 30,000,000원 − 잔존가치 0원) ÷ 내용연수 10년 = 3,000,000원(1년분) + 1,500,000원(6개월분) = 4,500,000원

| 전산회계2급 64회

40 다음 중 재무상태표에만 영향을 미치는 거래로 짝지어진 것은?

> 가. 상품을 매출하고 당사에서 매출운임을 현금으로 지급하다.
> 나. 상품을 매입하고 당사에서 매입운임을 현금으로 지급하다.
> 다. 토지에 대한 재산세를 현금으로 지급하다.
> 라. 토지를 취득하고 취득세를 현금으로 지급하다.

① 가, 나　　　　　　　　　　② 가, 다
③ 나, 다　　　　　　　　　　④ 나, 라

■해설

나와 라는 취득한 자산의 취득원가로 처리하고, 가와 다는 비용으로 처리한다.

| 전산회계2급 64회

41 소유기간이 1년 이상인 자산 중 영업활동에 사용할 목적으로 보유하는 형태가 있는 자산에 해당하는 것으로만 묶인 것은?

> 가. 상품 운반용 지게차　　　　　나. 판매용 휴대폰
> 다. 투자 목적용 건물　　　　　　라. 사무실 업무용 컴퓨터

① 가, 나　　　　　　　　　　② 가, 라
③ 나, 다　　　　　　　　　　④ 나, 라

■해설

가와 라는 유형자산에 해당하고, 나는 재고자산이며, 다는 투자자산에 해당한다.

42 ┃전산회계2급 65회
자산의 분류 중 다음 설명에 해당하는 자산 계정으로 옳은 것은?

> 구체적인 형태가 있는 자산으로 판매 목적이 아닌 영업활동에 있어서 장기간 사용하기 위하여 소유하고 있는 자산

① 비 품   ② 상 품
③ 제 품   ④ 단기금융상품

43 ┃전산회계2급 65회
유형자산에 대한 설명으로 옳은 것은?

① 토지, 건물, 비품, 기계장치는 감가상각 대상 자산이다.
② 구입시 취득세는 당기 비용으로, 운반비는 취득원가로 처리한다.
③ 물리적 형태가 없으며, 1년을 초과하여 사용할 것으로 예상되는 자산이다.
④ 유형자산 취득 후 유형자산의 능률을 유지하기 위한 지출은 당기의 비용으로 처리한다.

해설

토지와 건설중인자산은 유형자산 중 비상각자산이다. 또한, 유형자산은 물리적 형태가 있으며, 취득시 취득세 및 운반비 등 부대비용은 취득원가에 포함한다.

44 ┃전산회계2급 50회
자본적 지출 1,500,000원을 수익적 지출로 회계처리를 잘못하였다. 이로 인해 발생하는 영향은 무엇인가?

① 자산은 증가하고, 비용은 감소하게 된다.
② 자산은 감소하고, 이익도 감소하게 된다.
③ 자산은 감소하고, 이익은 증가하게 된다.
④ 자산은 변화가 없으나 비용은 증가하게 된다.

해설

자산으로 처리해야 하는 것으로 비용으로 계상하였으므로, 자산과 이익은 모두 감소한다.

45

전산회계2급 59회

다음과 같은 결합관계로 이루어진 거래로 옳은 것은?

(차) 자산의 증가	(대) 부채의 증가

① 건물을 2년간 임차하고 임차보증금 30,000,000원을 현금으로 지급하다.

② 매장의 유리창을 교체(수익적 지출)하고 대금 150,000원은 월말에 지급하기로 하다.

③ 차입금 60,000,000원과 그에 대한 이자 1,000,000원을 현금으로 지급하다.

④ 영업용 차량 10,000,000원을 구입하고 대금은 12개월 무이자할부로 하다.

해설

• 차량 할부 구입시

  (차) 차량운반구(자산의증가)   10,000,000   (대) 미지급금(부채의증가)   10,000,000

• 유형자산의 취득 후 지출의 효과가 현상유지와 원상회복에 해당되는 경우에는 수익적 지출로 당기 비용(수선비)으로 회계처리된다.

46

전산회계2급 59회

다음 [거래]에 대한 잘못된 [분개]로 재무제표에 미치는 영향으로 옳은 것은?

[거래] 본사 건물에 대한 냉·난방 장치를 설치하고 대금 20,000,000원을 당좌수표를 발행하여 지급하였다. 이는 자본적 지출에 해당한다.

[분개] (차) 수선비   20,000,000   (대) 당좌예금   20,000,000

① 자산의 과대계상

② 당기순이익의 과대계상

③ 부채의 과소계상

④ 비용의 과대계상

해설

(차) 건 물   20,000,00   (대) 당좌예금   20,000,00

잘못된 분개로 자산이 과소계상되고, 비용이 과대계상된다.

제5장 | 부채계정

1 유동부채

1 유동부채의 요건

구 분		내 용
영업주기 내 상환		기업의 정상적인 영업주기 내에 상환 등을 통하여 소멸할 것이 예상되는 매입채무와 미지급비용 등의 부채
	예 외	• 당좌차월, 단기차입금 및 유동성장기차입금 등은 보고기간 종료일로부터 1년 이내에 결제되어야 하므로 영업주기와 관계없이 유동부채로 분류 • 이 경우 유동부채로 분류한 금액 중 1년 이내에 결제되지 않을 금액을 주석으로 기재
1년 이내 상환		보고기간 종료일로부터 1년 이내에 상환되어야 하는 단기차입금 등의 부채
	예 외	• 정상적인 영업주기 내에 소멸할 것으로 예상되는 매입채무와 미지급비용 등은 보고기간 종료일로부터 1년 이내에 결제되지 않더라도 유동부채로 분류 • 비유동부채 중 보고기간 종료일로부터 1년 이내에 자원의 유출이 예상되는 부분은 유동부채로 분류
결제연기 권리 없음		• 보고기간 후 1년 이상 결제를 연기할 수 있는 무조건의 권리를 가지고 있지 않은 부채 • 이 경우 계약상대방의 선택에 따라 지분상품의 발행으로 결제할 수 있는 부채의 조건은 그 분류에 영향을 미치지 않음

2 유동부채의 종류

구 분	내 용
외상매입금	일반적 상거래가 외상으로 이루어짐에 따라 발생한 채무
지급어음	일반적 상거래 대금을 어음을 발행하여 지급함으로써 발생한 채무
미지급금	일반적 상거래 이외의 거래에서 유형자산 등을 외상으로 취득함으로써 발생한 채무
미지급비용	• 이미 발생된 비용으로서 지급되지 않은 것 • 미지급비용 중에서 지급기일이 경과한 경우에는 미지급금으로 대체
단기차입금	• 당좌차월액과 1년 이내에 상환될 차입금 • 단기차입금에서 발생하는 이자는 이자비용으로 처리
선수금	• 미래에 재화 또는 용역을 제공하기로 약속하고 상대방으로부터 대금의 전부 또는 일부를 미리 수령한 것 • 상거래상 미리 받은 것만을 의미
예수금	선수금과 달리 일반적인 상거래 외의 거래로 인하여 일시적으로 현금을 수취하고 이후 이를 반환하거나 납부하는 때까지 사용하는 계정

❸ 원천징수와 예수금

원천징수란 소득금액 또는 수입금액을 지급할 때 그 지급자가 미리 국가를 대신하여 지급받는 자가 부담할 세액을 징수하는 것으로서 징세의 편의 및 조세수입·납세자 부담의 분산을 도모하는 제도이다.

구 분		내 용			
원천징수 방법	소득을 지급하는 자가 소득자의 조세를 징수하여 정부에 납부				
회계처리	소득 지급시 (원천징수시)	(차) 급여 등(비용)	10,000	(대) 현금 등 예수금(유동부채)	9,000 1,000
	세액 납부시	(차) 예수금	1,000	(대) 현금 등	1,000

2 비유동부채

❶ 비유동부채 의의

구 분	내 용
의 의	• 재무상태표일로부터 1년 이후에 만기가 도래하는 부채 • 다만, 비유동부채 중 재무상태표일로부터 1년 이내에 만기가 도래하는 것은 유동성장기부채로 계정 재분류 • 만기금액과 현재가치와의 차이가 큰 경우 현재가치로 재무상태표에 표시
종 류	• 사채, 전환사채, 신주인수권부사채 • 퇴직급여충당부채, 이연법인세부채 • 장기차입금

단원별 기출문제

전산회계2급 48회

01 다음 중 외상매입금 계정이 차변에 기입되는 거래는?

> ㄱ. 상품을 외상으로 매입했을 때
> ㄴ. 외상매입한 상품을 반품했을 때
> ㄷ. 외상매입대금을 현금으로 지급했을 때
> ㄹ. 외상매입금을 에누리 받았을 때

① ㄱ, ㄴ
③ ㄴ, ㄷ, ㄹ
② ㄴ, ㄷ
④ ㄹ

■ 해설

ㄱ. (차) 상 품　　　　(대) 외상매입금
ㄴ. (차) 외상매입금　　(대) 상 품
ㄷ. (차) 외상매입금　　(대) 현 금
ㄹ. (차) 외상매입금　　(대) 매입환출및에누리

전산회계2급 51회

02 다음 중 유동부채 항목이 아닌 것은?

① 선수금
③ 미지급비용
② 매입채무
④ 퇴직급여충당부채

■ 해설

퇴직급여충당부채는 비유동부채 항목이다.

┃ 전산회계2급 51회

03 다음의 회계처리를 보고 해당 거래를 추정한 것으로 옳은 것은?

(차) 예수금	10,000	(대) 보통예금	10,000

① 종업원 급여에서 차감하기로 하고 10,000원을 보통예금 계좌에서 이체하다.

② 상품 판매계약을 체결하고 계약금 10,000원이 보통예금 계좌에 입금되다.

③ 거래처에 상품을 주문하고 계약금 10,000원을 보통예금 계좌에서 이체하다.

④ 종업원 급여 지급시 차감한 소득세 등 10,000원을 보통예금 계좌에서 이체하다.

┃ 전산회계2급 51회

04 다음 계정 기입에서 당기어음 발행금액은 얼마인가?

<table>
<tr><td colspan="4" align="center">지급어음</td></tr>
<tr><td>3/5 제 좌</td><td>30,000원</td><td>1/1 전기이월</td><td>200,000원</td></tr>
<tr><td>6/10 보통예금</td><td>100,000원</td><td>2/22 상 품</td><td>150,000원</td></tr>
<tr><td>12/31 차기이월</td><td>220,000원</td><td></td><td></td></tr>
</table>

① 100,000원   ② 130,000원

③ 150,000원   ④ 220,000원

해설

2월 22일 (차) 상 품	150,000	(대) 지급어음	150,000

┃ 전산회계2급 52회

05 다음의 거래에서 발생하지 않은 계정과목은 무엇인가?

판매용 자전거 100대를 10,000,000원에 구입하고, 대금 중 5,000,000은 자기앞수표로 지급하고, 잔액은 두 달 후에 지급하기로 하다.

① 선급금   ② 상 품

③ 외상매입금   ④ 현 금

해설

(차) 상 품	10,000,000	(대) 현 금	5,000,000
		외상매입금	5,000,000

전산회계2급 53회

06 다음 거래 중 자산으로 기록할 수 없는 것은?

① 사무실을 임차하기 위하여 지급한 보증금
② 상품을 판매하고 아직 회수하지 못한 판매대금
③ 특허권을 취득하기 위하여 지출한 금액
④ 상품을 매입하고 아직 지급하지 못한 구매대금

■해설

상품을 매입하고 아직 지급하지 못한 구매대금은 외상매입금으로 부채에 해당된다.

전산회계2급 54회

07 다음 항목과 관련된 계정과목으로 바르게 연결된 것은?

① 비용 : 급여, 광고선전비, 임대료
② 자산 : 보통예금, 선수금, 외상매출금
③ 부채 : 단기차입금, 지급어음, 미지급비용
④ 수익 : 이자수익, 선수수익, 수수료수익

전산회계2급 54회

08 다음 자료를 이용하여 예지상사의 단기차입금을 계산하면 얼마인가?

20X1년 12월 31일 현재 예지상사의 재무상태	• 현 금	2,500,000원
	• 받을어음	3,000,000원
	• 미수금	3,500,000원
	• 미지급금	1,800,000원
	• 단기차입금	( )
	• 자본금	5,000,000원

① 2,200,000원   ② 3,500,000원
③ 4,000,000원   ④ 5,800,000원

■해설

총자산이 9,000,000원(현금 2,500,000원 + 받을어음 3,000,000원 + 미수금 3,500,000원)이고, 총자본이 5,000,000원이므로 총부채는 4,000,000원이 되어야 한다. 그러므로 미지급금이 1,800,000이므로 단기차입금은 2,200,0000이다.

| 전산회계2급 55회

09 다음의 거래에서 발생하지 않는 것은?

> 과거상사는 미래상사에서 비품 3,000,000원을 취득하고 대금 중 2,000,000원은 현금으로 지급하고 잔액은
> 외상으로 하다.

① 자산의 증가　　　　　　　　　　② 자산의 감소

③ 부채의 증가　　　　　　　　　　④ 부채의 감소

해설

(차) 비 품(자산의 증가)	3,000,000	(대) 현 금(자산의 감소)	2,000,000
		미지급금(부채의 증가)	1,000,000

| 전산회계2급 56회

10 대한컴퓨터의 아래 거래를 분개시 (가), (나)와 관련된 대변 계정과목으로 옳은 것은?

> 컴퓨터 (@700,000원) 10대 구입(대금은 월말 지급)
> (가) 판매용 컴퓨터 9대
> (나) 직원 업무용 컴퓨터 1대

① (가) 미지급금　　　　(나) 미지급금

② (가) 미지급금　　　　(나) 외상매입금

③ (가) 외상매입금　　　(나) 미지급금

④ (가) 외상매입금　　　(나) 외상매입금

| 전산회계2급 56회

11 다음 중 비유동부채에 해당하는 것은?

① 임대보증금　　　　　　　　　　② 선수금

③ 단기차입금　　　　　　　　　　④ 미지급금

해설

미지급금, 선수금, 단기차입금은 유동부채에 해당한다.

┃전산회계2급 58회
12 다음 보기의 거래로 회계처리를 할 때 대변에 유동부채로 분류할 계정과목이 포함되어 있는 거래로 짝지어 진 것은?

> A : 상품 50,000원을 매출하고 대금은 1개월 후에 받기로 하다.
> B : 현금 100,000원을 차입하고 대금은 6개월 후에 지급하기로 하다.
> C : 영업용 차량을 500,000원에 매각하고 대금은 한 달 후에 받기로 하다.
> D : 상품을 주문받고 계약금 100,000원을 현금으로 받다.

① A, B   ② B, D
③ A, C   ④ C, D

해설

A : (차) 외상매출금   (대) 매 출
B : (차) 현 금   (대) 단기차입금
C : (차) 미수금   (대) 차량운반구
D : (차) 현 금   (대) 선수금

┃전산회계2급 59회
13 상품 이외의 매매 거래시 발생하는 계정과목은?

① 외상매출금   ② 미지급금
③ 받을어음   ④ 외상매입금

해설

• 상품계정에서만 사용할 수 있는 계정과목은 외상매출금, 외상매입금, 받을어음, 지급어음이 있다.
• 미지급금은 상품 이외의 매매 거래시 발생하는 계정과목이다.

┃전산회계2급 60회
14 재무상태표에만 영향을 주는 거래는?

① 외상대금 현금 회수   ② 대여금과 이자 현금 회수
③ 업무용 차량의 자동차세 현금 지급   ④ 차입금에 대한 이자 현금 지급

┃ 전산회계2급 60회

15 다음 중 미지급금 계정으로 처리할 수 없는 거래는 무엇인가?

① 전월 비품 구입시 결제한 카드대금 150,000원이 보통예금에서 자동이체되나.

② 운반용 화물자동차 1,000,000원을 무이자 할부로 구입하다.

③ 소모품 300,000원을 구입하고 대금은 월말에 지급하기로 하다.

④ 판매용 의자 210,000원을 구입하고 대금은 1개월 후 지급하기로 하다.

해설

판매용 의자를 외상으로 구입하면 외상매입금으로 처리한다.

┃ 전산회계2급 60회

16 다음 거래에 대한 설명이 틀린 것은?

> • 상품을 현금으로 매입하다.
> • 은행에서 현금을 차입하다.
> • 종업원 급여 지급시 소득세를 공제하다.

① 부채계정이 발생한다. ② 재고자산이 발생한다.

③ 예수금계정이 발생한다. ④ 수익계정이 발생한다.

해설

• 상품매매 거래 : 상품(재고자산)계정
• 은행에서 현금 차입시 : 단기차입금
• 종업원 급여 지급시 : 소득세예수금 발생

┃ 전산회계2급 60회

17 외상매입금 계정이 대변에 기입되는 거래 중 옳은 것은?

① 상품을 외상으로 매입하였을 때

② 외상매입한 상품을 환출하였을 때

③ 외상매입대금을 할인 받았을 때

④ 외상매입금을 어음 발행하여 지급하였을 때

해설

외상으로 매입한 상품을 환출, 에누리, 할인, 대금지급을 하지 않았을 때에는 외상매입금 계정을 차변에 기입한다.

전산회계2급 60회

18 다음 중 설명이 틀린 것은?

① 당점발행 당좌수표는 자기가 발행한 수표이므로 당좌예금 계정으로 처리한다.

② 비품을 외상으로 구입하면 외상매입금 계정으로 처리한다.

③ 상품을 매입하고 어음을 발행하면 지급어음 계정으로 처리한다.

④ 타인에게 받은 수표는 현금으로 처리한다.

해설

비품을 외상구입하면 미지급금으로 처리한다.

전산회계2급 61회

19 유동성배열법에 의한 재무상태표 작성시 가장 나중에 배열되는 계정과목은 무엇인가?

① 지급어음   ② 미지급비용

③ 예수금   ④ 사 채

해설

사채는 비유동부채에 해당되므로 유동성배열법에 의하여 작성시 가장 나중에 기록된다.

전산회계2급 61회

20 소모품 50,000원을 구입하고, 구입 대금을 월말에 지급하기로 한 거래에서 사용하는 계정과목으로 올바르게 짝지은 것은?

① 소모품, 매입채무   ② 상품, 미지급금

③ 소모품비, 매입채무   ④ 소모품, 미지급금

해설

주된 영업활동 이외의 거래는 미지급금 계정으로 처리한다.

21 | 전산회계2급 62회

다음 중 부채 계정으로만 짝지어진 것은?

① 선급금, 선수금 ② 미지급금, 미수금
③ 선급금, 미수금 ④ 선수금, 미지급금

■해설

선수금·미지급금은 부채이고, 선급금·미수금은 자산이다.

22 | 전산회계2급 62회

다음에 주어진 자료에서 부채 총액은 얼마인가?

• 현 금	20,000원	• 상 품	100,000원
• 보통예금	200,000원	• 비 품	50,000원
• 외상매출금	100,000원	• 자본금	250,000원

① 120,000원 ② 130,000원
③ 220,000원 ④ 470,000원

■해설

• 자산 − 자본 = 부채
  20,000원 + 100,000원 + 200,000원 + 50,000원 + 100,000원 − 250,000원 = 220,000원

23 | 전산회계2급 62회

일반적으로 상거래 이외에서 발생한 일시적인 계정으로 소득세나 지방세 등의 원천징수액 또는 예치금을 상대방에게 받은 경우 사용하는 계정과목은?

① 가수금 ② 선수금
③ 미수금 ④ 예수금

■해설

예수금에 대한 설명으로 종업원의 급여 지급시 세금 등에 대한 원천징수를 하였을 때 기업주가 임시로 가지고 있는 돈을 말한다.

24 | 전산회계2급 63회

다음 중 지급어음 계정에 대한 설명 중 틀린 것은?

① 상품매매 거래시만 발생하는 계정과목이다.
② 총계정원장 작성시 전기이월액은 차변에 기장한다.
③ 약속어음을 발행하여 지급하면 대변에 기장한다.
④ 만기시 어음대금을 지급하면 차변에 기장한다.

해설

• 지급어음은 일반적 상거래의 채무적 상품매매시에만 국한되지 않는다.
• 총계정원장 작성시 지급어음의 전기이월액은 부채이므로 대변에 기장한다.

25 | 전산회계2급 63회

20X5년 12월 31일 현재 각 계정의 잔액은 다음과 같다. 20X5년 12월 31일 단기차입금은 얼마인가?

• 현 금	500,000원	• 외상매출금	250,000원
• 미수금	120,000원	• 선수금	150,000원
• 선급금	130,000원	• 미지급금	70,000원
• 자본금	400,000원	• 단기차입금	? 원
• 장기차입금	160,000원		

① 210,000원
② 220,000원
③ 310,000원
④ 320,000원

해설

• 자산총계 = 현금 500,000원 + 외상매출금 250,000원 + 미수금 120,000원 + 선급금 130,000원 = 1,000,000원
• 부채총계 = 자산총계 1,000,000원 − 자본금 400,000원 = 600,000원
∴ 단기차입금 = 부채총계 600,000원 − 선수금 150,000원 − 미지급금 70,000원 − 장기차입금 160,000원 = 220,000원

26 다음 합계잔액시산표에서 틀리게 작성된 계정과목은?

차 변		계정과목	대 변	
잔 액(원)	합 계(원)		합 계(원)	잔 액(원)
10,000	250,000	현 금	240,000	
20,000	330,000	외 상 매 출 금	310,000	
10,000	120,000	외 상 매 입 금	110,000	
		자 본 금	180,000	180,000
250,000	250,000	광 고 선 전 비		
		이 자 수 익	110,000	110,000

① 현 금
② 외상매출금
③ 외상매입금
④ 이자수익

해설

외상매입금은 부채계정이므로 대변의 합계액이 많아야 하고, 잔액은 대변에 발생하여야 한다.

27 다음 중 계정잔액의 표시가 잘못된 것은?

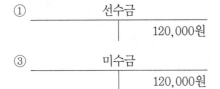

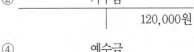

① 선수금 / 120,000원 ② 가수금 / 120,000원
③ 미수금 / 120,000원 ④ 예수금 / 120,000원

해설

선수금, 가수금, 예수금은 부채이고, 미수금은 자산이다.

┃전산회계2급 64회

28 다음 거래에서 대변에 외상매입금 계정으로 회계처리할 수 있는 것은?

① 업무용 컴퓨터를 구입하고 대금을 외상으로 한 경우
② 부동산 매매업자가 판매용 토지를 매입하고 대금을 월말에 지급하기로 한 경우
③ 영업부 복사기를 구입하고 대금을 월말에 지급하기로 한 경우
④ 상품을 매입하고 대금은 약속어음을 발행하여 지급한 경우

▌해설

부동산 매매업자가 매입한 토지는 판매용이기 때문에, 외상매입금으로 처리한다.

┃전산회계2급 64회

29 다음 회계처리에 대한 거래추정으로 옳은 것을 모두 고른 것은?

회계처리				거래추정
가. (차) 비 품	XXX	(대) 미지급금	XXX	업무용 복사기의 외상구입
나. (차) 현 금	XXX	(대) 선수금	XXX	상품 매입 계약금 현금 지급
다. (차) 수도광열비	XXX	(대) 보통예금	XXX	수도요금 보통예금 인출 지급

① 가, 나
② 가, 다
③ 나, 다
④ 가, 나, 다

▌해설

(차) 현 금　　　　　　　　　　XXX　　　(대) 선수금　　　　　　　　　　XXX
선수금은 상품 매출시 계약금으로 먼저 받은 금액이다.

30 │ 전산회계2급 65회

아래의 내용에 대한 설명 중 옳은 것은?

> 1년을 기준으로 유동자산과 비유동자산 그리고 유동부채와 비유동부채로 구분된다.

① 투자자산, 유형자산, 무형자산, 기타비유동자산은 비유동자산에 속한다.
② 유동부채와 비유동부채는 유동성배열법의 원칙과 관계없이 작성한다.
③ 건물, 차량운반구, 비품, 기계장치 등은 유동자산에 속한다.
④ 매입채무, 선수금, 사채, 장기차입금 등은 유동부채이다.

■해설

비유동자산에는 유형자산, 무형자산, 투자자산, 기타비유동자산이 있다.

31 │ 전산회계2급 65회

다음 계정과목 중 증가액이나 발생액이 차변에 나타나지 않는 것은?

① 당좌예금
② 차량운반구
③ 단기차입금
④ 기부금

32 │ 전산회계2급 65회

다음 계정기입에 대한 설명으로 옳은 것은?

	외상매입금	
4/1 지급어음	2,500,000원	

① 외상매입금 2,500,000원을 약속어음으로 받다.
② 상품 2,500,000원을 매입하고 현금으로 지급하다.
③ 어음대금 2,500,000원이 만기가 되어 현금으로 지급하다.
④ 외상매입금 2,500,000원을 약속어음으로 발행하여 지급하다.

■해설

외상매입금에 대하여 지급어음을 발행하여 결제하는 거래를 T-계정으로 나타낸 것이다.

제 6 장 | 자본계정

1 자 본

1 자본이란의 의의

자본이란 기업자산에 대한 소유주의 청구권으로서, 자산총액에서 부채총액을 차감한 잔액이다(자본 = 자산총액 − 부채총액). 자본 즉, 주주지분은 자산과 부채의 평가결과에 따라 부차적으로 산출되는 잔여지분의 성격을 갖는다. 재무상태표 대변은 부채와 자본으로서 자산에 대한 자금조달의 원천이며, 동시에 자산에 대한 청구권을 나타낸다. 부채는 기업채권자의 청구권이고, 자본은 소유주의 청구권이다. 이때 채권자가 우선적 권리를 갖기 때문에 자본은 자산에서 부채를 차감한 잔액이 된다. 따라서 자본을 잔여지분, 순자산, 소유주 지분이라고도 부른다.

[재무상태표]

자 산	부 채(채권자 지분)
	자 본(주주 지분)

자 산 = 부 채 + 자 본
(채권자 지분) (주주 지분)

[재무상태표와 손익계산서의 관계]

[기초 재무상태표]

기초자산	기초부채
	기초자본

[기말 재무상태표]

기말자산	기말부채
	기초자본
	추가출자액
	순이익

[기중 손익계산서]

총비용	총수익
순이익	

※ 기말자본 = 기초자본 + 추가출자액 + 순이익

2 자본의 종류

구 분	내 용
자본금	사업주가 회사에 투자한 출자금을 표시하는 금액
인출금	• 인출금이란 기업주가 개인적인 용도로 현금·상품 등을 인출하거나, 자본금의 추가출자 등이 빈번하게 나타날 때 설정하는 계정과목을 말한다. 따라서, 인출금 계정은 차변과 대변 어느 쪽에도 기입될 수 있다. • 인출금은 기중거래시 사용하는 임시계정이므로 기말에 자본금 계정으로 대체하여야 하며, 기말재무제표에는 표시하지 않는다.
회계처리	기초 자본금 : 5,000,000

회계처리 (계속)
• 사업주 본인의 생명보험료 800,000원을 현금으로 납부하였다. (차) 인출금　　　　800,000　　(대) 현 금　　　　800,000
• 사업주 자녀의 입학기념으로 회사의 상품 300,000원을 자녀에게 지급하였다. (차) 인출금　　　　300,000　　(대) 상 품　　　　300,000
• 사업주가 사업장의 소득세 400,000원을 현금으로 납부하였다. (차) 인출금　　　　400,000　　(대) 현 금　　　　400,000
• 회사에 자금이 부족하여 사업주가 500,000원의 현금을 회사에 추가출자하였다. (차) 현 금　　　　500,000　　(대) 인출금　　　　500,000
• 기말 결산 (차) 자본금　　　　1,000,000　　(대) 인출금　　　　1,000,000
• 마감 : 손익계산서상 총 수익은 3,500,000원이며, 총 비용은 2,000,000원이다. (차) 수 익　　　　3,500,000　　(대) 비 용　　　　2,000,000 　　　　　　　　　　　　　　　　　자본금　　　　1,500,000
• 기말 자본금 : 기초 자본금 5,000,000원 − 인출금 1,000,000원 + 당기순이익 1,500,000원 = 5,500,000원

단원별 기출문제

전산회계2급 48회

01 다음의 손익계정의 기입내용을 가장 적절하게 설명한 것은?

손 익		
12/31 자본금	10,000원	

① 당기순이익 10,000원을 자본금계정에 대체
② 당기순손실 10,000원을 자본금계정에 대체
③ 추가출자액 10,000원을 손익계정에 대체
④ 인출금 10,000원을 손익계정에 대체

■해설

개인기업에서 발생한 순이익은 자본금계정에 대체한다.

전산회계2급 52회

02 다음 거래에 대한 거래요소의 결합관계로 옳은 것은?

임대료를 현금으로 받아 기업주가 개인적인 용도로 사용하다.

① 부채의 감소, 수익의 발생
② 자본의 감소, 수익의 발생
③ 비용의 발생, 자산의 감소
④ 자본의 감소, 자산의 감소

■해설

개인기업의 기업주가 개인적인 용도로 인출한 경우에는 인출금 계정으로 회계처리(자본의 감소) 후 결산시 자본금을 감소시켜 대체한다.

03 | 전산회계2급 54회

영준상사의 다음 자료를 이용하여 자본금의 추가출자액을 계산하면 얼마인가?(단, 제시된 자료를 제외한 자본금과 관련된 거래는 일체 없는 것으로 긴주한다)

• 기초자본금	3,000,000원
• 기말자본금	4,800,000원
• 총수익	2,500,000원
• 총비용	2,000,000원

① 800,000원　　　　　　　　　　② 1,000,000원

③ 1,300,000원　　　　　　　　　　④ 1,600,000원

■■해설

자본금이 1,800,000원(기말자본금 4,800,000원 − 기초자본금 3,000,000원) 증가하였고, 자본항목과 관련하여 당기순이익이 500,000원(총수익 2,500,000원 − 총비용 2,000,000원) 발생하였으므로 추가출자액은 1,300,000원으로 추정할 수 있다.

04 | 전산회계2급 56회

다음 자료에서 시언상회의 총비용은 얼마인가?

• 기초자본	8,000,000원
• 기말자본	16,000,000원
• 추가출자금	5,000,000원
• 총수익	6,000,000원

① 2,000,000원

② 2,500,000원

③ 3,000,000원

④ 4,000,000원

■■해설

• 기초자본 8,000,000원 + 추가출자금 5,000,000원 + 총수익 6,000,000 − 총비용 = 기말자본 16,000,000원
∴ 총비용 = 3,000,000원

05

┃전산회계2급 57회

다음 거래의 결과 자본(순자산)의 변동을 초래하는 거래가 아닌 것은?

① 사업확장을 위해 현금 5,000,000원을 은행에서 차입하다.
② 사장의 개인사용 목적으로 현금 1,000,000원을 인출하다.
③ 은행차입금에 대한 이자 10,000원이 보통예금 계좌에서 인출되다.
④ 원가 40,000원의 상품을 70,000원에 외상판매하다.

🔲해설

자산과 부채가 동시에 증가하여 자본변동을 초래하지 않는다.

06

┃전산회계2급 58회

인출금 계정을 사용하는 거래가 아닌 것은?

① 기업주 개인의 소득세납부
② 기업주 자녀의 입학기념으로 기업의 상품을 지급
③ 기업주 본인의 생명보험료 납부
④ 사업과 관련된 건물재산세 납부

🔲해설

사업과 관련된 건물재산세는 세금과공과 계정으로 비용처리한다.

07

┃전산회계2급 58회

다음 자료에 의한 자본금의 추가출자액은 얼마인가?

기초자산	기초부채	기말자본	총수익	총비용
420,000원	200,000원	580,000원	80,000원	40,000원

① 280,000원   ② 320,000원
③ 500,000원   ④ 540,000원

🔲해설

추가출자액 = 기말자본 580,000원 − 기초자본 220,000원 − 순이익 40,000원 = 320,000원

| 전산회계2급 60회

08 다음 개인기업의 [기초 재무상태]와 [기말 손익계정]을 보고 기말자본금을 계산한 금액으로 옳은 것은?

기초 재무상태	• 현 금	500,000원	• 외상매출금	100,000원
	• 상 품	50,000원	• 비 품	100,000원
	• 외상매입금	300,000원	• 단기차입금	150,000원

기말 손익계정	손 익			
	비용총액	500,000원	수익총액	700,000원
	자본금	200,000원		
		700,000원		700,000원

① 400,000원   ② 450,000원

③ 500,000원   ④ 550,000원

해설

• 기초자본 = 기초자산(현금 500,000원 + 외상매출금 100,000원 + 상품 50,000원 + 비품 100,000원) − 기초부채(외상매입금 300,000원 + 단기차입금 150,000원) = 300,000원
∴ 기말자본 = 기초자본 300,000원 + 순이익 200,000원(손익계정 차변 자본금) = 500,000원

| 전산회계2급 62회

09 다음과 같은 자본금 계정의 설명으로 올바른 것은?

자본금				
12/31 인출금	1,000,000원	1/1	전기이월	5,000,000원
12/31 손 익	1,000,000원			
12/31 차기이월	3,000,000원			

① 기초자본금은 3,000,000원이다.   ② 기업주가 1,000,000원의 추가출자를 하였다.

③ 당기순손실이 1,000,000원이다.   ④ 기말자본금이 5,000,000원이다.

해설

기초자본금은 5,000,000원, 기말자본금은 3,000,000원, 기업주가 1,000,000원의 현금인출 또는 상품을 개인적으로 사용하였다.

| 전산회계2급 64회

10 다음 중 빈 칸에 들어갈 금액으로 옳은 것은?

기 초	기 말			당기순손실
자 본	자 산	부 채	자 본	
8,000,000원	㉮	9,000,000원	㉯	1,000,000원

	㉮	㉯
①	16,000,000원	7,000,000원
②	16,000,000원	9,000,000원
③	18,000,000원	7,000,000원
④	18,000,000원	9,000,000원

▣해설

• 당기순이익(손실) △1,000,000원 = 기말자본㉯ − 기초자본 8,000,000원
  ∴ ㉯ = 7,000,000원
• 기말자산㉮ = 기말부채 9,000,000원 + 기말자본 7,000,000원
  ∴ ㉮ = 16,000,000원
  ※ 회계에서 음수(−)는 △로 표현

| 전산회계2급 59회

11 인출금 계정에 대해 올바르게 설명되지 않은 것은?

① 인출금 계정은 차변과 대변 어느 쪽에도 기입될 수 있다.
② 임시계정이 아닌, 재무제표에 공시된다.
③ 인출금 계정은 기말에 자본금 계정으로 대체한다.
④ 기업주가 개인적인 용도로 현금·상품 등을 인출하거나, 자본금의 추가출자 등이 빈번하게 나타날 때 설정하여 회계처리한다.

| 전산회계2급 63회

12 ㉠ 회사 전화 통신비와 ㉡ 사업주 자택의 전화 통신비를 회사의 보통예금 통장에서 자동이체결제 하였을 경우 분개의 차변 계정과목으로 가장 적절한 것은?

① ㉠ : 통신비, ㉡ : 보통예금
② ㉠ : 보통예금, ㉡ : 통신비
③ ㉠ : 통신비, ㉡ : 인출금
④ ㉠ : 인출금, ㉡ : 통신비

제7장 | 수익과 비용

1 수익과 비용의 의의

1 수익이란

수익이란 경제적 효익의 총유입이다. 경제적 효익의 유입은 순자산의 증가로 표현할 수 있는데, 순자산 증가는 자산의 증가나 부채의 감소 형태로 나타난다. 수익은 다시 수익과 이득으로 나누어 볼 수 있다. 수익은 주된 영업활동에서 발생한 효익의 유입을 의미하고, 이득은 일시적이거나 우연적인 거래로부터 발생한 효익의 유입을 의미한다.

2 비용이란

비용이란 경제적 효익이 회사 외부로 유출되는 것인데 자산의 감소나 부채의 증가 형태로 나타난다. 비용은 다시 비용과 손실로 나누어 볼 수 있다. 비용은 주된 영업활동에서 발생한 효익의 유출액을 의미하고, 손실은 일시적이거나 우연적인 거래로부터 발생한 효익의 유출액을 의미한다.

2 수익과 비용의 종류

1 수 익

구 분	내 용
매출액	상품·제품의 판매 또는 용역의 제공으로 실현된 금액
영업외수익	영업활동 이외의 보조적 또는 부수적인 활동에서 순환적으로 발생하는 수익 예 이자수익, 배당금수익, 임대료, 유가증권처분이익, 투자자산처분이익, 유형자산처분이익 등

② 비 용

구 분	내 용
매출원가	판매된 상품·제품의 원가
판매비와관리비	판매활동 및 회사의 유지·관리활동에 관련된 비용 **예** 급여, 복리후생비, 임차료, 접대비, 세금과공과, 광고선전비 등
영업외비용	영업활동 이외의 보조적 또는 부수적인 활동에서 순환적으로 발생하는 비용 **예** 이자비용, 단기매매증권처분손실, 재고자산감모손실, 기부금, 외환차손, 기타의대손상각비 등
법인세비용	당기 법인세부담액 등으로 인한 비용

3 수익과 인식의 측정

발생주의	• 기업실체의 경제적 거래나 사건에 대해서 현금 유·출입의 기간이 아닌 당해 거래가 발생한 기간에 인식하는 것이다. • 회계기간별로 기업실체의 경영성과를 적절히 측정할 수 있다. • 현행 기업회계기준에서는 발생주의에 의한 수익비용대응의 원칙을 채택하고 있다.
수익비용의 대응	• 수익이 인식된 시점에서 수익과 관련하여 비용을 인식하는 것이다. • 수익비용대응의 원칙에 따라 비용을 인식하는 방법은 다음과 같다. – 직접대응 : 수익과 비용의 인과관계가 명확하게 대응하는 것 **예** 매출원가, 판매수수료 등 – 기간배분 : 발생한 비용이 장기간에 걸쳐 수익창출에 기여하는 것 **예** 감가상각비 등 – 기간대응 : 발생한 기간에 전액 비용으로 인식하는 것 **예** 광고선전비 등

수익의 측정	수익측정의 일반원칙	공정가치로 측정하며, 매출에누리와 매출할인·환입을 수익에서 차감한다.
	현재가치 평가	• 판매대가가 장기간에 걸쳐 유인되는 경우 공정가치는 명목금액의 현재가치로 측정한다. • 공정가치와 명목금액의 차액은 유효이자율법에 따라 현금회수기간에 걸쳐 이자수익으로 인식한다.

4 비용의 인식시점

발생주의에 따른 수익비용대응의 원칙에 의해 비용은 지출시점에 즉시 비용으로 인식하거나 지출시점에는 자산으로 인식하였다가 점차 비용으로 인식한다.

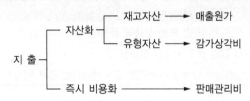

5 손익계산서 계정

1 손익계산서의 기본양식

손익계산서

(회사명)	20X1년 1월 1일부터 20X1년 12월 31일까지 (단위)
과 목	금 액
매출액	xxx
매출원가	(xxx)
매출총손익	xxx
판매비와관리비	(xxx)
영업손익	xxx
영업외수익	xxx
영업외비용	(xxx)
소득세비용차감전순손익	xxx
소득세등	(xxx)
당기순손익	xxx

② 매출액

회사가 주된 영업활동을 통해 벌어들인 수익을 말한다.

> 매출액 = 총매출 − 매출에누리 − 매출환입 − 매출할인

구 분	내 용
매출에누리	대량매입과 같은 거래조건 또는 상품에 결함이 있는 사유 등에 따라 판매대금을 감하여 주는 것
매출환입	매출한 상품에 결함 등의 사유로 반품된 것
매출할인	외상매출시 일정기한 안에 외상대금을 조기 변제하는 경우 약정된 할인율로 매출액을 감하여 주는 것

③ 매출원가

매출액에 대응되는 원가로서 제조원가 또는 매입원가이다.

> 매출원가 = 기초상품재고 + 당기매입액 − 기말상품재고

당기매입액은 당기총매입액에서 매입에누리와 매입환출 및 매입할인을 차감한 금액으로 한다.

구 분	내 용
매입에누리	매입한 상품 등에 결함이 있는 경우 상품을 반환하거나 판매자와 협의하여 가격을 할인받은 것
매입환출	구입한 상품을 반환하는 것
매입할인	외상매입금을 조기에 상환해 줌으로써 받는 할인(기업회계기준에서는 매출원가에서 차감)

④ 판매비와관리비

판매활동 또는 기업의 관리와 유지에서 발생하는 비용으로 매출원가에 속하지 않는 영업비용을 말한다. 판매관리비 항목으로는 급여(퇴직급여 포함), 복리후생비, 여비교통비, 임차료, 수선비, 차량유지비, 대손상각비, 연구개발비, 수수료비용, 세금과공과, 감가상각비 등이 있다.

⑤ 영업외손익

기업의 주된 영업활동이 아닌 활동으로부터 발생한 수익과 차익 및 비용과 차손을 말한다. 영업외손익 항목으로는 이자수익, 배당금수익, 임대료, 유가증권처분이익, 투자자산처분이익, 유형자산처분이익 등과 이자비용, 단기매매증권처분손실, 재고자산감모손실, 기부금, 외환차손, 기타의대손상각비 등이 있다.

단원별 기출문제

| 전산회계2급 48회

01 다음 중 판매비와관리비에 해당되는 계정은 모두 몇 개인가?

ⓐ 선급비용	ⓑ 미지급비용
ⓒ 개발비	ⓓ 기부금
ⓔ 이자비용	ⓕ 접대비
ⓖ 보험료	ⓗ 세금과공과

① 3개   ② 4개

③ 5개   ④ 6개

해설

ⓐ 선급비용 : 유동자산
ⓑ 미지급비용 : 유동부채
ⓒ 개발비 : 비유동자산
ⓓ 기부금 : 영업외비용
ⓔ 이자비용 : 영업외비용

| 전산회계2급 49회

02 다음 중 회계처리하는 경우 분개상 차변에 비용이 발생하는 경우가 아닌 것은?

> ㄱ. 특허권을 2,000,000원 현금 매입하고 등록비용 100,000원을 현금으로 지급하다.
>
> ㄴ. 종업원 구애정에게 급여 1,000,000원을 급여날 지급하지 못하다.
>
> ㄷ. 영업사원 독고진의 결혼축하금 50,000원을 현금으로 지급하다.
>
> ㄹ. 상품 운반용 차량을 구입하면서 취득세 100,000원을 현금으로 납부하다.

① ㄱ, ㄴ   ② ㄱ, ㄷ

③ ㄴ, ㄹ   ④ ㄱ, ㄹ

ㄱ. (차) 특허권　　　　　　2,100,000　　(대) 현 금　　　　　　2,100,000
　　※ 등록비용 100,000원은 비용이 아닌 자산이다.
ㄴ. (차) 급 여　　　　　　1,000,000　　(대) 미지급금　　　　1,000,000
ㄷ. (차) 복리후생비　　　　　50,000　　(대) 현 금　　　　　　　50,000
ㄹ. (차) 차량운반구　　　　 100,000　　(대) 현 금　　　　　　 100,000

▌전산회계2급 49회

03 다음 괄호 안에 들어갈 손익계산서 구성항목은?

> (　　　)는(은) 제품, 상품, 용역 등의 판매활동과 기업의 관리활동에서 발생하는 비용으로서 매출원가에 속하지 아니하는 모든 영업비용을 포함한다.

① 매출액　　　　　　　　　　　　② 영업외비용
③ 판매비와관리비　　　　　　　　 ④ 영업외수익

▌전산회계2급 50회

04 다음 중 기업이 납부하는 각종 세금에 대한 회계처리시 계정과목으로 잘못 연결된 것은?

① 토지 취득시 납부한 취득세 : 토지 계정
② 회사 보유 차량에 대한 자동차세 : 세금과공과 계정
③ 종업원 급여 지급시 원천징수한 소득세 : 예수금 계정
④ 회사 소유 건물에 대한 재산세 : 건물 계정

▌전산회계2급 50회

05 다음 (　　　) 안에 순차적으로 들어갈 내용으로 옳은 것은?

> 수익이란 기업실체의 경영활동과 관련된 재화의 판매 또는 용역의 제공 등에 대한 대가로 발생하는 자산의 (　　　) 또는 부채의 (　　　)이다.

① 유입, 증가　　　　　　　　　　② 유출, 감소
③ 유출, 증가　　　　　　　　　　④ 유입, 감소

수익은 자산의 유입 또는 부채의 감소이다.

06 ▎전산회계2급 50회

매출할인은 손익계산서에서 어떻게 처리하는가?

① 매출액에 가산한다.

② 매출액에서 차감한다.

③ 판매비와관리비로 처리한다.

④ 영업외비용으로 처리한다.

07 ▎전산회계2급 51회

손익계산서에 표시되는 다음의 항목 중 성격이 다른 것은?

① 기부금   ② 이자비용

③ 재해손실   ④ 대손충당금환입

■해설

대손충당금환입은 수익항목에 해당된다.

08 ▎전산회계2급 52회

다음 자료를 이용하여 당월 발생한 급여를 구하면 얼마인가?(단, 전월미지급액은 당월에 지급하는 것으로 가정한다)

• 당월현금지급액	500,000원
• 전월미지급액	200,000원
• 당월선급액	100,000원
• 당월미지급액	300,000원

① 500,000원   ② 400,000원

③ 300,000원   ④ 200,000원

■해설

발생주의 당월 급여 = 당월현금지급액 500,000원 − 전월미지급액 200,000원 − 당월선급액 100,000원 + 당월미지급액 300,000원 = 500,000원

09 ▎전산회계2급 52회, 55회

다음 중 판매비와관리비에 속하지 않는 계정과목은?

① 임차료   ② 복리후생비

③ 수선비   ④ 이자비용

■해설

이자비용은 영업외비용에 해당한다.

10 ▎전산회계2급 52회

다음 괄호 안에 순차적으로 들어갈 내용으로 옳은 것은?

> 비용이란 기업실체의 경영활동과 관련된 재화의 판매 또는 용역의 제공 등에 따라 발생하는 자산의 (   )이나 사용 또는 (   )의 증가이다.

① 유입, 자산   ② 유출, 부채

③ 유출, 자산   ④ 유입, 부채

■해설

비용은 자산의 유출이나 사용 또는 부채의 증가이다.

11 ▎전산회계2급 53회

손익계산서에서 이익을 구분하여 표시하는 경우 두 번째로 표시되는 이익은?

① 매출총이익

② 당기순이익

③ 영업이익

④ 법인세 비용 차감 전 순이익

▎전산회계2급 53회
12 다음 설명에 해당하는 계정과목으로 바르게 짝지어진 것은?

기업의 영업활동에서 상품 판매에 소요되는 비용과 기업 전체의 관리 및 일반사무와 관련하여 발생하는 비용이다.

① 급여, 이자비용
② 기부금, 통신비
③ 임대료, 광고선전비
④ 접대비, 감가상각비

해설

이자비용, 기부금은 영업외비용 계정이며, 임대료는 수익 계정이다.

▎전산회계2급 53회
13 다음의 계정과목 중 영업이익에 영향을 주는 항목은?

① 유형자산처분이익   ② 외환차익
③ 매출할인   ④ 기부금

■ 해설

매출할인은 매출총이익에 영향을 주는 항목이므로 영업이익에 영향을 주는 것이고, 다른 항목은 영업외손익 항목이다.

▎전산회계2급 54회
14 다음 괄호 안에 들어갈 손익계산서의 구성항목은?

(   )는(은) 제품, 상품 등의 매출액에 대응되는 원가로서 판매된 제품이나 상품 등에 대한 제조원가 또는 매입원가이다.

① 매출원가   ② 판매비와관리비
③ 영업외비용   ④ 영업외수익

▌전산회계2급 54회

15 20X1년 4월 6일 다음 2개의 거래에 따른 회계처리 결과로 옳지 않는 것은?

[거 래]	• 비품(취득원가 900,000원, 감가상각누계액 300,000원)을 500,000원에 현금을 받고 매각 • 투자 목적으로 토지(10,000,000원)를 외상으로 취득

① 유동부채 증가

② 유형자산 감소

③ 투자자산 증가

④ 수익 발생

▌전산회계2급 55회

16 다음의 자료를 이용하여 영업이익을 계산하면 얼마인가?

• 매출액	6,000,000원	• 기초상품재고액	1,000,000원
• 당기상품매입액	3,000,000원	• 기말상품재고액	1,500,000원
• 판매비와관리비	1,000,000원	• 영업외수익	1,200,000원

① 1,300,000원

② 2,500,000원

③ 3,500,000원

④ 3,700,000원

▣해설

• 매출액 6,000,000원 − 매출원가 2,500,000원(기초상품재고액 1,000,000원 + 당기상품매입액 3,000,000원 − 기말
상품재고액 1,500,000원) = 매출총이익 3,500,000원

∴ 영업이익 = 매출총이익 3,500,000원 − 판매비와관리비 1,000,000원 = 2,500,000원

17 다음 괄호 안에 순차적으로 들어갈 내용으로 옳은 것은?

> 이달분 급여 900,000원을 현금으로 지급한 거래는 (　　　)의 발생과 (　　　)의 감소이다.

① 수익, 부채　　　　　　　　　　② 수익, 자본

③ 비용, 부채　　　　　　　　　　④ 비용, 자산

해설

급여는 비용항목이며, 지급된 현금은 자산의 감소이다.

18 다음 계정과목 중 영업외비용이 아닌 것은?

① 기부금　　　　　　　　　　　　② 이자비용

③ 매출할인　　　　　　　　　　　④ 기타의대손상각비

19 다음 중 영업외비용 및 영업외수익에 해당하는 계정과목끼리 올바르게 연결한 것은?

① 선급비용, 미수수익　　　　　　② 이자비용, 선수수익

③ 미지급비용, 이자수익　　　　　④ 이자비용, 이자수익

20 나음에서 계정과목의 분류로 올바르지 않은 것은?

① 자산 : 현금, 상품매출, 건물

② 부채 : 외상매입금, 단기차입금

③ 자본 : 자본금

④ 비용 : 급여, 보험료, 광고선전비

21 ┃ 전산회계2급 59회

다음 자료를 이용하여 순매출액을 계산한 금액으로 옳은 것은?

| • 총매출액 | 500,000원 | • 매출환입 | 5,000원 |
| • 매출에누리 | 10,000원 | • 매출운반비 | 5,000원 |

① 495,000원   ② 490,000원
③ 485,000원   ④ 480,000원

■ 해설

순매출액은 총매출액에서 매출환입, 매출에누리, 매출할인을 차감한 금액을 말하며, 매출운반비는 별도의 비용으로 회계처리한다.

22 ┃ 전산회계2급 59회

다음 중 영업외비용만으로 묶은 것은?

㉠ 여비교통비	㉡ 기타의대손상각비
㉢ 기부금	㉣ 접대비
㉤ 퇴직급여	㉥ 개발비

① ㉠, ㉣   ② ㉡, ㉢
③ ㉤, ㉥   ④ ㉣, ㉥

■ 해설

• 영업외비용 : ㉡, ㉢
• 판매비와관리비 : ㉠, ㉣, ㉤
• 투자자산 : ㉥

23 ┃ 전산회계2급 60회

다음 중 거래의 종류가 다른 하나는?

① 현금 1,000,000원을 추가출자하다.
② 비품 200,000원을 외상으로 구입하다.
③ 급여 1,000,000원을 현금으로 지급하다.
④ 은행에서 1,000,000원을 3개월 후 상환하기로 하고 차입하다.

■ 해설

③ 손익거래이며, 나머지는 기간손익에 영향을 미치지 않는 교환거래이다.

▌전산회계2급 60회

24 다음과 같은 거래내역에 가장 적합한 계정과목을 고르면?

> • 직원 자녀 학자금 지급
> • 직원 경조사비 지급
> • 직원 작업복 지급
> • 직원 회식비 지급

① 예수금   ② 복리후생비

③ 접대비   ④ 가지급금

▌전산회계2급 61회

25 다음 설명에서 옳은 것은?

① 매출환입 및 매출에누리는 총매출액에서 차감한다.
② 매출할인·환입 및 매출에누리는 판매비와관리비에 해당한다.
③ 매출할인은 상품매출이익에서 차감한다.
④ 매입할인·환출 및 매입에누리는 매입액에 가산한다.

▌전산회계2급 62회

26 다음 중 기업의 경영성과에 영향을 미치지 않는 거래는?

① 외상매입금 1,000,000원을 현금으로 지급하다.
② 1일 아르바이트생의 시급 60,000원을 현금으로 지급하다.
③ 거래처 직원의 결혼식 축의금 50,000원을 현금으로 지급하다.
④ 상품매장의 월세 500,000원을 보통예금 통장에서 이체하다.

▌해설

재무상태표에 부채의 감소, 자산의 감소의 영향을 미칠 뿐 경영성과와는 무관하다.

27 | 전산회계2급 62회

다음 중 영업이익 계산과 관련이 없는 계정은?

① 이자수익
② 세금과공과
③ 매출채권, 대손상각비
④ 접대비

해설

이자수익은 영업외수익이다.

28 | 전산회계2급 64회

다음 중 영업이익을 계산할 때 포함되지 않는 것은?

① 상품매출원가
② 급 여
③ 접대비
④ 기부금

해설

기부금은 영업외비용이다.

29 | 전산회계2급 64회

영업외수익에 해당하는 내용으로 옳은 것은?

① 택시회사의 택시요금 수입액
② 가구점의 학생용 책상 판매액
③ 완구점의 곰돌이 인형 판매액
④ 전자제품 판매상사의 건물 일부 임대 수입액

30 ▌전산회계2급 64회

영업용 차량의 엔진오일을 교체하고 다음과 같이 회계처리 한 경우, 재무제표에 미치는 영향으로 옳은 것은?

(차) 차량운반구	500,000	(대) 현 금	500,000

① 영업이익의 과대계상 ② 자산의 과소계상

③ 비용의 과대계상 ④ 당기순이익의 과소계상

🔲해설

비용이 과소계상되어, 영업이익이 과대계상된다.

31 ▌전산회계2급 65회

다음 중 영업외비용과 판매비와관리비로 짝지어진 것은?

① 개발비 : 재해손실 ② 기부금 : 수도광열비

③ 임대료 : 이자비용 ④ 대손상각비 : 감가상각비

🔲해설

• 판매비와관리비 : 잡비, 임차료, 대손상각비, 감가상각비 등
• 무형자산 : 개발비, 특허권, 상표권, 영업권 등
• 영업외비용 : 재해손실, 기부금, 이자비용 등
• 영업외수익 : 임대료, 이자수익, 배당금수익 등

32 ▌전산회계2급 65회

기말재고자산을 과소평가하였을 때 나타나는 현상으로 옳은 것은?

① 매출원가 : 과대, 당기순이익 : 과대

② 매출원가 : 과대, 당기순이익 : 과소

③ 매출원가 : 과소, 당기순이익 : 과대

④ 매출원가 : 과소, 당기순이익 : 과소

🔲해설

기말재고자산 과소 평가시 매출원가 과대계상이며, 당기순이익 과소계상된다.

33 | 전산회계2급 65회

다음 자료에 의하여 매출총이익을 계산하면 얼마인가?

• 당기총매출액	2,250,000원	• 매출환입및에누리	140,000원
• 당기상품총매입액	1,850,000원	• 매입환출및에누리	220,000원
• 기초상품재고액	300,000원	• 기말상품재고액	400,000원

① 500,000원

② 540,000원

③ 580,000원

④ 620,000원

해설

• 순매출액 = 당기총매출액 2,250,000원 − 매출환입및에누리 140,000원 = 2,110,000원원
• 순매입액 = 당기상품총매입액 1,850,000원 − 매입환출및에누리 220,000원 = 1,630,000원
• 매출원가 = 기초상품재고액 300,000원 + 순매입액 1,630,000원 − 기말상품재고액 400,000원 = 1,530,000원
∴ 매출총이익 = 순매출액 2,110,000원 − 매출원가 1,530,000원 = 580,000원

34 | 전산회계2급 65회

다음 중 경영성과에 영향을 미치는 거래는?

① 거래처로부터 외상매입금에 대한 채무를 면제받다.

② 외상매입금을 약속어음을 발행하여 지급하다.

③ 대여금을 회수하여 기업주 개인이 사용하다.

④ 기업주 개인의 차입금을 기업이 대신 지급하다.

해설

• ①은 손익거래(채무면제이익, 영업외수익)이며, ②, ③, ④는 교환거래이다.

제 8 장 | 결산

1 결산

1 결산의 의의

결산이란 일정시점에 장부를 마감하고 재무상태와 경영성과를 파악하여 재무제표를 작성하는 것을 말한다. 거래의 기록부터 시작하여 결산수정을 거쳐 재무제표를 작성하는 과정은 일반적으로 다음과 같은 절차에 의하여 이루어진다.

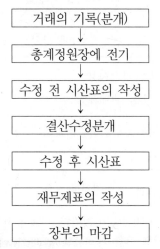

```
┌─────────────────────┐
│   거래의 기록(분개)   │
└─────────────────────┘
          ↓
┌─────────────────────┐
│   총계정원장에 전기   │
└─────────────────────┘
          ↓
┌─────────────────────┐
│  수정 전 시산표의 작성 │
└─────────────────────┘
          ↓
┌─────────────────────┐
│     결산수정분개      │
└─────────────────────┘
          ↓
┌─────────────────────┐
│    수정 후 시산표     │
└─────────────────────┘
          ↓
┌─────────────────────┐
│    재무제표의 작성    │
└─────────────────────┘
          ↓
┌─────────────────────┐
│     장부의 마감      │
└─────────────────────┘
```

2 결산 수정사항

(1) 손익의 귀속시기의 결정

회계는 발생주의에 의하여 손익을 인식한다. 그런데 기중 거래의 기록에서 현금주의에 의하여 기록되지 않은 손익이 있는 경우 이를 결산시점에 정리하여야 한다.

(2) 자산부채의 평가

목적적합한 정보의 공시를 위하여 기말시점에 적절한 금액으로 평가하여야 하는 경우가 있다.

(3) 기타의 결산항목

결산시에는 그 밖에도 감가상각, 충당부채의 설정 등을 행하여야 한다.

2 손익 귀속시기의 결정

손익의 귀속시기 결정	수익의 발생	미수수익(자산)
	수익의 이연	선수수익(부채)
	비용의 발생	미지급비용(부채)
	비용의 이연	선급비용(자산)

1 손익의 발생

(1) 미지급비용

당기에 속하는 비용으로서 미지급분이 있으면 이를 당기의 비용에 가산하고 부채계정인 미지급비용으로 처리해야 한다. 이는 아직 지불되지 않았지만 발생주의 개념에 의하여 비용이 발생된 회계기간에 이를 계상하는 것이다. 발생한 비용을 미지급했다는 이유로 비용으로 인식하지 않는다면 회사의 손익에 어떤 영향을 미칠까?

• 미지급비용을 비용으로 인식하지 않을 경우 손익에 미치는 영향

> → 비용이 발생한 해(당기) : 비용 과소계상
> → 비용을 지급하는 해(차기) : 비용 과대계상

• 12월 1일에 만기가 3개월, 연 이자율 12%의 이자지급조건으로 1,000,000원을 차입하였다면 12월 31일 현재 발생한 이자비용은 다음과 같을 것이다.

> 단기차입금 1,000,000원 × 연이자율 12% × 기간 1/12 = 이자비용 10,000원

비록 현금의 지급은 없었으나, 이를 지급하지 않았다고 하여 비용으로 인식하지 않는다면 발생주의의 개념에 벗어나는 것이다. 따라서 다음과 같은 수정분개가 필요하다.

〈수정분개〉 (차) 이자비용   10,000   (대) 미지급비용   10,000

(2) 미수수익

당기에 속하는 수익으로서 아직 대가를 수취하지 못한 수익이 있는 경우에는 이를 당기의 수익에 가산하는 동시에 자산계정인 미수수익으로 계상해야 한다. 아직 수익에 대한 대가를 지급받지는 않았지만 발생주의의 개념에 의하여 수익이 발생된 회계기간에 이를 인식하는 것이다. 수익은 발생했는데 이에 대한 대가를 지급받지 못했다는 이유로 수익을 인식하지 않는다면 회사의 손익에는 어떤 영향을 미칠까?

- 미수수익을 수익으로 인식하지 않을 경우 손익에 미치는 영향

> → 수익이 발생한 해(당기) : 수익 과소계상
> → 대가를 지급받는 해(차기) : 수익 과대계상

- 11월 1일에 만기 3개월, 연 이자율 12%의 조건으로 관계회사에 1,000,000원을 대여하였다고 하면, 대여금에 대한 이자발생액 중 당기의 귀속분은 다음과 같게 된다.

> 단기대여금 1,000,000원 × 연이자율 12% × 기간 2/12 = 이자수익 20,000원

비록 현금은 유입되지 않았으나 이를 수익으로 인식하지 않는다면 발생주의 개념에 벗어나는 것이다. 따라서 다음과 같이 수정분개를 하여야 한다.

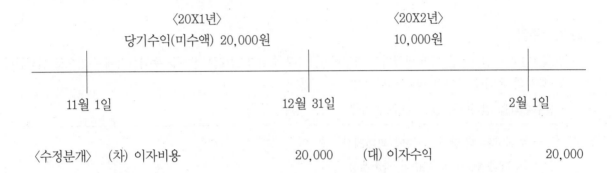

〈수정분개〉　(차) 이자비용　　　　　　　　20,000　　(대) 이자수익　　　　　　　　20,000

② 손익의 이연

(1) 선급비용

보험료는 일반적으로 6개월분이나 1년분을 한꺼번에 납부하는 것이 보통이다. 이 경우 납부하는 보험료 전액을 지급하는 시점에 비용으로 인식한다면 당해 회사의 손익에는 어떤 영향을 미칠까?

- 선급비용을 인식하지 않는 경우 손익에 미치는 영향

> → 지급하는 해(당기) : 비용 과대계상
> → 그 다음 해(차기) : 비용 과소계상

- 20X1년 9월 1일에 자동차 보험계약을 맺고 1년분 보험료 120,000원을 미리 지급하였을 때의 분개는 다음과 같이 나타낸다.

(차) 보험료　　　　　　　　120,000　　(대) 현 금　　　　　　　　120,000

이 경우 12월 31일자 수정 전 잔액시산표에는 보험료가 120,000원으로 계상된다. 그러나 보험기간은 20X1년 9월 1일부터 20X2년 8월 31일인데 납부한 보험료 전액을 20X1년에 모두 비용으로 인식한다는 것은 논리적이지 못하다.

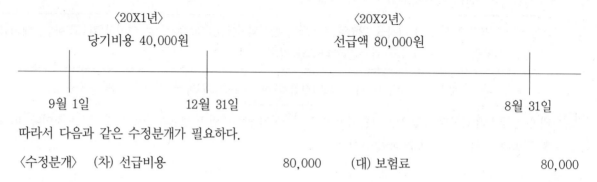

따라서 다음과 같은 수정분개가 필요하다.

〈수정분개〉 (차) 선급비용　　　　　　　　80,000　　　(대) 보험료　　　　　　　　80,000

(2) 선수수익

만일 1년분의 임대료를 미리 받았다고 가정하자. 이때 수취한 임대료 전액을 수취시점에 수익으로 인식한다면 회사의 손익에는 어떤 영향을 미칠까?

• 선수수익을 인식하지 않은 경우 손익에 미치는 영향

> → 수취하는 해(당기) : 수익 과대계상
> → 그 다음 해(차기) : 수익 과소계상

• 20X1년 9월 1일에 사무실 임대계약을 맺고 1년분 임대료 240,000원을 미리 받았을 때 이에 대한 회계처리를 나타내면 다음과 같다.

(차) 현 금　　　　　　　　240,000　　　(대) 임대료　　　　　　　　240,000

이 경우 12월 31일자 수정 전 잔액시산표에는 임대료수익 240,000원이 계상된다. 그러나 임대계약기간은 20X1년 9월 1일부터 20X2년 8월 31일인데 1년분 임대료 전액을 20X1년에 모두 수익으로 인식한다는 것은 논리적이지 못하다.

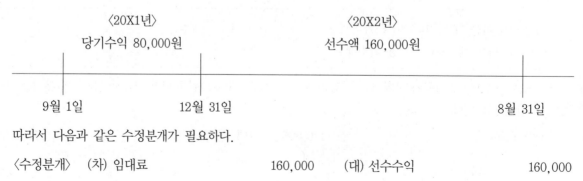

따라서 다음과 같은 수정분개가 필요하다.

〈수정분개〉 (차) 임대료　　　　　　　　160,000　　　(대) 선수수익　　　　　　　　160,000

3 기타의 계정

1 현금및현금성자산

현금및현금성자산은 매우 중요한 자산이며 회사 자산 중 가장 도난과 분실의 위험이 크다. 따라서 매일 회사 시재액을 점검하여야 하며, 결산시점에서의 점검 절차도 매일 하여야 한다. 현금출납부와 출납증빙을 대조하여 모든 지출과 수입을 빠짐없이 기록하고 회사 내에 있는 현금과 대조한다. 만일 일치하지 않으면 현금과부족 계정을 설치하여 그 원인을 규명하고, 결산시점까지 원인을 찾아내지 못하였다면 잡손실이나 잡이익으로 처리한다.

2 가지급금, 가수금, 전도금 등의 미결산 항목

회사에서는 주주나 임원, 종업원 등과의 거래에서 자금을 일시적으로 차입·대여해주는 경우나 금전의 입·출금은 있으나 그 내용이 확정되지 않은 경우가 있다. 이때 회사가 차입한 금액이나 내용이 명확하지 않은 입금 금액을 가수금, 회사가 대여해준 금액이나 내용이 명확하지 않은 출금 금액을 가지급금이라 한다. 또한 회사가 지점에서 필요한 현금을 송금해 준 경우 이를 전도금으로 표시한다.

재무상태표의 작성원칙에 의해 재무상태표에는 미결산 항목이 포함되어서는 안 된다. 위의 계정들은 기중 거래에서 밝혀지지 못한 부분이나 일시적 항목들을 표시한 것이므로 결산시점에는 각 계정들의 성격에 따라 적절히 표시하여야 한다. 회계 담당자는 결산시점에 이러한 임시계정에 대한 증빙을 요구하고 그 내용을 밝혀내어 수익이나 비용 또는 대여금, 차입금 등의 적절한 계정과목으로 대체하여야 한다.

3 소모품비

소모품이란 업무에 활용하는 소액자산으로 일정기간 사용하면 다시 새로 구매하여 사용하여야 하는 소모성 비품을 말하며, 감가상각대상에 해당하지 않는 소액비품이다. 이에 대한 회계처리는 두 가지 방법이 있다.

(1) 회계처리 방법

① 지출시점에 전액 비용(소모품비)로 처리 후, 결산시 실사 금액만큼 자산(소모품)으로 계상

② 지출시점에 전액 자산(소모품)으로 처리 후, 결산시 실사 잔액만큼 비용(소모품비)로 계상

구 분	선 비용처리				선 자산처리			
지출시점	(차) 소모품비	2,000,000	(대) 현 금	2,000,000	(차) 소모품	2,000,000	(대) 현 금	2,000,000
결산시점	(차) 소모품	870,000	(대) 소모품비	870,000	(차) 소모품비	1,130,000	(대) 소모품	1,130,000

4 마감

1 손익계산서 계정의 마감

손익계산서에 반영되는 수익과 비용계정은 20X1년 1월 1일부터 20X1년 12월 31일까지의 경영성과이므로 20X2년도의 손익에 영향을 미쳐서는 안 된다. 즉, 총계정원장의 매출계정에는 20X2년 1월 1일 0의 금액부터 기록해 나갈 수 있어야 한다. 따라서 손익계정은 마감을 통하여 집합손익이라는 임시계정에 모든 금액을 전기한다.

수익은 집합손익계정 대변에, 비용은 집합손익계정 차변에 대체분개를 하여 기입한다. 집합손익이란 한 회계기간 동안의 수익과 비용을 총합계하기 위해 만든 임시계정이다.

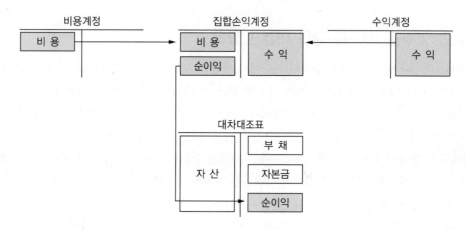

2 재무상태표 계정의 마감

재무상태표 계정은 손익계산서 계정과 달리 회계기간이 종료되는 시점의 잔액이 다음 회계기간의 기초잔액으로 시작된다. 즉, 현금의 경우 20X1년 12월 31일 현재 잔액이 7,600,000원이며 이는 20X2년 1월 1일의 기초 잔액으로 시작되게 된다. 따라서 재무상태표 계정은 매기 잔액이 연속적으로 다음 회계연도로 이월되므로 영구계정이다.

| 전산회계2급 52회

01 기중에 소모품 120,000원을 현금으로 구입하면서 다음과 같이 회계처리를 하였다. 결산시점에 창고를 조사하였더니 소모품이 30,000원 남은 것으로 조사되었을 경우 옳은 회계처리는?

(차) 소모품비	120,000	(대) 현 금	120,000

① (차) 소모품비   90,000   (대) 현 금   90,000
② (차) 소모품비   30,000   (대) 현 금   30,000
③ (차) 소모품   90,000   (대) 소모품비   90,000
④ (차) 소모품   30,000   (대) 소모품비   30,000

해설

소모품을 구입하는 시점에서 비용으로 처리하였으므로 창고에 남아있는 소모품만큼 자산으로 계상하고 비용은 감소시켜야 한다.

| 전산회계2급 60회

02 기말 결산시 당기에 미지급된 임차료를 회계처리하지 않았을 때 당기 재무제표에 미치는 영향으로 올바른 것은?

① 비용의 과대계상
② 순이익의 과소계상
③ 수익의 과소계상
④ 부채의 과소계상

해설

비용의 예상에 해당되므로 당기의 비용에 가산하고 미지급비용으로 회계처리한다.
즉, (차) 임차료   xxx   (대) 미지급비용   xxx 이므로 이를 누락하면 비용의 과소계상과 부채의 과소계상이 발생한다. 또한 비용의 과소계상으로 순이익은 과대계상된다.

┃ 전산회계2급 65회

03 다음 계정기입에서 당기 소모품 미사용분의 금액은?

소모품비				
4/1 현 금	700,000원	12/31 소모품	500,000원
		12/31 손 익	200,000원
	700,000원		700,000원

① 200,000원

② 300,000원

③ 500,000원

④ 700,000원

■ 해설

- 소모품 구입시(4월 1일) : (차) 소모품비   700,000   (대) 현 금   700,000
- 기말 결산시(12월 31일) : (차) 소모품   500,000   (대) 소모품비   500,000

┃ 전산회계2급 49회

04 기말 결산분개 중 감가상각비의 계상에 적용되는 전표는?

① 입금전표

② 출금전표

③ 입출금전표

④ 대체전표

■ 해설

기말 감가상각비는 입·출금이 발생하지 않는 대체전표이다.

| 전산회계2급 49회

05 결산 후 당기순이익이 5,000,000원으로 산출되었으나 다음 사항이 누락되었다. 수정 후 당기순이익은 얼마인가?

• 보험료 선급분	800,000원
• 선수임대료	500,000원
• 이자 미지급분	500,000원

① 3,200,000원

② 3,700,000원

③ 4,200,000원

④ 4,800,000원

해설

수정 후 당기순이익 = 결산 후 당기순이익 5,000,000원 + 비용 취소 800,000원 − 수익 취소 500,000원 − 비용 발생 500,000원 = 4,800,000원

| 전산회계2급 51회

06 기말 결산시 임차료 미지급분을 계상하다. 이와 관련 있는 내용은?

① 수익의 예상

② 비용의 예상

③ 비용의 이연

④ 수익의 이연

| 전산회계2급 51회

07 다음 중 재무상태표에 표시될 수 없는 계정과목은?

① 예수금   ② 가수금

③ 선수금   ④ 미수금

해설

가수금은 일시적으로 처리하는 임시계정이다.

08 | 전산회계2급 53회

다음 계정 중 다음 연도로 이월시키는 영구계정에 해당하지 않는 것은?

① 외상매입금   ② 이자수익

③ 단기차입금   ④ 비 품

■해설

영구계정은 실질계정이라고도 하며 재무상태표에 표시되는 계정이다. 이자수익은 임시계정(명목계정)으로 손익계산서에 표시된다.

09 | 전산회계2급 53회

가수금으로 회계처리한 100,000원 중 80,000원은 상품 주문에 대한 계약금으로 판명된 경우 회계처리로 옳은 것은?

① (차) 가수금	80,000	(대) 선수금	80,000
② (차) 가수금	80,000	(대) 미수금	80,000
③ (차) 선수금	80,000	(대) 가수금	80,000
④ (차) 미수금	80,000	(대) 가수금	80,000

10 | 전산회계2급 54회

기말 결산시 손익계정으로 대체되는 계정과목이 아닌 것은?

① 보험료   ② 소모품

③ 접대비   ④ 기부금

해설

소모품은 자산에 속한다.

▮ 전산회계2급 55회

11 20X1년 9월 1일 사무실 임차료 6개월분(20X1년 9월 1일 ~ 20X2년 2월 28일) 300,000원을 현금으로 지급하고 비용처리한 경우, 12월 31일 결산시 선급비용에 해당하는 금액은?

① 100,000원

② 150,000원

③ 200,000원

④ 250,000원

▮해설

| 20X1년 9월 1일 분개 | (차) 임대료 | 300,000 | (대) 현 금 | 300,000 |
| 20X1년 12월 31일 분개 | (차) 선급비용 | 100,000 | (대) 임대료 | 100,000 |

▮ 전산회계2급 55회

12 결산 결과 당기순이익 10,000원이 산출되었으나 다음과 같은 사항이 누락되었다. 수정 후 당기순이익은?

• 보험료 미지급분	2,000원
• 임대료 선수분	1,000원

① 7,000원

② 11,000원

③ 12,000원

④ 13,000원

▮ 전산회계2급 55회, 63회

13 기말결산정리사항 중 수익과 비용의 이연에 대해 옳은 것은?

① 임대료 선수분 계상 및 임차료 선급분 계상

② 임대료 선수분 계상 및 임차료 미지급분 계상

③ 임대료 미수분 계상 및 임차료 선급분 계상

④ 임대료 미수분 계상 및 임차료 미지급분 계상

14 ▌전산회계2급 57회

순천상사는 20X1년 9월 1일 1년분(20X1년 9월 1일 ~ 20X2년 8월 31일) 임대료 240,000원을 현금으로 받고 수익계정으로 처리하였다. 20X1년 기말에 임대료를 월할계산할 경우 결산정리분개로 옳은 것은?

① (차) 임대료　　　　　　　80,000　　　(대) 선수수익　　　　　　　80,000
② (차) 선수수익　　　　　　80,000　　　(대) 임대료　　　　　　　　80,000
③ (차) 임대료　　　　　　　160,000　　(대) 선수수익　　　　　　　160,000
④ (차) 선수수익　　　　　　160,000　　(대) 임대료　　　　　　　　160,000

▣해설

20X1년 9월 1일 분개　　　(차) 현 금　　　240,000　　　(대) 임대료　　　240,000
20X1년 12월 31일 분개　　(차) 임대료　　160,000　　　(대) 선수수익　　160,000

15 ▌전산회계2급 58회

고봉상사의 오류 수정 전 당기순이익은 500,000원이다. 아래의 오류사항을 수정 반영한 후 당기순이익을 계산한 금액으로 옳은 것은?

> • 보험료 선급분 30,000원 계상 누락
> • 임대료 미수분 50,000원 계상 누락

① 480,000원
② 520,000원
③ 530,000원
④ 580,000원

▣해설

보험료 선급분 30,000원은 비용의 이연으로 비용에서 차감해야 하므로 당기순이익이 30,000원만큼 증가하게 되고, 임대료 미수분 50,000원은 수익의 예상으로 수익에 가산해야 하므로 당기순이익이 50,000원만큼 증가하게 된다.
수정 전 당기순이익 500,000원 + 보험료 선급분 30,000원 + 임대료 미수분 50,000원 = 580,000원

┃전산회계2급 58회

16 손익에 관한 결산 정리 중 수익의 이연에 해당하는 계정과목은?

① 선수임대료   ② 미수이자

③ 선급보험료   ④ 미지급임차료

해설

선급보험료 : 비용의 이연, 미수이자 : 수익의 예상, 미지급임차료 : 비용의 예상이다.

┃전산회계2급 59회

17 다음 계정과목에 대한 설명으로 잘못된 것은?

① 가수금 : 현금의 지출이 있었으나 그 내용이 확정되지 않은 경우

② 선수금 : 상품 매출에 대한 주문을 받고 미리 계약금을 받은 경우

③ 미수금 : 상품 이외의 것을 매각하고 대금을 외상으로 처리하는 경우

④ 예수금 : 급여 지급시 종업원이 부담할 소득세 등을 회사가 일시적으로 받아두는 경우

해설

현금의 지출이 있었으나 그 내용이 확정되지 않은 경우에는 가지급금 계정으로 처리한다.

┃전산회계2급 59회

18 결산정리 사항 중 비용의 계상과 관련 있는 내용은?

① 미수이자 계상

② 선급보험료 계상

③ 선수임대료 계상

④ 미지급임차료 계상

19 | 전산회계2급 59회

다음 중 기말 결산 후 차기로 이월되어 사용할 수 없는 계정과목은?

① 매입채무
② 매출채권
③ 매출원가
④ 현금성자산

■해설

매출원가는 손익계산서 계정이므로 결산 후 차기로 이월할 수 없다.

20 | 전산회계2급 56회

홍도상사는 기말 결산시 미지급된 상여를 계상하지 않았다. 이 경우 미치는 영향은?

① 자산이 과대평가된다.
② 부채가 과소평가된다.
③ 당기순이익이 적어진다.
④ 자본이 감소한다.

21 | 전산회계2급 60회

다음 손익에 관한 기말정리분개 중 비용의 이연으로 회계처리된 것은?

① (차) 선급비용	×××	(대) 보험료	×××		
② (차) 이자수익	×××	(대) 선수수익	×××		
③ (차) 미수수익	×××	(대) 임대료	×××		
④ (차) 임차료	×××	(대) 미지급비용	×××		

■해설

당기에 지급된 비용 중 차기에 속하는 금액이 있으면, 발생주의에 따라 차기로 이월된다.

22 | 전산회계2급 61회

다음 중 장부 마감시 차기이월로 마감할 수 없는 계정은?

① 당좌예금
② 매입채무
③ 매출채권
④ 유형자산처분이익

■해설

수익과 비용계정은 손익으로 마감한다.

23 | 전산회계2급 62회

다음의 회계거래와 관련하여 발생하는 것과 다르게 설명한 것은?

> • 대손충당금 10,000원을 설정하다.
> • 감가상각비 20,000원을 설정하다.
> • 선급비용 30,000원을 계상하다.

① 기말수정분개를 한다.
② 당기순손익에 영향을 미친다.
③ 자본에 영향을 미치지 않는다.
④ 재무제표에 영향을 미친다.

24 | 전산회계2급 63회

현금과부족 계정, 인출금 계정, 가지급금 계정, 가수금 계정 등의 공통점을 고르면?

① 일시적 가계성
② 손익계산서 계정
③ 차감적 평가 계정
④ 재무제표 표시 계정

전산회계2급 64회

25 다음 중 기말 결산 후에도 차기로 이월하여 사용할 수 있는 계정과목은?

① 세금과공과
② 대손상각비
③ 단기매매증권
④ 수입임대료

해설

차기로 이월할 수 있는 계정과목은 자산, 부채, 자본계정이며, 이월할 수 없는 계정과목은 수익과 비용계정이다.

제2편

실무편

I wish you the best of luck!

㈜시대고시기획
㈜시대교육

www.**sidaegosi**.com

시험정보·자료실·이벤트
합격을 위한 최고의 선택

시대에듀

www.**sdedu**.co.kr

자격증·공무원·취업까지
BEST 온라인 강의 제공

실무 DB 다운로드 경로

아래 경로를 따라 들어가 설명에 따라 설치하여 주십시오.
① https://www.sidaegosi.com 접속
② 학습 자료실 → 프로그램 자료실
③ 2021 The 쉽게 합격하는 전산회계 2급 검색

제 1 장 | 기초환경 설정

1 프로그램 개요

1 프로그램 설치

(1) http://license.kacpta.or.kr/ 접속 후 왼쪽 하단 [케이랩 (수험용)다운로드]를 선택한다.

(2) [KcLep 수험용프로그램] 버튼을 클릭하여 파일을 실행하여 설치한다.

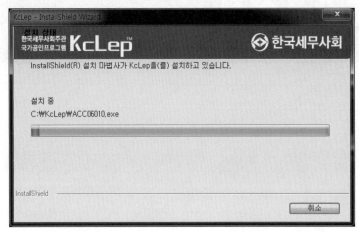

(3) 설치를 완료하면 바탕화면에 다음과 같은 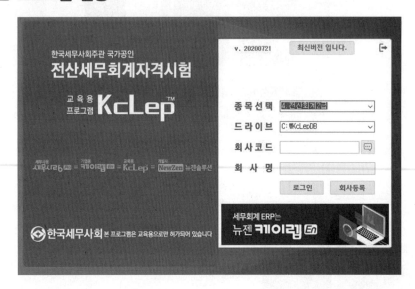 아이콘이 생성된다. 이를 더블클릭하면 시작화면이 실행된다.

2 프로그램 실행

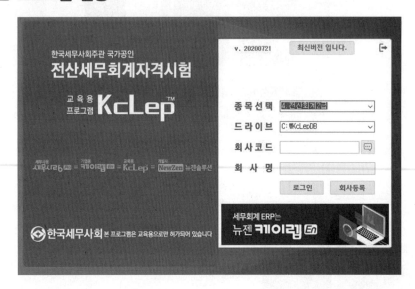

① **사용급수** : 실습하고자 하는 급수를 선택하는 것으로 본 교재로 학습하기 위해서는 전산회계 2급을 선택한다.

② **드라이브명** : KcLep 프로그램이 설치된 드라이브를 선택하는 것으로 프로그램 설치시 마법사에 의해 자동으로 설치된 경우 C:WKcLepDB를 선택한다.

③ **회사코드** : 처음 프로그램을 설치하는 경우엔 회사코드가 없으므로 화면 아래쪽에 위치한 [회사등록]을 이용하여 원하는 회사의 등록을 마친 다음에 선택하여야 한다.

④ **회사명** : 작업하고자 하는 회사코드를 선택하면 자동으로 화면에 표기된다.

2 회사등록

1 주요항목설정

KcLep 프로그램을 사용하기 위해서는 가장 먼저 회사등록을 실행하여야 한다. 회사등록 화면의 각 필드는 다음과 같이 구성되어 있다.

① **회사코드** : 0101 ~ 9999의 번호 중 사용자가 원하는 숫자 4자리를 입력한다.

② **회사명** : 한글 10자, 영문은 20자 이내로 입력한다.

③ **구분** : 법인인 경우는 '0', 개인인 경우는 '1'을 선택한다.

④ **회계연도** : 등록할 회사의 기수와 회계연도를 입력한다.

⑤ **사업자등록번호** : 사업자등록증상 사업자등록 번호를 입력한다. 사업자등록번호가 틀릴 경우 오류체크 기능으로 인하여 붉은 배경색이 나타나므로 확인 후 정확한 입력을 한다.

⑥ **과세유형** : 개인사업자의 경우 일반과세자, 간이과세자, 면세사업자 중 과세유형에 맞게 선택한다.

⑦ **대표자명** : 대표자가 2인 이상일 때는 대표자 1명만을 입력하고 그 밖의 대표자는 '외 몇 명'(예 홍길동외 1) 으로 입력한다.

⑧ **대표자주민번호** : 대표자의 주민등록번호를 입력한다.

⑨ **사업장주소** : 사업장 소재지를 입력한다.

⑩ **업태/종목** : 사업자등록증상 업태와 종목을 입력한다.

⑪ **사업장전화번호** : 각 해당 전화번호를 입력한다.

⑫ **개업연월일** : 사업자등록증상의 개업연월일을 입력한다.

⑬ **사업장동코드** : 사업장 소재지를 입력한다. F2 키 또는 [···]를 클릭하면 다음과 같은 도움창이 나타나며 해당되는 사업장 소재지를 검색하여 해당되는 소재지를 선택한다.

⑭ **사업장관할세무서** : 사업장동코드를 입력하면 자동으로 관할세무서가 입력된다.

실습예제   [회사등록]

01   다음 사업자 등록증을 참고하여 '리젠상사'를 회사코드 2000번에 등록하시오(회계연도 5기 2021년 1월 1일 ~ 2021년 12월 31일이며, 주업종코드는 '513430'이다).

사업자등록증

(개인사업자용)

등록번호 : 214 - 01 - 25801

1. 상 호 명 : 리젠상사
2. 대 표 자 명 : 이서준
3. 개업년월일 : 2014. 1. 2
4. 주민등록번호 : 700208 - 2123456
5. 사업장소재지 : 서울특별시 서초구 효령로 355(서초동, KD CENTER)
6. 사업의종류 : 업 태 : 도소매
            종 목 : 문구
7. 교 부 사 유 : 신규
8. 공동사업장 :
9. 주류판매신고번호 :
10. 사업자단위과세여부 : 부

2014년 1월 2일

서초세무서장 인

해설 및 풀이

① 프로그램 실행

KcLep 프로그램을 실행하여 급수선택(전산회계 2급)을 선택한 후 오른쪽 하단의 회사등록 버튼을 클릭한다.

② 회사등록

다음과 같이 각 항목을 입력한다.

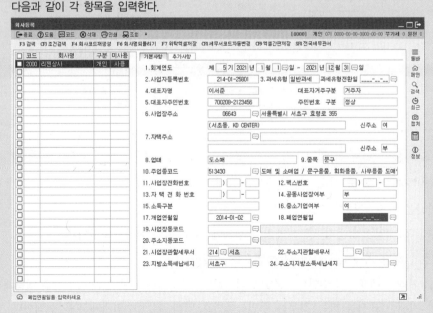

3 거래처등록

1 주요항목 설명

(1) 거래처등록

거래처등록은 당사와 거래를 하고 있는 업체들의 정보를 등록하는 메뉴로서 거래처별 채권·채무와 관리를 위해 필요한 메뉴이다. 거래처의 등록을 통해 거래처원장을 조회하고, 부가가치세 신고시 세금계산서합계표를 자동으로 작성할 수 있다. 거래처등록 메뉴는 「일반거래처」, 「금융기관」, 「신용카드」 탭으로 구성되어 있다.

(2) 「일반거래처」 탭

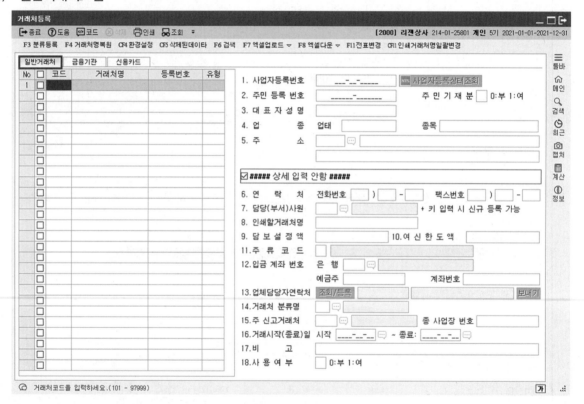

① **코드** : 101 ~ 97999 번호 중 사용자가 원하는 숫자 5자리까지 입력한다.

② **거래처명** : 한글은 15자, 영문은 30자 이내로 입력한다.

③ **유형** : '1:매출', '2:매입', '3:동시' 중 거래처의 형태에 따라 선택하여 입력한다.

④ **사업자등록번호** : 해당 거래처의 사업자등록번호를 입력한다.

⑤ **주민등록번호** : 거래처 대표자의 주민등록번호를 입력한다. 기업체가 아닌 일반인의 경우 세금계산서합계표상 주민등록 기재분 표시를 하는 경우는 주민등록번호 입력 후 '1.주민기재분'을 선택한다.

⑥ **대표자성명** : 거래처의 대표자명을 입력한다.

⑦ **업태/종목** ; 사업자등록증상의 업태/종목을 입력한다.

⑧ **주소** : 해당란에 F2 키를 이용하여 사업장주소를 입력한다.

(3) 「금융기관」 탭

① **코드** : 98000 ~ 99599 범위 내에서 코드를 입력한다.

② **거래처명** : 금융기관명을 입력한다.

③ **계좌번호** : 해당 계좌번호를 입력한다.

④ **유형** : '1:보통예금', '2:당좌예금', '3:정기적금', '4:정기예금', '5:기타' 중 선택한다.

(4) 「신용카드」 탭

① **코드** : 99600 ~ 99999 범위 내에서 코드를 입력한다.

② **거래처명** : 카드사명을 입력한다.

③ **가맹점(카드)번호** : 해당 카드번호를 입력한다.

④ **유형** : '1:매출', '2:매입' 중 선택한다.

(5) 유의사항

사업자등록번호, 주민등록번호는 세무 신고시 중요한 자료이므로 입력시 사업자등록번호로 쓰일 수 없는 번호가 입력되면 텍스트 박스가 붉은색으로 변한다. 따라서 입력시 붉은색이 되면 확인 후 재입력하도록 한다.

실습예제 [거래처등록]

01 다음을 참고하여 리젠상사의 거래처를 등록하시오(유형은 모두 동시로 가정한다).

거래처 코드	상호명	대표자	사업자등록번호	업태/종목	사업장 소재지
101	상원문구	김영미	117-16-67163	제조/문구	경기도 안성시 보개면 보삼로 100
201	(주)순천	박평창	213-83-82561	도매/문구	전라남도 순천시 비례골길 32
301	(주)태영	신동계	214-81-21452	도매/문구	서울특별시 중구 다산로24길 99
401	대성상회	김민선	203-81-39215	도소매/문구	경기도 여주시 신륵사길 133
501	인천세관	함컬링	506-54-62701	–	인천광역시 중구 서해대로 335
601	(주)마포기업	김한국	161-81-28388	제조,서비스/문구외	서울특별시 마포구 백범로 200
701	(주)한국기업	신승현	137-26-38185	제조/문구	서울특별시 강남구 강남대로 400
801	(주)서강	이새롬	217-81-39193	도소매/문구	서울특별시 마포구 어울마당로 117
98000	우리은행	123-56-22287(보통예금)			
99600	국민카드	2008-7568-2352-1004(매입)			

해답 및 풀이

[거래처등록]에서 거래처코드와 거래처명을 입력하고 오른쪽 방향키나 TAB 키를 클릭하면 일반거래처 등록사항으로 이동한다.

① 상원문구(101)

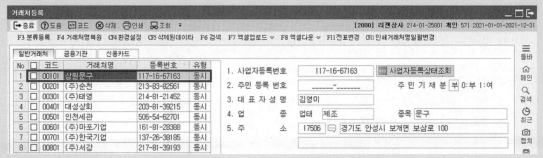

② (주)순천(201)

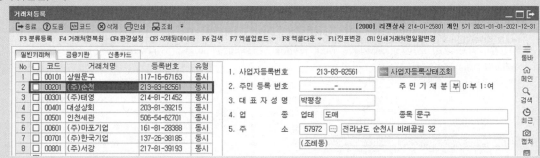

③ (주)태영(301)

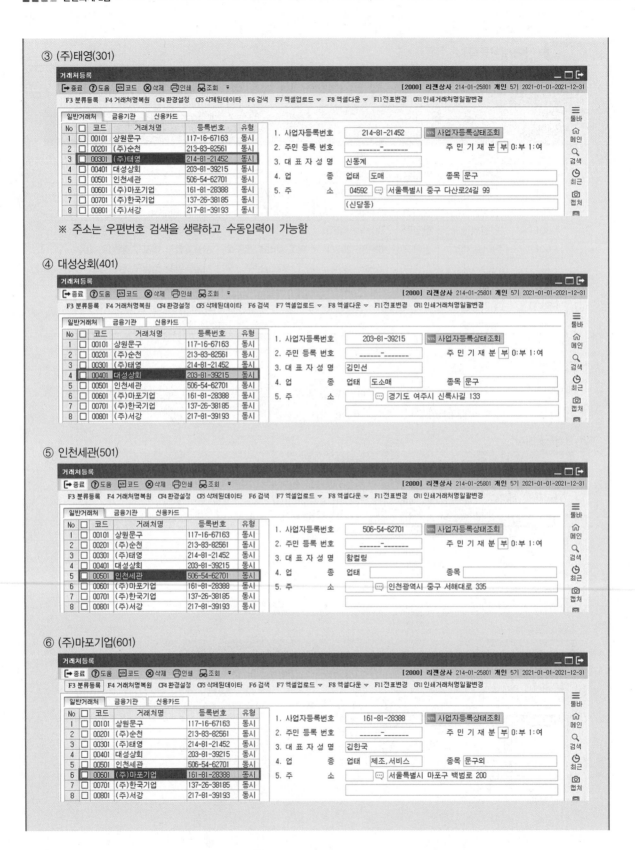

※ 주소는 우편번호 검색을 생략하고 수동입력이 가능함

④ 대성상회(401)

⑤ 인천세관(501)

⑥ (주)마포기업(601)

⑦ (주)한국기업(701)

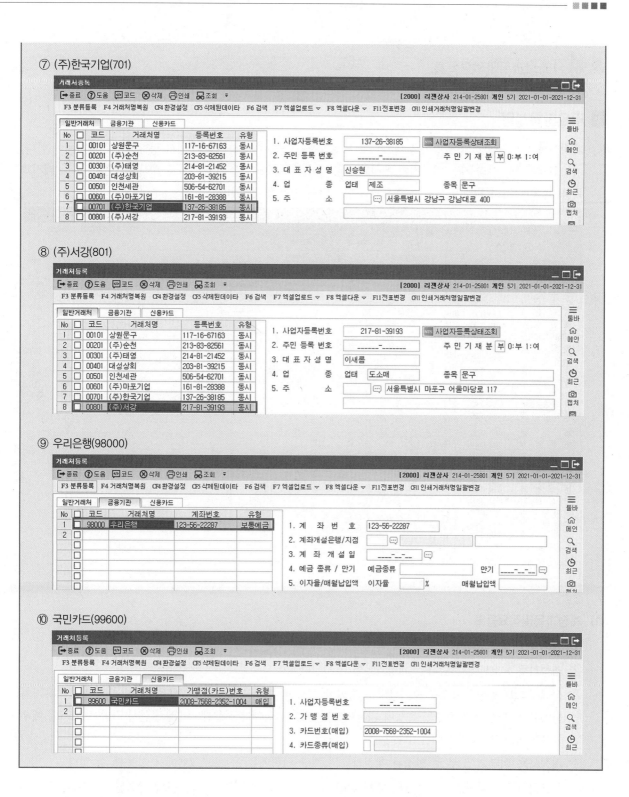

⑧ (주)서강(801)

⑨ 우리은행(98000)

⑩ 국민카드(99600)

제2편

안심Touch

4 계정과목및적요등록

1 주요항목설명

계정과목은 시스템 전반에 영향을 미치므로 프로그램을 처음 사용하는 시점에서 정확하게 설정하여야 한다. 기업회계기준에 따라 가장 일반적인 계정과목은 이미 등록되어 있는 상태이므로 회사의 특성에 따라 계정과목을 계정과목코드체계에 따라 수정하거나 추가하여 사용할 수 있다.

(1) 계정과목및적요등록

① **코드** : 계정과목코드는 자동으로 설정되어 있다.

② **계정과목** : 코드에 해당하는 계정과목이 표시된다.

③ **성격** : 일반적인 항목으로 초기값이 설정되어 있으며, 계정과목에 따라 계정성격이 다르므로 사용자가 선택한다. 반드시 계정과목 특성에 따른 성격번호를 선택해야 하는데, 이는 결산시 각종 보고서에 매우 중요한 영향을 미치기 때문이다.

④ **계정사용 여부** : '2.부'로 설정된 계정과목은 해당 입력메뉴 등 프로그램에서 사용할 수 없다.

⑤ **적요입력** : 각 과목별 현금적요와 대체적요로 구분하여 등록이 가능하며, [일반전표입력] 메뉴에서 프로그램 툴바의 적요수정을 이용하여 수정 및 추가등록을 할 수 있다(단, 붉은색으로 되어 있는 적요는 삭제가 불가능하다).

(2) 계정과목의 수정 및 신규등록

계정과목의 수정 및 신규등록은 계정과목코드 체계의 범위에 준하되 일부 특정과목에 대해서는 수정이 불가능하며, 이는 정확한 재무제표의 작성을 위함이다. 지정된 계정과목 이외 별도의 계정과목을 추가 등록하고자 할 때는 코드체계에 의하여 '회사설정계정과목' 란에 덧씌워 입력한다. 계정과목의 수정 및 신규등록시 코드체계의 범위를 벗어나서 사용하는 경우는 재무제표 등의 그룹 간 수치가 틀려지므로 주의를 요한다. 계정과목의 수정 및 신규등록 후 일반전표입력 등 프로그램에서 변경된 계정과목을 사용하려면 일단 프로그램을 종료하였다가 다시 시작해야 한다.

(3) Lock 계정과목

계정과목의 일부는 수정이 불가능하도록 되어 있으며 붉은색으로 표시된다. 그러나 부득이하게 수정이 필요한 경우, Ctrl + F2 키를 누르면 수정할 수 있다.

실습예제 [계정과목및적요등록]

01 다음을 참고하여 '지분법 투자주식' 계정과목을 신규로 등록하시오.

계정과목 코드	189
계정과목	지분법 투자주식(투자자산)
성 격	5. 유가증권
현금적요등록 사항	주식의 현금매입

02 회사는 '기밀비'과목을 다음과 같이 '업무추진비'로 수정하여 사용하고자 한다.

계정과목 코드	836
계정과목	업무추진비
성 격	3. 경비
현금적요등록 사항	1.대표이사 현금, 2.임원 현금지급, 3.직원 현금지급

03 다음 자료를 이용하여 입력하시오(리젠상사는 중앙상회 창고 일부에 대해 1년분 임차료를 먼저 현금으로 지급하고 임차하기로 하였다. 계정과목및적요등록 메뉴에서 당좌자산에 다음 사항을 추가 설정하시오).

코 드	계정과목	구분(성격)	적 요
144	선급임차료	3. 일반	현금적요 1. 기간미경과 임차료계상

04 리젠상사는 거래처의 명절선물을 위해 엘지상회로부터 계속적으로 상품을 구입하기로 하였다. 판매비와관리비의 접대비 계정에 다음 내용의 적요를 등록하시오.

대체적요 3.	거래처 명절선물 대금

05 매장 내에서 판매물품의 홍보를 위해 사용하는 광고선전용 전기요금에 대해 '전기요금' 계정을 등록하여 사용하고자 한다. 판매비와관리비의 829.사용자설정계정과목을 수정하여 등록하시오(성격 : 3.경비).

해답 및 풀이

F2 기능키, Ctrl+F 또는 마우스 오른쪽을 클릭하고 찾기를 선택하여 검색하고 싶은 계정과목을 입력하여 검색할 수 있다.

01 〈지분법 투자주식〉
계정코드 189번을 선택하고 다음과 같이 계정과목명, 성격, 현금적요를 입력한다.

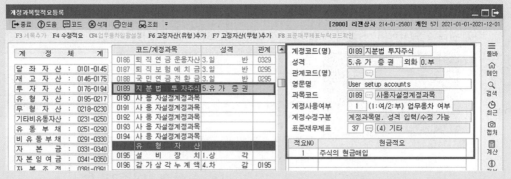

02 〈기밀비를 업무추진비로 수정〉
계정코드 836번을 선택하고 다음과 같이 계정과목명을 변경하고 현금적요를 수정하여 입력한다.

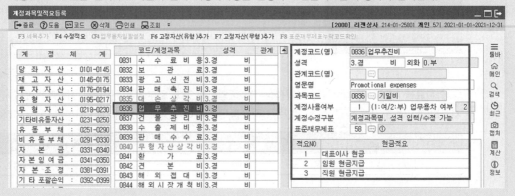

03 〈선급임차료〉

계정코드 144번을 선택하고, 다음과 같이 계정과목, 성격, 현금적요를 입력한다.

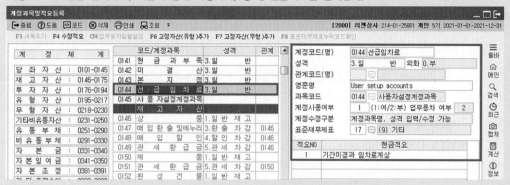

04 〈접대비〉

계정과목 접대비(813)를 선택하고 다음과 같이 대체적요를 입력한다.

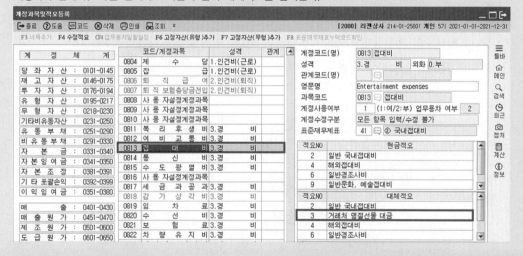

05 〈전기요금〉

계정코드 829번을 선택하고, 다음과 같이 계정과목, 성격을 입력한다.

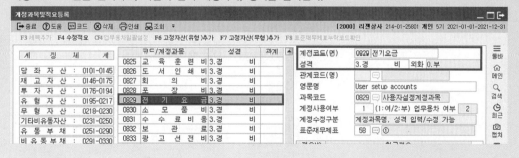

5 전기분재무제표 입력

1 주요항목 설명

전기분 자료의 초기이월작업은 회사가 신규로 창업을 하여 제1기의 회계기간으로 회계처리하는 경우에는 입력할 필요가 없으나 기존의 영업활동을 지속해오던 회사가 새로운 전산회계 프로그램으로 입력을 할 경우에는 자료의 연속성을 유지하기 위해서 전년도의 이월된 자료를 사용한 회계처리를 하게 되므로 반드시 초기이월작업이 필요하다.

초기이월이란 전기분재무상태표, 전기분손익계산서, 전기분원가명세서(제조업인 경우), 전기분이익잉여금처분계산서(법인인 경우), 거래처별초기이월 등이 해당된다.

(1) 전기분재무상태표

이 항목은 전기의 재무상태표를 입력하는 항목으로, 각 계정의 잔액을 이월시키게 된다. 만약 본 프로그램을 사용하여 전년도 회계처리를 한 후 마감을 했다면 자동으로 그 내역이 반영된다. 그러나 처음으로 처리하는 것이라면 전년도의 재무상태표자료를 입력하여 한다. 입력방법은 다음과 같다.

① 코드 사용하여 입력하는 방법

> 전산회계 2급을 선택하여 프로그램을 시작한다.

↓

> [회계관리]-[전기분재무제표]-[전기분재무상태표]를 클릭한다.

↓

> 계정과목코드와 금액을 입력한다(코드번호를 모르는 경우,
> 툴바의 코드버튼이나 F2 키를 누르면 계정코드도움 화면이 뜬다).

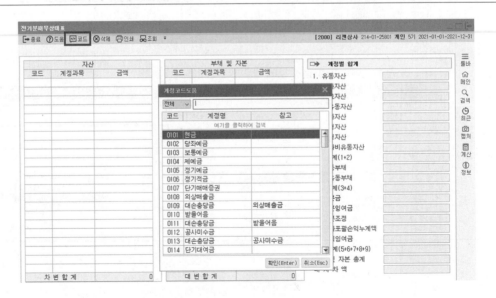

② 계정과목코드 또는 계정과목명을 사용하여 입력하는 방법

예를 들어 외상매출금 계정과목을 입력하고자 하는 경우 코드 108을 입력하거나, 코드란에 '외상'을 입력하고 Enter↵ 키를 누르면 다음과 같이 코드화면이 나타난다.

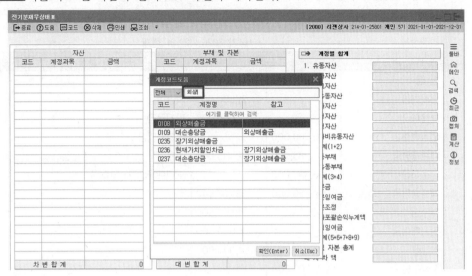

(2) 전기분손익계산서

전기분손익계산서는 재무상태표와 마찬가지로 전년도에 본 회계프로그램으로 장부마감을 하게 되면 자동으로 생성되나 처음으로 회계프로그램을 사용하는 경우에는 전기분 손익자료를 입력해야만 한다.

① 전년도의 기수와 회계기간은 자동으로 표시

② 매출원가 입력방법

매출원가 계정 입력시 [매출원가] 보조창이 나타나며 기말재고액은 전기분재무상태표에 입력된 재고계정 금액이 반영되어 자동으로 표시된다. 해당 창에서 재고자산 관련 항목을 입력하면 화면에 매출원가 금액이 반영된다.

실습예제 [전기분재무제표 입력]

01 다음은 리젠상사의 전기분재무상태표이다. 다음을 리젠상사의 전기분재무상태표에 입력하시오.

재 무 상 태 표

리젠상사   제4기 2020. 12. 31 현재   (단위 : 원)

과 목	금 액		과 목	금 액
현 금		11,000,000	외상매입금	16,652,000
당좌예금		21,500,000	지급어음	9,600,000
보통예금		7,000,000	미지급금	4,800,000
외상매출금	8,500,000		단기차입금	15,000,000
대손충당금	85,000	8,415,000	자본금	40,300,000
받을어음	6,300,000		(당기순이익 : 3,800,000)	
대손충당금	63,000	6,237,000		
미수금		1,500,000		
단기대여금		4,000,000		
상 품		4,000,000		
차량운반구	31,000,000			
감가상각누계액	14,000,000	17,000,000		
비 품	7,500,000			
감가상각누계액	1,800,000	5,700,000		
자산총계		**86,352,000**	**부채와 자본총계**	**86,352,000**

02 다음은 리젠상사의 전기분손익계산서서이다. 다음을 리젠상사의 전기분손익계산서에 입력하시오.

손 익 계 산 서					
리젠상사	제4기 2020.1.1 ～ 2020.12.31			(단위 : 원)	
과 목	금 액		과 목	금 액	
Ⅰ 매출액	123,650,000		Ⅴ 영업이익	4,975,000	
1. 상품매출	123,650,000		Ⅵ 영업외수익	0	
Ⅱ 매출원가	97,865,000		Ⅶ 영업외비용	1,175,000	
상품매출원가	97,865,000		1. 이자비용	1,175,000	
1. 기초상품재고액	5,365,000		Ⅷ 소득세차감전순이익	3,800,000	
2. 당기상품매입액	96,500,000		Ⅸ 소득세 등	0	
3. 기말상품재고액	4,000,000		Ⅹ 당기순이익	3,800,000	
Ⅲ 매출총이익	25,785,000				
Ⅳ 판매비와관리비	20,810,000				
1. 급 여	8,500,000				
2. 복리후생비	2,340,000				
3. 여비교통비	965,000				
4. 접대비	1,500,000				
5. 수도광열비	560,000				
6. 세금과공과	900,000				
7. 감가상각비	620,000				
8. 임차료	3,445,000				
9. 보험료	980,000				
10. 소모품비	1,000,000				

해답 및 풀이

01 〈전기분재무상태표〉
① 재무회계에서 [전기분재무제표]-[전기분재무상태표]를 클릭한다.
② 재무상태표상의 금액을 계정과목별로 입력한다. 이때 금액을 입력과 동시에 항목별로 집계된다.
③ 대손충당금 : 외상매출금 아래의 대손충당금은 외상매출금의 충당금이므로 '108. 외상매출금' 다음 번호인 '109. 대손충당금'을 입력힌다. 대손충당금은 채권의 차감계정으로 표시되므로 가 채권이 대손충당금은 그 채권의 다음 번호를 표시하면 된다.
④ 차량운반구, 비품의 감가상각누계액 : 유형자산의 감가상각누계액은 유형자산의 차감항목으로 표시되므로 각 유형자산의 코드번호 다음 번호로 표시된다. 따라서 '208. 차량운반구'의 감가상각누계액은 '209. 감가상각누계액'으로, '212. 비품'의 감가상각누계액은 '213. 감가상각누계액'으로 입력한다.

⑤ 다음과 같이 입력된다.

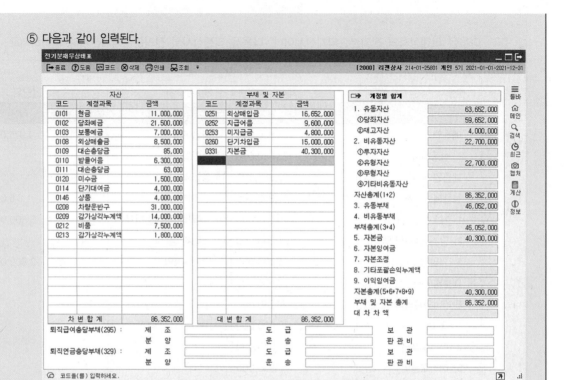

※ 숫자 입력시 ⊞를 이용하면 '000'이 입력되어 빠르게 입력할 수 있다.

02 〈전기분손익계산서〉
① 재무회계에서 [전기분재무제표]–[전기분손익계산서]를 클릭한다.
② 계정과목을 입력하는 방법은 전기분재무상태표와 같다.
③ 한편, 상품매출원가를 입력하기 위해 코드번호 451를 입력하면 [매출원가] 보조창이 활성화된다.
이때 기말상품재고액은 이미 [전기분재무상태표]에 입력했기 때문에 자동으로 반영된다.

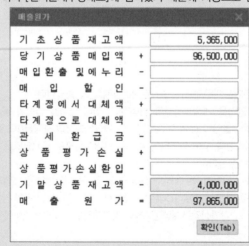

④ 다음과 같이 입력된다.

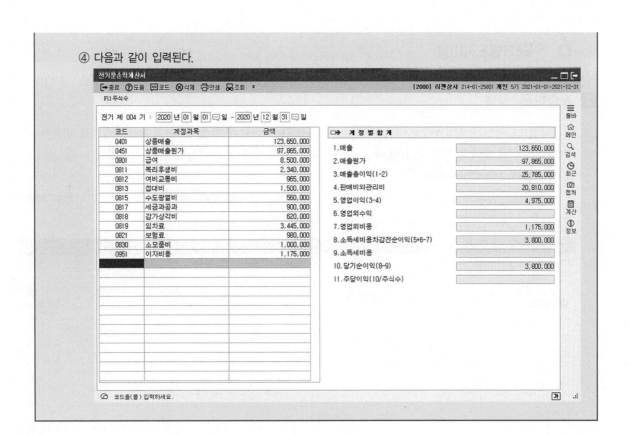

6 거래처별초기이월

1 주요항목 설명

거래처별초기이월은 외상매출금, 외상매입금, 차입금, 대여금 등의 채권, 채무 관계의 연속성을 위하여 전기의 자료를 이월 받아 관리할 수 있게 하는 작업이다. 그렇기 때문에 본 메뉴의 입력을 위해서는 전기분재무상태표 작업이 선행되어야 한다.

본 프로그램은 사용자가 초기이월 작업시 범할 수 있는 오류방지를 위해 전기분재무상태표에 입력된 각각의 계정과목에 따른 금액에 준하여 각 거래처별로 입력할 수 있도록 되어있다.

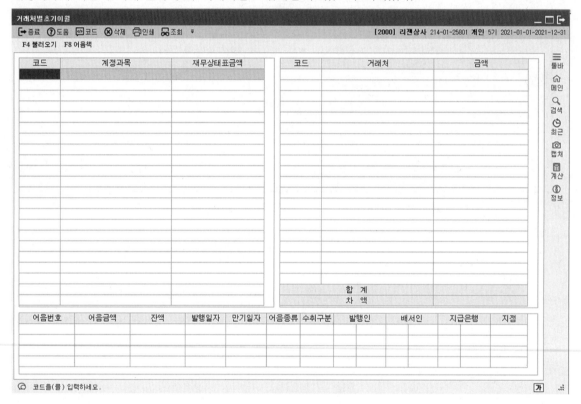

① 본 메뉴는 전기 마감후이월 메뉴에 의해 F4 불러오기를 클릭하여 자동반영하거나, 직접입력 가능하다.

② **코드** : F2(계정과목코드도움)를 클릭하여 계정과목코드를 선택 및 입력할 수 있다.

③ **차액** : 전기분재무상태표의 금액과 거래처 합계금액이 차이가 날 경우 차이나는 금액을 표시해준다.

01 리젠상사의 거래처별 채권·채무의 이월상태는 다음과 같다. 이를 거래처별초기이월에 입력하시오.

계정과목	코 드	거래처명	금 액
외상매출금	301	(주)태영	2,000,000
	801	(주)서강	6,500,000
받을어음	201	(주)순천	3,000,000
	701	(주)한국기업	3,300,000
외상매입금	601	(주)마포기업	8,000,000
	201	(주)순천	8,652,000
단기대여금	601	(주)마포기업	4,000,000
미수금	301	(주)태영	1,500,000
지급어음	401	대성상회	4,000,000
	101	상원문구	5,600,000
미지급금	801	(주)서강	4,800,000
단기차입금	101	상원문구	15,000,000

해답 및 풀이

(1) 회계관리에서 [전기분재무제표]-[거래처별초기이월]을 클릭한다. 이때 화면 오른쪽 상단의 F4 불러오기를 클릭하여 전기분재무상태표 데이터를 불러오기를 실행한 후 각각의 이월상태를 입력하도록 한다.

(2) 거래처입력

TAB 키를 사용하거나 마우스를 클릭하여 오른쪽 화면의 코드를 선택한 후 F2 키를 클릭하여 거래처를 입력할 수 있다. 외상매출금부터 차례로 똑같이 입력하면 된다. 이때 출처를 전부 입력하면 차액이 '0'이 된다.

① 외상매출금

처별초기이월						_
종료 ⑦도움 ㎝코드 ⊗삭제 ㊞인쇄 ㎅조회 ⊽				[2000] 리젠상사 214-01-25801 개인 5기 2021-01-01-2021		
불러오기 F8 어음책						

코드	계정과목	재무상태표금액		코드	거래처	금액
0108	외상매출금	8,500,000		00301	(주)태영	2,000,000
0110	받을어음	6,300,000		00801	(주)서강	6,500,000
0251	외상매입금	16,652,000				
0114	단기대여금	4,000,000				
0120	미수금	1,500,000			합 계	8,500,000
0252	지급어음	9,600,000			차 액	0

② 받을어음

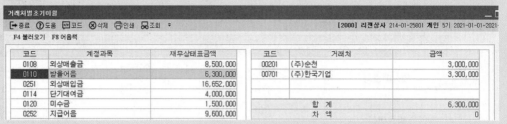

③ 외상매입금

④ 단기대여금

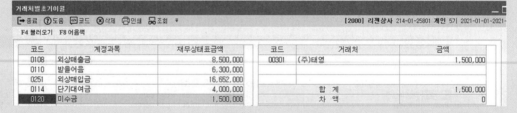

⑤ 미수금

⑥ 지급어음

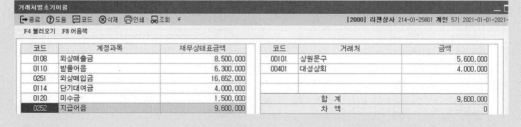

⑦ 미지급금

F4 불러오기   F8 어음책

코드	계정과목	재무상태표금액	코드	거래처	금액
0108	외상매출금	8,500,000	00801	(주)서강	4,800,000
0110	받을어음	6,300,000			
0251	외상매입금	16,652,000			
0114	단기대여금	4,000,000			
0120	미수금	1,500,000			
0252	지급어음	9,600,000		합 계	4,800,000
0253	미지급금	4,800,000		차 액	0

⑧ 단기차입금

F4 불러오기   F8 어음책

코드	계정과목	재무상태표금액	코드	거래처	금액
0120	미수금	1,500,000	00101	상원문구	15,000,000
0252	지급어음	9,600,000			
0253	미지급금	4,800,000		합 계	15,000,000
0260	단기차입금	15,000,000		차 액	0

7 마감후이월

1 주요항목 설명

마감이란 수익비용은 손익계정에 대체시키고, 각 계정과목은 차기로 이월시켜 다음 회계기간을 준비하는 작업을 의미한다. 본 회계프로그램에서는 입력과 동시에 장부정리가 이루어지므로 따로 마감을 할 필요는 없으나 마감후이월 기능을 이용하여 자료를 안전하게 다음 회계기간으로 이월시킬 수 있다.

[전기분재무제표] – [마감후이월]을 클릭하여 마감화면에서 선택사항을 선택 후 F6 마감실행을 클릭한다.

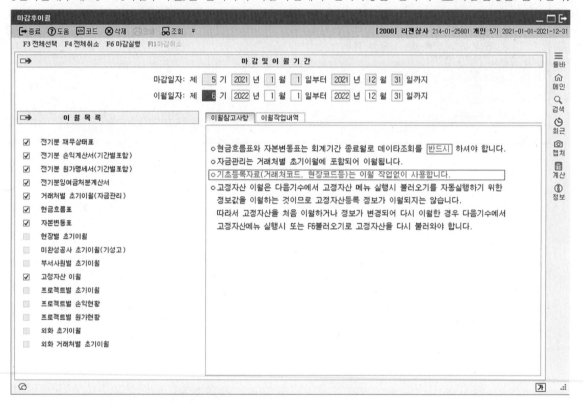

(1) 전체선택 / 전체취소

마감후이월하고자 하는 메뉴를 전체 선택시에는 F3을, 전체 취소시에는 F4를 클릭한다.

(2) 마감실행 / 마감취소

선택한 메뉴를 마감실행한다. 마감된 상태를 해제할 때는 F11 마감취소를 클릭한다. 메뉴를 하나도 선택하지 않고 마감하면 실제 마감후이월되는 메뉴는 없으며, 현재 상태로 당기가 마감상태로 변경된다.

제2장 | 일반전표 입력

1 수익과 비용전표의 입력

1 일반전표의 입력 방법

(1) 주요항목 설명

① 월/일/기간 : 전표일자 입력 방법으로 세 가지를 사용할 수 있다.

㉠ 해당 월만 입력 후 입력하는 방법은 동월 내의 여러 일자의 데이터를 입력할 경우 사용할 수 있다.

㉡ 해당 월과 일자를 입력 후 데이터를 입력하는 방법으로 선택하여 사용할 수 있다. 이는 특정일자의 데이터를 많이 입력하는 경우 편리하다.

ⓒ 변경을 클릭하면 기간을 선택할 수 있고, 해당 기간의 여러 날짜의 데이터를 입력할 경우 사용할 수 있다. 이는 입력하는 데이터가 여러 날짜가 섞여있는 경우 편리한 방법이다.

일반전표입력

| 종료 | 도움 | 코드 | 삭제 | 인쇄 | 조회 | | | | | | [2000] 리젠상사 214-01-25801 개인 5기 2021-01-01-2021 |

F3 자금관리   F4 복사 ▼   F6 검색 ▼   F7 카드매출   F8 적요수정   SF2 번호수정   CF5 삭제한데이터   CF8 전기분전표   CF9 전표삽입   SF5 일괄삭제및기타 ▼

| 2021 년 | 01 월 ~ | 2021 년 | 12 월 변경 현금잔액: | 대차차액: |

□	월	일	번호	구분	계 정 과 목	거 래 처	적 요	차 변	대 변
□									
□									

② 번 호

전표번호는 각 일자별로 00001부터 자동부여 되며, 한번 부여 후 삭제된 번호는 다시 부여되지 않는다. 대체분개 입력시 차·대변 합계가 일치할 때까지 1개의 전표로 인식, 동일한 번호가 부여되며, 차·대변의 합계가 일치된 다음 입력되는 전표는 새로운 전표로 보아 다음 번호로 부여된다.

③ 구 분

전표의 유형을 입력하는 란이다. (1. 출금, 2. 입금, 3. 차변, 4. 대변, 5. 결차, 6. 결대)

구 분	전표유형	내 용
1. 출 금	출금전표	현금이 지출된 거래. 대변에 '현금'이 자동입력된다.
2. 입 금	입금전표	현금이 입금된 거래. 차변에 '현금'이 자동입력된다.
3. 차 변 / 5. 결 차	대체전표	거래 총액 중 일부가 현금이거나 현금이 포함되지 않는 거래이며, 5.결차/6.결대는 재고자산과 관련된 결산정리 분개시 사용한다.
4. 대 변 / 6. 결 대		

④ 계정과목

㉠ 계정과목코드 3자리를 입력하면 계정과목명은 자동 입력된다.

㉡ 계정과목 코드를 모르는 경우

　　ⓐ 코드란에 커서 위치시 F2를 클릭하여 원하는 계정을 부분 검색 후 Enter↵로 입력

　　ⓑ 코드란에 커서 위치시 계정과목명 앞 두 글자를 입력하여 검색 후 Enter↵로 입력

⑤ 거래처

채권·채무 관련 계정인 외상매출금, 외상매입금 등의 거래처별 잔액 또는 거래내역 관리를 위하여 코드를 입력하는 란으로 거래처 코드를 입력하면 거래처명은 자동 표기된다.

㉠ 거래처 코드를 모르는 경우

　　ⓐ 코드란에 커서 위치시 F2를 클릭하여 원하는 거래처를 부분 검색하여 Enter↵로 입력

　　ⓑ 코드란에 커서 위치시 ＋키를 누르고 원하는 거래처를 입력 후 Enter↵로 입력

㉡ 신규 거래처일 경우 입력 방법

　　[기초정보관리] - [거래처등록]에서 신규 거래처 등록

　　※ 거래처별 관리가 특별히 필요치 않은 일반관리비 등의 입력시에는 코드를 입력하지 않아도 된다.

⑥ **적요** : 숫자 0, 1 ~ 10 중 해당 번호를 선택·입력한다.

    ㉠ 0 : 임의의 적요를 직접 입력하고자 할 때 선택한다(한글 35자, 영문 70자).

    ㉡ 1 ~ 10 : 화면 하단에 보이는 내장 적요로, 해당 번호를 두 자리로 선택·입력한다.

    아울러 기 등록된 적요 외에 빈번하게 사용될 것으로 판단되는 적요의 경우는 도구바의 '적요수정' 또는 기능키 F8을 클릭하여 기 등록된 적요를 수정할 수 있다.

⑦ **금액** : 해당 금액을 입력한다(금액란에서 ⊞키를 입력할 경우 '000'이 입력되어 작업시간을 단축할 수 있다).

2 판매비와관리비

(1) **1월 13일**   영업부서 직원들의 사기진작을 위하여 회식비 182,000원을 지출하고 현금영수증을 수취하다.

    정답 1월 13일 일반전표입력

    (차) 복리후생비(판)   182,000원   (대) 현 금   182,000원

□	일	번호	구분	계 정 과 목	거 래 처	적 요	차 변	대 변
□	13	00001	차변	0811 복리후생비			182,000	
□	13	00001	대변	0101 현금				182,000
			합 계				182,000	182,000

(2) **2월 6일**   영업부 직원의 시내 출장용으로 교통카드를 충전하고 대금은 현금으로 지급하다.

```
           [교통카드 충전 영수증]
역사명    : 종각역
장비번호 : 151
카드번호 : 10122521223251
결재방식 : 현 금
충전일시 : 2021. 02. 06.
--------------------------------
충전전잔액 :              800원
충전금액   :           50,000원
충전후잔액 :           50,800원
--------------------------------
대표자명 : 서울메트로 사장
사업자번호 : 114-82-01319
주소 : 서울특별시 서초구 효령로 432
```

정답 2월 6일 일반전표입력

(차) 여비교통비   50,000원   (대) 현 금   50,000원

□	일	번호	구분	계 정 과 목	거 래 처	적 요	차 변	대 변
□	6	00001	차변	0812 여비교통비			50,000	
□	6	00001	대변	0101 현금				50,000
				합 계			50,000	50,000

(3) 2월 20일   (주)마포기업에서 사무용 컴퓨터를 외상으로 780,000원에 구입하고 회사는 소모품비로 회계
처리하기로 한다.

정답 2월 20일 일반전표입력

(차) 소모품비(판)   780,000원   (대) 미지급급((주)마포기업)   780,000원

□	일	번호	구분	계 정 과 목	거 래 처	적 요	차 변	대 변
□	20	00001	차변	0830 소모품비			780,000	
□	20	00001	대변	0253 미지급금	00601 (주)마포기업			780,000
				합 계			780,000	780,000

(4) 2월 28일   한국신문에 상품광고를 기재하고 광고료 1,000,000원을 보통예금 계좌에서 이체하다.

정답 2월 28일 일반전표입력

(차) 광고선전비(판)   1,000,000원   (대) 보통예금   1,000,000원

□	일	번호	구분	계 정 과 목	거 래 처	적 요	차 변	대 변
□	28	00001	차변	0833 광고선전비			1,000,000	
□	28	00001	대변	0103 보통예금				1,000,000
				합 계			1,000,000	1,000,000

(5) 3월 6일   (주)서강에서 영업부 종업원 회식을 하고 식사대금 300,000원은 월말에 지급하기로 하다.

정답 3월 6일 일반전표입력

(차) 복리후생비(판)   300,000원   (대) 미지급금((주)서강)   300,000원
또는 미지급비용((주)서강)

□	일	번호	구분	계 정 과 목	거 래 처	적 요	차 변	대 변
□	6	00001	차변	0811 복리후생비			300,000	
□	6	00001	대변	0253 미지급금	00801 (주)서강			300,000
				합 계			300,000	300,000

(6) 5월 27일   영업부 직원의 전략적 성과관리 교육을 하나컨설팅에 위탁하고 교육비 800,000원을 보통예금 계좌에서 이체하여 지급하다

정답 5월 27일 일반전표입력

(차) 교육훈련비(판)   800,000원   (대) 보통예금   800,000원

☐	일	번호	구분	계 정 과 목	거 래 처	적 요	차 변	대 변
☐	27	00001	차변	0825 교육훈련비			800,000	
☐	27	00001	대변	0103 보통예금				800,000
			합 계				800,000	800,000

(7) 6월 16일   매출거래처의 요구에 의하여 견적서를 등기우편으로 발송하고 등기요금 6,300원을 영동우체국에 현금으로 지급하다.

정답 6월 16일 일반전표입력

(차) 통신비(판)   6,300원   (대) 현 금   6,300원

☐	일	번호	구분	계 정 과 목	거 래 처	적 요	차 변	대 변
☐	16	00001	차변	0814 통신비			6,300	
☐	16	00001	대변	0101 현금				6,300
			합 계				6,300	6,300

(8) 7월 8일   당사 영업사원의 부친 회갑연 축하화환 100,000원, 거래처 직원의 조문화환 100,000원을 팔도꽃 배달에 주문하고 화환대금인 200,000원을 보통예금 통장에서 이체하다(하나의 전표로 입력할 것).

정답 7월 8일 일반전표입력

(차) 복리후생비(판)   100,000원   (대) 보통예금   200,000원
     접대비(판)   100,000원

☐	일	번호	구분	계 정 과 목	거 래 처	적 요	차 변	대 변
☐	8	00001	차변	0811 복리후생비			100,000	
☐	8	00001	차변	0813 접대비			100,000	
☐	8	00001	대변	0103 보통예금				200,000
			합 계				200,000	200,000

(9) 8월 21일 　당사의 장부기장을 의뢰하고 있는 세무사사무소에 당월분 기장수수료 200,000원을 보통예금 계좌에서 인터넷뱅킹으로 이체하여 지급하다.

　정답 8월 21일 일반전표입력

　(차) 수수료비용(판) 　　　　　 200,000원 　　 (대) 보통예금 　　　　　　　 200,000원

□	일	번호	구분	계 정 과 목	거 래 처	적 요	차 변	대 변
□	21	00001	차변	0831 수수료비용			200,000	
□	21	00001	대변	0103 보통예금				200,000
				합　　계			200,000	200,000

(10) 8월 31일 　업무용 차량의 휘발유대금 150,000원을 성동주유소에 현금으로 지급하다.

　정답 8월 31일 일반전표입력

　(차) 차량유지비(판) 　　　　　 150,000원 　　 (대) 현 금 　　　　　　　　 150,000원

□	일	번호	구분	계 정 과 목	거 래 처	적 요	차 변	대 변
□	31	00001	차변	0822 차량유지비			150,000	
□	31	00001	대변	0101 현금				150,000
				합　　계			150,000	150,000

(11) 9월 21일 　추석을 맞이해 직원 선물용 과일바구니 500,000원과 거래처 선물용 홍삼세트 200,000원을 국민 카드로 결제하다(부채계정은 미지급금으로 할 것).

　정답 9월 21일 일반전표입력

　(차) 복리후생비(판) 　　　　　 500,000원 　　 (대) 미지급금(국민카드) 　　　 700,000원
　　　 접대비(판) 　　　　　　　 200,000원

□	일	번호	구분	계 정 과 목	거 래 처	적 요	차 변	대 변
□	21	00001	차변	0811 복리후생비			500,000	
□	21	00001	차변	0813 접대비			200,000	
□	21	00001	대변	0253 미지급금	99600 국민카드			700,000
				합　　계			700,000	700,000

(12) 9월 30일 　당사는 9월 16일부터 창고를 임차하였으며, 월 임차료(1일 ~ 말일까지)는 3,000,000원이고 9 월분 임차료 해당액(월임차료의 50%)을 현금으로 지급하다.

　정답 9월 30일 일반전표입력

　(차) 임차료 　　　　　　　　　 1,500,000원 　　 (대) 현 금 　　　　　　　　 1,500,000원

□	일	번호	구분	계 정 과 목	거 래 처	적 요	차 변	대 변
□	30	00001	차변	0819 임차료			1,500,000	
□	30	00001	대변	0101 현금				1,500,000
				합 계			1,500,000	1,500,000

(13) 10월 30일   당점이 소유하고 있던 영업용 트럭을 제일카센터에서 수리하고 수리대금 150,000원을 현금으로 지급하다(차량유지비 계정을 사용하여 수익적 지출로 처리할 것).

정답 10월 30일 일반전표입력

(차) 차량유지비(판)   150,000원   (대) 현 금   150,000원

□	일	번호	구분	계 정 과 목	거 래 처	적 요	차 변	대 변
□	30	00001	차변	0822 차량유지비			150,000	
□	30	00001	대변	0101 현금				150,000
				합 계			150,000	150,000

(14) 11월 15일   성수기를 맞이하여 상품포장을 위해 일용직근로자 5명을 일당 50,000원에 고용하여 250,000원을 현금으로 지급하다.

정답 11월 15일 일반전표입력

(차) 잡 급(판)   250,000원   (대) 현 금   250,000원

□	일	번호	구분	계 정 과 목	거 래 처	적 요	차 변	대 변
□	15	00001	차변	0805 잡급			250,000	
□	15	00001	대변	0101 현금				250,000
				합 계			250,000	250,000

(15) 11월 16일   게시판에 부착할 사업장 정경을 담은 대형사진을 현상하고 대금 400,000원을 현금으로 지급하였다(단, 대형사진 현상을 도서인쇄비 계정으로 처리할 것).

정답 11월 16일 일반전표입력

(차) 도서인쇄비(판)   400,000원   (대) 현 금   400,000원

□	일	번호	구분	계 정 과 목	거 래 처	적 요	차 변	대 변
□	16	00001	차변	0826 도서인쇄비			400,000	
□	16	00001	대변	0101 현금				400,000
				합 계			400,000	400,000

(16) 12월 2일　　　영업용 트럭의 자동차세 100,000원과 사장 개인 승용차의 자동차세 60,000원을 현금으로 납부하다(단, 기업주의 개인적 지출은 인출금 계정으로 처리함).

정답 12월 2일 일반전표입력

(차) 세금과공과(판)　　　　　100,000원　　　(대) 현 금　　　　　　　　　160,000원
　　　인출금　　　　　　　　　 60,000원

□	일	번호	구분	계 정 과 목	거 래 처	적 요	차 변	대 변
□	2	00001	차변	0817 세금과공과			100,000	
□	2	00001	차변	0338 인출금			60,000	
□	2	00001	대변	0101 현금				160,000
				합　계			160,000	160,000

(17) 12월 15일　　　4/4분기 매출목표를 달성하여 영업부 직원들에게 상여금 3,000,000원을 보통예금 계좌에서 이체하다(단, 소득세 등 예수한 금액은 없다).

(차) 상여금(판)　　　　　3,000,000원　　　(대) 보통예금　　　　　　　3,000,000원

□	일	번호	구분	계 정 과 목	거 래 처	적 요	차 변	대 변
□	15	00001	차변	0803 상여금			3,000,000	
□	15	00001	대변	0103 보통예금				3,000,000
				합　계			3,000,000	3,000,000

(18) 12월 16일　　　다음의 휴대폰 이용요금 영수증을 수령하고 납부해야 할 총 금액을 현금으로 지급하다.

기본내역

휴대폰서비스이용요금	19,526
기본료	16,000
국내이용료	3,636
메세지이용료	60
할인 및 조정	−170
기타금액	4,764
당월청구요금	24,290
미납요금	0
납부하실 총 금액	24,290

정답 12월 16일 일반전표입력

(차) 통신비(판)   24,290원   (대) 현 금   24,290원

□	일	번호	구분	계 정 과 목	거 래 처	적 요	차 변	대 변
□	16	00001	차변	0814 통신비			24,290	
□	16	00001	대변	0101 현금				24,290
				합 계			24,290	24,290

(19) 12월 18일   당사가 속한 문구협회에 협회비 120,000원을 현금으로 지급하였다.

정답 12월 18일 일반전표입력

(차) 세금과공과(판)   120,000원   (대) 현 금   120,000원

□	일	번호	구분	계 정 과 목	거 래 처	적 요	차 변	대 변
□	18	00001	차변	0817 세금과공과			120,000	
□	18	00001	대변	0101 현금				120,000
				합 계			120,000	120,000

(20) 12월 20일   상품을 보관하는 창고에 도난의 위험이 있어 (주)한국화재보험에 손해보험을 가입하고,
3개월치 보험료 1,200,000원은 보통예금으로 이체하였다.

정답 12월 20일 일반전표입력

(차) 보험료(판)   1,200,000원   (대) 보통예금   1,200,000원

□	일	번호	구분	계 정 과 목	거 래 처	적 요	차 변	대 변
□	20	00001	차변	0821 보험료			1,200,000	
□	20	00001	대변	0103 보통예금				1,200,000
				합 계			1,200,000	1,200,000

❸ 영업외수익 및 비용

(1) 1월 19일   폭설로 피해를 입은 농민을 돕기 위해 현금 500,000원을 한국방송공사에 지급하다.

정답 1월 19일 일반진표입력

(차) 기부금   500,000원   (대) 현 금   500,000원

□	일	번호	구분	계 정 과 목	거 래 처	적 요	차 변	대 변
□	19	00001	차변	0953 기부금			500,000	
□	19	00001	대변	0101 현금				500,000
				합 계			500,000	500,000

(2) 2월 3일   국민은행의 단기차입금에 대한 이자 150,000원을 현금으로 지급하다.

정답 2월 3일 일반전표입력

(차) 이자비용   150,000원   (대) 현 금   150,000원

□	일	번호	구분	계 정 과 목	거 래 처	적 요	차 변	대 변
□	3	00001	차변	0951 이자비용			150,000	
□	3	00001	대변	0101 현금				150,000
			합	계			150,000	150,000

(3) 9월 23일   보유 중인 (주)소랜토의 주식에 대하여 배당금이 확정되어 1,500,000원을 보통예금 계좌로 받았다. 다음의 증명서류를 근거로 적절한 회계처리를 하시오(단, 별도의 거래처등록은 하지 않는다).

(정기) 배당금 지급통지서

_____(주)소랜토_____ 의 배당금 지급내역을 아래와 같이 통지합니다.

■ 주주명 : 리젠상사   ■ 주주번호 : 12551**********

• 현금배당 및 세금내역

종 류	소유주식수	배당일수	현금배당률	A.배당금액	B.원천징수세액	
보통주	100	365	50%		소득세	
우선주				1,500,000원	지방소득세	
					총세액	
				실지급액(A−B)		

■ 배당금 지급기간 및 장소

1차	지급기간	2021. 9. 23.	지급장소	보통예금 계좌로 자동지급
2차	지급기간			

정답 9월 23일 일반전표입력

(차) 보통예금   1,500,000원   (대) 배당금수익   1,500,000원

□	일	번호	구분	계 정 과 목	거 래 처	적 요	차 변	대 변
□	23	00001	차변	0103 보통예금			1,500,000	
□	23	00001	대변	0903 배당금수익				1,500,000
			합	계			1,500,000	1,500,000

2 자산 관련 전표의 입력

① 일반 당좌자산

(1) 2월 1일   총무부 최호순 과장은 1월 25일 세미나참석을 위한 출장시 지급받은 업무 가지급금 500,000원에 대해 다음과 같이 사용하고 잔액은 현금으로 정산하다(단, 여비교통비로 처리하며, 가지급금에 대한 거래처 입력은 생략한다).

• 왕복항공료	240,000원	• 택시요금	50,000원
• 숙박비	200,000원		

정답 2월 1일 일반전표입력

(차) 여비교통비   490,000원   (대) 가지급금   500,000원
     현 금   10,000원

□	일	번호	구분	계 정 과 목	거 래 처	적 요	차 변	대 변
□	1	00001	차변	0812 여비교통비			490,000	
□	1	00001	차변	0101 현금			10,000	
□	1	00001	대변	0134 가지급금				500,000
			합	계			500,000	500,000

(2) 2월 2일   대성상회에서 상품 1,000,000원을 매입하기로 계약하고, 계약금 100,000원을 당좌수표를 발행하여 먼저 지급하다.

정답 2월 2일 일반전표입력

(차) 선급금(대성상회)   100,000원   (대) 당좌예금   100,000원

□	일	번호	구분	계 정 과 목	거 래 처	적 요	차 변	대 변
□	2	00001	차변	0131 선급금	00401 대성상회		100,000	
□	2	00001	대변	0102 당좌예금				100,000
			합	계			100,000	100,000

(3) 2월 5일   사무실에서 사용할 소모품 200,000원을 현대문구에서 구입하고 대금은 당좌수표를 발행하여 지급하다(단, 구입시 자산으로 처리할 것).

정답 2월 5일 일반전표입력

(차) 소모품   200,000원   (대) 당좌예금   200,000원

□	일	번호	구분	계 정 과 목	거 래 처	적 요	차 변	대 변
□	5	00001	차변	0122 소모품			200,000	
□	5	00001	대변	0102 당좌예금				200,000
			합	계			200,000	200,000

(4) 2월 13일   (주)태영에게 일시적으로 3,000,000원을 대여하고 우리은행 보통예금 계좌에서 이체하였다.

정답 2월 13일 일반전표입력

(차) 단기대여금((주)태영)   3,000,000원   (대) 보통예금   3,000,000원

	일	번호	구분	계 정 과 목	거 래 처	적 요	차 변	대 변
☐	13	00001	차변	0114 단기대여금	00301 (주)태영		3,000,000	
☐	13	00001	대변	0103 보통예금				3,000,000
				합 계			3,000,000	3,000,000

(5) 2월 25일   회사보유분 토지 중 일부를 5,000,000원에 매각하고 대금은 1개월 후에 받기로 하였다(장부가액 : 3,000,000원).

정답 2월 25일 일반전표입력

(차) 미수금   5,000,000원   (대) 토 지   3,000,000원
                                              유형자산처분이익   2,000,000원

	일	번호	구분	계 정 과 목	거 래 처	적 요	차 변	대 변
☐	25	00001	차변	0120 미수금			5,000,000	
☐	25	00001	대변	0201 토지				3,000,000
☐	25	00001	대변	0914 유형자산처분이익				2,000,000
				합 계			5,000,000	5,000,000

② 매출채권

(1) 1월 15일   거래처 (주)순천으로부터 외상매출금 중 5,000,000원은 현금으로 회수하고, 10,000,000원은 보통예금 통장으로 입금받다.

정답 1월 15일 일반전표입력

(차) 현 금   5,000,000원   (대) 외상매출금((주)순천)   15,000,000원
     보통예금   10,000,000원

	일	번호	구분	계 정 과 목	거 래 처	적 요	차 변	대 변
☐	15	00001	차변	0101 현금			5,000,000	
☐	15	00001	차변	0103 보통예금			10,000,000	
☐	15	00001	대변	0108 외상매출금	00201 (주)순천			15,000,000
				합 계			15,000,000	15,000,000

(2) 2월 22일   상원문구에 문구 5,000,000원을 판매하고 대금 중 3,000,000원은 동점발행 당좌수표로 받고
             나머지는 외상으로 하다.

정답 2월 22일 일반전표입력

(차) 현 금   3,000,000원   (대) 상품매출   5,000,000원
    외상매출금(상원문구)   2,000,000원

□	일	번호	구분	계 정 과 목	거 래 처	적 요	차 변	대 변
▣	22	00001	차변	0101 현금			3,000,000	
□	22	00001	차변	0108 외상매출금	00101 상원문구		2,000,000	
□	22	00001	대변	0401 상품매출				5,000,000
				합 계			5,000,000	5,000,000

(3) 2월 26일   일제문구의 12,000,000원을 거래은행에 추심의뢰하여 추심수수료 30,000원을 차감한 잔액이
             당사 당좌예금 계좌에 입금되었음을 통보받다(거래처입력 생략).

정답 2월 26일 일반전표입력

(차) 당좌예금   11,970,000원   (대) 받을어음   12,000,000원
    수수료비용   30,000원

□	일	번호	구분	계 정 과 목	거 래 처	적 요	차 변	대 변
▣	26	00001	차변	0102 당좌예금			11,970,000	
□	26	00001	차변	0831 수수료비용			30,000	
□	26	00001	대변	0110 받을어음				12,000,000
				합 계			12,000,000	12,000,000

(4) 3월 12일   거래처 대성상회로부터 받은 약속어음 1,000,000원을 만기 전에 거래처 은행으로부터 할인받고,
             할인료 38,000원을 차감한 금액을 보통예금 통장으로 입금받다(단, 할인된 어음은 매각거래로
             가정한다).

정답 3월 12일 일반전표입력

(차) 보통예금   962,000원   (대) 받을어음(대성상회)   1,000,000원
    매출채권처분손실   38,000원

□	일	번호	구분	계 정 과 목	거 래 처	적 요	차 변	대 변
▣	12	00001	차변	0103 보통예금			962,000	
□	12	00001	차변	0956 매출채권처분손실			38,000	
□	12	00001	대변	0110 받을어음	00401 대성상회			1,000,000
				합 계			1,000,000	1,000,000

(5) 4월 9일   매출처인 (주)마포기업에 대한 외상매출금 잔액 중 1,000,000원은 (주)마포기업 발행 2021년
8월 2일 만기인 약속어음을 받았고, 500,000원은 보통예금 계좌에 입금되었다.

정답 4월 9일 일반전표입력

(차) 받을어음((주)마포기업)   1,000,000원   (대) 외상매출금((주)마포기업)   1,500,000원
보통예금   500,000원

□	일	번호	구분	계 정 과 목	거 래 처	적 요	차 변	대 변
□	9	00001	차변	0110 받을어음	00601 (주)마포기업		1,000,000	
□	9	00001	차변	0103 보통예금			500,000	
□	9	00001	대변	0108 외상매출금	00601 (주)마포기업			1,500,000
				합 계			1,500,000	1,500,000

(6) 4월 27일   (주)태영의 파산으로 인하여 외상매출금 530,000원이 회수불가능하여 대손처리하다(단, 대손
처리시점의 대손충당금 잔액을 조회하여 처리하라).

정답
① [장부관리]-[계정별원장]에서 대손충당금 잔액을 조회한다.

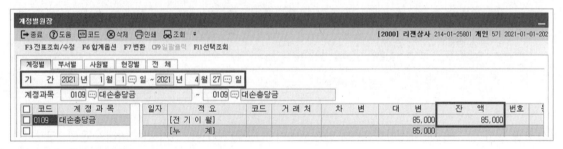

② 4월 27일 일반전표입력

(차) 대손충당금(외상매출금)   85,000원   (대) 외상매출금((주)태영)   530,000원
대손상각비   445,000원

□	일	번호	구분	계 정 과 목	거 래 처	적 요	차 변	대 변
□	27	00001	차변	0109 대손충당금			85,000	
□	27	00001	차변	0835 대손상각비			445,000	
□	27	00001	대변	0108 외상매출금	00301 (주)태영			530,000
				합 계			530,000	530,000

(7) 4월 28일   상원문구에 상품 3,000,000원을 매출하고 2,000,000원은 상원문구가 발행한 어음으로 받고
잔액은 외상으로 하다.

정답 4월 28일 일반전표입력

(차) 받을어음(상원문구)   2,000,000원   (대) 상품매출   3,000,000원
외상매출금(상원문구)   1,000,000원

□	일	번호	구분	계 정 과 목	거 래 처		적 요	차 변	대 변
▣	28	00001	차변	0110 받을어음	00101	상원문구		2,000,000	
▣	28	00001	차변	0108 외상매출금	00101	상원문구		1,000,000	
▣	28	00001	대변	0401 상품매출					3,000,000
				합 계				3,000,000	3,000,000

(8) 5월 2일   거래처 (주)마포기업에 다음과 같이 상품을 매출하다.

품 목	수량(BOX)	단가(원)	금액(원)	결 제
복사용지	70	20,000	1,400,000	현금 1,000,000원
볼 펜	100	10,000	1,000,000	어음 1,400,000원
계			2,400,000	

정답 5월 2일 일반전표입력

(차) 현 금   1,000,000원   (대) 상품매출   2,400,000원
받을어음((주)마포기업)   1,400,000원

□	일	번호	구분	계 정 과 목	거 래 처		적 요	차 변	대 변
▣	2	00001	차변	0101 현금				1,000,000	
▣	2	00001	차변	0110 받을어음	00601	(주)마포기업		1,400,000	
▣	2	00001	대변	0401 상품매출					2,400,000
				합 계				2,400,000	2,400,000

(9) 5월 10일   상원문구의 4월 말 현재 외상매출금 잔액 전부를 보통예금 통장으로 입금받다.

정답

① [장부관리]-[거래처원장]에서 4월 말 상원문구의 외상매출금 잔액을 조회한다.

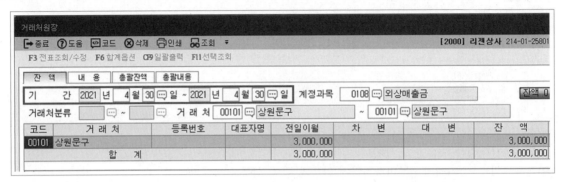

② 5월 10일 일반전표입력

(차) 보통예금   3,000,000원   (대) 외상매출금(상원문구)   3,000,000원

□	일	번호	구분	계 정 과 목	거 래 처	적 요	차 변	대 변
☐	10	00001	차변	0103 보통예금			3,000,000	
☐	10	00001	대변	0108 외상매출금	00101 상원문구			3,000,000
				합 계			3,000,000	3,000,000

(10) 5월 28일   거래처 대성상회의 상품매출에 대한 외상대금 2,000,000원을 회수하면서 약정기일보다 빠르게 회수하여 2%를 할인해 주고, 대금은 보통예금 계좌로 입금받다.

정답 5월 28일 일반전표입력

(차) 매출할인(403)*   40,000원   (대) 외상매출금(대성상회)   2,000,000원
    보통예금   1,960,000원
*매출할인(403) : 2,000,000 × 2% = 40,000원

□	일	번호	구분	계 정 과 목	거 래 처	적 요	차 변	대 변
☐	28	00001	차변	0403 매출할인			40,000	
☐	28	00001	차변	0103 보통예금			1,960,000	
☐	28	00001	대변	0108 외상매출금	00401 대성상회			2,000,000
				합 계			2,000,000	2,000,000

(11) 6월 12일   (주)서강에서 매출대금으로 받아 보관 중인 약속어음 4,000,000원이 만기가 도래하여 국민은행에 추심의뢰하여 추심수수료 40,000원을 차감한 금액이 당점 국민은행 보통예금 통장에 입금되다.

정답 6월 12일 일반전표입력

(차) 보통예금	3,960,000원	(대) 받을어음((주)서강)	4,000,000원
수수료비용(판)	40,000원		

□	일	번호	구분		계 정 과 목	거 래 처	적 요	차 변	대 변
□	12	00001	차변	0103	보통예금			3,960,000	
□	12	00001	차변	0831	수수료비용			40,000	
□	12	00001	대변	0110	받을어음	00801 (주)서강			4,000,000
				합	계			4,000,000	4,000,000

(12) 6월 23일   거래처 (주)서강으로부터 받아 보관 중인 외상매출금 2,000,000원을 만기 전에 우리은행에 할인하여 처분하고, 할인료 45,000원을 차감한 금액이 당점 보통예금 계좌로 입금되다(단, 할인된 어음은 매각거래로 가정한다).

정답 6월 23일 일반전표입력

(차) 보통예금	1,955,000원	(대) 외상매출금((주)서강)	2,000,000원
매출채권처분손실	45,000원		

□	일	번호	구분		계 정 과 목	거 래 처	적 요	차 변	대 변
□	23	00001	차변	0103	보통예금			1,955,000	
□	23	00001	차변	0956	매출채권처분손실			45,000	
□	23	00001	대변	0108	외상매출금	00801 (주)서강			2,000,000
				합	계			2,000,000	2,000,000

(13) 8월 25일   (주)한국기업에 상품을 5,000,000원에 판매하여 미리 받은 계약금 500,000원을 제외한 대금 중 1,000,000원은 동점 발행 약속어음으로 받고, 잔액은 1개월 후에 받기로 하다.

정답 8월 25일 일반전표입력

(차) 선수금((주)한국기업)	500,000원	(대) 상품매출	5,000,000원
받을어음((주)한국기업)	1,000,000원		
외상매출금((주)한국기업)	3,500,000원		

□	일	번호	구분		계 정 과 목	거 래 처	적 요	차 변	대 변
□	25	00001	차변	0259	선수금	00701 (주)한국기업		500,000	
□	25	00001	차변	0110	받을어음	00701 (주)한국기업		1,000,000	
□	25	00001	차변	0108	외상매출금	00701 (주)한국기업		3,500,000	
□	25	00001	대변	0401	상품매출				5,000,000
				합	계			5,000,000	5,000,000

3 재고자산

(1) 3월 12일   2월 25일 매입계약한 대성상회에서 판매용 문구를 1,500,000원에 매입하고, 계약금 150,000원을 차감한 대금 중 500,000원은 현금으로 지급하고 잔액은 외상으로 하다.

정답 3월 12일 일반전표입력

(차) 상 품	1,500,000원	(대) 선급금(대성상회)	150,000원
		현 금	500,000원
		외상매입금(대성상회)	850,000원

□	일	번호	구분	계 정 과 목	거 래 처	적 요	차 변	대 변
□	12	00001	차변	0146 상품			1,500,000	
□	12	00001	대변	0131 선급금	00401 대성상회			150,000
□	12	00001	대변	0101 현금				500,000
□	12	00001	대변	0251 외상매입금	00401 대성상회			850,000
				합 계			1,500,000	1,500,000

(2) 5월 22일   거래처 인천세관에서 다음과 같이 상품을 매입하다.

품 목	수량(개)	단가(원)	금액(원)	결 제
폰케이스	350	10,000	3,500,000	어음 3,500,000원(만기 : 2021년 10월 31일)

정답 5월 22일 일반전표입력

(차) 상 품	3,500,000원	(대) 지급어음(인천세관)	3,500,000원

□	일	번호	구분	계 정 과 목	거 래 처	적 요	차 변	대 변
▣	22	00001	차변	0146 상품			3,500,000	
▣	22	00001	대변	0252 지급어음	00501 인천세관			3,500,000
				합 계			3,500,000	3,500,000

(3) 8월 24일   우리전자에서 상품 2,000,000원을 매입하고, 대금 중 500,000원은 소유하고 있던 거래처 발행 당좌수표로 지급하고, 잔액은 당사가 당좌수표를 발행하여 지급하다(단, 매입운임 20,000원은 현금으로 지급하다).

정답 8월 24일 일반전표입력

(차) 상 품	2,020,000원	(대) 현 금	520,000원
		당좌예금	1,500,000원

□	일	번호	구분	계 정 과 목	거 래 처	적 요	차 변	대 변
▣	24	00001	차변	0146 상품			2,020,000	
▣	24	00001	대변	0101 현금				520,000
▣	24	00001	대변	0102 당좌예금				1,500,000
				합 계			2,020,000	2,020,000

(4) 10월 2일   (주)마포기업에서 상품 1,600,000원을 매입하고 지난 9월 30일 지급한 계약금 200,000원을 차감한 잔액은 외상으로 하다. 또한 매입시 당사 부담 운반비 10,000원은 현금으로 지급하다 (하나의 전표로 입력할 것).

정답 10월 2일 일반전표입력

(차) 상 품   1,610,000원   (대) 선급금((주)마포기업)   200,000원
                                             외상매입금((주)마포기업)   1,400,000원
                                             현 금   10,000원

□	일	번호	구분	계 정 과 목	거 래 처	적 요	차 변	대 변
☐	2	00001	차변	0146 상품			1,610,000	
☐	2	00001	대변	0131 선급금	00601 (주)마포기업			200,000
☐	2	00001	대변	0251 외상매입금	00601 (주)마포기업			1,400,000
☐	2	00001	대변	0101 현금				10,000
			합 계				1,610,000	1,610,000

4 유가증권

(1) 2월 10일   증권거래소에 상장된 (주)동원의 주식 100주를 1주당 15,000원에 단기보유목적으로 취득하고, 증권회사에 주식매매수수료 15,000원과 함께 보통예금 통장에서 계좌이체하여 지급하다(단, 거래처등록은 제외한다).

정답 2월 10일 일반전표입력

(차) 단기매매증권   1,500,000원   (대) 보통예금   1,515,000원
     수수료비용(영업외비용)   15,000원

※ 단기매매증권의 매입시 수수료 등의 제비용은 '수수료비용' 등의 영업외비용으로 처리한다.

□	일	번호	구분	계 정 과 목	거 래 처	적 요	차 변	대 변
☐	10	00001	차변	0107 단기매매증권			1,500,000	
☐	10	00001	차변	0984 수수료비용			15,000	
☐	10	00001	대변	0103 보통예금				1,515,000
			합 계				1,515,000	1,515,000

(2) 5월 3일　　단기보유를 목적으로 (주)한국기업의 주식을 1주당 @ 20,000원에 1,000주를 매입하다. 매입수수료는 매입가액의 1%이다. 매입관련 대금은 모두 현금으로 지급하였다.

정답 5월 3일 일반전표입력

(차) 단기매매증권((주)한국기업)　20,000,000원　　(대) 현 금　　　　　　　20,200,000원
　　 수수료비용(영업외비용)　　 200,000원

□	일	번호	구분	계정과목	거래처	적요	차변	대변
☐	3	00001	차변	0107 단기매매증권	00701 (주)한국기업		20,000,000	
☐	3	00001	차변	0984 수수료비용			200,000	
☐	3	00001	대변	0101 현금				20,200,000
			합 계				20,200,000	20,200,000

(3) 5월 4일　　5월 3일에 단기보유목적으로 1주당 @ 20,000원(매입수수료 1%)에 구입한 (주)한국기업의 주식 100주를 주당 25,000원에 처분하고 대금은 현금으로 받았다.

정답 5월 4일 일반전표입력

(차) 현 금　　　　　　　　2,500,000원　　(대) 단기매매증권((주)한국기업)[*1]　2,000,000원
　　　　　　　　　　　　　　　　　　　　　　 단기투자자산처분이익[*2]　　 500,000원

*1 단기매매증권 = 20,000,000원 × 100/1000
*2 단기매매증권처분이익 = 2,500,000원 − 2,000,000원

□	일	번호	구분	계정과목	거래처	적요	차변	대변
☐	4	00001	차변	0101 현금			2,500,000	
☐	4	00001	대변	0107 단기매매증권	00701 (주)한국기업			2,000,000
☐	4	00001	대변	0906 단기투자자산처분이				500,000
			합 계				2,500,000	2,500,000

5 유형자산

(1) 3월 15일　　사용 중인 업무용자동차를 (주)서강에 7,000,000원으로 판매하고 대금 중 2,000,000원은 현금으로 받고 나머지는 3개월 후에 받기로 하다(취득원가 13,000,000원, 처분일까지의 감가상각누계액 6,500,000원).

정답 3월 15일 일반전표입력

(차) 현 금　　　　　　　　　　2,000,000원　　(대) 차량운반구　　　　13,000,000원
　　 미수금((주)서강)　　　　　 5,000,000원　　　　 유형자산처분이익　　 500,000원
　　 감가상각누계액(차량운반구)　6,500,000원

□	일	번호	구분	계 정 과 목	거 래 처	적 요	차 변	대 변
☐	15	00001	차변	0101 현금			2,000,000	
☐	15	00001	차변	0120 미수금	00801 (주)서갈		5,000,000	
☐	15	00001	차변	0209 감가상각누계액			6,500,000	
☐	15	00001	대변	0208 차량운반구				13,000,000
☐	15	00001	대변	0914 유형자산처분이익				500,000
			합	계			13,500,000	13,500,000

(2) 7월 16일　　회사의 업무용 건물 취득시 건물대금 17,000,000원과 취득세 900,000원을 전액 현금으로 지급하다(단, 고정자산 간편등록은 생략할 것).

정답 7월 16일 일반전표입력

(차) 건 물　　　　　　　　17,900,000원　　(대) 현 금　　　　　　　17,900,000원
　　또는 (출) 건 물　　　　17,900,000원

□	일	번호	구분	계 정 과 목	거 래 처	적 요	차 변	대 변
☐	16	00001	차변	0202 건물			17,900,000	
☐	16	00001	대변	0101 현금				17,900,000
			합	계			17,900,000	17,900,000

(3) 7월 25일　　판매부서의 건물에 엘리베이터 설치비(자본적 지출) 6,000,000원과 외벽 도색비(수익적 지출) 500,000원을 현금으로 지급하다(단, 고정자산 간편등록은 생략할 것).

정답 7월 25일 일반전표입력

(차) 건 물　　　　　　　　6,000,000원　　(대) 현 금　　　　　　　6,500,000원
　　수선비(판)　　　　　　500,000원

□	일	번호	구분	계 정 과 목	거 래 처	적 요	차 변	대 변
☐	25	00001	차변	0202 건물			6,000,000	
☐	25	00001	차변	0820 수선비			500,000	
☐	25	00001	대변	0101 현금				6,500,000
			합	계			6,500,000	6,500,000

(4) 8월 10일　　컴퓨터의 품질검사를 위해 인천세관으로부터 기계장치(유형자산)를 1,200,000원에 구입하다. 대금 중 500,000원은 현금으로 지급하고, 잔액은 1개월 후에 지급하기로 하다(단, 고정자산 간편등록은 생략할 것).

정답 8월 10일 일반전표입력

(차) 기계장치　　　　　　1,200,000원　　(대) 현 금　　　　　　　　500,000원
　　　　　　　　　　　　　　　　　　　　　미지급금(인천세관)　　700,000원

□	일	번호	구분	계 정 과 목	거 래 처	적 요	차 변	대 변
☐	10	00001	차변	0206 기계장치			1,200,000	
☐	10	00001	대변	0101 현금				500,000
☐	10	00001	대변	0253 미지급금	00501 인천세관			700,000
				합 계			1,200,000	1,200,000

(5) 8월 28일 매장에서 사용 중인 냉온풍기(취득원가 3,000,000원, 감가상각누계액 1,800,000원)를 대성상 회에 800,000원에 처분하고, 대금은 월말에 받기로 하다.

정답 8월 28일 일반전표입력

(차) 감가상각누계액(비품)　　　 1,800,000원　　(대) 비 품　　　　　　 3,000,000원
　　 미수금(대성상회)　　　　　 800,000원
　　 유형자산처분손실　　　　　 400,000원

□	일	번호	구분	계 정 과 목	거 래 처	적 요	차 변	대 변
☐	28	00001	차변	0213 감가상각누계액			1,800,000	
☐	28	00001	차변	0120 미수금	00401 대성상회		800,000	
☐	28	00001	차변	0970 유형자산처분손실			400,000	
☐	28	00001	대변	0212 비품				3,000,000
				합 계			3,000,000	3,000,000

(6) 9월 1일 매장 신축용 토지를 20,000,000원에 (주)태영에서 구입하고, 대금 중 5,000,000원은 자기앞수표 로 지급하고, 잔액은 2개월 후에 지급하기로 하다. 또한 토지에 대한 취득세 300,000원을 현금으로 지급하다.

정답 9월 1일 일반전표입력

(차) 토 지　　　　　　　　 20,300,000원　　(대) 현 금　　　　　　 5,300,000원
　　　　　　　　　　　　　　　　　　　　　　 미지급금((주)태영)　 15,000,000원

※ 토지매입에 대한 취득세는 취득원가에 가산된다.

□	일	번호	구분	계 정 과 목	거 래 처	적 요	차 변	대 변
☐	1	00001	차변	0201 토지			20,300,000	
☐	1	00001	대변	0101 현금				5,300,000
☐	1	00001	대변	0253 미지급금	00301 (주)태영			15,000,000
				합 계			20,300,000	20,300,000

6 기타비유동자산

(1) 7월 14일   만기가 2022년 7월 31일인 정기적금에 이달분 1,000,000원을 예금하기 위해 보통예금 통장에서 이체하다.

정답 7월 14일 일반전표입력

(차) 장기성예금   1,000,000원   (대) 보통예금   1,000,000원

※ 유동성예금의 정기예적금은 만기가 1년 이내 도래하는 것이며, 만기가 1년 이후에 도래하면 비유동자산인 투자자산의 장기성예금으로 분류한다.

□	일	번호	구분	계 정 과 목	거 래 처	적 요	차 변	대 변
□	14	00001	차변	0176 장기성예금			1,000,000	
□	14	00001	대변	0103 보통예금				1,000,000
			합	계			1,000,000	1,000,000

(2) 9월 6일   대성상회에 2년 후 회수예정으로 6,000,000원을 대여하고 선이자 600,000원을 공제한 잔액을 보통예금 계좌에서 이체하다(단, 선이자는 수익으로 처리하기로 한다).

정답 9월 6일 일반전표입력

(차) 장기대여금(대성상회)   6,000,000원   (대) 보통예금   5,400,000원
                                                        이자수익   600,000원

□	일	번호	구분	계 정 과 목	거 래 처	적 요	차 변	대 변
□	6	00001	차변	0179 장기대여금	00401 대성상회		6,000,000	
□	6	00001	대변	0103 보통예금				5,400,000
□	6	00001	대변	0901 이자수익				600,000
			합	계			6,000,000	6,000,000

(3) 12월 1일   문구 판매 대리점을 개설하기 위해 이한국(임대인)으로부터 건물을 임차하고 보증금 전액과 12
월 임차료를 보통예금 계좌에서 이체하여 지급하다(단, 거래처입력은 생략한다).

(사 무 실) 월 세 계 약 서						■ 임차인용
부동산의 표시	소재지	서울 강남구 강남대로 785 제일빌딩 3층				
	구 조	철근콘크리드	용 도	사무실	면 적	250m²
보 증 금	금 10,000,000 원정			월 세	금 500,000 원정	

제 1 조   위 부동산의 임대인과 임차인의 합의하에 아래와 같이 계약함.
제 2 조   위 부동산의 임대차에 있어 임차인은 보증금을 아래와 같이 지불하기로 함.

계 약 금	원정은 계약시 지불하기로 함.					
중 도 금	원정은 월 일 계약 시 지불하고					
잔 금	10,000,000원정은 2021년 12월 1일 중개업자 입회하에 지불함.					

제 3 조   위 부동산의 명도는 2021년 12월 1일로 함.
제 4 조   임대차 기간은 2021년 12월 1일로부터 (24)개월로 함.

임 대 인	주 소	서울 강남구 강남대로 123			성 명	이 한 국
	주민등록번호	700106-1001111	전화번호			
임 차 인	주 소	서울 서초구 효령로 355			성 명	리젠상사
	사업자등록번호	214-01-25801	전화번호			
중개업자	주 소	서울 강남구 강남대로 897		허가번호	337789-67	
	사업자등록번호		전화번호		성 명	김 민 하

정답 12월 1일 일반전표입력

(차) 임차보증금   10,000,000원   (대) 보통예금   10,500,000원
    임차료(판)   500,000원

□	일	번호	구분	계 정 과 목	거 래 처	적 요	차 변	대 변
▣	1	00001	차변	0232 임차보증금			10,000,000	
▣	1	00001	차변	0819 임차료			500,000	
▣	1	00001	대변	0103 보통예금				10,500,000
			합 계				10,500,000	10,500,000

3 부채 및 자본전표의 입력

☑ 유동부채

(1) 5월 16일 상원문구에 계산기 4,000,000원(10개, @ 400,000원)를 판매하기로 계약하고, 대금 중 20%를 당좌예금 계좌로 송금받다.

정답 5월 16일 일반전표입력

(차) 당좌예금　　　　　　　　　　　　800,000원　　　(대) 선수금(상원문구)　　　　　　　　800,000원

□	일	번호	구분	계 정 과 목	거 래 처	적 요	차 변	대 변
☑	16	00001	차변	0102 당좌예금			800,000	
☑	16	00001	대변	0259 선수금	00101 상원문구			800,000
				합　　　계			800,000	800,000

(2) 7월 11일 가수금 중 1,000,000원은 상원문구에 대한 상품매출의 계약금이고 나머지는 (주)서강의 외상매출금을 회수한 것으로 확인되다.

정답 7월 11일 일반전표입력

(차) 가수금　　　　　　　　　　　　1,500,000원　　　(대) 선수금(상원문구)　　　　　　1,000,000원
　　　　　　　　　　　　　　　　　　　　　　　　　　　　외상매출금((주)서강)　　　　　　500,000원

□	일	번호	구분	계 정 과 목	거 래 처	적 요	차 변	대 변
☑	11	00001	차변	0257 가수금			1,500,000	
☑	11	00001	대변	0259 선수금	00101 상원문구			1,000,000
☑	11	00001	대변	0108 외상매출금	00801 (주)서강			500,000
				합　　　계			1,500,000	1,500,000

(3) 8월 22일 당사가 우리은행으로부터 12,000,000원을 4개월간 차입하고 선이자 300,000원을 차감한 잔액이 당사 보통예금에 계좌이체되다(단, 선이자는 바로 비용처리한다).

정답 8월 22일 일반전표입력

(차) 보통예금　　　　　　　　　　11,700,000원　　　(대) 단기차입금(우리은행)　　　12,000,000원
　　 이자비용　　　　　　　　　　　300,000원

□	일	번호	구분	계 정 과 목	거 래 처	적 요	차 변	대 변
☑	22	00001	차변	0103 보통예금			11,700,000	
☑	22	00001	차변	0951 이자비용			300,000	
☑	22	00001	대변	0260 단기차입금	98000 우리은행			12,000,000
				합　　　계			12,000,000	12,000,000

(4) 8월 27일 상품 1,800,000원을 매출처 (주)마포기업에 판매하고, 대금은 5월 16일 수령한 계약금 800,000원을 차감한 잔액을 보통예금 계좌로 이체 받았다.

정답 8월 27일 일반전표입력

(차) 선수금((주)마포기업)   800,000원   (대) 상품매출   1,800,000원
　　보통예금   1,000,000원

□	일	번호	구분	계 정 과 목	거 래 처	적 요	차 변	대 변
▣	27	00001	차변	0259 선수금	00601 (주)마포기업		800,000	
▣	27	00001	차변	0103 보통예금			1,000,000	
▣	27	00001	대변	0401 상품매출				1,800,000
				합 계			1,800,000	1,800,000

(5) 9월 2일 (주)순천의 외상매입금 1,500,000원을 지급하기 위하여 상원문구로부터 매출대금으로 받은 약속어음을 배서양도하다.

정답 9월 2일 일반전표입력

(차) 외상매입금((주)순천)   1,500,000원   (대) 받을어음(상원문구)   1,500,000원

□	일	번호	구분	계 정 과 목	거 래 처	적 요	차 변	대 변
▣	2	00001	차변	0251 외상매입금	00201 (주)순천		1,500,000	
▣	2	00001	대변	0110 받을어음	00101 상원문구			1,500,000
				합 계			1,500,000	1,500,000

(6) 9월 23일 우리은행에서 10,000,000원을 2개월간 차입하고, 선이자 500,000원을 차감한 잔액이 당사 보통예금 통장으로 계좌이체되다(선이자는 이자비용으로 회계처리 한다).

정답 9월 23일 일반전표입력

(차) 보통예금   9,500,000원   (대) 단기차입금(우리은행)   10,000,000원
　　이자비용   500,000원

□	일	번호	구분	계 정 과 목	거 래 처	적 요	차 변	대 변
□	23	00001	차변	0103 보통예금			9,500,000	
□	23	00001	차변	0951 이자비용			500,000	
□	23	00001	대변	0260 단기차입금	98000 우리은행			10,000,000
				합 계			10,000,000	10,000,000

(7) 10월 5일　　　상원문구의 단기차입금 1,000,000원과 그에 대한 이자 80,000원을 당점 보통예금 계좌에서
　　　　　　　　　상원문구 계좌로 이체하여 지급하다.

정답 10월 5일 일반전표입력

(차) 단기차입금(상원문구)　　　　　1,000,000원　　(대) 보통예금　　　　　　　　1,080,000원
　　　이자비용　　　　　　　　　　　　80,000원

□	일	번호	구분	계 정 과 목	거 래 처	적 요	차 변	대 변
▣	5	00001	차변	0260 단기차입금	00101 상원문구		1,000,000	
▣	5	00001	차변	0951 이자비용			80,000	
▣	5	00001	대변	0103 보통예금				1,080,000
				합　계			1,080,000	1,080,000

(8) 10월 13일　　　(주)태영으로부터 판매용 사무용품 5,000,000원을 외상으로 매입하고, 매입시 당사 부담 운반
　　　　　　　　　비 50,000원을 한길택배에 현금으로 지급하다.

정답 10월 13일 일반전표입력

(차) 상　품　　　　　　　　　　　5,050,000원　　(대) 외상매입금((주)태영)　　5,000,000원
　　　　　　　　　　　　　　　　　　　　　　　　　현　금　　　　　　　　　　50,000원

□	일	번호	구분	계 정 과 목	거 래 처	적 요	차 변	대 변
▣	13	00001	차변	0146 상품			5,050,000	
▣	13	00001	대변	0251 외상매입금	00301 (주)태영			5,000,000
▣	13	00001	대변	0101 현금				50,000
				합　계			5,050,000	5,050,000

(9) 10월 15일　　　대성상회에 상품매입 대금으로 발행해 준 약속어음 900,000원이 만기가 되어 당사 보통예금
　　　　　　　　　계좌에서 이체하여 지급하다.

정답 10월 15일 일반전표입력

(차) 지급어음(대성상회)　　　　　900,000원　　(대) 보통예금　　　　　　　　900,000원

□	일	번호	구분	계 정 과 목	거 래 처	적 요	차 변	대 변
▣	15	00001	차변	0252 지급어음	00401 대성상회		900,000	
▣	15	00001	대변	0103 보통예금				900,000
				합　계			900,000	900,000

2 유동부채(예수금)

(1) 9월 25일   지난 달에 미지급비용으로 회계 처리한 직원급여 18,000,000원을 지급하면서 근로소득세 등 1,200,000원을 원천징수하고 보통예금 계좌에서 이체하다.

정답 9월 25일 일반전표입력

(차) 미지급비용   18,000,000원   (대) 보통예금   16,800,000원
                                                     예수금   1,200,000원

□	일	번호	구분	계 정 과 목	거 래 처	적 요	차 변	대 변
☑	25	00001	차변	0262 미지급비용			18,000,000	
☑	25	00001	대변	0103 보통예금				16,800,000
☑	25	00001	대변	0254 예수금				1,200,000
				합 계			18,000,000	18,000,000

(2) 10월 10일   종업원 급여 지급시 공제한 근로소득세(소득분 지방소득세 포함) 1,200,000원을 관할세무서에 현금으로 납부하다.

정답 10월 10일 일반전표입력

(차) 예수금   1,200,000원   (대) 현 금   1,200,000원

□	일	번호	구분	계 정 과 목	거 래 처	적 요	차 변	대 변
☑	10	00001	차변	0254 예수금			1,200,000	
☑	10	00001	대변	0101 현금				1,200,000
				합 계			1,200,000	1,200,000

(3) 10월 25일   다음의 급여명세표에 따라 판매직원 정해인의 10월 급여를 당사 보통예금 통장에서 지급하였다.

리젠상사		2021년 10월 급여내역	(단위 : 원)
이 름	정해인	지급일	2021.10.25.
기본급여	3,600,000	소 득 세	237,000
직책수당	100,000	지방소득세	23,700
상 여 금		고용보험	24,700
특별수당	100,000	국민연금	171,000
차량유지	200,000	건강보험	118,000
교육지원		기 타	
급 여 계	4,000,000	공제합계	574,400
노고에 감사드립니다.		지급총액	3,425,600

정답 10월 25일 일반전표입력

(치) 급여(판)   4,000,000원   (대) 예수금   574,400원
                                                         보통예금   3,425,600원

□	일	번호	구분	계정과목	거래처	적요	차변	대변
☑	25	00001	차변	0801 급여			4,000,000	
☑	25	00001	대변	0254 예수금				574,400
☑	25	00001	대변	0103 보통예금				3,425,600
				합 계			4,000,000	4,000,000

(4) 11월 1일   사채업자인 금나라로부터 차입한 단기차입금의 이자비용 12,000,000원을 지급하면서 원천징
                    수상당액 3,300,000원을 차감한 금액을 현금으로 지급하였다.

정답 11월 1일 일반전표입력

(차) 이자비용   12,000,000원   (대) 현 금   8,700,000원
                                                         예수금   3,300,000원

□	일	번호	구분	계정과목	거래처	적요	차변	대변
☑	1	00001	차변	0951 이자비용			12,000,000	
☑	1	00001	대변	0101 현금				8,700,000
☑	1	00001	대변	0254 예수금				3,300,000
				합 계			12,000,000	12,000,000

3 비유동부채

(1) 8월 24일   사업 확장을 위해 우리은행에서 5,000,000원을 차입하여 즉시 당사 보통예금에 이체하다(상환
                    예정일 : 2023.8.23, 이자지급 : 매월 말일, 이자율 : 연 6%).

정답 8월 24일 일반전표입력

(차) 보통예금   5,000,000원   (대) 장기차입금(우리은행)   5,000,000원

2021 년 08 월 24 일 변경 현금잔액: 10,500,000 대차차액:								
□	일	번호	구분	계정과목	거래처	적요	차변	대변
□	24	00001	차변	0103 보통예금			5,000,000	
□	24	00001	대변	0293 장기차입금	98000 우리은행			5,000,000
				합 계			5,000,000	5,000,000

제 2 편

제 3 장 | 조회 및 오류수정

1 회계장부의 조회

1 장부조회

KcLep 프로그램에서는 일반전표 경우 다양한 장부를 자동으로 작성한다. 장부조회 문제에서는 문제에서 제시한 다양한 회계정보를 장부를 조회하여 확인하는 문제가 출제된다.

(1) 일/월계표

본 장부는 하나의 창에 일계표와 월계표의 각 탭으로 구성되어 있으며, 조회일 또는 월간의 각 계정별 대체전표 및 현금전표의 내역을 조회한다. 기간을 입력하는 경우 일계표는 조회하고자 하는 일을, 월계표는 조회하고자 하는 월을 입력한다.

일계표(월계표)

☞종료 ⑦도움 ⑩코드 ⊗삭제 🖶인쇄 🔍조회 ▾　　　　　　　　　　【2000】리젠상사 214-01-25801 개인 5기 2021-01-0

F3 계정코드　F4 임대　F6 원장조회

일계표　월계표

조회기간 : 2021 년 1 월 01 일 ~ 2021 년 12 월 31 일

차　변			계정과목	대　변		
계	대체	현금		현금	대체	계
125,072,000	103,992,000	21,080,000	1.유　동　자　산	7,010,000	90,690,600	97,700,600
111,392,000	91,392,000	20,000,000	<당　좌　자　산>	7,010,000	90,690,600	97,700,600
12,770,000	12,770,000		당　좌　예　금		1,800,000	1,800,000
51,037,000	51,037,000		보　통　예　금		50,020,600	50,020,600
21,500,000	1,500,000	20,000,000	단　기　매　매　증　권	2,000,000		2,000,000
6,500,000	6,500,000		외　상　매　출　금	5,000,000	19,530,000	24,530,000
85,000	85,000		대　손　충　당　금			
5,400,000	5,400,000		받　을　어　음		18,500,000	18,500,000
3,000,000	3,000,000		단　기　대　여　금			
10,800,000	10,800,000		미　수　금			
200,000	200,000		소　모　품			
100,000	100,000		선　급　금		350,000	350,000
			가　지　급　금	10,000	490,000	500,000
13,680,000	12,600,000	1,080,000	<재　고　자　산>			
13,680,000	12,600,000	1,080,000	상　품			
70,700,000	41,000,000	29,700,000	2.비　유　동　자　산	2,000,000	17,000,000	19,000,000
7,000,000	7,000,000		<투　자　자　산>			
1,000,000	1,000,000		장　기　성　예　금			
6,000,000	6,000,000		장　기　대　여　금			
53,700,000	24,000,000	29,700,000	<유　형　자　산>	2,000,000	17,000,000	19,000,000
20,300,000	15,000,000	5,300,000	토　지		3,000,000	3,000,000
252,617,590	187,595,000	65,022,590	금일소계	13,510,000	187,595,000	201,105,000
-40,512,590		-40,512,590	금일잔고/전일잔고	11,000,000		11,000,000
212,105,000	187,595,000	24,510,000	합계	24,510,000	187,595,000	212,105,000

(2) 계정별원장

본 장부는 현금계정(현금출납장)을 제외한 전 계정의 계정별 원장, 즉, 거래내역을 날짜순으로 조회한다. 조회하고자 하는 계정과목은 하나만 입력하여 조회할 수도 있고, 일정범위로 조회할 수도 있다.

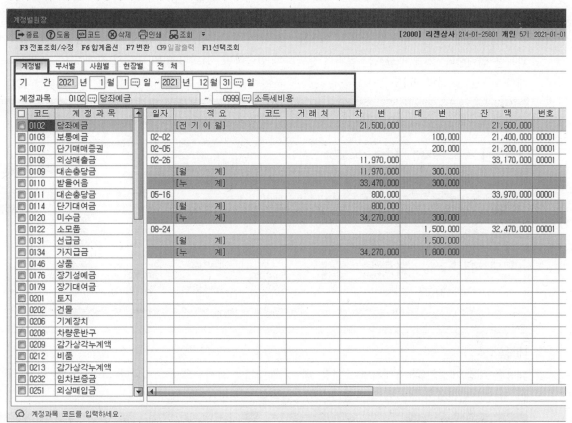

(3) 거래처원장

본 장부는 계정과목별로 거래처별 잔액 및 거래내용을 조회하는 곳으로 잔액, 내용, 총괄 탭으로 구성되어 있다.

① 잔 액

각 계정과목에 대한 거래처별 잔액 리스트를 조회하는 장부이다. 조회하고자 하는 기간을 선택하고 계정과목을 입력한다. 거래처 코드는 범위로 선택하여 입력하면, 선택된 범위 내에서 잔액이 있는 거래처들에 대한 리스트를 나타낸다.

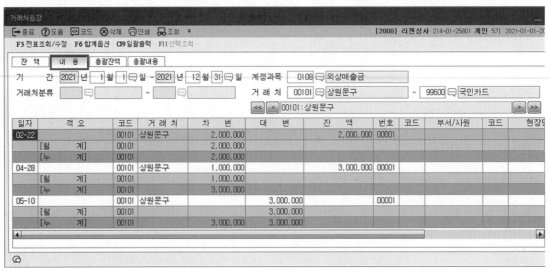

② 내 용

내용은 해당 계정의 각 거래처별로 원장. 즉, 거래내역을 날짜순으로 조회한다. 조회하고자 하는 거래처는 하나만 입력하여 조회할 수도 있고, 일정범위로 조회할 수도 있다.

③ 총괄잔액

주어진 범위에서 거래처별로 계정과목별 집계된 금액 리스트를 조회할 때 선택한다.

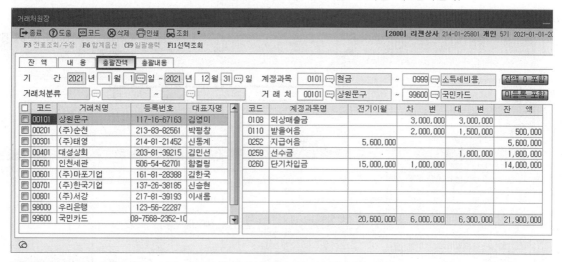

④ 총괄내용

거래처별로 계정과목이 무엇이든 관계없이 거래가 이루어진 순서대로 내용을 보고자 할 때 선택한다.

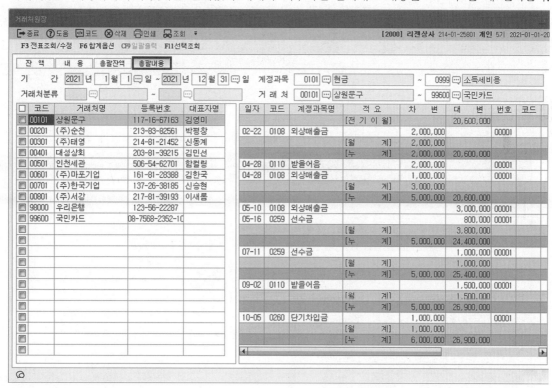

(4) 분개장

본 장부는 전 계정에 대한 분개내역을 날짜순으로 조회한다. 구분에서 전체/출금/입금/대체전표를 선택할 수 있고, 유형에서는 전체/일반전표/매입매출전표를 선택하여 원하는 부분만 조회가 가능하다.

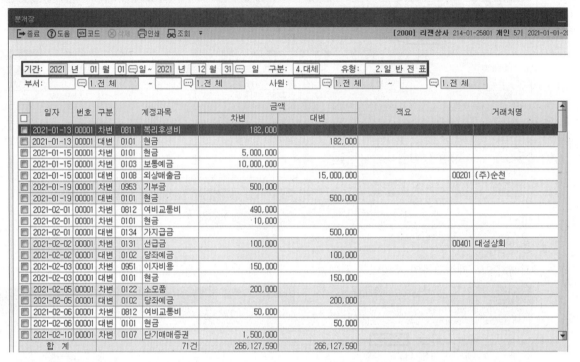

(5) 총계정원장

본 장부는 각 계정별로 차변 대변에 기록된 금액을 날짜순으로 조회하며, 월별과 일별 탭으로 구분된다.

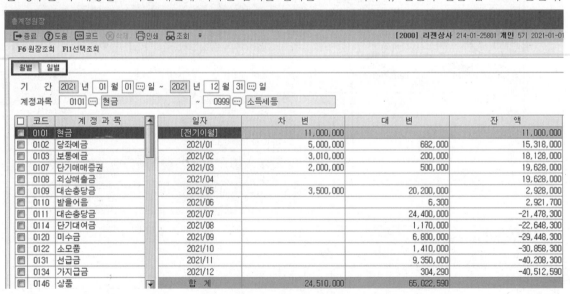

(6) 현금출납장

본 장부는 현금의 입·출금 내역을 날짜순으로 조회하며, 현금계정이 차변으로 회계처리된 것은 입금에, 대변계정으로 회계처리된 것은 출금에 조회된다.

현금출납장

[→종료 ?도움 ⊠코드 ⊗삭제 🖶인쇄 🖧조회 ▾ 　　　　　　　　　　[2000] 리젠상사 214-01-25801 개인 5기 2021-01-0
F3 전표조회/수정　**F6** 합계옵션　F11 선택조회

| 전체 | 부서별 | 사원별 | 현장별 | 프로젝트별 |

기　간 2021 년 1 월 1 ⊡ 일 ~ 2021 년 12 월 31 ⊡ 일

일자	코드	적 요	코드	거 래 처	입 금	출 금	잔 액
		[전 기 이 월]			11,000,000		11,000,000
01-13						182,000	10,818,000
01-15					5,000,000		15,818,000
01-19						500,000	15,318,000
		[월　　계]			5,000,000	682,000	
		[누　　계]			16,000,000	682,000	
02-01					10,000		15,328,000
02-03						150,000	15,178,000
02-06						50,000	15,128,000
02-22					3,000,000		18,128,000
		[월　　계]			3,010,000	200,000	
		[누　　계]			19,010,000	882,000	
03-12						500,000	17,628,000
03-15					2,000,000		19,628,000
		[월　　계]			2,000,000	500,000	
		[누　　계]			21,010,000	1,382,000	
05-02					1,000,000		20,628,000
05-03						20,200,000	428,000
05-04					2,500,000		2,928,000
		[월　　계]			3,500,000	20,200,000	
		[누　　계]			24,510,000	21,582,000	
06-16						6,300	2,921,700
		[월　　계]				6,300	
		[누　　계]			24,510,000	21,588,300	
07-16						17,900,000	-14,978,300

◎

안심Touch

(7) 합계잔액시산표

각 계정별로 차변과 대변의 합계와 잔액을 표시한 합계잔액시산표를 조회한다. 조회하고자 하는 월을 입력하면 해당 월의 말일 잔액을 조회한다.

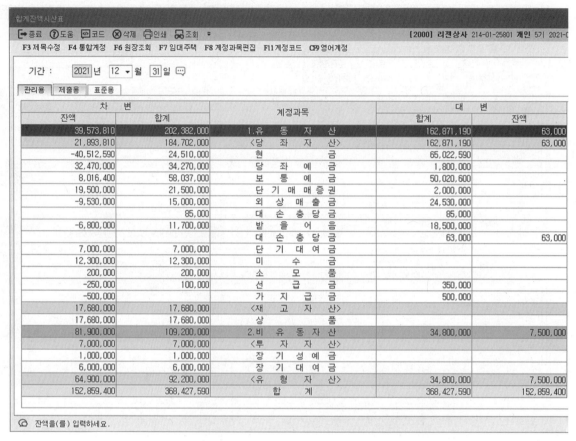

차 변		계정과목	대 변	
잔액	합계		합계	잔액
39,573,810	202,382,000	1.유 동 자 산	162,871,190	63,000
21,893,810	184,702,000	〈당 좌 자 산〉	162,871,190	63,000
-40,512,590	24,510,000	현 금	65,022,590	
32,470,000	34,270,000	당 좌 예 금	1,800,000	
8,016,400	58,037,000	보 통 예 금	50,020,600	
19,500,000	21,500,000	단 기 매 매 증 권	2,000,000	
-9,530,000	15,000,000	외 상 매 출 금	24,530,000	
	85,000	대 손 충 당 금	85,000	
-6,800,000	11,700,000	받 을 어 음	18,500,000	
		대 손 충 당 금	63,000	63,000
7,000,000	7,000,000	단 기 대 여 금		
12,300,000	12,300,000	미 수 금		
200,000	200,000	소 모 품		
-250,000	100,000	선 급 금	350,000	
-500,000		가 지 급 금	500,000	
17,680,000	17,680,000	〈재 고 자 산〉		
17,680,000	17,680,000	상 품		
81,900,000	109,200,000	2.비 유 동 자 산	34,800,000	7,500,000
7,000,000	7,000,000	〈투 자 자 산〉		
1,000,000	1,000,000	장 기 성 예 금		
6,000,000	6,000,000	장 기 대 여 금		
64,900,000	92,200,000	〈유 형 자 산〉	34,800,000	7,500,000
152,859,400	368,427,590	합 계	368,427,590	152,859,400

(8) 재무상태표

조회하고자 하는 월을 입력하면 해당 월의 말일자 기준 비교식 재무상내표가 조회된다.

재무상태표

`[→종료 ⑦도움 ⑫코드 ⓧ삭제 🖶인쇄 🔊조회 ▾`　　　　　**[2000] 리젠상사** 214-01-25801 **개인** 5기 2021-01-01

`F3 유형  F4 통합계정  F6 원장조회  F7 임대주택  F11 계정코드  CF7 제목수정 ▾  CF9 퇴직부채 합산여부  CF10 타이틀 변경`

기간 : `2021` 년 `12 ▾` 월

`관리용` | `제출용` | `표준용`

과 목	제 5(당)기 2021년1월1일 ~ 2021년12월31일 금액		제 4(전)기 2020년1월1일 ~ 2020년12월31일 금액	
자산				
Ⅰ.유동자산		77,972,000		63,652,000
① 당좌자산		72,472,000		59,652,000
현금		10,500,000		11,000,000
당좌예금		33,470,000		21,500,000
보통예금		20,500,000		7,000,000
외상매출금	8,500,000		8,500,000	
대손충당금	85,000	8,415,000	85,000	8,415,000
받을어음	-5,700,000		6,300,000	
대손충당금	63,000	-5,763,000	63,000	6,237,000
단기대여금		4,000,000		4,000,000
미수금	(	1,500,000		1,500,000
선급금		-150,000		
② 재고자산		5,500,000		4,000,000
상품		5,500,000		4,000,000
Ⅱ.비유동자산		22,700,000		22,700,000
① 투자자산				
② 유형자산		22,700,000		22,700,000
차량운반구	31,000,000		31,000,000	
감가상각누계액	14,000,000	17,000,000	14,000,000	17,000,000
비품	7,500,000		7,500,000	
감가상각누계액	1,800,000	5,700,000	1,800,000	5,700,000
③ 무형자산				
④ 기타비유동자산				

(9) 손익계산서

조회하고자 하는 월을 입력하면 해당 월의 말일 기준 비교식 손익계산서가 조회된다.

손익계산서

➡종료 ⑦도움 ⑫코드 ⊗삭제 🖶인쇄 🔍조회 ▾   [2000] 리젠상사 214-01-25801 개인 5기 2021-01-0

F3 유형 F4 통합계정 F6 원장조회 F7 주식수 F11 계정코드 CF5 전표추가 CF7 분류표시 ▾ CF9 영어계정 CF12 법인세효과

기간 : 2021 년 12 ▾ 월

관리용   제출용   표준용

과 목	제 5(당)기 2021년1월1일 ~ 2021년12월31일		제 4(전)기 2020년1월1일 ~ 2020년12월31일	
	금액		금액	
Ⅰ.매출액		17,160,000		123,650,000
상품매출	17,200,000		123,650,000	
매출할인	40,000			
Ⅱ.매출원가				97,865,000
상품매출원가				97,865,000
기초상품재고액	4,000,000		5,365,000	
당기상품매입액	13,680,000		96,500,000	
기말상품재고액	17,680,000		4,000,000	
Ⅲ.매출총이익		17,160,000		25,785,000
Ⅳ.판매비와관리비		17,117,590		20,810,000
급여	4,000,000		8,500,000	
상여금	3,000,000			
잡급	250,000			
복리후생비	1,082,000		2,340,000	
여비교통비	540,000		965,000	
접대비	300,000		1,500,000	
통신비	30,590			
수도광열비			560,000	
세금과공과	220,000		900,000	
감가상각비			620,000	
임차료	2,000,000		3,445,000	
수선비	500,000			
보험료	1,200,000		980,000	
차량유지비	300,000			

실무 DB 다운로드 경로

아래 경로를 따라 들어가 설명에 따라 설치하여 주십시오.

① https://www.sidaegosi.com 접속

② 학습 자료실 → 프로그램 자료실

③ 2021 The 쉽게 합격하는 전산회계 2급 검색

※ KcLep 실행 중 회사를 변경하는 방법

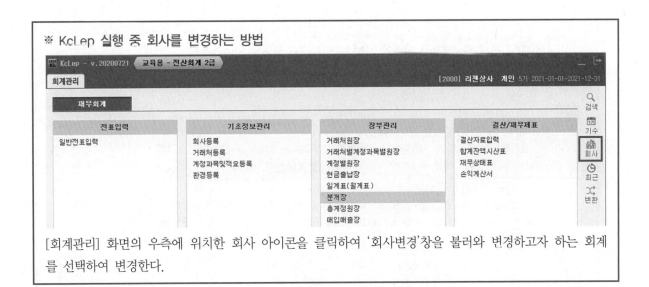

[회계관리] 화면의 우측에 위치한 회사 아이콘을 클릭하여 '회사변경'창을 불러와 변경하고자 하는 회계를 선택하여 변경한다.

② 회계장부의 조회

실습예제 [회사코드 3000번 연산상사로 로그인하여 실습한다]

01 1/4분기(1월 ~ 3월) 중 현금지출이 가장 많았던 월은 몇 월이며, 그 금액은 얼마인가?

해답 및 풀이

정답 3월, 36,649,730원
① [장부관리]-[총계정원장] 메뉴를 클릭한다.
② 월별 탭에서 기간을 1월 1일 ~ 3월 31일까지 입력하고 계정과목은 현금계정을 조회한다.
③ 답은 대변계정 중 가장 큰 금액인 36,649,730원과 3월을 입력한다.

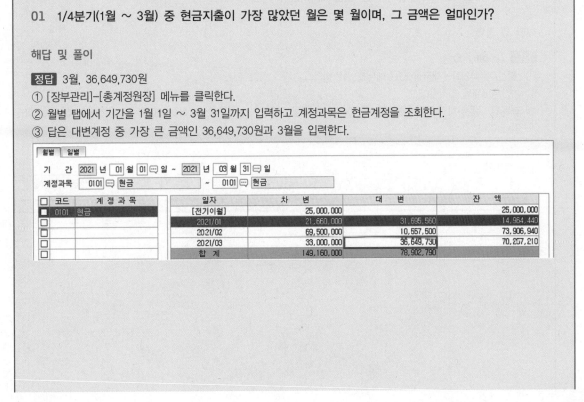

02 4월 30일 현재 외상매출금 잔액이 가장 많은 거래처 금액은 얼마인가?

해답 및 풀이

정답 23,000,000원(국제상사)

① [장부관리]-[거래처원장] 메뉴를 클릭한다.
② 기간은 4월 30일을 입력하고, 계정과목은 외상매출금, 거래처는 전범위를 선택한다.
③ 답은 외상매출금 잔액이 가장 큰 금액인 23,000,000원을 입력한다.

코드	거래처	등록번호	대표자명	전일이월	차 변	대 변	잔 액
00102	사직문구	105-81-91237	김동수	15,000,000			15,000,000
00103	거제문구	112-81-60125	박슬기	12,000,000			12,000,000
00106	남대문문구	236-43-17937	김진성	3,030,000			3,030,000
00107	서동문구	113-23-79350	한원석	15,000,000			15,000,000
00111	장전팬시	130-02-31754	송일제	5,500,000			5,500,000
00112	바른상사	203-23-30209	올바른	20,100,000			20,100,000
00114	정현상사	120-23-33158	박정현	17,700,000			17,700,000
00609	나연상사	117-42-70158	고나리	5,000,000			5,000,000
00610	국제상사	605-10-25862	허효민	23,000,000			23,000,000
100000	미등록 거래처			-9,500,000			-9,500,000
	합 계			106,830,000			106,830,000

기 간 2021 년 4 월 30 일 ~ 2021 년 4 월 30 일 계정과목 0108 외상매출금 잔액 0
거래처분류 ~ 거 래 처 00101 지혜상사 ~ 98200 경동은행

03 6월 30일 현재 유동부채는 전기 말 대비 얼마가 증가되었는가?

해답 및 풀이

정답 48,696,600원

① [결산/재무제표]-[재무상태표] 메뉴를 클릭한다.
② 기간은 6월을 조회한다.
③ 과목 중 유동부채의 당기 6월말 금액인 92,966,600원에서 전기 말 금액인 44,270,000원을 차감한 금액 48,696,600원이 답이다.

기간 : 2021 년 06 월
관리용 제출용 표준용

과 목	제 8(당)기 2021년1월1일 ~ 2021년6월30일 금액	제 7(전)기 2020년1월1일 ~ 2020년12월31일 금액
Ⅰ.유동부채	92,966,600	44,270,000
외상매입금	68,280,000	20,500,000
지급어음	11,600,000	11,600,000

04 5월(5월 1일 ~ 5월 31일) 중 외상매출 건수는 몇 건이며, 그 금액은?

해답 및 풀이

정답 3건, 13,600,000원

① [장부관리]–[총계정원장] 메뉴를 클릭한다.
② 일별 탭에서 기간을 5월 1일 ~ 5월 31일까지 입력하고 계정과목은 외상매출금 계정을 조회한다.
③ 답은 차변계정의 3건과 월계인 13,600,000원이다.

월별	일별			

기   간 2021 년 05 월 01 ⟨⟩ 일 ~ 2021 년 05 월 31 ⟨⟩ 일
계정과목 0108 ⟨⟩ 외상매출금   ~ 0108 ⟨⟩ 외상매출금

□	코드	계 정 과 목	일자	차 변	대 변	잔 액
■	0108	외상매출금	[전일이월]	128,330,000	21,500,000	106,830,000
□			05/05		6,500,000	100,330,000
□			05/15	3,600,000		103,930,000
□			05/25	5,000,000		108,930,000
□			05/31	5,000,000		113,930,000
□			[월 계]	13,600,000	6,500,000	
□			[누 계]	141,930,000	28,000,000	

05 상반기(1월 ~ 6월)의 판매비와관리비 지출액 중 두 번째로 많았던 계정과목코드와 금액은?

해답 및 풀이

정답 6,598,540원

① [결산/재무제표]–[손익계산서] 메뉴를 클릭한다.
② 기간을 6월을 조회한다.
③ 판매비와관리비 지출액 중 두 번째 많았던 복리후생비 계정의 금액인 6,598,540원이 답이다.

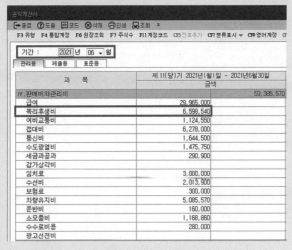

과 목	제 11(당)기 2021년1월1일 ~ 2021년6월30일 금액
Ⅳ.판매비와관리비	59,385,570
급여	29,965,000
복리후생비	6,598,540
여비교통비	1,124,550
접대비	6,278,000
통신비	1,644,500
수도광열비	1,475,750
세금과공과	290,900
감가상각비	
임차료	3,000,000
수선비	2,013,900
보험료	300,000
차량유지비	5,085,570
운반비	160,000
소모품비	1,168,860
수수료비용	280,000
광고선전비	

06 1월부터 6월까지의 임차료 중 현금지출액은 얼마인가?

해답 및 풀이

정답 3,000,000원

① [장부관리]–[일계표/월계표] 메뉴를 클릭한다.
② 월별 탭에서 기간을 1월 ~ 6월까지 입력한다.
③ 답은 임차료 계정 중 차변의 현금금액인 3,000,000원이다.

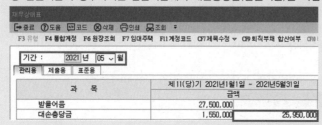

일계표	월계표

| 조회기간 : 2021 년 01 월 ~ 2021 년 06 월 |

차 변			계정과목	대 변		
계	대체	현금		현금	대체	계
3,000,000		3,000,000	임 차 료			

07 5월 말 현재 받을어음의 장부가액은 얼마인가?

해답 및 풀이

정답 25,950,000원

① [결산/재무제표]–[재무상태표] 메뉴를 클릭한다.
② 기간은 5월을 조회한다.
③ 받을어음의 장부가액은 받을어음에서 대손충당금(받을어음)을 차감한 금액인 25,950,000원이다.

재무상태표

↪종료	⑦도움	㎝코드	⊗삭제	🖶인쇄	😡조회 ⌄

F3 유형 F4 통합계정 F6 원장조회 F7 임대주택 F11계정코드 CF7제목수정 ⌄ CF9퇴직부채 합산여부 CF10

기간 : 2021 년 05 ⌄ 월

| 관리용 | 제출용 | 표준용 |

과 목	제11(당)기 2021년1월1일 ~ 2021년5월31일
	금액
받을어음	27,500,000
대손충당금	1,550,000	25,950,000

08 3월 말 현재 대손충당금은 모두 얼마인가?

해답 및 풀이

정답 1,875,000원

① [결산/재무제표]–[재무상태표] 메뉴를 클릭한다.
② 기간은 3월을 조회한다.
③ 외상매출금과 받을어음의 대손충당금의 금액을 합한 금액인 1,875,000원이 답이다.

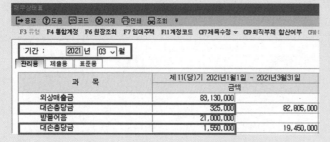

재무상태표

↪종료	⑦도움	㎝코드	⊗삭제	🖶인쇄	😡조회 ⌄

F3 유형 F4 통합계정 F6 원장조회 F7 임대주택 F11계정코드 CF7제목수정 ⌄ CF9퇴직부채 합산여부 CF10

기간 : 2021 년 03 ⌄ 월

| 관리용 | 제출용 | 표준용 |

과 목	제11(당)기 2021년1월1일 ~ 2021년3월31일
	금액
외상매출금	83,130,000
대손충당금	325,000	82,805,000
받을어음	21,000,000
대손충당금	1,550,000	19,450,000

09 2021년 4월 30일 현재 실지 재고조사 결과 상품재고액이 3,000,000원인 경우 4월 30일 현재 상품매출원가는 얼마인가?

해답 및 풀이

정답 24,300,000원

① [결산/재무제표]-[재무상태표] 메뉴를 클릭한다.
② 기간은 4월을 조회한다.
③ 상품매출원가 = 27,300,000원(상품계정 잔액) - 3,000,000원 = 24,300,000원

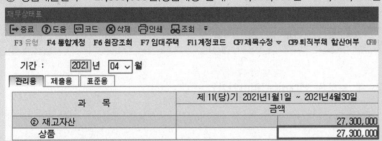

10 2/4분기(4월 ~ 6월)의 판매비와관리비 항목 중 현금으로 가장 많이 지출한 계정과목 코드 및 그 금액은 얼마인가?

해답 및 풀이

정답 801.급여, 13,250,000원

① [장부관리]-[일계표/월계표] 메뉴를 클릭한다.
② 월계 탭에서 기간을 4월 ~ 6월까지 입력한다.
③ 판매비와관리비의 현금항목 중 가장 큰 금액의 계정과목코드인 801.급여와 금액 13,250,000원이 답이다.

일계표 | 월계표

조회기간 : 2021 년 04 월 ~ 2021 년 06 월

	차 변		계정과목
계	대체	현금	
31,746,060	5,726,600	26,019,460	5.판 매 비및일반관리비
13,250,000		13,250,000	급 여
2,323,540	466,600	1,856,940	복 리 후 생 비
546,500		546,500	여 비 교 통 비
3,030,000		3,030,000	접 대 비
818,000		818,000	통 신 비
493,800	150,000	343,800	수 도 광 열 비
110,000	110,000		세 금 과 공 과
1,500,000		1,500,000	임 차 료
6,500,000	5,000,000	1,500,000	수 선 비
2,558,920		2,558,920	차 량 유 지 비
435,300		435,300	소 모 품 비
180,000		180,000	수 수 료 비 용

11 당기 6월 말 현재 정현상사에 대한 외상매출금 잔액은 얼마인가?

해답 및 풀이

정답 22,700,000원

① [장부관리]-[거래처원장] 메뉴를 클릭한다.
② 기간은 6월 30일 ~ 6월 30일을 입력하고, 계정과목은 외상매출금, 거래처는 정현상사를 선택한다.
③ 외상매출금 잔액인 22,700,000원이 답이다.

잔 액	내 용	총괄잔액	총괄내용					

기 간 2021 년 6 월 30 일 ~ 2021 년 6 월 30 일 계정과목 0108 외상매출금							잔액 0
거래처분류 ~ 거 래 처 00114 정현상사 ~ 00114 정현상사							

코드	거 래 처	등록번호	대표자명	전월이월	차 변	대 변	잔 액
00114	정현상사	120-23-33158	박정현	22,700,000			22,700,000

12 1월부터 3월까지 현금으로 지출된 접대비는 얼마인가?

해답 및 풀이

정답 3,248,000원

① [장부관리]-[일계표/월계표] 메뉴를 클릭한다.
② 월계 탭에서 기간을 1월 ~ 3월까지 입력한다.
③ 접대비계정 중 현금전표 금액인 3,248,000원이 답이다.

일계표	월계표

조회기간 : 2021 년 01 월 ~ 2021 년 03 월			

	차 변		계정과목
계	대체	현금	
3,248,000		3,248,000	접 대 비

13 6월 중 상품 외상매입 거래의 금액이 가장 큰 거래처의 코드번호와 금액은?

해답 및 풀이

정답 611(수정문구), 24,500,000원

① [장부관리]-[거래처원장] 메뉴를 클릭한다.
② 기간은 6월 1일 ~ 6월 30일을 입력하고, 계정과목은 외상매입금, 거래처는 전체를 선택한다.
③ 거래처별 대변계정 잔액 중 가장 큰 거래처 코드는 611. 수정문구이고, 금액은 24,500,000원이다.

잔 액	내 용	총괄잔액	총괄내용					

기 간 2021 년 6 월 1 일 ~ 2021 년 6 월 30 일 계정과목 0251 외상매입금							잔액 0
거래처분류 ~ 거 래 처 00101 지혜상사 ~ 98200 경동은행							

코드	거 래 처	등록번호	대표자명	전월이월	차 변	대 변	잔 액
00104	한라상사	125-34-12324	김영식			130,000	130,000
00111	장전팬시	130-02-31754	송일제	15,000,000			15,000,000
00115	부곡팬시	104-25-41233	수일동	5,500,000			5,500,000
00201	아트상사	214-12-51659	박상태	2,000,000			2,000,000
00609	나연상사	117-42-70158	고나리		1,350,000	2,000,000	650,000
00611	수정문구	505-21-21994	심수정			24,500,000	24,500,000
00630	가나오피스	130-03-94931	이중선	450,000			450,000
00637	금수상사	120-16-90961	이금수	14,500,000	3,450,000	9,000,000	20,050,000

14 6월 중에 발생한 상품매출은 몇 건이며, 총 금액은 얼마인가?

해답 및 풀이

정답 5건, 24,000,000원

① [장부관리]-[계정별원장] 메뉴를 클릭한다.

② 기간은 6월 1일 ~ 6월 30일을 입력하고, 계정과목은 상품매출을 조회한다.

③ 6월 중 대변금액 숫자인 5건과 월계인 24,000,000원이 답이다.

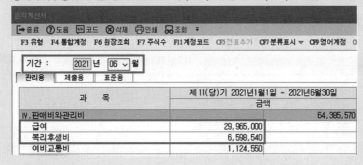

15 6월 말까지 복리후생비 발생액은 6월 말까지의 급여 발생액에 대비하여 몇 %의 비중을 나타내는가?(단, 소수점 이하는 생략하며 절사로 처리한다)

해답 및 풀이

정답 22%

① [결산/재무제표]-[손익계산서] 메뉴를 클릭한다.

② 기간을 6월을 조회한다.

③ (복리후생비 ÷ 급여) × 100% = (6,598,540원 ÷ 29,965,000원) × 100% = 22.02%(소수점이하 절사) → 22%

손익계산서

F3 유형 F4 통합계정 F6 원장조회 F7 주식수 F11계정코드 CF5전표추가 CF7분류표시 ▽ CF9영어계정

기간 : 2021 년 06 ∨ 월

관리용 제출용 표준용

과　　목	제11(당)기 2021년1월1일 ~ 2021년6월30일	
	금액	
Ⅳ.판매비와관리비		64,385,570
급여	29,965,000	
복리후생비	6,598,540	
여비교통비	1,124,550	

16 6월 30일 현재 기계장치의 장부가액은 얼마인가?

해답 및 풀이

정답 30,800,000원

① [결산/재무제표]-[재무상태표]메뉴를 클릭한다.
② 기간은 6월을 조회한다.
③ 기계장치의 장부가액은 기계장치가액에서 감가상각누계액을 차감한 금액인 30,800,000원이다.

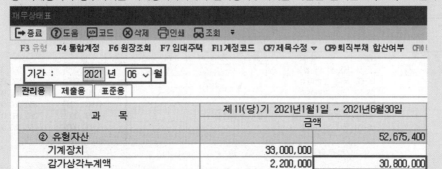

17 6월 말까지 접대비 지출액이 가장 많은 달의 지급액은 얼마인가?

해답 및 풀이

정답 1,648,000원

① [장부관리]-[총계정원장]메뉴를 클릭한다.
② 월별 탭에서 기간을 1월 1일 ~ 6월 30일까지 입력하고 계정과목은 접대비 계정을 조회한다.
③ 접대비 차변계정 중 가장 많은 달인 1월인 1,648,000원이 답이다.

기 간 2021 년 01 월 01 ⋯일 ~ 2021 년 06 월 30 ⋯일
계정과목 0813 ⋯ 접대비 ~ 0813 ⋯ 접대비

□	코드	계 정 과 목		일자	차 변	대 변	잔 액
■	0813	접대비					
□				2021/01	1,648,000		1,648,000
□				2021/02	600,000		2,248,000
□				2021/03	1,000,000		3,248,000
□				2021/04	1,130,000		4,378,000
□				2021/05	600,000		4,978,000
□				2021/06	1,300,000		6,278,000
□				합 계	6,278,000		

18 1/4분기(1월 ~ 3월)의 판매비와관리비 중 복리후생비 지출액이 가장 많은 월과 가장 적은 월의 차이금액은 얼마인가?

해답 및 풀이

정답 1,839,000원

① [장부관리]-[총계정원장]메뉴를 클릭한다.
② 월별 탭에서 기간을 1월 1일 ~ 3월 31일까지 입력하고 계정과목은 복리후생비 계정을 조회한다.
③ 복리후생비 차변계정에서 3월 2,632,000원 - 1월 793,000원 = 1,839,000원이 답이다.

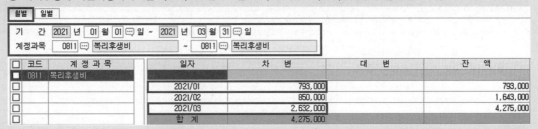

코드	계 정 과 목	일자	차 변	대 변	잔 액
0811	복리후생비				
		2021/01	793,000		793,000
		2021/02	850,000		1,643,000
		2021/03	2,632,000		4,275,000
		합 계	4,275,000		

19 3월 말 현재 유동자산과 유동부채의 차액은 얼마인가?

해답 및 풀이

정답 219,225,490원

① [결산/재무제표]-[재무상태표]메뉴를 클릭한다.
② 기간은 3월을 조회한다.
③ 유동자산 275,890,490원 - 유동부채 56,665,000원 = 219,225,490원이 답이다.

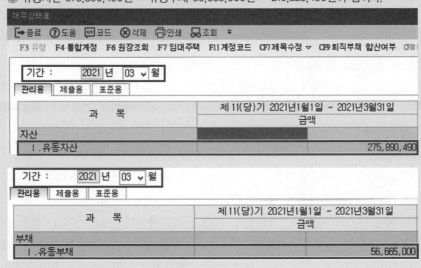

2 오류수정

1 개 요

전산회계 2급에서는 일반전표의 오류수정 문제가 출제된다. 일반전표입력의 주요 필드는 다음에 보는 것과 같이 계정코드 및 계정과목, 거래처, 금액으로 이루어져 있다. 문제에서는 이 중 잘못 입력된 부분을 제시하여 이를 수정하도록 하고 있다.

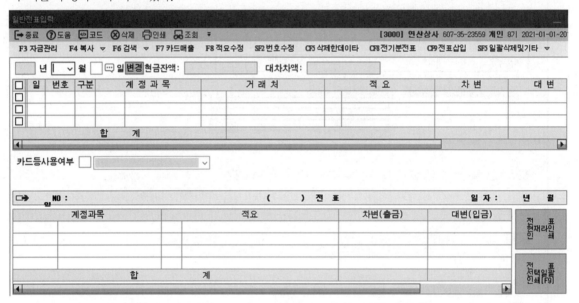

(1) 단순실수의 수정

일반전표의 오류수정 문제 중 가장 간단한 유형은 단순실수에 대한 오류수정이다. 이는 전표입력시, 계정코드나, 거래처, 금액이 잘못 입력된 사례이며 이 경우에는 문제에서 제시된 대로 해당날짜의 전표를 조회하여 수정하여야 한다.

(2) 자본적 지출과 수익적 지출

유형자산을 사용하는 기간 중에는 수선비가 지출된다. 이러한 수선비는 그 성격에 따라 회계처리 또한 달라지는데 여기에는 수익적 지출과 자본적 지출이 있다. 수익적 지출이란 현상유지를 위하거나 그 지출의 효과가 단기인 지출을 말하며 이는 당기의 비용으로 처리한다. 그와 반대로 자본적 지출이란 그 지출로 인해 내용연수가 증가되거나 당해 유형자산의 가치가 증가하게 되는 경우를 말한다. 이러한 자본적 지출은 지출시점에 비용이 아닌 자산으로 처리한다. 자산으로 처리하게 되면 당해 유형자산의 취득가액에 포함되어 감가상각을 통해 비용으로 처리된다.

예를 들어 자동차를 구입하여 사용하던 중 마모된 타이어를 교체하거나, 엔진오일을 교환하는 것은 수익적 지출에 해당한다. 반면에 엔진을 교체하여 성능과 가치가 현저하게 증가하게 되거나 ㄱ 내용연수가 증가하게 되는 것은 자본적 지출인 것이다.

오류수정 문제유형에서는 지출된 수선비 등이 자본적 지출인지 여부를 검토하여 자본적 지출인 경우에는 해당자산 계정과목으로, 수익적 지출인 경우에는 수선비 등의 계정과목으로 분류하여 한다.

〈자본적 지출과 수익적 지출의 사례〉

구 분	사 례	회계처리
자본적 지출	① 본래의 용도를 변경하기 위한 개조 ② 엘리베이터 또는 냉방장치의 설치 ③ 내용연수의 증가 또는 현저한 가치증대	자산으로 처리 (유형자산)
수익적 지출	① 건물 또는 벽의 도장 ② 파손된 외관의 복구 ③ 기계의 소모된 부속품의 대체와 벨트의 대체 ④ 자동차의 타이어 대체 ⑤ 조업가능상태의 유지 등	비용으로 처리 (수선비)

② 오류수정

실습예제 [회사코드 3000번 연산상사로 로그인하여 실습한다]

01 7월 5일   수선비 5,000,000원의 보통예금 인출은 차량운반구의 자본적 지출로 확인되다.

해답 및 풀이

〈수정 전〉(차) 수선비   5,000,000원   (대) 보통예금   5,000,000원

□	일	번호	구분	계 정 과 목	거 래 처	적 요	차 변	대 변
□	5	00007	차변	0820 수선비			5,000,000	
□	5	00007	대변	0103 보통예금				5,000,000

〈수정 후〉(차) 차량운반구   5,000,000원   (대) 보통예금   5,000,000원

□	일	번호	구분	계 정 과 목	거 래 처	적 요	차 변	대 변
□	5	00007	차변	0208 차량운반구			5,000,000	
□	5	00007	대변	0103 보통예금				5,000,000

02 7월 8일   지혜상사에 대한 외상매입금을 결제하기 위해 이체한 금액 130,500원에는 송금수수료 500원이 포함되어 있다.

해답 및 풀이

〈수정 전〉(차) 외상매입금(지혜상사)   130,500원   (대) 보통예금   130,500원

□	일	번호	구분	계 정 과 목	거 래 처	적 요	차 변	대 변
□	8	00002	차변	0251 외상매입금	00101 지혜상사		130,500	
□	8	00002	대변	0103 보통예금				130,500

※ 삽입하고 싶은 위치를 클릭한 후 전표입력 아이콘을 클릭하거나 'Ctrl + F8'을 누르면 전표삽입이 이루어진다.

일반전표입력   _ □ ⊞
[→종료 ⑦도움 ⒀코드 ⊗삭제 ⊜인쇄 ⊠조회 ▾   [3000] 연산상사 607-35-23559 개인 8기 2021-01-01-2021-12-31
F3 자금관리   F4 복사 ▾ F6 검색 ▾ F7 카드매출   F8 적요수정   SF2 번호수정   CF5 삭제한데이타   CF8 전기분전표   CF9 전표삽입   SF5 일괄삭제및기타 ▾

〈수정 후〉(차) 외상매입금(지혜상사)   130,000원   (대) 보통예금   130,500원
　　　　　　　수수료비용(판)   500원

□	일	번호	구분	계 정 과 목	거 래 처	적 요	차 변	대 변
□	8	00002	차변	0251 외상매입금	00101 지혜상사		130,000	
□	8	00002	차변	0831 수수료비용			500	
□	8	00002	대변	0103 보통예금				130,500

03 7월 13일   상품 매출거래에서 상품 대금이 거래처 발행 당좌수표 1,500,000원과 자기앞수표 300,000원으로 회수된 것이 확인된다.

해답 및 풀이

〈수정 전〉(차) 당좌예금   1,500,000원   (대) 상품매출   1,800,000원
　　　　　　　현 금   300,000원

□	일	번호	구분	계 정 과 목	거 래 처	적 요	차 변	대 변
□	13	00001	차변	0102 당좌예금			1,500,000	
□	13	00001	차변	0101 현금			300,000	
□	13	00001	대변	0401 상품매출				1,800,000
			합　계				1,800,000	1,800,000

※ 삭제하고 싶은 줄을 클릭한 후 상단의 삭제 아이콘을 클릭하면 삭제가 이루어진다.

일반전표입력   _ □ ⊞
[→종료 ⑦도움 ⒀코드 ⊗삭제 ⊜인쇄 ⊠조회 ▾   [3000] 연산상사 607-35-23559 개인 8기 2021-01-01-2021-12-31

〈수정 후〉(차) 현 금   1,800,000원   (대) 상품매출   1,800,000원

□	일	번호	구분	계 정 과 목	거 래 처	적 요	차 변	대 변
□	13	00001	차변	0101 현금			1,800,000	
□	13	00001	대변	0401 상품매출				1,800,000
			합　계				1,800,000	1,800,000

04 **7월 22일**   태평사무에 상품 매출시 현금 지급한 당점 부담의 운반비 30,000원이 외상매출금 계정으로 치리되었음을 확인하다.

해답 및 풀이

〈수정 전〉 (차) 외상매출금(태평사무)　　　　3,030,000원　　(대) 상품매출　　　　　　3,000,000원
　　　　　　　　　　　　　　　　　　　　　　　　　　　　현 금　　　　　　　　30,000원

□	일	번호	구분	계 정 과 목	거 래 처	적 요	차 변	대 변
□	22	00001	차변	0108 외상매출금	00108 태평사무		3,030,000	
□	22	00001	대변	0401 상품매출				3,000,000
□	22	00001	대변	0101 현금				30,000
				합 계			3,030,000	3,030,000

〈수정 후〉 (차) 외상매출금(태평사무)　　　　3,000,000원　　(대) 상품매출　　　　　　3,000,000원
　　　　　　　운반비　　　　　　　　　　　30,000원　　　　현 금　　　　　　　　30,000원

□	일	번호	구분	계 정 과 목	거 래 처	적 요	차 변	대 변
□	22	00001	차변	0108 외상매출금	00108 태평사무		3,000,000	
□	22	00001	차변	0824 운반비			30,000	
□	22	00001	대변	0401 상품매출				3,000,000
□	22	00001	대변	0101 현금				30,000
				합 계			3,030,000	3,030,000

05 **8월 6일**   운반비 80,000원의 현금 지출은 판매과정에서 발생한 것이 아니라 상품을 구매하는 과정에서 발생한 것으로 확인되다.

해답 및 풀이

〈수정 전〉 (차) 운반비(판)　　　　　　　　　80,000원　　(대) 현 금　　　　　　　　80,000원

□	일	번호	구분	계 정 과 목	거 래 처	적 요	차 변	대 변
□	6	00001	차변	0824 운반비			80,000	
□	6	00001	대변	0101 현금				80,000
				합 계			80,000	80,000

〈수정 후〉 (차) 상 품　　　　　　　　　　　80,000원　　(대) 현 금　　　　　　　　80,000원

□	일	번호	구분	계 정 과 목	거 래 처	적 요	차 변	대 변
□	6	00001	차변	0146 상품			80,000	
□	6	00001	대변	0101 현금				80,000
				합 계			80,000	80,000

06 8월 10일   건물에 대한 수선비 지출액 1,500,000원 중 1,000,000원은 자본적 지출액으로 확인되다.

해답 및 풀이

〈수정 전〉 (차) 수선비(판)   1,500,000원   (대) 보통예금   1,500,000원

□	일	번호	구분	계 정 과 목	거 래 처	적 요	차 변	대 변
□	10	00002	차변	0820 수선비			1,500,000	
□	10	00002	대변	0103 보통예금				1,500,000

〈수정 후〉 (차) 건 물   1,000,000원   (대) 보통예금   1,500,000원
　　　　　　　　수선비(판)   500,000원

□	일	번호	구분	계 정 과 목	거 래 처	적 요	차 변	대 변
□	10	00002	차변	0202 건물			1,000,000	
□	10	00002	차변	0820 수선비			500,000	
□	10	00002	대변	0103 보통예금				1,500,000

07 8월 18일   화물트럭 구입시 부담한 취득세 680,000원을 세금과공과로 처리하였음을 확인하였다.

해답 및 풀이

〈수정 전〉 (차) 세금과공과   680,000원   (대) 현 금   680,000원

□	일	번호	구분	계 정 과 목	거 래 처	적 요	차 변	대 변
□	18	00002	차변	0817 세금과공과			680,000	
□	18	00002	대변	0101 현금				680,000

〈수정 후〉 (차) 차량운반구   680,000원   (대) 현 금   680,000원

□	일	번호	구분	계 정 과 목	거 래 처	적 요	차 변	대 변
□	18	00002	차변	0208 차량운반구			680,000	
□	18	00002	대변	0101 현금				680,000

08 8월 19일   서동문구에 외상매입금을 지급하기 위해 이체한 2,501,000원에는 송금수수료 1,000원이 포함되어 있다.

해답 및 풀이

〈수정 전〉 (차) 외상매입금(서동문구)   2,501,000원   (대) 보통예금   2,501,000원

□	일	번호	구분	계 정 과 목	거 래 처	적 요	차 변	대 변
□	19	00002	차변	0251 외상매입금	00107 서동문구		2,501,000	
□	19	00002	대변	0103 보통예금				2,501,000

〈수정 후〉 (차) 외상매입금(서동문구)   2,500,000원   (대) 보통예금   2,501,000원
　　　　　　　　수수료비용(판)   1,000원

□	일	번호	구분	계 정 과 목	거 래 처	적 요	차 변	대 변
□	19	00002	차변	0251 외상매입금	00107 서동문구		2,500,000	
□	19	00002	차변	0831 수수료비용			1,000	
□	19	00002	대변	0103 보통예금				2,501,000

09 9월 10일 출처가 불분명하여 가지급금으로 처리했던 100,000원이 영업부 회식비로 지급된 사실이 영수증을 통해 확인되다.

해답 및 풀이

〈수정 전〉 (차) 가지급금　　　　　　100,000원　　(대) 현 금　　　　　　　　100,000원

□	일	번호	구분	계 정 과 목	거 래 처	적 요	차 변	대 변
□	10	00002	차변	0134 가지급금			100,000	
□	10	00002	대변	0101 현금				100,000

〈수정 후〉 (차) 복리후생비(판)　　　100,000원　　(대) 현 금　　　　　　　　100,000원

□	일	번호	구분	계 정 과 목	거 래 처	적 요	차 변	대 변
□	10	00002	차변	0811 복리후생비			100,000	
□	10	00002	대변	0101 현금				100,000

10 9월 13일 한라상사에서 상품을 전액 외상으로 매입한 거래를 확인한 결과 2,000,000원은 약속어음 (만기일 2021년 12월 22일)을 발행하여 지급하고 잔액은 외상거래이다.

해답 및 풀이

〈수정 전〉 (차) 상 품　　　　　3,000,000원　　(대) 외상매입금(한라상사)　3,000,000원

□	일	번호	구분	계 정 과 목	거 래 처	적 요	차 변	대 변
□	13	00002	차변	0146 상품			3,000,000	
□	13	00002	대변	0251 외상매입금	00104 한라상사			3,000,000

〈수정 후〉 (차) 상 품　　　　　3,000,000원　　(대) 지급어음(한라상사)　　2,000,000원
　　　　　　　　　　　　　　　　　　　　　　　　外상매입금(한라상사)　1,000,000원

□	일	번호	구분	계 정 과 목	거 래 처	적 요	차 변	대 변
□	13	00002	차변	0146 상품			3,000,000	
□	13	00002	대변	0252 지급어음	00104 한라상사			2,000,000
□	13	00002	대변	0251 외상매입금	00104 한라상사			1,000,000

11 9월 20일 책상나라의 상품매출 대금 2,700,000원의 현금입금 거래는 상품매출대금 1,200,000원과 외상대금 1,500,000원의 회수 거래임을 확인하다.

해답 및 풀이

〈수정 전〉 (차) 현 금　　　　　2,700,000원　　(대) 상품매출　　　　　　2,700,000원

□	일	번호	구분	계 정 과 목	거 래 처	적 요	차 변	대 변
□	20	00001	차변	0101 현금			2,700,000	
□	20	00001	대변	0401 상품매출				2,700,000
				합　　계			2,700,000	2,700,000

〈수정 후〉 (차) 현 금　　　　　2,700,000원　　(대) 상품매출　　　　　　1,200,000원
　　　　　　　　　　　　　　　　　　　　　　　　외상매출금(책상나라)　1,500,000원

□	일	번호	구분	계 정 과 목	거 래 처	적 요	차 변	대 변
□	20	00001	차변	0101 현금			2,700,000	
□	20	00001	대변	0401 상품매출				1,200,000
□	20	00001	대변	0108 외상매출금	00113 책상나라			1,500,000
				합　　계			2,700,000	2,700,000

12 **9월 27일** 청암상사의 외상매입금을 당사발행 약속어음으로 지급한 것으로 회계처리 되어있는 거래는 실제로는 당사발행 당좌수표로 지급한 거래이다.

해답 및 풀이

〈수정 전〉 (차) 외상매입금(청암상사)　　　4,000,000원　　　(대) 지급어음　　　4,000,000원

□	일	번호	구분	계 정 과 목	거 래 처	적 요	차 변	대 변
□	27	00002	차변	0251 외상매입금	00110 청암상사		4,000,000	
□	27	00002	대변	0252 지급어음				4,000,000

〈수정 후〉 (차) 외상매입금(청암상사)　　　4,000,000원　　　(대) 당좌예금　　　4,000,000원

□	일	번호	구분	계 정 과 목	거 래 처	적 요	차 변	대 변
□	27	00002	차변	0251 외상매입금	00110 청암상사		4,000,000	
□	27	00002	대변	0102 당좌예금				4,000,000

13 **10월 1일** 영업부 직원의 복리후생비 계정으로 처리한 금액 67,000원은 76,000원으로 확인되고, 이는 영업부 직원 회식비가 아니라 매출처 직원에게 접대하면서 사용한 금액으로 판명되다.

해답 및 풀이

〈수정 전〉 (차) 복리후생비(판)　　　67,000원　　　(대) 현 금　　　67,000원

□	일	번호	구분	계 정 과 목	거 래 처	적 요	차 변	대 변
□	1	00001	차변	0811 복리후생비			67,000	
□	1	00001	대변	0101 현금				67,000
				합　　계			67,000	67,000

〈수정 후〉 (차) 접대비(판)　　　76,000원　　　(대) 현 금　　　76,000원

□	일	번호	구분	계 정 과 목	거 래 처	적 요	차 변	대 변
□	1	00001	차변	0813 접대비			76,000	
□	1	00001	대변	0101 현금				76,000
				합　　계			76,000	76,000

14 **10월 9일** 남대문문구에 미지급한 200,000원은 도서를 구입한 것이 아니라 광고물제작비를 미지급한 것으로 발견되다.

해답 및 풀이

〈수정 전〉 (차) 도서인쇄비(판)　　　200,000원　　　(대) 미지급금(남대문문구)　　　200,000원

□	일	번호	구분	계 정 과 목	거 래 처	적 요	차 변	대 변
□	9	00001	차변	0826 도서인쇄비			200,000	
□	9	00001	대변	0253 미지급금	00106 남대문문구			200,000
				합　　계			200,000	200,000

〈수정 후〉 (차) 광고선전비(판)　　　200,000원　　　(대) 미지급금(남대문문구)　　　200,000원

□	일	번호	구분	계 정 과 목	거 래 처	적 요	차 변	대 변
□	9	00001	차변	0833 광고선전비			200,000	
□	9	00001	대변	0253 미지급금	00106 남대문문구			200,000
				합　　계			200,000	200,000

15 10월 12일 세경상사와의 외상매출금 120,000원의 회수거래는 거래처가 발행한 당좌수표로 회수한
것이나.

해답 및 풀이

〈수정 전〉 (차) 받을어음(세경상사) 120,000원 (대) 외상매출금(세경상사) 120,000원

□	일	번호	구분	계 정 과 목	거 래 처	적 요	차 변	대 변
□	12	00001	차변	0110 받을어음	00105 세경상사		120,000	
□	12	00001	대변	0108 외상매출금	00105 세경상사			120,000
				합 계			120,000	120,000

〈수정 후〉 (차) 현 금 120,000원 (대) 외상매출금(세경상사) 120,000원

□	일	번호	구분	계 정 과 목	거 래 처	적 요	차 변	대 변
□	12	00001	차변	0101 현금			120,000	
□	12	00001	대변	0108 외상매출금	00105 세경상사			120,000
				합 계			120,000	120,000

16 10월 20일 매장 건물의 엘리베이터 수리비용 1,500,000원이 현금으로 지급된 것을 수익적 지출로
처리하여야 하나, 자본적 지출로 처리되었다.

해답 및 풀이

〈수정 전〉 (차) 건 물 1,500,000원 (대) 현 금 1,500,000원

□	일	번호	구분	계 정 과 목	거 래 처	적 요	차 변	대 변
□	20	00001	차변	0202 건물			1,500,000	
□	20	00001	대변	0101 현금				1,500,000
				합 계			1,500,000	1,500,000

〈수정 후〉 (차) 수선비(판) 1,500,000원 (대) 현 금 1,500,000원

□	일	번호	구분	계 정 과 목	거 래 처	적 요	차 변	대 변
□	20	00001	차변	0820 수선비			1,500,000	
□	20	00001	대변	0101 현금				1,500,000
				합 계			1,500,000	1,500,000

17 10월 23일 현금으로 지출한 자동차세 120,000원에는 기업주 소유 차량에 대한 자동차세 50,000원이
포함되어 있어 이를 인출금 계정으로 처리하다.

해답 및 풀이

〈수정 전〉 (차) 세금과공과 120,000원 (대) 현 금 120,000원

□	일	번호	구분	계 정 과 목	거 래 처	적 요	차 변	대 변
□	23	00006	차변	0817 세금과공과			120,000	
□	23	00006	대변	0101 현금				120,000

〈수정 후〉 (차) 세금과공과 70,000원 (대) 현 금 120,000원
　　　　　　　　　인출금 50,000원

□	일	번호	구분	계 정 과 목	거 래 처	적 요	차 변	대 변
□	23	00006	차변	0817 세금과공과			70,000	
□	23	00006	차변	0338 인출금			50,000	
□	23	00006	대변	0101 현금				120,000

18 11월 6일 마포저축은행으로부터 차입한 차입금 20,000,000원은 1년 6개월 뒤 상환조건으로 20,000,000원을 차입하면서 선이자 500,000원을 차감한 금액을 보통예금 계좌로 이체받은 것으로 확인되었다(단, 선이자는 비용으로 처리한다).

해답 및 풀이

〈수정 전〉(차) 보통예금   20,000,000원   (대) 장기차입금(마포저축은행)   20,000,000원

□	일	번호	구분	계 정 과 목	거 래 처	적 요	차 변	대 변
□	6	00003	차변	0103 보통예금			20,000,000	
□	6	00003	대변	0293 장기차입금	98001 마포저축은행			20,000,000

〈수정 후〉(차) 보통예금   19,500,000원   (대) 장기차입금(마포저축은행)   20,000,000원
         이자비용   500,000원

□	일	번호	구분	계 정 과 목	거 래 처	적 요	차 변	대 변
□	6	00003	차변	0103 보통예금			19,500,000	
□	6	00003	차변	0951 이자비용			500,000	
□	6	00003	대변	0293 장기차입금	98001 마포저축은행			20,000,000

19 11월 9일 바른상사에 상품을 외상으로 매출하면서 발생한 운반비 30,000원의 현금 지출이 누락되었음을 확인하다.

해답 및 풀이

〈수정 전〉 외상매출에 대한 회계처리만 있고, 운반비 현금지출에 대한 회계처리는 없음

□	일	번호	구분	계 정 과 목	거 래 처	적 요	차 변	대 변
□	9	00004	차변	0108 외상매출금	00112 바른상사		3,000,000	
□	9	00004	대변	0401 상품매출				3,000,000

〈수정 후〉 다음의 회계처리를 추가입력

(차) 운반비(판)   30,000원   (대) 현 금   30,000원

□	일	번호	구분	계 정 과 목	거 래 처	적 요	차 변	대 변
□	9	00004	차변	0108 외상매출금	00112 바른상사		3,000,000	
□	9	00004	대변	0401 상품매출				3,000,000
□	9	00004	차변	0824 운반비			30,000	
□	9	00004	대변	0101 현금				30,000

20   11월 16일   거제문구로부터 현금 100,000원이 들어와 가수금으로 처리된 내용은, 전기에 대손처리하였던 거제문구 외상매출금 100,000원이 현금으로 회수된 것이다.

해답 및 풀이

〈수정 전〉 (차) 현 금   100,000원   (대) 가수금(거제문구)   100,000원

□	일	번호	구분	계 정 과 목	거 래 처	적 요	차 변	대 변
□	16	00002	차변	0101 현금			100,000	
□	16	00002	대변	0257 가수금	00103 거제문구			100,000

〈수정 후〉 (차) 현 금   100,000원   (대) 대손충당금(외상매출금)   100,000원

□	일	번호	구분	계 정 과 목	거 래 처	적 요	차 변	대 변
□	16	00002	차변	0101 현금			100,000	
□	16	00002	대변	0109 대손충당금				100,000

21   12월 2일   거래처 장전팬시로부터 외상매출금 10,000,000원을 현금으로 회수한 것으로 회계처리한 거래는, 실제로는 부족한 사업자금 운용을 위해 3개월간 장전팬시에서 차입한 것이다.

해답 및 풀이

〈수정 전〉 (차) 현 금   10,000,000원   (대) 외상매출금(장전팬시)   10,000,000원

□	일	번호	구분	계 정 과 목	거 래 처	적 요	차 변	대 변
□	2	00005	차변	0101 현금			10,000,000	
□	2	00005	대변	0108 외상매출금	00111 장전팬시			10,000,000

〈수정 후〉 (차) 현 금   10,000,000원   (대) 단기차입금(장전팬시)   10,000,000원

□	일	번호	구분	계 정 과 목	거 래 처	적 요	차 변	대 변
□	2	00005	차변	0101 현금			10,000,000	
□	2	00005	대변	0260 단기차입금	00111 장전팬시			10,000,000

22   12월 25일   접대비로 계상된 2,000,000원은 접대한 것이 아니라, 연말을 맞이하여 사랑의 연탄은행에 기부한 거래로 확인되었으며, 금액 역시 2,000,000원이 아니라 200,000원인 것으로 확인되었다.

해답 및 풀이

〈수정 전〉 (차) 접대비(판)   2,000,000원   (대) 현 금   2,000,000원

□	일	번호	구분	계 정 과 목	거 래 처	적 요	차 변	대 변
□	25	00004	차변	0813 접대비			2,000,000	
□	25	00004	대변	0101 현금				2,000,000

〈수정 후〉 (차) 기부금(판)   200,000원   (대) 현 금   200,000원

□	일	번호	구분	계 정 과 목	거 래 처	적 요	차 변	대 변
□	25	00004	차변	0953 기부금			200,000	
□	25	00004	대변	0101 현금				200,000

제4장 | 결산

1 결산자료 입력

결산자료 입력은 기중에 입력된 전표자료에 의거, 본 항에서 입력하는 기말 정리사항만으로 '당기순손익 검토 및 결산분개의 자동대체' 등 일련의 결산작업을 하는 메뉴이다.

결산대체분개는 '일반전표입력'에서 직접 수동으로 입력하거나, '결산자료입력' 메뉴에서 자동으로 발생 시키는 방법 중 하나만을 선택해야 한다.

가령 감가상각 관련 결산대체분개는 수동으로, 매출원가 관련 대체분개는 본 메뉴를 이용한 자동입력으로 혼용한 경우 재무상태표와 손익계산서의 당기순손익이 서로 다르게 나타나는 등의 문제가 발생될 수 있다.

1 자동결산항목

자동결산은 [결산/재무제표]의 [결산자료입력]메뉴에서 작업하며, 결산정리항목의 금액만 입력하면 프로그램이 자동으로 결산정리분개를 해서 결산을 완료하는 방법이다.

재무회계			
전표입력	**기초정보관리**	**장부관리**	**결산/재무제표**
일반전표입력	회사등록	거래처원장	결산자료입력
	거래처등록	거래처별계정과목별원장	합계잔액시산표
	계정과목및적요등록	계정별원장	재무상태표
	환경등록	현금출납장	손익계산서
		일계표(월계표)	
		분개장	
		총계정원장	
		매입매출장	
		세금계산서(계산서)현황	
		전표출력	

② 수동결산항목

수동결산은 [전표입력]의 [일반전표입력]메뉴에서 작업하며, 결산정리분개를 일반전표 입력메뉴에 직접 입력하여 결산작업을 수행하는 방법이다. 결산자료입력 메뉴에서 작업할 수 없는 결산정리항목들을 여기서 입력한다.

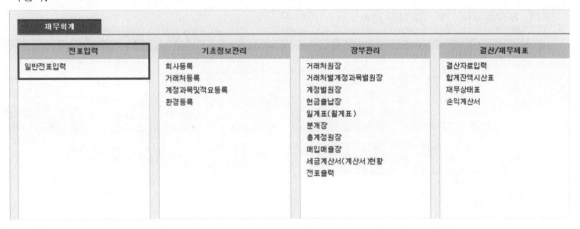

2 자동결산항목 입력

① 결산일 및 매출원가의 선택

[결산자료입력]메뉴를 클릭한 후 결산일자를 입력하면 아래 그림과 같은 박스가 나타나는데, 이는 원가의 선택 및 해당 원가의 관련경비를 연결짓기 위한 작업으로, 확인(Enter↵)을 클릭하면 451. 상품매출원가는 자동으로 생성된다(전산회계 2급에서는 상품매출원가만 출제된다).

사용여부	매출원가코드 및 계정과목		원가경비		화면
부	0455	제품매출원가	1	0500번대	제조
부	0452	도급공사매출원가	2	0600번대	도급
부	0457	보관매출원가	3	0650번대	보관
부	0453	분양공사매출원가	4	0700번대	분양
부	0458	운송매출원가	5	0750번대	운송

[참고사항]
1. 편집(tab)을 선택하면 사용여부를 1.여 또는 0.부로 변경하실 수 있습니다.
2. 사용여부를 1.여로 입력 되어야만 매출원가코드를 변경하실 수 있습니다.
   (편집(tab)을 클릭하신 후에 변경하세요)
3. 사용여부가 1.여인 매출원가코드가 중복 입력되어 있는 경우 본 화면에
   입력하실 수 없습니다.

확인(Enter)　편집(Tab)　자동설정(F3)　취소(ESC)

2 자동결산항목의 입력 방법

매출원가 및 경비선택 창에서 확인(Enter↵)을 클릭하면 다음과 같은 화면이 나타난다.

결산자료입력

[→종료 ⑦도움 ⊙코드 ⊗삭제 🖶인쇄 🔍조회 ▾ 　　　　　　　　　[2000] 리젠상사 214-01-25801 개인 5기 2021-01-01

F3 전표추가　F4 원가설정　CF4 대손설정　CF5 결산분개삭제　F6 잔액조회　F7 감가상각　F8 대손상각　CF8 퇴직충당

기　간 2021 년 01 ▾ 월 ~ 2021 년 12 ▾ 월

±	코드	과　목	결산분개금액	결산전금액	결산반영금액	결산후금액
		1. 매출액				
		2. 매출원가		5,500,000		5,500,000
	0451	상품매출원가				5,500,000
	0146	① 기초 상품 재고액		4,000,000		4,000,000
	0146	② 당기 상품 매입액		1,500,000		1,500,000
	0146	⑩ 기말 상품 재고액				
		3. 매출총이익		-5,500,000		-5,500,000
		4. 판매비와 일반관리비		1,030,000		1,030,000
	0818	4). 감가상각비				
	0208	차량운반구				
	0212	비품				
	0835	5). 대손상각				
	0108	외상매출금				
	0110	받을어음				
		7). 기타비용		1,030,000		1,030,000
	0831	수수료비용		30,000		30,000
	0833	광고선전비		1,000,000		1,000,000
		5. 영업이익		-6,530,000		-6,530,000
		6. 영업외 수익				
+	0924	2). 준비금 환입				
		7. 영업외 비용		500,000		500,000
		1). 이자비용		500,000		500,000
	0951	이자비용		500,000		500,000
	0954	2). 기타의대손상각				
	0114	단기대여금				
	0120	미수금				

매출액: [0] 당기순이익: [-7,030,000] 소득평율: 0.00%

(1) 재고자산의 기말재고액 입력

기말상품재고액의 결산반영금액란에 기말상품재고금액을 입력한다.

(2) 고정자산의 감가상각비 입력

당기 상각비의 귀속에 따라 판매비와관리비의 감가상각비의 결산반영금액란에 각 유형자산별로 감가상각비 금액을 입력한다.

(3) 대손상각의 입력

판매비와관리비의 대손상각의 결산반영금액란에 각 채권에 대한 계정과목별 해당 대손충당금 설정액을 입력한다.

③ 자동결산작업의 완료 및 재결산

(1) 결산작업은 자동결산항목들의 결산대체분개를 일반전표에 추가해야 완료된다. 결산자료 해당시항을 모두 입력한 후 상단메뉴의 **F3 전표추가** 누르면 일반전표에 결산분개를 추가할 것인지 묻는 메시지가 나타난다. 이때 예(Y)버튼을 누르면 결산분개가 일반전표에 추가되면서 결산이 완료된다.

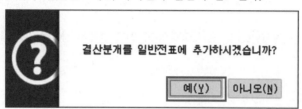

(2) 재결산이나 수정 등의 이유로 결산대체분개를 삭제하고자 할 때, 결산기간 입력 종료월의 해당 일반전표입력에서 [Shift] + F5 또는 상단메뉴의 **SF5 일괄삭제및기타 ▾** 누르면 [일괄 삭제] 화면이 나온다. 결산분개 앞에 체크표시 V를 선택하고 '확인(Tab)' 누른 다음 삭제여부를 묻는 메시지 상자에서 '예(Y)'를 누르면 결산분개가 선택된 화면이 나오고 위 상단메뉴에서 ⊗ 삭제를 클릭하면 결산대체분개가 삭제된다.

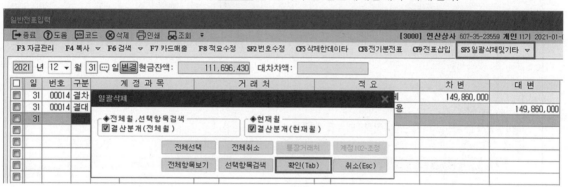

(3) 결산대체분개 삭제 후 재결산으로 인한 결산자료 입력시, 전과 동일한 결산월이 선택되면, 전에 입력한 데이터를 불러올지 여부를 묻는 메시지가 나타난다. 전에 작업한 내용을 기초로 입력하고자 할 때는 '예' 버튼을, 재작업을 하고자 할 때는 '아니오' 버튼을 선택하되, 전표입력에서 수정한 사항이 있을 때에는 반드시 '아니오'를 선택해야 한다.

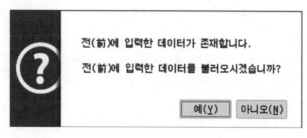

3 결산의 수행

[회사코드 5000번 수진상사으로 로그인하여 실습한다]

01 당기분 영업부 건물 감가상각비는 2,000,000원이고, 영업부 사무용 비품 감가상각비는 800,000원이다.

해답 및 풀이

※ 기간 입력란 우측의 변경을 클릭하여 아래와 같이 두 가지 방식으로 기간을 입력할 수 있다.

```
  년 1 ▼ 월    일 변경 현금잔액:              대차차액:
  년 1 ▼ 월~   년    ▼ 월 변경 현금잔액:              대차차액:
```

〈수동입력 방법〉
12월 31일 일반전표입력

(차) 감가상각비(판)   2,800,000원   (대) 감가상각누계액(건물)   2,000,000원
                                                  감가상각누계액(비품)   800,000원

□	일	번호	구분	계 정 과 목	거 래 처	적 요	차 변	대 변
□	31	00021	차변	0818 감가상각비			2,800,000	
□	31	00021	대변	0203 감가상각누계액				2,000,000
□	31	00021	대변	0213 감가상각누계액				800,000
			합 계				2,800,000	2,800,000

〈자동입력 방법〉
① [결산/재무제표]의 [결산자료입력] 메뉴를 클릭한다.
② 4. 판매비와 일반관리의 4)감가상각비 중 다음과 같이 건물에 2,000,000원을 비품에 800,000원을 입력한다.

결산자료입력

[→종료 ⑦도움 ⊞코드 ⊗삭제 ⊕인쇄 ⊒조회 ▾   [5000] 수진상사 123-08-85376 개인 11기 2021-01-01

F3 전표추가 F4 원가설정 CF4 대손설정 CF5 결산분개삭제 F6 잔액조회 F7 감가상각 F8 대손상각 CF8 퇴직충당

기 간 2021 년 01 ∨ 월 ~ 2021 년 12 ∨ 월

±	코드	과 목	결산분개금액	결산전금액	결산반영금액	결산후금액
		4. 판매비와 일반관리비		86,839,730	2,800,000	89,639,730
		1). 급여 외		30,000,000		30,000,000
	0801	급여		30,000,000		30,000,000
	0806	2). 퇴직급여(전입액)				
	0850	3). 퇴직연금충당금전입액				
	0818	4). 감가상각비			2,800,000	2,800,000
	0202	건물			2,000,000	2,000,000
	0212	비품			800,000	800,000

※ 주의 : 결산대체분개는 '일반전표입력'에서 직접 수동으로 입력하거나, '결산자료입력'메뉴에서 자동으로 발생시키는
방법 중 하나만을 선택해야 한다. 따라서 자동입력 방법 사용시 감가상각비문제(1번문제)에서 전표추가를 하면 안 되고
대손충당금문제(2번문제)와 매출원가문제(3번문제)까지 풀고 전표추가를 해야 한다.

02 대손충당금은 매출채권(외상매출금, 받을어음) 잔액에 대하여 1%를 보충법으로 설정한다.

해답 및 풀이

① [결산/재무제표]-[재무상태표] 메뉴를 클릭한다.
② 기간에 12월을 입력하고, 외상매출금과 외상매출금의 대손충당금 금액을 조회한다.
  대손충당금(외상매출금) : (212,000,000 × 1%) - 66,000원 = 2,054,000원
③ 받을어음과 받을어음의 대손충당금의 금액을 조회한다.
  대손충당금(받을어음) : (44,220,000원 × 1%) - 300,000원 = 142,200원

재무상태표

과 목	제11(당)기 2021년1월1일 ~ 2021년12월31일
	금액
자산	
Ⅰ.유동자산	865,893,360
① 당좌자산	586,570,870
현금	30,924,270
당좌예금	102,890,000
보통예금	181,952,600
외상매출금 212,000,000	
대손충당금 66,000	211,934,000
받을어음 44,220,000	
대손충당금 300,000	43,920,000

〈수동입력 방법〉

④ 12월 31일 일반전표입력

  (차) 대손상각비   2,196,200원   (대) 대손충당금(외상매출금)   2,054,000원
                                            대손충당금(받을어음)   142,200원

□	일	번호	구분	계 정 과 목	거 래 처	적 요	차 변	대 변
☑	31	00022	차변	0835 대손상각비			2,196,200	
☑	31	00022	대변	0109 대손충당금				2,054,000
☑	31	00022	대변	0111 대손충당금				142,200

〈자동입력 방법〉

① [결산/재무제표]의 [결산자료입력] 메뉴를 클릭한다.
② 4. 판매비와 일반관리비의 5)대손상각 중 다음과 같이 외상매출금에 2,054,000원을 받을어음에 142,200원을 입력한다.

결산자료입력
[5000] 수진상사 123-08-

F3 전표추가 F4 원가설정 CF4 대손설정 CF5 결산분개삭제 F6 잔액조회 F7 감가상각 F8 대손상각 CF8 퇴직충당

기 간 2021 년 01 ∨ 월 ~ 2021 년 12 ∨ 월

±	코드	과 목	결산분개금액	결산전금액	결산반영금액
	0818	4). 감가상각비			2,800,000
	0202	건물			2,000,000
	0212	비품			800,000
	0835	5). 대손상각		2,196,200	2,196,200
	0108	외상매출금			2,054,000
	0110	받을어음			142,200

※ 주의 : 결산대체분개는 '일반전표입력'에서 직접 수동으로 입력하거나, '결산자료입력'메뉴에서 자동으로 발생시키는 방법 중 하나만을 선택해야 한다. 따라서 자동입력 방법 사용시 감가상각비문제(1번문제)에서 전표추가를 하면 안되고 대손충당금문제(2번문제)와 매출원가문제(3번문제)까지 풀고 전표추가를 해야 한다.

03 기말상품재고액은 5,700,000원이다(단, 전표입력에서 구분으로 '5:결산차변, 6:결산대변'을 사용한다).

해답 및 풀이

〈수동입력 방법〉
① [결산/재무제표]의 [재무상태표] 메뉴를 클릭한다.
② 상품매출원가 = 판매가능금액 279,322,490원 − 기말상품재고액 5,700,000원 = 273,622,490원

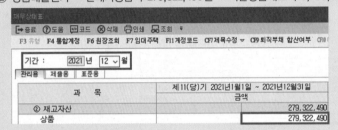

③ 12월 31일 일반전표입력

　(결차) 상품매출원가　　　　　　273,622,490원　　(결대) 상 품　　　　　　　273,622,490원

□	일	번호	구분	계 정 과 목	거 래 처	적 요	차 변	대 변
☑	31	00023	결차	0451 상품매출원가			273,622,490	
☑	31	00023	결대	0146 상품				273,622,490

〈자동입력방법〉
① [결산/재무제표]의 [결산자료입력] 메뉴를 클릭한다.
② 2. 매출원가의 ⑩기말상품재고액의 결산반영금액에 5,700,000원을 입력한다.

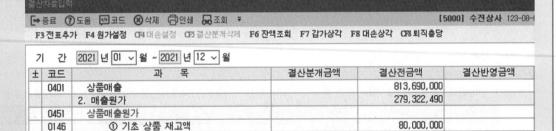

±	코드	과 목	결산분개금액	결산전금액	결산반영금액
	0401	상품매출		813,690,000	
		2. 매출원가		279,322,490	
	0451	상품매출원가			
	0146	① 기초 상품 재고액		80,000,000	
	0146	② 당기 상품 매입액		199,322,490	
	0146	⑩ 기말 상품 재고액			5,700,000

③ 감가상각비문제, 대손충당금문제, 매출원가문제를 결산자료입력을 했으면, 위 상단 메뉴에서 [전표추가]를 클릭한다.

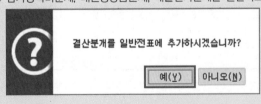

④ 결산자료입력에서 전표추가를 하면 [일반전표입력]에 다음과 같이 자동으로 분개가 된다.

	일	번호	구분	계정과목	거래처	적요	차변	대변
☐	31	00029	결차	0451 상품매출원가		1 상품매출원가 대체	273,622,490	
☐	31	00029	결대	0146 상품		2 상품 매입 부대비용		273,622,490
☐	31	00030	결차	0818 감가상각비			2,800,000	
☐	31	00030	결대	0203 감가상각누계액				2,000,000
☐	31	00030	결대	0213 감가상각누계액				800,000
☐	31	00031	결차	0835 대손상각비			2,196,200	
☐	31	00031	결대	0109 대손충당금				2,054,000
☐	31	00031	결대	0111 대손충당금				142,200
			합 계				278,618,690	278,618,690

2021 년 12 ∨ 월 31 일 결 현금잔액: 31,284,270 대차차액: [ ] 결산

카드등사용여부 [ ] [∨]

☐ NO : 29 (대 체) 전 표 일자 : 2021 년 12 월 31 일

	계정과목		적요	차변(출금)	대변(입금)
0451	상품매출원가	1	상품매출원가 대체	273,622,490	
0146	상품	2	상품 매입 부대비용		273,622,490
	합 계			273,622,490	273,622,490

전표현재라인인쇄

전표택일괄인쇄[F9]

04 단기대여금에 대한 당기 기간 경과분에 대한 이자미수액 80,000을 계상하다(이자수령일은 다음연도 1월 20일이다).

해답 및 풀이

12월 31일 일반전표 입력

(차) 미수수익　　　　　　　　　　80,000원　　(대) 이자수익　　　　　　　　　80,000원

	일	번호	구분	계정과목	거래처	적요	차변	대변
☐	31	00024	차변	0116 미수수익			80,000	
☐	31	00024	대변	0901 이자수익				80,000

05 대한은행의 보통예금은 마이너스 통장이다. 기말현재 보통예금잔액 – 5,500,000원을 단기차입금 계정으로 대체하다(보통예금에 대한 거래처도 입력할 것).

해답 및 풀이

12월 31일 일반전표입력

(차) 보통예금(대한은행)　　　5,500,000원　　(대) 단기차입금(대한은행)　　5,500,000원

	일	번호	구분	계정과목	거래처	적요	차변	대변
☐	31	00025	차변	0103 보통예금	98002 대한은행		5,500,000	
☐	31	00025	대변	0260 단기차입금	98002 대한은행			5,500,000

06 취득시 소모품비로 계상한 것 중에 기말 현재 미사용 소모품은 1,400,000원이다.

해답 및 풀이

12월 31일 일반전표입력

(차) 소모품   1,400,000원   (대) 소모품비(판)   1,400,000원

□	일	번호	구분	계 정 과 목	거 래 처	적 요	차 변	대 변
▣	31	00026	차변	0122 소모품			1,400,000	
▣	31	00026	대변	0830 소모품비				1,400,000

07 우민상사로부터 차입(단기차입금 7,000,000원, 연이자율 6%, 차입일 2021년 12월 1일, 차입기간 6개월, 이자는 차입시점에서 선지급하고 비용처리함)하면서 지급한 이자 중 기간미경과액이 있다(단, 월할계산하시오).

해답 및 풀이

12월 31일 일반전표입력

(차) 선급비용*   175,000원   (대) 이자비용   175,000원

*선급비용 = 총이자비용(단기차입금 7,000,000원 × 연이자율 6% × 6/12) × 미경과기간 5/6 = 175,000원

□	일	번호	구분	계 정 과 목	거 래 처	적 요	차 변	대 변
▣	31	00027	차변	0133 선급비용			175,000	
▣	31	00027	대변	0951 이자비용				175,000

08 12월분 급여 24,000,000원을 12월 말에 지급하려 하였으나 회사의 자금 사정으로 다음달 10일에 지급하기로 하였다(단, 부채계정은 미지급비용을 사용할 것).

해답 및 풀이

12월 31일 일반전표입력

(차) 급 여(판)   24,000,000원   (대) 미지급비용   24,000,000원

□	일	번호	구분	계 정 과 목	거 래 처	적 요	차 변	대 변
▣	31	00028	차변	0801 급여			24,000,000	
▣	31	00028	대변	0262 미지급비용				24,000,000

09 대여금에 대한 이자수익 중 300,000원을 차기로 이연하다.

해답 및 풀이

12월 31일 일반전표입력

(차) 이자수익   300,000원   (대) 선수수익   300,000원

□	일	번호	구분	계 정 과 목	거 래 처	적 요	차 변	대 변
▣	31	00029	차변	0901 이자수익			300,000	
▣	31	00029	대변	0263 선수수익				300,000

10 9월 30일 지방 출장을 마치고 돌아온 영업부 직원 우선우로부터 9월 20일 지급한 금액에 대하여 다음과 같이 시출승명서류를 받고 차액은 현금으로 회수하였다(단, 가지급금에 대한 거래처 입력은 생략한다).

출장비 내역	• 교통비 : 90,000원 • 숙박비 : 180,000원

해답 및 풀이

12월 31일 일반전표입력

(차) 여비교통비(판)　　　　　　　　270,000원　　　(대) 가지급금　　　　　　　　500,000원
　　현 금　　　　　　　　　　　　230,000원

□	일	번호	구분	계 정 과 목	거 래 처	적 요	차 변	대 변
▣	31	00030	차변	0812 여비교통비			270,000	
▣	31	00030	차변	0101 현금			230,000	
▣	31	00030	대변	0134 가지급금				500,000

11 기말 현재 장부상 현금 잔액보다 실제 현금 보유액이 35,000원 부족함을 발견하였으나 원인불명이다.

해답 및 풀이

12월 31일 일반전표 입력

(차) 잡손실　　　　　　　　　　　35,000원　　　(대) 현 금　　　　　　　　　　35,000원

□	일	번호	구분	계 정 과 목	거 래 처	적 요	차 변	대 변
▣	31	00031	차변	0980 잡손실			35,000	
▣	31	00031	대변	0101 현금				35,000

12 단기차입금에 대한 미지급이자 250,000원을 계상하다. 지급일은 다음연도 3월 31일이다.

해답 및 풀이

12월 31일 일반전표입력

(차) 이자비용　　　　　　　　　　250,000원　　　(대) 미지급비용　　　　　　　　250,000원

□	일	번호	구분	계 정 과 목	거 래 처	적 요	차 변	대 변
▣	31	00032	차변	0951 이자비용			250,000	
▣	31	00032	대변	0262 미지급비용				250,000

13 인출금 계정 잔액을 정리하다.

해답 및 풀이

① [결산/재무제표]의 [재무상태표] 메뉴에서 12월의 인출금 계정 잔액을 조회한다.

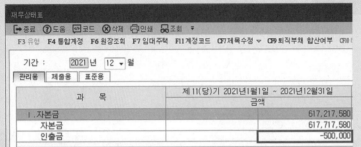

② 12월 31일 일반전표입력

(차) 자본금   500,000원   (대) 인출금   500,000원

□	일	번호	구분	계정과목	거래처	적요	차변	대변
□	31	00033	차변	0331 자본금			500,000	
□	31	00033	대변	0338 인출금				500,000

14 10월 30일 현금시제를 확인한 결과 실제잔액이 장부잔액보다 110,000원이 많은 것을 발견하였으나 그 차액에 대하여는 원인이 아직 밝혀지지 않았다.

해답 및 풀이

12월 31일 일반전표입력

(차) 현금과부족   110,000원   (대) 잡이익   110,000원

□	일	번호	구분	계정과목	거래처	적요	차변	대변
□	31	00034	차변	0141 현금과부족			110,000	
□	31	00034	대변	0930 잡이익				110,000

15 당기에 비용으로 처리한 매장의 임차료 중 기간미경과분 400,000원이 있다(단, 거래처 입력 생략).

해답 및 풀이

12월 31일 일반전표입력

(차) 선급비용   400,000원   (대) 임차료(판)   400,000원

□	일	번호	구분	계정과목	거래처	적요	차변	대변
□	31	00035	차변	0133 선급비용			400,000	
□	31	00035	대변	0819 임차료				400,000

16 당기 말의 가수금 140,000원의 잔액은 최초상사의 외상매출금 회수분이다(단, 가수금에 대한 거래처 입력은 생략한다).

해답 및 풀이

12월 31일 일반전표입력

(차) 가수금   140,000원   (대) 외상매출금(최초상사)   140,000원

	일	번호	구분	계 정 과 목	거 래 처	적 요	차 변	대 변
	31	00036	차변	0257 가수금			140,000	
	31	00036	대변	0108 외상매출금	00210 최초상사			140,000

※ 수록된 기출문제 원저작권은 자격검정 시행기관인 한국세무사회에 있으며, 본 교재에서는 편집 및 재구성만 하였음을 밝힙니다.

※ 제89회는 코로나19로 인하여 취소되었습니다.

기출 DB 다운로드 경로

1. 시대에듀(www.sdedu.co.kr)에 접속한 후 학습자료실 클릭

2. [프로그램 자료실]을 클릭 후 검색창에 [The 쉽게 합격하는 전산회계 2급]을 검색한다.

* 로그인 후 다운로드 가능합니다.

이론

다음 문제를 보고 알맞은 것을 골라 이론문제 답안작성 메뉴에 입력하시오. (객관식 문항당 2점)

─────〈 기 본 전 제 〉─────

문제에서 한국채택국제회계기준을 적용하도록 하는 전제조건이 없는 경우, 일반기업회계기준을 적용한다.

01 다음 설명 중 잘못된 것은?

① 자산은 과거의 거래나 사건의 결과로서 현재 기업실체에 의해 지배되고 미래에 경제적 효익을 창출할 것으로 기대되는 자원을 말한다.
② 기업의 자금조달방법에 따라 타인자본과 자기자본으로 구분된다. 부채는 자기자본에 해당되며, 타인으로부터 빌린 빚을 말한다.
③ 자본은 기업실체의 자산총액에서 부채총액을 차감한 잔여액 또는 순자산을 말한다.
④ 비용은 기업실체의 경영활동과 관련된 재화의 판매 또는 용역의 제공 등에 따라 발생하는 자산의 유출이나 사용 또는 부채의 증가이다.

02 다음 중 회계의 순환과정을 올바르게 나열한 것은?

㉠ 시산표 작성	㉡ 재무제표 작성
㉢ 거래의 발생	㉣ 총계정원장 기입
㉤ 분개장 기입	

① ㉠ → ㉢ → ㉤ → ㉣ → ㉡
② ㉢ → ㉤ → ㉣ → ㉠ → ㉡
③ ㉢ → ㉤ → ㉠ → ㉣ → ㉡
④ ㉢ → ㉠ → ㉤ → ㉣ → ㉡

03 다음 중 잔액시산표에서 잔액이 대변에 나타나는 계정과목으로 옳은 것은?

① 개발비   ② 영업권

③ 자본금   ④ 장기대여금

04 다음 중 결산 절차 (가)에 해당하는 내용으로 옳은 것은?

| 결산 예비 절차 | → | 결산 본 절차 | → | (가) |

① 시산표 작성   ② 분개장 마감

③ 총계정원장 마감   ④ 재무상태표 작성

05 다음은 유동자산의 분류이다. (ㄱ)에 해당하는 계정과목으로 적절한 것은?

• 유동자산은 (ㄱ)과 재고자산으로 구성된다.

① 상 품   ② 장기금융상품

③ 외상매출금   ④ 토 지

06 다음 자료에 의하여 당기 외상매출금 기말잔액을 계산한 금액은 얼마인가?

• 외상매출금 기초잔액 : 500,000원
• 당기 외상매출액 : 700,000원
• 외상매출금 중 환입액 : 30,000원
• 외상매출금 당기 회수액 : 300,000원

① 800,000원   ② 870,000원

③ 900,000원   ④ 930,000원

07 유형자산의 취득 또는 완성 후의 지출이 유형자산으로 인식되기 위한 조건을 충족한 자본적 지출로 처리해야 하는 경우가 아닌 것은?

① 내용연수 연장   ② 상당한 원가절감
③ 생산능력 증대   ④ 수선유지를 위한 지출

08 판매용 TV 10대(@ 1,000,000원)를 구입하면서 어음을 발행(3개월 후 지급조건)하여 교부하였을 경우, 올바른 분개(계정과목)는?

① (차) 비 품	10,000,000	(대) 지급어음	10,000,000
② (차) 비 품	10,000,000	(대) 미지급금	10,000,000
③ (차) 상 품	10,000,000	(대) 지급어음	10,000,000
④ (차) 상 품	10,000,000	(대) 미지급금	10,000,000

09 다음 중 유형자산으로 분류할 수 없는 것은?

① 전화기 생산업체가 보유하고 있는 조립용 기계장치
② 생수업체가 사용하고 있는 운반용 차량운반구
③ 핸드폰 판매회사가 사용하는 영업장 건물
④ 자동차 판매회사가 보유하고 있는 판매용 승용자동차

10 2021년 10월 1일에 구입한 영업용 차량(단, 취득원가 25,000,000원, 잔존가액 1,000,000원, 내용연수 10년, 결산 연 1회)에 대한 2021년 12월 31일 결산시 정액법으로 계산한 감가상각비는 얼마인가?

① 600,000원   ② 625,000원
③ 1,875,000원   ④ 2,400,000원

11 다음 계정과목 중 성격(소속구분)이 다른 하나는?

① 매입채무   ② 미지급금
③ 장기차입금   ④ 유동성장기부채

12 다음 자료에서 A 개인기업의 2021년 12월 31일 현재 자본금은 얼마인가?

> • 1월 1일 현금 51,000,000원을 출자하여 영업을 개시하였다.
> • 9월 15일 사업주가 개인사용을 목적으로 1,910,000원을 인출하였다.
> • 12월 31일 기말 결산시 사업주가 인출한 금액을 자본금 계정으로 대체하였다.
> • 12월 31일 기말 결산시 당기순이익 6,200,000원이다.

① 49,090,000원   ② 51,000,000원

③ 55,290,000원   ④ 57,200,000원

13 다음의 계정과목 중 영업이익에 영향을 주지 않는 것은?

① 접대비   ② 감가상각비

③ 유형자산처분손실   ④ 대손상각비

14 다음 자료를 참고로 적절한 회계처리는?

> • 4월 2일 매출처 A사의 부도로 매출채권 2,000,000원이 회수불가능하여 대손처리하였다(대손충당금 잔액은 930,000원으로 확인됨).

① (차) 대손상각비	2,000,000	(대) 매출채권		2,000,000
② (차) 대손충당금	930,000	(대) 매출채권		2,000,000
대손상각비	1,070,000			
③ (차) 대손충당금	930,000	(대) 매출채권		930,000
④ (차) 대손상각비	1,070,000	(대) 매출채권		1,070,000

15 다음 자료에 의하여 영업외비용을 계산하면 얼마인가?

> • 이자비용 : 100,000원   • 복리후생비 : 120,000원
> • 통신비 : 150,000원   • 잡손실 : 170,000원
> • 임차료 : 210,000원   • 기부금 : 110,000원

① 270,000원   ② 380,000원

③ 480,000원   ④ 650,000원

나리상사(코드번호 : 0034)는 전자제품을 판매하는 개인기업이다. 당기(제10기) 회계기간은 2021.1.1. ~ 2021.12.31.이다. 전산세무회계 수험용 프로그램을 이용하여 다음 물음에 답하시오.

〈 기 본 전 제 〉

문제에서 한국채택국제회계기준을 적용하도록 하는 전제조건이 없는 경우, 일반기업회계기준을 적용하여 회계처리한다.

문제 1 다음은 나리상사의 사업자등록증이다. 회사등록 메뉴에 입력된 내용을 검토하여 누락분은 추가 입력하고 잘못된 부분은 정정하시오(주소 입력시 우편번호는 입력하지 않아도 무방함). (6점)

사 업 자 등 록 증

(일반과세자)

등록번호 135-27-40377

상　호　명 : 나리상사
대 표 자 명 : 나은혜
개 업 연 월 일 : 2012. 3. 20.
사업장소재지 : 서울특별시 관악구 과천대로 855 (남현동)
사업자의 종류 : 업태 도소매　　종목 전자제품

사업자 단위 과세 적용사업자 여부 : 여(　) 부(√)
전자세금계산서 전용 전자우편 주소 :

2012년 3월 20일

관악세무서장

문제 2 다음은 나리상사의 전기분손익계산서이다. 입력되어 있는 자료를 검토하여 오류부분은 정정하고 누락된 부분은 추가 입력하시오. (6점)

손익계산서

회사명 : 나리상사   제9기 2020.1.1. ~ 2020.12.31.   (단위 : 원)

과 목	금 액	과 목	금 액
Ⅰ 매출액	200,000,000	Ⅴ 영업이익	14,350,000
상품매출	200,000,000	Ⅵ 영업외수익	3,550,000
Ⅱ 매출원가	160,000,000	이자수익	1,100,000
상품매출원가	160,000,000	임대료	2,450,000
기초상품재고액	11,000,000	Ⅶ 영업외비용	1,100,000
당기상품매입액	170,000,000	이자비용	1,100,000
기말상품재고액	21,000,000	Ⅷ 소득세차감전순이익	
Ⅲ 매출총이익	40,000,000	Ⅸ 소득세등	0
Ⅳ 판매비와관리비	25,650,000	Ⅹ 당기순이익	16,800,000
급 여	13,200,000		
복리후생비	1,500,000		
여비교통비	3,240,000		
차량유지비	2,200,000		
소모품비	3,130,000		
광고선전비	2,380,000		

문제 3 다음 자료를 이용하여 입력하시오. (6점)

[1] 나리상사의 거래처별초기이월 채권과 채무잔액은 다음과 같다. 자료에 맞게 추가 입력이나 정정 및 삭제하시오. (3점)

계정과목	거래처	잔 액	계
외상매출금	내일관광	4,500,000원	12,000,000원
	퓨처뷰티	3,300,000원	
	한국상사	4,200,000원	
지급어음	한샘크루즈	10,000,000원	18,020,000원
	넥스코	5,000,000원	
	미래투어	3,020,000원	

[2] 다음 자료를 이용하여 [기초정보등록]의 [거래처등록] 메뉴에서 거래처(신용카드)를 추가로 등록하시오(주어진 자료 이외 다른 항목은 입력할 필요 없음). (3점)

- 거래처코드 : 99601
- 거래처명 : 희망카드
- 유형 : 매입
- 카드번호 : 1234-4568-6464-8431
- 카드종류(매입) : 사업용카드

문제 4　다음 거래 자료를 일반전표입력 메뉴에 추가 입력하시오. (24점)

─── 〈 입 력 시　유 의 사 항 〉───

- 적요의 입력은 생략한다.
- 부가가치세는 고려하지 않는다.
- 채권·채무와 관련된 거래처명은 반드시 기 등록되어 있는 거래처코드를 선택하는 방법으로 거래처명을 입력한다.
- 회계처리시 계정과목은 등록되어 있는 계정과목 중 가장 적절한 과목으로 한다.

[1] 7월 31일　　영업부에서 구독한 신문대금(정기구독료)를 현금으로 지급하였다(도서인쇄비로 처리할 것). (3점)

영 수 증

<u>나리상사　귀하</u>

월 구독료　15,000원

위 금액을 7월분 구독료로 영수함.
2021.07.31.

희망일보

[2] 9월 12일　　본사 긴물에 엘리베이터를 설치하고 13,000,000원을 넥스코에 2개월 후에 지급하기로 하다(건물에 대한 자본적 지출로 회계처리). (3점)

[3] 9월 21일   삼촌컴퓨터로부터 컴퓨터 11대를 구입(@ 1,750,000원)하였다. 이 중 10대는 판매용으로 외상구입했으며, 1대는 업무용으로 현금 결제하였다. (3점)

[4] 9월 30일   영업사원 김창원의 9월 급여를 다음과 같이 당사 보통예금 통장에서 이체하였다. (3점)

[나리상사 2021년 9월 급여내역]

(단위 : 원)

이 름	김창원	지급일	2021년 9월 30일
기본급여	3,800,000원	소득세	111,000원
직책수당	200,000원	지방소득세	11,100원
상여금		고용보험	36,450원
특별수당		국민연금	122,000원
차량유지		건강보험	50,000원
급여계	4,000,000원	공제합계	330,550원
노고에 감사드립니다.		지급총액	3,669,450원

[5] 11월 6일   영업부 직원용 유니폼을 600,000원에 삼호패션(주)에서 제작하고 신한카드로 결제하였다. (3점)

```
              카드매출전표
    ------------------------------
    카드종류 : 신한카드
    회원번호 : 2234-2222-****-1767
    거래일시 : 2021.11.06. 15:07:18
    거래유형 : 신용승인
    매   출 : 600,000원
    부 가 세 :
    합   계 : 600,000원
    결제방법 : 일시불
    승인번호 : 61999998
    은행확인 : 신한은행
    ------------------------------
    가맹점명 : 삼호패션(주)
          - 이 하 생 략 -
```

[6] 12월 2일   에코상점에 상품 1,000,000원을 매출하고, 대금은 외상으로 하다(단, 부가가치세는 무시한다). (3점)

권		호		거래명세표(보관용)					
2021년 12월 2일			공	등록번호		135-27-40377			
에코상점 귀하			급	상 호	나리상사		성 명	나은혜	㉑
				사업장 소재지	서울 관악구 과천대로 855				
아래와 같이 계산합니다.			자	업 태	도소매		종 목	전자제품	
합계금액			백만 원정 (₩1,000,000)						
월일	품 목		규 격	수 량	단 가	공급대가		세 액	
12/2	상 품			10	100,000원	1,000,000원			
	계								
전잔금					합 계	1,000,000원			
입 금			잔 금	1,000,000원	인수자	김영수			㉑
비 고									

[7] 12월 9일   매출거래처의 야유회 지원을 위해 경품 2,000,000원을 구매하고 사업용카드(하나카드)로 결제하였다. (3점)

[8] 12월 27일   희망은행으로부터 2022년 12월 20일 상환하기로 하고, 30,000,000원을 차입하여 보통예금에 입금하였다. (3점)

문제 5 일반전표입력 메뉴에 입력된 내용 중 다음과 같은 오류가 발견되었다. 입력된 내용을 확인하여 정정 또는 추가 입력하시오. (6점)

[1] 11월 9일   매입거래처 장미상사에 보통예금으로 이체하여 지급된 외상매입금 320,000원이 담당직원의 실수로 상품 계정으로 입력되어 있음을 확인하였다. (3점)

[2] 11월 12일   신용카드로 결제한 저녁 식사비(350,000원)는 거래처 직원들이 아닌 영업부 판매담당 직원들을 위한 지출이다. (3점)

전자서명전표

```
단말기번호
8002124738                          120524128234
카드종류
비씨카드                             신용승인
회원번호
4906-0302-3245-9952
거래일자
2021/11/12 13:52:46
일 반
일시불                        금 액              350,000원

은행확인                      세 금              (무시)
비 씨
판매자                        봉사료                 0원
                             합 계            350,000원
대표자
이학주
사업자등록번호
117-09-52793
가맹점명
평화정
가맹점주소
경기 구리시 경춘로 20
                             서 명
                                          나리상사
```

문제 6 다음의 결산정리사항을 입력하여 결산을 완료하시오. (12점)

[1] 결산일 현재 단기대여금에 대한 이자수익 중 기간미경과분이 300,000원이다. (3점)

[2] 판매부문의 소모품 구입시 비용으로 처리한 금액 중 기말 현재 미사용한 금액은 150,000원이다. (3점)

[3] 결산시 관리 및 영업부문으로 사용하는 건물에 대하여 4,200,000원, 업무용 차량에 대하여 1,600,000원의 감가상각을 하다. (3점)

[4] 기말상품재고액은 3,600,000원이다(5.결산차변, 6.결산대변으로 입력할 것). (3점)

문제 7 다음 사항을 조회하여 답안을 이론문제 답안작성 메뉴에 입력하시오. (10점)

[1] 6월 30일 현재 보통예금 잔액은 총 얼마인가? (3점)

[2] 5월 말 외상매출금 잔액이 가장 많은 거래처와 금액은 얼마인가? (4점)

[3] 상반기(1월~6월) 중 자산 계정으로 처리된 소모품 구입 건수는 몇 건이며, 총 금액은 얼마인가? (3점)

이 론

다음 문제를 보고 알맞은 것을 골라 │이론문제 답안작성│ 메뉴에 입력하시오. (객관식 문항당 2점)

─────〈 기 본 전 제 〉─────
문제에서 한국채택국제회계기준을 적용하도록 하는 전제조건이 없는 경우, 일반기업회계기준을 적용한다.

01 다음은 재무상태표 작성기준에 대한 설명이다. 틀린 것은?

① 재무상태표의 계정과목은 유동성이 낮은 순서대로 배열한다.
② 재무상태표에서 자산·부채·자본은 총액표시를 원칙으로 한다.
③ 자본 항목 중 잉여금은 자본잉여금과 이익잉여금으로 구분하여 표시한다.
④ 자산과 부채는 원칙적으로 결산일 현재 1년을 기준으로 유동항목과 비유동항목으로 구분하여 표시한다.

02 다음 중 회계상 거래를 모두 고른 것은?

• 영미실업은 ⊙ 종업원을 추가로 채용하고 ⓒ 건물을 추가로 사용하기 위해 임대차계약을 체결하였으며 ⓒ 영업용 자동차 1대를 현금으로 매입하였다. 또한, ② 1천만원의 상품을 추가로 주문하였고, ⑩ 바른은행에서 현금 2천만원을 3년간 차입하였다.

① ⓒ, ⑩   ② ⊙, ②
③ ⊙, ⓒ   ④ ②, ⑩

03 다음 중 회계정보의 내부이용자에 속하는 이해관계자로 옳은 것은?

① 고 객   ② 정 부
③ 경영자   ④ 채권자

04 다음 거래에서 표시될 수 없는 계정과목은?

> • 11월 30일 상품 1,100,000원을 지니상사에 외상으로 판매하고 운송비 140,000원을 국민은행 보통예금으로
>   지급하였다.

① 외상매출금　　　　　　　　　　② 상품매출
③ 보통예금　　　　　　　　　　　④ 외상매입금

05 다음 자료에 의하여 재무상태표에 표시되는 당좌자산을 계산하면 얼마인가?

> • 현 금 : 200,000원　　　　　　　• 보통예금 : 300,000원
> • 외상매출금 : 600,000원　　　　　• 예수금 : 50,000원
> • 지급어음 : 100,000원　　　　　　• 단기대여금 : 180,000원

① 1,100,000원　　　　　　　　② 1,230,000원
③ 1,280,000원　　　　　　　　④ 1,330,000원

06 다음에서 설명하고 있는 자산에 해당하지 않는 것은?

> 1. 한국은행에서 발행된 지폐나 주화
> 2. 통화와 언제든지 교환할 수 있는 통화대용증권

① 자기앞수표　　　　　　　　　② 우편환증서
③ 배당금지급통지표　　　　　　④ 수입인지

07 기말재고자산을 과소 평가한 경우 나타나는 현상으로 옳은 것은?

	매출원가	당기순이익
①	과대계상	과대계상
②	과대계상	과소계상
③	과소계상	과대계상
④	과소계상	과소계상

08 다음 거래 내용에서 기록되어야 할 보조부가 아닌 것은?

> 상품을 600,000원에 매출하고, 대금은 동점발행 당좌수표로 회수하다.

① 매출장
② 당좌예금출납장
③ 현금출납장
④ 상품재고장

09 다음의 자산 중 감가상각의 대상이 아닌 것은?

① 건 물
② 차량운반구
③ 기계장치
④ 임차보증금

10 자본적 지출을 수익적 지출로 잘못 회계 처리한 경우, 이로 인해 발생하는 영향으로 바른 것은?

① 자산은 증가하고, 이익은 감소한다.
② 자산은 증가하고, 이익은 증가한다.
③ 자산은 감소하고, 이익은 감소한다.
④ 자산은 감소하고, 이익은 증가한다.

11 다음 계정과목 중 재무제표상 분류기준 항목이 다른 것은?

① 예수금
② 미지급금
③ 미수수익
④ 미지급비용

12 다음 거래를 회계처리시 차변 계정과목으로 옳은 것은?

> 기업주가 매출처로부터 외상매출금 1,000,000원을 현금으로 회수하여 개인적 용도로 사용하다.

① 보통예금　　　　　　　　　　② 인출금
③ 단기차입금　　　　　　　　　④ 외상매출금

13 다음 중 수익의 이연에 해당하는 계정과목은?

① 미수수익　　　　　　　　　　② 선수수익
③ 미지급비용　　　　　　　　　④ 선급비용

14 다음 중 세금과공과 계정으로 처리할 수 없는 것은?

① 적십자 회비
② 회사 소유 건물에 대한 재산세
③ 업무용 승용차에 대한 자동차세
④ 건물 구입시 지급한 취득세

15 다음 자료에 의하여 2021년 말 손익계산서에 계상될 감가상각비는 얼마인가?

> • 기계장치 취득원가 : 11,000,000원
> • 취득시기 : 2021년 1월 1일
> • 잔존가치 : 1,000,000원
> • 내용연수 : 5년
> • 감가상각방법 : 정액법

① 2,000,000원　　　　　　　　② 2,200,000원
③ 4,510,000원　　　　　　　　④ 4,961,000원

실 기

동백상사(코드번호 : 0924)는 컴퓨터부품을 판매하는 개인기업이다. 당기(제12기) 회계기간은 2021.1.1. ~ 2021.12.31. 이다. 전산세무회계 수험용 프로그램을 이용하여 다음 물음에 답하시오.

─────── 〈 기 본 전 제 〉───────

문제에서 한국채택국제회계기준을 적용하도록 하는 전제조건이 없는 경우, 일반기업회계기준을 적용하여 회계처리한다.

문제 1 다음은 동백상사의 사업자등록증이다. 회사등록 메뉴에 입력된 내용을 검토하여 누락분은 추가 입력하고 잘못된 부분은 정정하시오(주소 입력시 우편번호는 입력하지 않아도 무방함). (6점)

사 업 자 등 록 증

(일반과세자)

등록번호 101-23-33346

상   호   명 : 동백상사
대 표 자 명 : 홍국화
개 업 연 월 일 : 2010. 3. 9.
사업장소재지 : 서울특별시 중구 남대문로 2(남대문로 4가)
사업자의 종류 : 업태 도소매   종목 컴퓨터부품

사업자 단위 과세 적용사업자 여부 : 여( ) 부(√)
전자세금계산서 전용 전자우편 주소 :

2010년 3월 9일

남대문세무서장

문제 2 다음은 동백상사의 전기분재무상태표이다. 입력되어 있는 자료를 검토하여 오류부분은 정정하고 누락된 부분은 추가 입력하시오. (6점)

재무상태표

회사명 : 동백상사   제11기 2020.12.31 현재   (단위 : 원)

과 목	금 액		과 목	금 액
현 금		21,000,000	외상매입금	23,200,000
당좌예금		25,200,000	지급어음	18,020,000
보통예금		5,000,000	미지급금	15,000,000
외상매출금	12,000,000		단기차입금	21,800,000
대손충당금	80,000	11,920,000	자본금	38,000,000
받을어음	20,000,000		(당기순이익	
대손충당금	100,000	19,900,000	: 12,800,000)	
단기대여금		2,000,000		
미수금		1,000,000		
상 품		6,000,000		
차량운반구	35,000,000			
감가상각누계액	15,000,000	20,000,000		
비 품	7,000,000			
감가상각누계액	3,000,000	4,000,000		
자산총계		116,020,000	부채와 자본총계	116,020,000

문제 3 다음 자료를 이용하여 입력하시오. (6점)

[1] 동백상사의 거래처별초기이월 채권과 채무잔액은 다음과 같다. 자료에 맞게 추가 입력이나 정정 및 삭제하시오. (3점)

계정과목	거래처	잔 액	계
받을어음	영미실업	2,250,000원	20,000,000원
	삼미그룹	3,300,000원	
	더베스트유통	14,450,000원	
외상매입금	잘남회사	19,100,000원	23,200,000원
	삼송물류	2,300,000원	
	우진상사	1,800,000원	

[2] 당사의 신규 거래처이다. 거래처등록 메뉴에 추가 등록하시오. (3점)

> • 거래처코드 : 41120
> • 상호 : 지니상사
> • 유형 : 동시
> • 사업자등록번호 : 215-48-16654
> • 대표자명 : 김지니
> • 업태/종목 : 도소매/조명기구
> • 사업장소재지 : 경기도 수원시 장안구 팔달로 197(영화동)
> ※ 주소 입력시 우편번호는 입력하지 않아도 무방함

문제 4 다음 거래 자료를 일반전표입력 메뉴에 추가 입력하시오. (24점)

─────────〈 입 력 시   유 의 사 항 〉─────────

> • 적요의 입력은 생략한다.
> • 부가가치세는 고려하지 않는다.
> • 채권·채무와 관련된 거래처명은 반드시 기 등록되어 있는 거래처코드를 선택하는 방법으로 거래처명을 입력한다.
> • 회계처리시 계정과목은 등록되어 있는 계정과목 중 가장 적절한 과목으로 한다.

[1] 7월 3일   창고에서 상품의 적재를 위해 고용한 일용직 근로자에게 일당 150,000원을 현금으로 지급하였다. (3점)

[2] 8월 6일   경리부서에서 사용할 사무용품을 다모아문구에서 구입하고 신한카드로 결제하였다(비용으로 회계처리하며 사무용품비 계정과목을 사용하시오). (3점)

카드매출전표
────────────────
카드종류 : 신한카드
회원번호 : 5841-4512-****-8858
거래일시 : 2021.8.6. 16:05:16
거래유형 : 신용승인
금   액 : 80,000원
결제방법 : 일시불
승인번호 : 71999995
은행확인 : 신한은행
────────────────
가맹점명 : 다모아문구
- 이 하 생 략 -

[3] 9월 25일   승합차 등록비용 205,000원을 자동차등록 대행업체인 예스카에 현금으로 지급하였다. (3점)

영수증	발행일			2021.9.25.
	받는이	동백상사		귀하

공 급 자					
상 호	예스카		대표자	김센타	(인)
등록번호	321-21-00256				
주 소	경기도 구리시 경춘로 125				
전 화	031-570-9963		팩 스		

받은금액				205,000원

날 짜	품 목	수 량	단 가	금 액
9/25	차량등록비용			150,000원
	번호판구입외			55,000원
합 계				205,000원

부가가치세법시행규칙 제25조의 규정에 의한 (영수증)으로 개정

[4] 10월 11일   상품 1,700,000원을 매입하고 대금은 당좌수표를 발행하여 지급하였다(단, 당좌예금 잔액은 300,000원이었고 국민은행과의 당좌차월계약 한도액은 5,000,000원이다). (3점)

[5] 11월 8일   영업부 사무실 에어컨이 고장나서 이를 수리하고 수리비를 현금으로 지급하였다(단, 수익적 지출로 처리한다). (3점)

NO.	영 수 증 (공급받는자용)			
		동백상사	귀하	

공급자	사업자등록번호	126-01-18454		
	상 호	에지서비스	성 명	오휘연
	사업장소재지	인천 서구 승학로 57		
	업 태	서비스	종 목	수 리

작성일자	금액합계		비 고
2021. 11. 8.	30,000		

공급내역				
월/일	품 명	수 량	단 가	금 액
11. 8.	수리비			30,000
합 계		30,000		

위 금액을 영수(청구)함

[6] 11월 19일 거래처 아사달유통의 상품매출에 대한 외상대금 3,000,000원을 회수하면서 약정기일보다 빠르게 회수하여 2%를 할인해 주고, 대금은 보통예금 계좌로 입금받다. (3점)

[7] 12월 10일 11월분 건강보험료 250,000원(회사부담분 125,000원, 본인부담분 예수액 125,000원)을 현금으로 납부하였다(회사부담분은 복리후생비로 처리하며, 하나의 전표로 입력할 것). (3점)

[8] 12월 22일 단기 운용목적으로 (주)동행 발행주식 1,000주(1주당 액면 5,000원)를 1주당 6,500원에 구입하다. 취득시 수수료 110,000원을 포함한 대금은 보통예금에서 지급하다. (3점)

문제 5 일반전표입력 메뉴에 입력된 내용 중 다음과 같은 오류가 발견되었다. 입력된 내용을 확인하여 정정 또는 추가 입력하시오. (6점)

[1] 10월 3일 외상매출금 170,000원의 회수거래로 회계처리한 내용은 지에스상사에 대여한 단기대여금에 대한 이자가 국민은행 보통예금 계좌에 입금된 거래로 확인되었다. (3점)

[2] 10월 15일 지출된 대금은 당좌수표를 발행하여 지급한 것이 아니라 보통예금으로 지급한 것으로 밝혀졌다. (3점)

문제 6 다음의 결산정리사항을 입력하여 결산을 완료하시오. (12점)

[1] 2021년 4월 1일에 본사영업부 운영차량에 대해 아래와 같이 보험에 가입하고 전액 당기비용으로 처리하였다. 기말수정분개를 하시오(단, 월할계산하고, 음수로 입력하지 말 것). (3점)

- 보험회사 : (주)만세보험
- 보험료납입액 : 1,200,000원
- 보험적용기간 : 2021년 4월 1일 ~ 2022년 3월 31일

[2] 결산일 현재 장부에 계상되지 않은 당기분 임대료(영업외수익)는 500,000원이다. (3점)

[3] 결산일 현재 현금실제액이 현금장부잔액보다 51,000원 많고 차이원인은 확인되지 않았다. (3점)

[4] 결산일 현재 기말상품재고액은 8,500,000원이다(단, 전표입력에서 구분으로 '5.결산차변, 6.결산대변'을 사용하여 입력할 것). (3점)

문제 7 다음 사항을 조회하여 답안을 이론문제 답안작성 메뉴에 입력하시오. (10점)

[1] 6월 30일 현재 유동부채의 금액은 얼마인가? (4점)

[2] 3월 31일 현재 거래처 아사달유통의 외상매출금 잔액은 얼마인가? (3점)

[3] 상반기(1월~6월) 중 복리후생비의 지출이 가장 많은 월과 가장 적은 월의 차이금액은 얼마인가? (3점)

이 론

다음 문제를 보고 알맞은 것을 골라 이론문제 답안작성 메뉴에 입력하시오. (객관식 문항당 2점)

─────〈 기 본 전 제 〉─────

문제에서 한국채택국제회계기준을 적용하도록 하는 전제조건이 없는 경우, 일반기업회계기준을 적용한다.

01 다음 자료에 의한 기말부채(가)와 기말자본금(나)을 계산하면 얼마인가?

- 기초자산 : 600,000원
- 기초부채 : 200,000원
- 총비용 : 700,000원
- 기말자산 : 800,000원
- 총수익 : 900,000원

① (가) 600,000원   (나) 200,000원
② (가) 200,000원   (나) 600,000원
③ (가) 400,000원   (나) 300,000원
④ (가) 600,000원   (나) 300,000원

02 다음 중 재무상태표에 포함되어야 하는 사항이 아닌 것은?

① 기업명
② 금액단위
③ 보고통화
④ 회계기간

03 다음 계정과목들 중 그 성격이 다른 것은?

① 가지급금
② 미지급금
③ 선수금
④ 외상매입금

04 다음과 같이 주어진 자료에서 당기의 외상매출금 현금회수액은 얼마인가?

- 외상매출금 기초잔액 : 5,000,000원
- 당기에 발생한 외상매출액 : 13,000,000원
- 외상매출금 기말잔액 : 3,000,000원
- 당기에 외상매출금을 받을어음으로 대체한 금액 : 10,000,000원

---

① 13,000,000원　　　　　　　　　② 10,000,000원
③ 5,000,000원　　　　　　　　　　④ 3,000,000원

05 결산 결과 당기순이익 500,000원이 발생하였으나, 기말 정리 사항이 다음과 같이 누락되었다. 수정 후의 당기순이익은 얼마인가?

- 임대료 미수분 50,000원을 계상하지 않았다.
- 단기차입금에 대한 이자 미지급액 10,000원을 계상하지 않았다.

---

① 460,000원　　　　　　　　　　② 495,000원
③ 505,000원　　　　　　　　　　④ 540,000원

06 다음 자료를 활용하여 기초상품재고액을 바르게 계산한 것은?(단, 주어진 자료만 고려한다)

- 매출원가 : 540,000원
- 총매출액 : 1,000,000원
- 총매입액 : 550,000원
- 매출에누리 : 100,000원
- 매입할인 : 50,000원
- 기말상품재고액 : 120,000원

---

① 100,000원　　　　　　　　　　② 160,000원
③ 500,000원　　　　　　　　　　④ 900,000원

07 다음은 사용하던 업무용 차량의 처분과 관련된 자료이다. 가장 거리가 먼 것은?

- 취득가액 : 25,000,000원
- 감가상각누계액 : 14,000,000원
- 매각대금 : 10,000,000원
- 매각대금결제 : 전액 외상

---

① 이 차량의 장부가액은 25,000,000원이다.

② 매각대금 10,000,000원의 처리계정은 미수금이다.

③ 감가상각누계액 14,000,000원은 이전에 비용처리되었다.

④ 이 차량의 매각으로 1,000,000원의 유형자산처분손실이 발생했다.

08 다음과 같은 비유동자산들의 특징을 틀리게 설명한 것은?

- 토 지   - 건 물
- 비 품   - 차량운반구
- 기계장치   - 구축물

---

① 보고기간 종료일로부터 1년 이상 장기간 사용가능한 자산

② 판매 목적의 자산

③ 물리적형태가 있는 자산

④ 타인에 대한 임대 또는 자체적으로 사용할 목적의 자산

09 다음 중 재고자산의 매입원가에 가산하는 항목에 해당하지 않는 것은?

① 매입운임   ② 매입보험료

③ 매입하역료   ④ 매입할인

10 우진상사의 기말 재무상태표에 계상되어 있는 미지급된 보험료는 10,000원이며(기초 미지급된 보험료는 없음), 당기 발생되어 기말 손익계산시에 계상되어 있는 보험료가 40,000원일 때 당기에 지급한 보험료는 얼마인가?

① 12,000원   ② 20,000원

③ 30,000원   ④ 40,000원

11 다음 중 자본금 계정이 차변에 나타나는 것은?

① 현금 5,000,000원을 출자하여 영업을 개시하다.

② 기중에 현금 5,000,000원 추가출자하다.

③ 기말 결산시 인출금 3,000,000원을 정리하다.

④ 기말 결산시 당기순이익 300,000원을 자본금 계정으로 대체하다.

12 다음 중 비용의 이연에 해당하는 계정과목은?

① 선수수익   ② 미지급비용

③ 미수수익   ④ 선급비용

13 다음과 같은 거래요소의 결합관계로 이루어지는 거래는?

(차)   자산의 증가   (대)   자산의 감소

① 거래처 경조사비로 200,000원을 보통예금에서 계좌이체하다.

② 보통예금 50,000,000원을 출자하여 영업을 개시하다.

③ 사무실 임차보증금 3,000,000원을 보통예금에서 지급하다.

④ 사무실에서 사용할 컴퓨터를 1,000,000원에 구매하고 신용카드로 결제하다.

14 다음 거래와 관련이 있는 계정과목은?

> 기말 현재, 미국 하이사의 외상매출금 $1,000에 대하여 외화평가를 하다(매출시 환율 1,300원/$, 기말 평가시 환율 1,000원/$).

① 외환차손   ② 외화환산손실

③ 외환차익   ④ 외화환산이익

15 다음 중 대여금에 대한 대손상각비를 판매비와관리비 항목에 포함하여 처리하였을 경우 일반기업회계기준으로 판단할 때, 손익계산서에 미치는 영향으로 옳은 것은?

① 영업이익은 과소계상 되었으나 당기순이익에는 변함없다.

② 기업의 매출활동 결과인 매출총이익에 영향을 미친다.

③ 기업회계기준에 따라 정상 처리되었다.

④ 당기순이익 계산에 영향을 미친다.

한솔상사(회사코드 : 0914)는 가전제품을 판매하는 도·소매 개인기업이며, 당기(제7기) 회계기간은 2021.1.1. ~ 2021.12.31.이다. 전산세무회계 수험용 프로그램을 이용하여 다음 물음에 답하시오.

─────────〈 기 본 전 제 〉─────────

문제에서 한국채택국제회계기준을 적용하도록 하는 전제조건이 없는 경우, 일반기업회계기준을 적용하여 회계처리한다.

문제 1 다음은 한솔상사의 사업자등록증이다. 회사등록 메뉴에 입력된 내용을 검토하여 누락분은 추가 입력하고 잘못된 부분은 정정하시오(주소 입력시 우편번호는 입력하지 않아도 무방함). (6점)

사 업 자 등 록 증

(일반과세자)

등록번호 106-25-12340

상 호 명 : 한솔상사
대 표 자 명 : 최한솔
개 업 연 월 일 : 2015. 01. 23.
사업장소재지 : 서울시 송파구 동남로8길 13(문정동)
사업자의 종류 : 업태 도소매   종목 가전제품
교 부 사 유 : 신 규

사업자 단위 과세 적용사업자 여부 : 여( ) 부(√)
전자세금계산서 전용 전자우편 주소 :

2015년 1월 23일

송파세무서장

문제 2 다음은 한솔상사의 전기분재무상태표이다. 입력되어 있는 자료를 검토하여 오류부분은 정정하고 누락된 부분은 추가 입력하시오. (6점)

재무상태표

회사명 : 한솔상사　　　　　　　제6기 2020.12.31 현재　　　　　　　(단위 : 원)

과 목	금 액		과 목	금 액	
현 금		50,000,000	외상매입금		45,000,000
보통예금		30,000,000	지급어음		20,000,000
정기예금		20,000,000	선수금		20,000,000
외상매출금	50,000,000		단기차입금		40,000,000
대손충당금	500,000	49,500,000	자본금		212,200,000
받을어음	30,000,000		(당기순이익		
대손충당금	300,000	29,700,000	: 15,000,000)		
단기대여금		10,000,000			
미수금		20,000,000			
상 품		80,000,000			
차량운반구	52,000,000				
감가상각누계액	23,000,000	29,000,000			
비 품	20,000,000				
감가상각누계액	1,000,000	19,000,000			
자산총계		337,200,000	부채와 자본총계		337,200,000

문제 3 다음 자료를 이용하여 입력하시오. (6점)

[1] 당사는 여행자 보험료를 현금으로 지급하였다. 다음의 적요를 등록하시오. (3점)

코 드	계정과목	적요구분	적요 등록 사항
821	보험료	현금적요	7. 여행자 보험료 납부

[2] 한솔상사의 외상매출금과 외상매입금에 대한 거래처별초기이월 자료는 다음과 같다. 주어진 자료를 검토하여 잘못된 부분을 정정하거나 누락된 부분을 추가 입력하시오. (3점)

계정과목	거래처명	금액(원)	계정과목	거래처명	금액(원)
외상매출금	양촌상사	15,000,000원	외상매입금	명성상사	20,000,000원
	신읍상사	5,000,000원		대도상사	25,000,000원
	길음상사	30,000,000원			

문제 4 다음 거래 자료를 일반전표입력 메뉴에 추가 입력하시오. (24점)

─────────────〈 입 력 시 　 유 의 사 항 〉─────────────

- 적요의 입력은 생략한다.
- 부가가치세는 고려하지 않는다.
- 채권·채무와 관련된 거래처명은 반드시 기 등록되어 있는 거래처코드를 선택하는 방법으로 거래처명을 입력한다.
- 회계처리시 계정과목은 등록되어 있는 계정과목 중 가장 적절한 과목으로 한다.

[1] 7월 26일　　태풍으로 인한 피해자를 돕기 위해 송파구청에 현금 100,000원을 기부하였다. (3점)

[2] 8월 8일　　상품 2,000,000원을 지나상사에 판매하고 대금은 지나상사 발행 약속어음으로 받고 판매시 발생한 운송비 50,000원은 현금으로 지급하였다. (3점)

[3] 9월 30일　　한일광고와 체결한 광고대행계약과 관련하여 9월 30일 잔금 900,000원을 보통예금 계좌에서 이체하였다. 계약금 100,000원은 계약일인 9월 1일에 지급하고 선급비용으로 회계처리하였다. (3점)

[4] 10월 21일　　거래처 세종스타일의 외상매출금을 현금으로 회수하고 다음의 입금표를 발행하다. (3점)

No. 1																		(공급자 보관용)			

입 금 표

세종스타일 귀하

공급자	사업자등록번호		106-25-12340																	
	상　　　호		한솔상사					성 명			최한솔				(인)					
	사업장소재지		서울시 송파구 동남로 8길 13(문정동)																	
	업　　　태		도소매					종 목			가전제품									

작 성 일			금 액										세 액						
년	월	일	공란수	억	천	백	십	만	천	백	십	일	천	백	십	만	천	백	십	일
21	10	21																	

합 계	억		천		백		십		만		천		백		십		일
					3		0		0		0		0		0		0

내 용 : 외상매출금 회수

위 금액을 영수함

영 수 자 　(인)

[5] 11월 20일　　신입사원들에게 지급할 소모품을 구입하고 다음과 같은 전표를 받았다(비용처리할 것). (3점)

```
        카드매출전표
        (공급받는자용)
------------------------------

카드종류 : 비씨카드
회원번호 : ****-****-****-6553
거래일시 : 2021.11.20. 13:20:26
거래유형 : 신용승인
매    출 : 153,000원
부 가 세 :        0원
합    계 : 153,000원
결제방법 : 일시불
승인번호 : 133501449
카드사확인 : 비씨카드사

------------------------------

가맹점명 : 동산문구
        - 이 하 생 략 -
```

[6] 11월 21일　　안양상사에 지급할 외상매입금 3,500,000원을 상환하기 위해 매출거래처인 호수상사로부터 받아 보관중이던 약속어음 3,500,000원을 배서양도하였다. (3점)

[7] 11월 27일　　당사는 보유하고 있던 차량운반구(취득원가 8,000,000원, 감가상각누계액 2,000,000원)를 영동상사에 7,000,000원에 매각하고 대금을 자기앞수표로 지급받았다. (3점)

[8] 12월 17일　　단기간의 매매차익을 얻을 목적으로 황수건설의 주식 100주(1주당 액면금액 20,000원)를 1주당 18,000원에 매입하고 대금은 수수료 100,000원을 포함하여 보통예금 계좌에서 이체하였다. (3점)

문제 5　일반전표입력 메뉴에 입력된 내용 중 다음과 같은 오류가 발견되었다. 입력된 내용을 확인하여 정정 또는 추가 입력하시오. (6점)

[1] 8월 20일　　장전문구로부터 받은 600,000원은 외상매출금의 회수가 아니라, 상품매출 계약금을 자기앞수표로 받은 것이다. (3점)

[2] 11월 4일　　서울상사로부터 상품 3,000,000원을 매입하고, 선지급한 계약금을 제외한 잔금 2,700,000원을 보통예금 계좌에서 이체하였으나, 담당 직원은 선지급한 계약금 300,000원을 회계처리에서 누락하였다. (3점)

문제 6　다음 주어진 자료의 결산정리사항을 입력하여 결산작업을 하시오. (12점)

[1] 기말 현재 현금과부족 50,000원은 대표자기 개인적인 용도로 사용한 금액으로 판명되었다. (3점)

[2] 기중에 미국 ABCtech Corp.에 판매한 외상매출금 11,500,000원(미화 $10,000)의 결산일 현재 적용환율이 미화 1$당 1,200원이다. 기업회계기준에 따라 외화환산손익을 인식한다. (3점)

[3] 11월 2일 지급시 전액 비용처리한 보험료 지급분 중 당기 기간미경과분은 200,000원이다. (3점)

[4] 3년 전 취득하였던 차량운반구(취득원가 20,000,000원, 잔존가액 4,000,000원, 내용연수 5년, 정액법)의 당기분 감가상각비를 계상하다. (3점)

문제 7　다음 사항을 조회하여 답안을 이론문제 답안작성 메뉴에 입력하시오. (10점)

[1] 6월 말 현재 지급어음은 전기 말과 대비하여 얼마 증가하였는가? (3점)

[2] 1월부터 3월까지의 상품매출액은 얼마인가? (3점)

[3] 2분기(4월~6월) 중 접대비가 가장 많은 월과 가장 적은 월의 차이는 얼마인가? (4점)

안심Touch

다음 문제를 보고 알맞은 것을 골라 이론문제 답안작성 메뉴에 입력하시오. (객관식 문항당 2점)

―――――――〈 기 본 전 제 〉―――――――

문제에서 한국채택국제회계기준을 적용하도록 하는 전제조건이 없는 경우, 일반기업회계기준을 적용한다.

01 다음 중 장부를 기록하는 방법에 대한 설명이 틀린 것은?

① 부기는 기록, 계산하는 방법에 따라 단식부기와 복식부기로 분류된다.
② 복식부기는 일정한 원리나 원칙에 따라 현금이나 재화의 증감은 물론 손익의 발생을 조직적으로 계산하는 부기이다.
③ 복식부기는 대차평균의 원리에 의하여 오류를 자동으로 검증하는 자기검증기능이 있다.
④ 복식부기는 일정한 원리원칙이 없이 재산의 증가·감소를 중심으로 기록하며 손익의 원인을 계산하지 않는 부기이다.

02 다음 중 외상대금의 조기회수로 인한 매출할인을 당기총매출액에서 차감하지 않고 영업외비용으로 처리하였을 경우 손익계산서상 매출총이익과 당기순이익에 미치는 영향으로 옳은 것은?

	매출총이익	당기순이익
①	과소계상	과대계상
②	과소계상	불 변
③	과대계상	불 변
④	과대계상	과소계상

03 다음 중 현금및현금성자산에 포함되는 것은?

① 매출채권
② 우 표
③ 타인발행수표
④ 선일자수표

04 다음 거래의 회계처리에 대한 설명으로 옳은 것은?

> • 장기 보유 목적으로 (주)문정의 주식(1주당 액면금액 1,000원) 100주를 액면금액으로 매입하고 수수료 10,000
> 원과 함께 자기앞수표로 지급하다.

① 영업외비용이 10,000원 증가한다.
② 투자자산이 110,000원 증가한다.
③ 만기보유증권이 110,000원 증가한다.
④ 유동자산이 10,000원 감소한다.

05 합계잔액시산표상 혼합 상품 계정에 대한 자료는 다음과 같다. 상품매출원가는 얼마인가?

> • 차 변 : 5,000,000원
> • 대 변 : 4,500,000원
> • 기말상품재고액 : 750,000원

① 3,250,000원　　　　　　　　　② 4,250,000원
③ 4,500,000원　　　　　　　　　④ 5,000,000원

06 다음 중 재고자산의 취득원가에 가산되는 항목은?

① 매입에누리　　　　　　　　　② 매입환출
③ 매입할인　　　　　　　　　　④ 매입운임

07 2021년 7월 1일에 구입한 영업용 건물(취득원가 70,000,000원, 잔존가액 20,000,000원, 내용연수 10년,
결산 연 1회)에 대한 2021년 12월 31일 결산시 정액법에 의한 감가상각비는 얼마인가?(단, 감가상각은 월할
상각한다)

① 2,500,000원　　　　　　　　　② 3,500,000원
③ 5,000,000원　　　　　　　　　④ 7,000,000원

제3편

08 다음 내용을 모두 포함하는 계정과목은 무엇인가?

> • 기업의 영업활동에 장기간 사용되며, 기업이 통제하고 있다.
> • 물리적 형체가 없으나 식별가능하다.
> • 미래의 경제적 효익이 있다.

① 실용신안권   ② 선수금
③ 기계장치   ④ 재고자산

09 다음과 같은 결합관계에 해당하는 거래로 옳지 않은 것은?

> (차) 부채의 감소   (대) 자산의 감소

① 현금 2,000,000원을 단기간 차입하다.
② 미지급금 100,000원을 현금으로 지급하다.
③ 외상매입금 500,000원을 현금으로 상환하다.
④ 예수금 200,000원을 보통예금 계좌에서 이체하여 지급하다.

10 전자부품을 도소매하는 회사의 경우, 다음의 계정과목들 중 (   )에 들어올 수 없는 항목은?

> (차) 차량운반구   20,000,000   (대) (   )   20,000,000

① 현 금   ② 미지급금
③ 보통예금   ④ 외상매입금

11 다음과 같은 자료에서 당기의 추가출자액은 얼마인가?

> • 기초자본금 : 10,000,000원   • 기업주의 자본인출액 : 4,000,000원
> • 기말자본금 : 10,000,000원   • 당기순이익 : 2,000,000원

① 2,000,000원   ② 4,000,000원
③ 6,000,000원   ④ 10,000,000원

12 다음 자료를 토대로 2021년 말 손익계산서에 보고할 대손상각비는 얼마인가?

- 2021년 1월 1일 현재 대손충당금 잔액은 150,000원이다.
- 2021년 7월 10일 거래처의 파산으로 매출채권 200,000원이 회수 불능되었다.
- 기말 매출채권 잔액 7,500,000원에 대해 1%의 대손을 설정하다.

① 25,000원   ② 75,000원
③ 105,000원   ④ 125,000원

13 다음 중 기말결산 수정정리사항이 아닌 것은?

① 미지급비용의 인식
② 기타채권에 대한 대손의 추정
③ 유가증권 처분에 따른 손익 인식
④ 건물의 감가상각

14 다음 중 손익계산서에 표시되는 항목으로 옳은 것은?

① 유동자산   ② 자본금
③ 매출원가   ④ 비유동부채

15 다음 등식 중 잘못된 것은?

① 기초부채 + 기초자본 = 기초자산
② 기말자산 − 기초자본 = 순손익
③ 총비용 + 순손익 = 총수익
④ 자산 + 비용 = 부채 + 자본 + 수익

실 기

금정문구(코드번호 : 0904)는 문구 및 잡화를 판매하는 개인기업이다. 당기(제8기) 회계기간은 2021.1.1. ~ 2021.12.31.이다. 전산세무회계 수험용 프로그램을 이용하여 다음 물음에 답하시오.

──〈 기 본 전 제 〉──
문제에서 한국채택국제회계기준을 적용하도록 하는 전제조건이 없는 경우, 일반기업회계기준을 적용하여 회계처리한다.

문제 1 다음은 금정문구의 사업자등록증이다. 회사등록 메뉴에 입력된 내용을 검토하여 누락분은 추가 입력하고 잘못된 부분은 정정하시오(주소 입력시 우편번호는 입력하지 않아도 무방함). (6점)

사 업 자 등 록 증

(일반과세자)

등록번호 621-01-13463

상 호 명 : 금정문구
대 표 자 명 : 심유혁
개 업 연 월 일 : 2014. 2. 15.
사업장소재지 : 부산광역시 금정구 수림로50번길 103(구서동)
사업자의 종류 : 업태 도소매   종목 문구 및 잡화

사업자 단위 과세 적용사업자 여부 : 여( ) 부(√)
전자세금계산서 전용 전자우편 주소 :

2014년 2월 15일

금정세무서장

다음은 금정문구의 전기분재무상태표이다. 입력되어 있는 자료를 검토하여 오류부분은 정정하고 누락된 부분은 추가 입력하시오. (6점)

재무상태표

회사명 : 금정문구   제7기 2020.12.31.   (단위 : 원)

과 목	금 액		과 목	금 액	
현 금		15,000,000	외상매입금		15,000,000
당좌예금		13,000,000	지급어음		5,000,000
보통예금		11,000,000	미지급금		5,500,000
외상매출금	25,000,000		단기차입금		15,000,000
대손충당금	2,000,000	23,000,000	선수금		1,000,000
받을어음	8,000,000		자본금		70,900,000
대손충당금	800,000	7,200,000	(당기순이익		
단기대여금		10,000,000	: 7,694,200)		
미수금		3,000,000			
선급금		2,000,000			
상 품		9,000,000			
차량운반구	20,000,000				
감가상각누계액	8,000,000	12,000,000			
비 품	9,000,000				
감가상각누계액	1,800,000	7,200,000			
자산총계		112,400,000	부채와 자본총계		112,400,000

문제 3 다음 자료를 이용하여 입력하시오. (6점)

[1] 신규 거래처인 에프디노(주)와 태양금속(주)를 거래처등록 메뉴에 추가 등록하시오(단, 사업장 소재지 입력시 우편번호 입력은 생략하고 직접 입력할 것). (3점)

에프디노(주) (코드 : 03094)	• 대표자명 : 김정은 • 사업자등록번호 : 208-81-14446 • 거래처유형 : 매입 • 사업장소재지 : 경기도 안산시 상록구 예술광장1로 116(성포동) • 업태/종목 : 도소매/문구
태양금속(주) (코드 : 05046)	• 대표자명 : 박서영 • 사업자등록번호 : 220-81-51306 • 거래처유형 : 매출 • 사업장소재지 : 전라북도 완주군 이서면 낙산로 223 • 업태/종목 : 도소매/건축자재

[2] 금정문구는 오래 사용하는 소모품을 별도로 관리하고자 한다. [830. 소모품비] 계정과목에 다음의 적요를 등록하시오. (3점)

현금적요 4. 장기 사용 소모자재 구입비 지급

문제 4 다음 거래 자료를 일반전표입력 메뉴에 추가 입력하시오. (24점)

───〈 입 력 시 유 의 사 항 〉───

• 적요의 입력은 생략한다.
• 부가가치세는 고려하지 않는다.
• 채권·채무와 관련된 거래처명은 반드시 기 등록되어 있는 거래처코드를 선택하는 방법으로 거래처명을 입력한다.
• 회계처리시 계정과목은 등록되어 있는 계정과목 중 가장 적절한 과목으로 한다.

[1] 7월 13일 업무용 오토바이의 주유비를 신용카드(비씨카드)로 결제하고 다음과 같은 신용카드전표를 수취하였다. (3점)

<u>매출전표</u>

단말기번호	3657398	전표번호	134

카드종류		거래종류	결제방법
비씨카드		신용구매	일시불
회원번호(Card No)		**취소시 원거래일자**	
9710-****-****-4587			
유효기간		**거래일시**	
(**/**)		2021년 7월 13일 09: 13: 57	

상품명	단 가	수 량	금 액
무연휘발유	1,443원	13.860L	

전표제출		금 액/AMOUNT	20,000원
		부 가 세/VAT	
전표매입사		봉 사 료/TIPS	
비씨카드사		합 계/TOTAL	20,000원
(에스원에너지(주)금정주유소)			
거래번호	0487	**승인번호/(Approval No.)**	
		98421147	

가맹점	에스원에너지(주)금정주유소		
대표자	최우성	TEL	0515132700
가맹점번호	785250476	**사업자번호**	621-85-34245
주 소	부산 금정구 중앙대로 1972 금정주유소		

서명(Signature)
심유력

[2] 8월 12일 주차장으로 사용할 토지를 20,000,000원에 준선상사로부터 매입하고 대금은 당좌수표를 발행하여 지급하다. 토지 취득시 취득세 920,000원은 현금으로 지급하였다. (3점)

[3] 9월 11일 사업주가 가정에서 사용할 목적으로 컴퓨터를 국민카드로 1,000,000원에 구입하였다. (3점)

[4] 10월 1일 금정문구는 소유한 창고를 (주)민철산업에 임대하기로 하고 임대보증금의 잔금을 (주)민철산업이 발행한 당좌수표로 받다(단, 계약금은 계약서 작성일인 7월 1일에 현금으로 이미 받았으며 별도의 영수증을 발행하여 주었다). (3점)

부동산 임대차 계약서					■월세 □전세		
임대인과 임차인 쌍방은 표기 부동산에 관하여 다음 계약 내용과 같이 임대차계약을 체결한다.							
1. 부동산의 표시							
소재지	부산광역시 금정구 금샘로323(구서동)						
토 지	지 목	대 지			면 적		3,242m²
건 물	구 조	창 고	용 도	사업용	면 적		1,530m²
임대할부분	전 체				면 적		3,242m²
2. 계약내용							
제1조(목적) 위 부동산의 임대차에 한하여 임대인과 임차인은 합의에 의하여 임차보증금 및 차임을 아래와 같이 지불하기로 한다.							
보증금	金	10,000,000 원정					
계약금	金	1,000,000 원정은 계약시에 지불하고 영수함 영수자( )				(인)	
중도금	金	원정은	년 월 일에 지불한다.				
잔 금	金	9,000,000 원정은	2021년 10월 1일에 지불한다.				
차 임	金	800,000 원정은	매월 20일 (후불)에 지불한다.				
제2조(존속기간) 임대인은 위 부동산을 임대차 목적대로 사용할 수 있는 상태로 2021년 10월 1일 까지 임차인에게 인도하며 임대차기간은 인도일로부터 2022년 9월 30일(12개월) 까지로 한다.							

[5] 10월 20일 판매용 문서세단기 5,000,000원(5대분)과 업무용 문서세단기 1,000,000원(1대)를 전포문구에서 구입하고, 대금은 이번 달 30일에 모두 지급하기로 하였다(하나의 전표로 회계처리할 것). (3점)

[6] 11월 19일 거래처 대전상사에 경영자금 100,000,000원을 보통예금에서 단기대여해 주면서 이체수수료 1,500원을 현금으로 지급하다(단, 수수료는 수수료비용(금융비용)으로 회계처리한다). (3점)

[7] 12월 12일 일중상사에 외상으로 매출한 상품 중 불량품 200,000원이 반품되어 오다. 반품액은 외상매출금과 상계하기로 하였다. (3점)

[8] 12월 15일 상품(100개, 개당 10,000원)을 양촌상사로부터 외상으로 매입하고, 운반비 50,000원은 현금으로 지급하였다. (3점)

문제 5 일반전표입력 메뉴에 입력된 내용 중 다음과 같은 오류가 발견되었다. 입력된 내용을 확인하여 정정 또는 추가 입력하시오. (6점)

[1] 8월 11일 거래처 남산문구로부터 입금된 2,970,000원은 외상매출금 3,000,000원 전액이 입금된 것이 아니라, 약정기일보다 빠르게 외상매출금이 회수되어 외상매출금의 1%를 할인한 후의 금액을 보통예금 계좌로 입금받은 것이다. (3점)

[2] 11월 29일 임차료 300,000원을 보통예금 계좌에서 지급한 것으로 회계처리 한 거래는, 실제로 보통예금 계좌로 임대료(904) 300,000원을 받은 것이다. (3점)

문제 6 다음 주어진 자료의 결산정리사항을 입력하여 결산작업을 하시오. (12점)

[1] 결산일 현재 별이상사의 단기대여금 5,000,000원에 대한 기간경과분 미수이자 62,500원을 계상하다. (3점)

[2] 하나은행의 보통예금 통장은 마이너스 통장으로 개설된 것이다. 기말현재 하나은행의 보통예금 통장 잔액은 −6,352,500원이다(단기차입금으로 대체하는 회계처리를 하시오). (3점)

[3] 당기분 차량운반구 감가상각비는 250,000원이며, 비품 감가상각비는 150,000원이다. (3점)

[4] 당기 기말상품재고액은 5,000,000원이다(단, 전표입력에서 구분으로 '5.결산차변, 6.결산대변'으로 입력할 것). (3점)

문제 7 다음 사항을 조회하여 답안을 이론문제 답안작성 메뉴에 입력하시오. (10점)

[1] 1분기(1월~3월) 중 상품매출이 가장 많은 월과 가장 적은 월의 차이는 얼마인가? (4점)

[2] 6월 말 현재 비품의 장부가액은 얼마인가? (3점)

[3] 상반기(1월~6월) 중 상품매입액과 기초상품재고액을 합한 판매가능한 상품액은 얼마인가? (3점)

다음 문제를 보고 알맞은 것을 골라 │이론문제 답안작성│ 메뉴에 입력하시오. (객관식 문항당 2점)

───────────── ⟨ 기 본 전 제 ⟩ ─────────────
문제에서 한국채택국제회계기준을 적용하도록 하는 전제조건이 없는 경우, 일반기업회계기준을 적용한다.

01 다음 중 계정잔액의 표시가 틀린 것은?

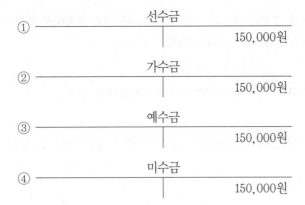

02 다음 자료는 2021년 12월 31일 현재 재무상태표의 각 계정의 잔액이다. 단기차입금은 얼마인가?

• 미수금 : 550,000원	• 외상매출금 : 250,000원
• 단기차입금 : ?	• 미지급비용 : 150,000원
• 선급금 : 130,000원	• 자본금 : 300,000원

① 540,000원 　　　　　　　② 500,000원
③ 480,000원 　　　　　　　④ 460,000원

03 다음 자료에서 유동성배열법에 의한 자산 계정의 배열 순서가 옳은 것은?

(가) 비 품	(나) 상 품
(다) 현 금	(라) 영업권

① (다) – (나) – (가) – (라)
② (다) – (가) – (라) – (나)
③ (다) – (가) – (나) – (라)
④ (다) – (나) – (라) – (가)

04 다음 중 경영성과에 영향을 미치는 거래는?

① 미지급금을 보통예금으로 지급하다.
② 미지급금을 약속어음을 발행하여 지급하다.
③ 예수금을 현금으로 지급하다.
④ 차입금에 대한 이자를 현금으로 지급하다.

05 다음 자료를 기초로 판매비와관리비를 계산하면 얼마인가?

- 기부금 : 400,000원
- 급 여 : 2,500,000원
- 복리후생비 : 600,000원
- 소모품비 : 300,000원

① 2,900,000원 ② 3,400,000원
③ 3,500,000원 ④ 3,800,000원

06 다음 중 분개시 차변에 기입해야 하는 계정과목은?

> 기중 현금시재액이 5,000원 부족한 것을 발견하였다.

① 잡이익   ② 현 금
③ 잡손실   ④ 현금과부족

07 다음 중 유동부채 계정과목만 짝지어진 것은?

① 미수금, 선수금, 외상매입금, 받을어음
② 미지급금, 선수금, 외상매입금, 지급어음
③ 미수금, 선급금, 외상매출금, 받을어음
④ 미지급금, 선급금, 외상매출금, 지급어음

08 재화의 생산, 용역의 제공, 타인에 대한 임대 또는 자체적으로 사용할 목적으로 보유하는 물리적 형체가 있는 자산으로서, 1년을 초과하여 사용할 것이 예상되는 자산은?

① 건설중인자산   ② 상 품
③ 투자부동산   ④ 산업재산권

09 다음 거래에 대한 기말 분개로 가장 옳은 것은?

> • 12월 31일 결산시 외상매출금 잔액 10,000,000원에 대해 2%의 대손을 예상하였다(단, 당사는 보충법을 사용하고 있으며 기말 분개전 대손충당금 잔액은 100,000원이 계상되어 있다).

① (차) 대손충당금   100,000   (대) 대손상각비   100,000
② (차) 대손상각비   50,000   (대) 대손충당금   50,000
③ (차) 대손상각비   100,000   (대) 외상매출금   100,000
④ (차) 대손상각비   100,000   (대) 대손충당금   100,000

10 다음 중 일반 기업회계기준의 손익계산서 작성기준에 대한 설명으로 가장 잘못된 것은?

① 수익과 비용은 순액으로 기재함을 원칙으로 한다.

② 수익은 실현시기를 기준으로 인식한다.

③ 비용은 관련 수익이 인식된 기간에 인식한다.

④ 수익과 비용의 인식기준은 발생주의를 원칙으로 한다.

11 다음 자료에 의하여 기말부채(가)와 기말자본(나)을 계산하면 얼마인가?

• 기초자산 : 1,000,000원
• 기말자산 : 900,000원
• 기초부채 : 400,000원
• 총수익 : 500,000원
• 총비용 : 700,000원

① (가) 100,000원   (나) 800,000원

② (가) 500,000원   (나) 400,000원

③ (가) 400,000원   (나) 300,000원

④ (가) 600,000원   (나) 300,000원

12 다음 중 비용의 이연에 해당하는 계정과목은?

① 선수수익   ② 미수수익

③ 선급비용   ④ 미지급비용

13 다음 자료에 의하여 매출원가를 구하면 얼마인가?

• 기초상품재고액 : 900,000원
• 당기총매입액 : 2,000,000원
• 기말상품재고액 : 300,000원
• 상품매입시 운반비 : 50,000원
• 매입환출 및 에누리 : 100,000원
• 매입할인 : 50,000원
---

① 2,300,000원　　　　　　　　　② 2,400,000원

③ 2,500,000원　　　　　　　　　④ 2,600,000원

14 다음 중 통화대용증권으로 분류할 수 없는 것은?

① 자기앞수표

② 당점발행수표

③ 국공채만기이자표

④ 송금수표

15 다음 거래 내용 중 발생할 수 있는 계정과목이 아닌 것은?

• 기업에서 사용 중이던 차량을 5,000,000원에 매각하고 전액 한 달 뒤에 받기로 하였다.
• 이 차량의 취득원가는 20,000,000원이며, 그 동안의 감가상각누계액은 16,000,000원이다.
---

① 외상매출금　　　　　　　　　② 감가상각누계액

③ 유형자산처분이익　　　　　　　④ 차량운반구

실 기

우현상사(회사코드 : 0884)는 컴퓨터를 판매하는 개인기업이다. 당기(제10기) 회계기간은 2021.1.1. ~ 2021.12.31. 이다. 전산세무회계 수험용 프로그램을 이용하여 다음 물음에 답하시오.

─────────────────────〈 기 본 전 제 〉─────────────────────

문제에서 한국채택국제회계기준을 적용하도록 하는 전제조건이 없는 경우, 일반기업회계기준을 적용하여 회계처리한다.

문제 1 다음은 우현상사의 사업자등록증이다. 회사등록 메뉴에 입력된 내용을 검토하여 누락분은 추가 입력하고 잘못된 부분은 정정하시오. (6점)

사 업 자 등 록 증
(일반과세자)
등록번호 104-04-11258

상 호 명 : 우현상사
대 표 자 명 : 방우현
개 업 연 월 일 : 2012. 1. 25.
사업장소재지 : 서울특별시 관악구 과천대로 855(남현동)
사업자의 종류 : 업태 도소매   종목 컴퓨터 및 컴퓨터부품
교 부 사 유 : 신규

사업자 단위 과세 적용사업자 여부 : 여( ) 부(√)
전자세금계산서 전용 전자우편 주소 :

2012년 1월 25일

관악세무서장 [인]

NTS 국세청
NATIONAL TAX SERVICE

문제 2 다음은 우현상사의 전기분손익계산서이다. 입력되어 있는 자료를 검토하여 오류부분은 정정하고 누락된 부분은 추가 입력하시오. (6점)

손익계산서

회사명 : 우현상사　　　　제9기 2020.1.1. ~ 2020.12.31.　　　　(단위 : 원)

과　목	금　액	과　목	금　액
Ⅰ 매출액	25,000,000	Ⅴ 영업이익	8,850,000
상품매출	25,000,000	Ⅵ 영업외수익	550,000
Ⅱ 매출원가	10,000,000	이자수익	100,000
상품매출원가	10,000,000	임대료	450,000
기초상품재고액	3,000,000	Ⅶ 영업외비용	200,000
당기상품매입액	11,000,000	이자비용	200,000
기말상품재고액	4,000,000	Ⅷ 소득세차감전순이익	
Ⅲ 매출총이익	15,000,000	Ⅸ 소득세등	0
Ⅳ 판매비와관리비	6,150,000	Ⅹ 당기순이익	9,200,000
급여	3,200,000		
복리후생비	2,000,000		
여비교통비	240,000		
차량유지비	200,000		
소모품비	130,000		
광고선전비	380,000		

문제 3 다음 자료를 이용하여 입력하시오. (6점)

[1] 다음 자료를 이용하여 [기초정보등록]의 [거래처등록] 메뉴에서 거래처(금융기관)을 추가로 등록하시오(단, 주어진 자료 외의 다른 항목은 입력할 필요 없음). (3점)

- 거래처코드 : 99100
- 거래처명 : 신한은행
- 유형 : 보통예금
- 계좌번호 : 8012-2256-1-258
- 계좌개설일 : 2021-02-05

[2] 우현상사의 거래처별초기이월 채권과 채무잔액은 다음과 같다. 주어진 자료를 검토하여 잘못된 부분을 정정하거나 추가 입력하시오(거래처코드 사용). (3점)

계정과목	거래처	잔 액	계
외상매출금	용산컴퓨터	10,000,000원	80,000,000원
	보석상사	35,000,000원	
	다이아상사	5,000,000원	
	강서상사	30,000,000원	
지급어음	관악컴퓨터	18,000,000원	25,000,000원
	엠케이컴퓨터	7,000,000원	

문제 4 다음 거래 자료를 일반전표입력 메뉴에 추가 입력하시오. (24점)

─────────〈 입 력 시   유 의 사 항 〉─────────

- 적요의 입력은 생략한다.
- 부가가치세는 고려하지 않는다.
- 채권·채무와 관련된 거래처명은 반드시 기 등록되어 있는 거래처코드를 선택하는 방법으로 거래처명을 입력한다.
- 회계처리시 계정과목은 등록되어 있는 계정과목 중 가장 적절한 과목으로 한다.

[1] 8월 16일   아산상점에 상품을 매출하고 받은 약속어음 400,000원을 주거래 은행에서 할인받고 할인료 15,000원을 차감한 나머지 금액은 당좌 예입하다(단, 관련 비용은 매출채권처분손실로 회계처리 할 것). (3점)

[2] 9월 3일   영업부서의 영업용 휴대폰 이용요금 영수증을 수령하고 납부해야할 총 금액을 현금으로 지급하다. (3점)

기본내역	
휴대폰서비스이용요금	50,730원
기본료	47,000원
국내이용료	23,500원
데이터이용료	4,400원
할인 및 조정	-24,170원
기타금액	8,320원
당월청구요금	59,050원
미납요금	0원
납부하실 총 금액	59,050원

[3] 9월 5일　　미래상사에 상품을 10,000,000원에 판매하기로 계약하고, 계약금 2,000,000원을 당사 보통예금 계좌로 이체받다. (3점)

[4] 10월 17일　　상품을 판매하고 발급한 거래명세서이다. 대금 중 일부는 당좌예금 계좌로 입금받고, 나머지는 외상으로 하였다. (3점)

권		호				거래명세표(보관용)				
2021년 10월 17일			공	등록번호			104-04-11258			
				상 호		우현상사		성 명	방우현	㉑
강원컴퓨터　　　귀하			급	사업장 소재지		서울시 관악구 과천대로 855				
아래와 같이 계산합니다.			자	업 태		도·소매업		종 목	컴퓨터부품	
합계 금액		일천육백오십만 원정 (₩16,500,000)								
월 일	품 목		규 격	수 량	단 가		공급대가		비 고	
10/17	컴퓨터			11	1,500,000원		16,500,000원			
	계									
전잔금					합 계			16,500,000원		
입 금	10,000,000원		잔 금		6,500,000원		인수자		박차돌	㉑
비 고										

[5] 11월 5일　　인천상사에서 판매용 컴퓨터 10,000,000원과 업무용 컴퓨터 2,000,000원을 매입하였다. 대금은 당사가 발행한 약속어음 2매(10,000,000원 1매, 2,000,000원 1매)로 지급하였다(단, 하나의 분개로 입력할 것). (3점)

[6] 11월 10일　　급여 지급시 공제한 소득세 및 국민연금 250,000원과 회사부담분 국민연금 150,000원을 보통예금에서 지급하다(회사부담분 국민연금은 세금과공과로 처리한다). (3점)

[7] 12월 20일　　신한상사에서 할부로 구입하고 미지급금으로 처리했던 차량할부금 중 500,000원을 현금으로 지급하였다. (3점)

[8] 12월 22일　　사용 중인 업무용 승용차를 무등상사에 5,000,000원에 처분하고 대금은 1개월 후에 받기로 하였다. 업무용 승용차의 취득원가는 9,000,000원이고 처분시까지 계상한 감가상각누계액은 3,500,000원이다. (3점)

문제 5 일반전표입력 메뉴에 입력된 내용 중 다음과 같은 오류가 발견되었다. 입력된 내용을 확인하여 정정 또는 추가 입력하시오. (6점)

[1] 9월 20일　　현금으로 지출한 500,000원은 영업부서의 광고선전비가 아니라 영업부서의 소모품비인 것으로 확인되었다. (3점)

[2] 11월 1일　　수진상회로부터 상품을 매입하고 4,500,000원을 보통예금에서 지급하였다. 해당 상품매입에 대한 회계처리시 매입계약에 따라 선지급했던 계약금 500,000원을 누락하였다. (3점)

문제 6 다음의 결산정리사항을 입력하여 결산을 완료하시오. (12점)

[1] 12월분 영업부 직원급여 3,000,000원은 다음달 4일에 지급될 예정이다. (3점)

[2] 기말 합계잔액시산표의 가지급금 잔액은 거래처 대연상사에 대한 외상매입금 상환액으로 판명되다. (3점)

[3] 7월 1일 우리은행으로부터 10,000,000원을 연이자율 6%로 12개월 간 차입(차입기간 : 2021.7.1. ~ 2022.6.30.) 하고, 이자는 12개월 후 차입금 상환시 일시에 지급하기로 하였다. 월할계산하여 결산분개 하시오. (3점)

[4] 우현상사에서 사용하고 있는 자산에 대한 당기분 감가상각비(판)는 건물 1,500,000원, 차량운반구 2,500,000원, 비품 1,100,000원이다. (3점)

문제 7 다음 사항을 조회하여 답안을 ⌈이론문제 답안작성⌋ 메뉴에 입력하시오. (10점)

[1] 3월에 발생한 이자비용은 얼마인가? (3점)

[2] 5월 말 현재 외상매출금 잔액이 가장 많은 거래처명과 금액은 얼마인가? (3점)

[3] 6월 중에 발생한 상품매출은 몇 건이며, 총 금액은 얼마인가? (4점)

이 론

다음 문제를 보고 알맞은 것을 골라 ⟨이론문제 답안작성⟩ 메뉴에 입력하시오. (객관식 문항당 2점)

─────────────⟨ 기 본 전 제 ⟩─────────────
문제에서 한국채택국제회계기준을 적용하도록 하는 전제조건이 없는 경우, 일반기업회계기준을 적용한다.

01 다음 거래를 분개할 경우 (가), (나)의 계정과목이 올바르게 짝지어진 것은?

> 우현상사는 거래처에서 컴퓨터 10대(@ 800,000)를 8,000,000원에 매입하고 당사 발행 약속어음으로 지급하였다(단, 5대는 판매용, 5대는 영업부의 업무용으로 구입함).
>
> | (차) 상 품 | 4,000,000 | (대) | (가) | 4,000,000 |
> | (차) 비 품 | 4,000,000 | (대) | (나) | 4,000,000 |

① (가) – 지급어음, (나) – 지급어음
② (가) – 미지급금, (나) – 미지급금
③ (가) – 미지급금, (나) – 지급어음
④ (가) – 지급어음, (나) – 미지급금

02 다음 중 계정의 증가, 감소, 발생, 소멸을 나타낸 것으로 잘못된 것은?

① ────── 외상매입금 ──────
　　감 소　│　증 가

② ────── 외상매출금 ──────
　　감 소　│　증 가

③ ────── 차입금 ──────
　　감 소　│　증 가

④ ────── 이자수익 ──────
　　소 멸　│　발 생

03 다음 중 현금및현금성자산 항목에 해당되지 않는 것은?

① 보통예금
② 타인발행수표
③ 취득당시 만기가 5개월인 채권
④ 배당금지급통지서

04 다음 중 총계정원장의 기록이 오류가 있는지 여부를 파악하는 검증기능을 갖는 것은?

① 시산표   ② 재무상태표
③ 분개장   ④ 현금출납장

05 다음 중 재무상태표에 관한 설명으로 가장 적절한 것은?

① 일정기간 동안 기업의 경영성과에 대한 정보를 제공하는 재무보고서이다.
② 기업 자본의 크기와 그 변동에 관한 정보를 제공하는 재무보고서이다.
③ 일정기간 동안 기업의 현금유입과 현금유출에 대한 정보를 제공하는 재무보고서이다.
④ 일정시점 현재 기업이 보유하고 있는 자산과 부채, 그리고 자본에 대한 정보를 제공하는 재무보고서이다.

06 2021년 4월 1일에 구입한 시설장치(단, 취득원가 30,000,000원, 잔존가액 0원, 내용연수 10년, 결산 연 1회)에 대한 2021년 12월 31일 결산시 정액법으로 계산한 감가상각비는 얼마인가?

① 2,250,000원   ② 3,000,000원
③ 4,500,000원   ④ 6,000,000원

07 다음 중 재무상태표에 표시되는 계정과목이 아닌 것은?

① 기부금   ② 영업권
③ 개발비   ④ 자본금

08 다음 중 당좌자산에 해당하지 않는 것은?

① 단기투자자산　　　　　　② 매출채권
③ 선급비용　　　　　　　　④ 재공품

09 다음 자료를 이용하여 8월 31일 현재 월말상품재고액을 선입선출법에 의해 계산하면 얼마인가?

A상품에 대한 거래내역(단, 월초 A상품 재고는 없다).
• 8월　2일 : 매입 800개(550원/개)
• 8월 20일 : 매입 350개(540원/개)
• 8월 25일 : 매출 900개(750원/개)

① 110,000원　　　　　　　② 135,000원
③ 187,500원　　　　　　　④ 189,000원

10 다음은 한국상사의 자료이다. 당기 총수익으로 옳은 것은?

• 기초자본 : 200,000원　　　• 기말자본 : 1,000,000원
• 추가출자액 : 100,000원　　• 총비용 : 3,000,000원

① 3,500,000원　　　　　　② 3,600,000원
③ 3,700,000원　　　　　　④ 3,800,000원

11 다음 설명의 (Ⓐ), (Ⓑ)의 내용으로 옳은 것은?

정상적인 영업과정에서 판매할 목적으로 자산을 취득하면 (Ⓐ)으로, 시세차익을 목적으로 자산을 취득하면 (Ⓑ)으로 처리한다.

	Ⓐ	Ⓑ
①	투자자산	유형자산
②	재고자산	투자자산
③	무형자산	당좌자산
④	유형자산	비유동자산

12 손익계산서상의 계정과목 중 영업외비용에 해당하는 항목은?

① 접대비　　　　　　　　　　　② 복리후생비
③ 기부금　　　　　　　　　　　④ 세금과공과

13 다음 거래 중 8월 3일 거래 분개시 차변에 올 수 있는 계정과목은?

> 1월 1일 : 현금 10,000,000원을 출자하여 영업을 개시하였다.
>
> 8월 3일 : 사업주가 사업주 자녀 등록금 납입을 위해 3,500,000원을 인출하였다.
>
> 12월 31일 : 기말 결산시 사업주가 인출한 금액을 자본금 계정으로 대체하였다.

① 단기대여금　　　　　　　　　② 단기차입금
③ 자본금　　　　　　　　　　　④ 인출금

14 자산과 자본이 다음과 같을 때 부채총액은 얼마인가?

> • 상　품 : 400,000원
> • 건　물 : 500,000원
> • 차량운반구 : 150,000원
> • 자본금 : 500,000원

① 400,000원　　　　　　　　　② 550,000원
③ 650,000원　　　　　　　　　④ 900,000원

15 다음은 부채에 대한 설명이다. 가장 옳지 않은 것은?

① 외상매입금은 일반적 상거래에서 발생하는 채무이다.
② 선수금은 상품을 주문받고 대금의 일부를 계약금으로 수취하였을 때 처리하는 계정과목이다.
③ 가지급금은 미래에 특정한 사건에 의해 외부로 지출하여야 할 금액을 기업이 급여 등을 지급시 종업원등으로부터 미리 받아 일시적으로 보관하는 금액을 처리하는 계정과목에 해당한다.
④ 가수금은 현금의 수입이 발생하였으나 처리할 계정과목이나 금액이 확정되지 않은 경우 계정과목이나 금액이 확정될 때까지 일시적으로 처리하는 계정과목이다.

실 기

가나다상사(회사코드 : 0874)는 화장품을 판매하는 개인기업이다. 당기(제7기) 회계기간은 2021.1.1. ~ 2021.12.31. 이다. 전산세무회계 수험용 프로그램을 이용하여 다음 물음에 답하시오.

───────〈 기 본 전 제 〉───────

문제에서 한국채택국제회계기준을 적용하도록 하는 전제조건이 없는 경우, 일반기업회계기준을 적용하여 회계처리한다.

문제 1 다음은 가나다상사의 사업자등록증이다. 회사등록 메뉴에 입력된 내용을 검토하여 누락분은 추가 입력하고 잘못된 부분은 정정하시오. (6점)

사 업 자 등 록 증

(일반과세자)

등록번호 101-23-33351

상 호 명 : 가나다상사
대 표 자 명 : 홍길동
개 업 연 월 일 : 2015. 1. 1.
사업장소재지 : 서울특별시 강남구 밤고개로1길 10(수서동)
사업자의 종류 : 업태 도소매   종목 화장품
교 부 사 유 : 신규

사업자 단위 과세 적용사업자 여부 : 여( ) 부(√)
전자세금계산서 전용 전자우편 주소 :

2015년 1월 1일

삼성세무서장

 국세청
NTS NATIONAL TAX SERVICE

문제 2 다음은 가나다상사의 전기분재무상태표이다. 입력되어 있는 자료를 검토하여 오류부분은 정정하고 누락된 부분은 추가 입력하시오. (6점)

재무상태표

회사명 : 가나다상사   제6기 2020.12.31 현재   (단위 : 원)

과 목	금 액		과 목	금 액
현 금		11,000,000	외상매입금	12,000,000
당좌예금		5,000,000	지급어음	8,500,000
보통예금		13,600,000	미지급금	4,300,000
외상매출금	5,500,000		예수금	780,000
대손충당금	55,000	5,445,000	단기차입금	14,000,000
받을어음	3,800,000		자본금	54,327,000
대손충당금	38,000	3,762,000		
미수금		6,500,000		
상 품		15,000,000		
차량운반구	25,000,000			
감가상각누계액	14,000,000	11,000,000		
비 품	8,000,000			
감가상각누계액	3,400,000	4,600,000		
임차보증금		18,000,000		
자산총계		93,907,000	부채와 자본총계	93,907,000

문제 3 다음 자료를 이용하여 입력하시오. (6점)

[1] 가나다상사의 거래처별초기이월 채권과 채무잔액은 다음과 같다. 자료에 맞게 추가 입력이나 정정 및 삭제하시오. (3점)

계정과목	거래처	잔 액	계
외상매출금	잘함테크	1,080,000원	5,500,000원
	그린위즈덤	1,970,000원	
	오케이더유통	2,450,000원	
지급어음	인컴트루	1,100,000원	8,500,000원
	로직인베스트먼트	5,000,000원	
	뉴랜드	2,400,000원	

[2] 판매비와 관리비의 801.급여 계정에 다음 내용의 적요를 등록하시오. (3점)

> 현금적요 3. 직원 생일축하금 지급

문제 4 다음 거래 자료를 일반전표입력 메뉴에 추가 입력하시오. (24점)

―――〈 입 력 시   유 의 사 항 〉―――

• 적요의 입력은 생략한다.
• 부가가치세는 고려하지 않는다.
• 채권·채무와 관련된 거래명은 반드시 기 등록되어 있는 거래처코드를 선택하는 방법으로 거래처명을 입력한다.
• 회계처리시 계정과목은 등록되어 있는 계정과목 중 가장 적절한 과목으로 한다.

[1] 10월 2일 2021년 2월 28일 상환 목적으로 거래처 진주상점에서 10,000,000원을 차입하여 보통예금에 입금하였다. (3점)

[2] 10월 13일 불특정 다수에게 배포할 목적으로 광고용 휴지를 구입하고 다음의 신용카드 전표를 받았다. (3점)

단말기번호	
9002125248	120524128234
카드종류	
국민카드	신용승인
회원번호	
4906-0302-3245-9952	
거래일자	
2021/10/13 13:52:46	
일 반	
일시불	금 액　　300,000원
은행확인	세 금　　30,000원
비 씨	
판매자	봉사료　　0원
	합 계　　330,000원
대표자	
이성수	
사업자등록번호	
117-09-52793	
가맹점명	
가나다마트	
가맹점주소	
서울 서초구 매헌로 16	
	서 명　　misa

[3] 10월 18일   대전상사에서 상품 2,800,000원을 매입하고, 8월 30일 기지급한 계약금(300,000원)을 차감한 대금 중 1,000,000원은 보통예금에서 이체하고 잔액은 외상으로 하다. (3점)

[4] 11월 15일   북부서점에서 회계부서용으로 필요한 서적을 현금으로 구입하고 현금영수증을 발급받았다(비용으로 처리 함). (3점)

북부서점			
114-90-80643		남재안	
서울 송파구 문정동 101-2 TEL : 3289-8085			
홈페이지 http://www.kacpta.or.kr			
현금(지출증빙)			
구 매 2021/11/15/13:06 거래번호 : 0026-0107			
상품명	수 량	단 가	금 액
경리실무	4	20,000	80,000
2043655000009			
		과세물품가액	80,000
		부가세	
합 계			80,000
받은금액			80,000

[5] 12월 4일   단기매매차익을 얻을 목적으로 보유하고 있는 (주)사과의 주식 100주를 1주당 10,000원에 처분하고 대금은 수수료 등 10,000원을 차감한 금액이 보통예금 계좌에 입금되었다(단, (주)사과의 주식 1주당 취득원가는 5,000원이다). (3점)

[6] 12월 9일   관리부에서 영업부 신입사원이 사용할 컴퓨터 5대를 주문하고 계약금으로 견적서 금액의 10%를 보통예금 계좌에서 이체하였다. (3점)

견 적 서

견적번호 : 동아-01112
아래와 같이 견적서를 발송
2021년 12월 9일

	사업자번호	111-11-12345		
공급자	상 호	동아상사	대 표 자	이강남 (인)
	소 재 지	서울특별시 강남구		
	업 태	도소매	종 목	컴퓨터
	담당자	이강북	전화번호	1500-2587

품 명	규 격	수량(개)	단가(원)	금액(원)	비 고
컴퓨터 100시리즈	I-7	5	3,000,000	15,000,000	
	이하여백				
합계금액				15,000,000	
유효기간 : 견적 유효기간은 발행 후 15일					
납 기 : 발주 후 3일					
결제방법 : 현금결제, 카드결제 가능					
송금계좌 : 신한은행 / 123456-01-1234534					
기 타 : 운반비 별도/					

[7] 12월 14일　　현금 시재를 확인하던 중 실제 현금이 장부상 현금보다 10,000원 적은 것을 발견하였으나 그 원인을 파악할 수 없다. (3점)

[8] 12월 19일　　영업부사원 최지방이 12월 5일부터 12월 7일까지 부산 출장시 지급받은 가지급금 400,000원에 대해 아래와 같이 사용하고 잔액은 현금으로 정산하다(단, 가지급금에 대한 거래처 입력은 생략한다). (3점)

• 왕복 교통비 및 숙박비 : 350,000원

문제 5　일반전표입력 메뉴에 입력된 내용 중 다음과 같은 오류가 발견되었다. 입력된 내용을 확인하여 정정 또는 추가 입력하시오. (6점)

[1] 11월 30일　　아현상사의 외상대금을 결제하기 위해 보통예금 계좌에서 이체한 금액 1,000,000원에는 송금수수료 12,000원이 포함되어 있다. (3점)

[2] 12월 10일　　직원 급여 지급시 징수한 소득세 10,000원을 현금 납부하고 세금과공과금으로 처리하였다. (3점)

문제 6 다음의 결산정리사항을 입력하여 결산을 완료하시오. (12점)

[1] 영업부서의 소모품비로 계상된 금액 중 결산일 현재 미사용된 소모품이 120,000원 있다. (3점)

[2] 2021년 10월 1일에 아래와 같이 보험에 가입하고 전액 당기비용으로 처리하였다. 기말수정분개를 하시오(단, 월할계산하고, 음수로 입력하지 말 것). (3점)

> • 보험회사 : (주)울산보험
> • 보험금납입액 : 600,000원
> • 보험적용기간 : 2021년 10월 1일 ~ 2022년 9월 30일

[3] 기말 외상매출금 중에는 미국 abc의 외상매출금 12,000,000원(미화 $10,000)이 포함되어 있으며, 결산일 환율에 의해 평가하고 있다. 결산일 현재의 적용환율은 미화 1$당 1,100원이다. (3점)

[4] 회사는 외상매출금과 받을어음의 기말잔액에 대하여 1%의 대손충당금을 보충법으로 설정하다. (3점)

문제 7 다음 사항을 조회하여 답안을 ┃이론문제 답안작성┃ 메뉴에 입력하시오. (10점)

[1] 5월의 보통예금 출금액은 총 얼마인가? (3점)

[2] 6월 30일 현재 매출처 진주컴퓨터의 외상매출금 잔액은 얼마인가? (3점)

[3] 3월 중 현금으로 지급한 판매비와관리비 중 복리후생비는 얼마인가? (4점)

제86회 기출문제

다음 문제를 보고 알맞은 것을 골라 이론문제 답안작성 메뉴에 입력하시오(객관식 문항당 2점).

01 다음 중 자산, 부채, 자본에 대한 설명 중 틀린 것은?

① 자본은 기업실체의 자산총액에서 부채총액을 차감한 순자산을 말한다.

② 기업의 자금조달 방법에 따라 타인자본과 자기자본으로 구분하며, 부채는 자기자본에 해당한다.

③ 자산은 과거의 거래나 사건의 결과로서 현재 기업실체에 의해 지배되고 미래에 경제적 효익을 창출할 것으로 기대되는 자원을 말한다.

④ 자본은 기업실체의 자산에 대한 소유주의 잔여청구권이다.

02 다음 중 시산표 등식으로 올바른 것은?

① 기말자산 + 총수익 = 기말부채 + 기초자본 + 총비용

② 기말자산 + 총수익 = 기말부채 + 기말자본 + 총비용

③ 기말자산 + 총비용 = 기말부채 + 기초자본 + 총수익

④ 기말자산 + 총비용 = 기말부채 + 기말자본 + 총수익

03 다음 중 일반기업회계기준에서 정하고 있는 재무제표가 아닌 것은?

① 주 석 ② 현금흐름표

③ 자본변동표 ④ 합계잔액시산표

04 다음 중 물가하락시 당기순이익이 가장 높게 계상되는 재고자산 원가결정방법은?(단, 재고자산의 기초재고수량과 기말재고수량이 동일하다고 가정함)

① 선입선출법 ② 이동평균법

③ 총평균법 ④ 후입선출법

05 다음은 건물 처분과 관련된 자료이다. 건물의 처분가액은 얼마인가?

- 취득가액 : 100,000,000원
- 감가상각누계액 : 50,000,000원
- 유형자산처분이익 : 40,000,000원

① 10,000,000원　　　　　　　　② 80,000,000원
③ 90,000,000원　　　　　　　　④ 100,000,000원

06 다음 자료에서 재무상태표에 단기투자자산 항목으로 표시되는 금액은?

- 현 금 : 50,000원
- 보통예금 : 500,000원
- 당좌예금 : 200,000원
- 단기매매증권 : 150,000원
- 받을어음 : 100,000원
- 단기대여금 : 180,000원

① 330,000원　　　　　　　　② 430,000원
③ 480,000원　　　　　　　　④ 1,180,000원

07 상품매출에 대한 계약금을 거래처로부터 현금으로 받고 대변에 상품매출 계정으로 분개하였다. 이로 인해 재무상태표와 손익계산서에 미치는 영향으로 옳은 것은?

① 자산이 과소계상되고, 수익이 과소계상된다.
② 자산이 과대계상되고, 수익이 과소계상된다.
③ 부채가 과소계상되고, 수익이 과대계상된다.
④ 부재가 과대계상되고, 수익이 과대계상된다.

08 다음 자료에 기초한 장보고회사의 매출원가와 매출총이익은 얼마인가?(단 재고의 흐름은 선입선출법을 적용하고 있다)

• 기초상품 : 100개(@ 2,000)
• 당기상품매입 : 900개(@ 3,000)
• 당기상품판매 : 800개(@ 4,000)

	매출원가	매출총이익
①	1,600,000원	1,600,000원
②	2,300,000원	900,000원
③	2,400,000원	800,000원
④	2,400,000원	0원

09 다음 중 재무상태표에 표시되는 매입채무 계정에 해당하는 것은?

① 외상매입금, 지급어음 ② 미수금, 미지급금
③ 외상매출금, 받을어음 ④ 가수금, 가지급금

10 다음 중 재무상태표상 당좌자산에 속하는 계정과목이 아닌 것은?

① 받을어음 ② 투자부동산
③ 보통예금 ④ 현 금

11 다음의 설명과 관련한 계정과목은?

상품 매입대금을 조기에 지급함에 따라 약정한 일정 대금을 할인받는 것

① 매입할인 ② 매입환출
③ 매출채권처분손실 ④ 매입에누리

12 다음 자료에 의해 정액법으로 계산할 경우, 2021년 12월 31일 결산 이후 기계장치 장부가액은 얼마인가?

- 기계장치 취득원가 : 20,000,000원
- 취득시기 : 2019년 1월 1일
- 잔존가치 : 2,000,000원
- 내용연수 : 5년
- 전기 말 감가상각누계액 : 7,200,000원

① 3,600,000원 ② 4,000,000원
③ 9,200,000원 ④ 10,800,000원

13 다음의 상품과 관련된 지출금액 중 상품의 취득원가에 포함할 수 없는 것은?

① 상품매입시 하역료 ② 상품매입시 수수료비용
③ 상품을 수입함에 따라 발생하는 관세 ④ 상품매출시 운반비

14 다음 자료에서 개인기업의 12월 31일 현재 자본금은 얼마인가?

1월 1일	현금 5,000,000원을 출자하여 영업을 개시하였다.
10월 5일	사업주가 개인사용을 목적으로 1,500,000원을 인출하였다.
12월 31일	기말 결산시 사업주가 인출한 금액을 자본금 계정으로 대체하였다.
12월 31일	기말 결산시 당기순이익 5,000,000원이다.

① 10,000,000원 ② 8,500,000원
③ 6,500,000원 ④ 5,000,000원

15 다음 중 연결이 바르지 않은 것은?

① 신입사원 명함 인쇄 비용 – 복리후생비
② 거래처 직원과의 식사 비용 – 접대비
③ 직원들에 대한 컴퓨터 교육에 대한 강사비 지출 – 교육훈련비
④ 단기차입금에 대한 이자지급 – 이자비용

실 기

동래상사(회사코드 : 0864)는 의약품을 판매하는 개인기업이다. 당기(제11기) 회계기간은 2021.1.1 ～ 2021.12.31이다. 전산세무회계 수험용 프로그램을 이용하여 다음 물음에 답하시오.

──────────〈 기 본 전 제 〉──────────

문제에서 한국채택국제회계기준을 적용하도록 하는 전제조건이 없는 경우, 일반기업회계기준을 적용하여 회계처리한다.

문제 1 다음은 동래상사의 사업자등록증이다. 회사등록 메뉴에 입력된 내용을 검토하여 누락분은 추가 입력하고 잘못된 부분은 정정하시오(주소 입력시 우편번호는 입력하지 않아도 무방함). (6점)

사 업 자 등 록 증

(일반과세자)

등록번호 131-04-90726

상 호 명 : 동래상사
대 표 자 명 : 이숙련
개 업 연 월 일 : 2011. 3. 7.
사업장소재지 : 부산광역시 동래구 충렬대로 126번길 5(온천동)
사업자의 종류 : 업태 도소매 종목 의약품

사업자 단위 과세 적용사업자 여부 : 여( ) 부(√)
전자세금계산서 전용 전자우편 주소 :

2011년 3월 7일

동래세무서장

문제 2 다음은 동래상사의 전기분손익계산서이다. 입력되어 있는 자료를 검토하여 오류부분을 정정하고 누락된 부분을 추가 입력하시오. (6점)

<u>손익계산서</u>

회사명 : 동래상사　　　제10기 2020.1.1 ~ 2020.12.31　　　(단위 : 원)

과 목	금 액	과 목	금 액
Ⅰ 매출액	100,000,000	Ⅴ 영업이익	4,800,000
상품매출	100,000,000	Ⅵ 영업외수익	200,000
Ⅱ 매출원가	80,000,000	이자수익	200,000
상품매출원가	80,000,000	Ⅶ 영업외비용	360,000
기초상품재고액	10,000,000	유형자산처분손실	360,000
당기상품매입액	90,000,000	Ⅷ 소득세차감전순이익	4,640,000
기말상품재고액	20,000,000	Ⅸ 소득세등	0
Ⅲ 매출총이익	20,000,000	Ⅹ 당기순이익	4,640,000
Ⅳ 판매비와관리비	15,200,000		
급 여	10,000,000		
복리후생비	4,000,000		
여비교통비	600,000		
차량유지비	100,000		
소모품비	200,000		
잡 비	300,000		

문제 3 다음 자료를 이용하여 입력하시오. (6점)

[1] 동래상사의 전기분 받을어음 계정과 지급어음 계정의 기말 잔액은 다음과 같다. 거래처별초기이월을 검토하여 수정 또는 추가 입력하시오. (3점)

계정과목	거래처명	금 액	계정과목	거래처명	금 액
받을어음	광주상사	1,400,000원	지급어음	서울상사	5,000,000원
	부산상사	1,300,000원		인천상사	1,200,000원
	대구상사	1,100,000원		순천상사	2,100,000원

[2] 신규 거래처인 찬별상사를 거래처등록 메뉴에 추가등록하시오. (3점)

찬별상사 (코드 : 2220)	• 사업자등록번호 : 215-02-12344 • 대표자명 : 황찬별 • 업태 : 도소매 • 종목 : 컴퓨터및컴퓨터부품 • 유형 : 동시 • 사업장소재지 : 서울 강남구 테헤란로 410(금강타워, 대치동)

※ 주소 입력시 우편번호는 입력하지 않아도 무방함

문제 4 다음 거래 자료를 일반전표입력 메뉴에 추가 입력하시오. (24점)

─────── 〈 입 력 시   유 의 사 항 〉───────
- 적요의 입력은 생략한다.
- 부가가치세는 고려하지 않는다.
- 채권·채무와 관련된 거래처명은 반드시 기 등록되어 있는 거래처코드를 선택하는 방법으로 거래처명을 입력한다.
- 회계처리시 계정과목은 등록되어 있는 계정과목 중 가장 적절한 과목으로 한다.

[1] 7월 5일   무한상사에 상품을 6,000,000원에 판매하기로 계약하고, 계약금(판매금액의 10%)을 현금으로 받다. (3점)

[2] 7월 12일   (주)울산중고나라에서 영업부 비품(에어컨)을 1,100,000원에 구입하고 대금은 다음과 같이 하나카드로 결제하였다. (3점)

<table>
<tr><td align="center">카드매출전표
────────────────────
카드종류 : 하나카드
회원번호 : 1754-6599-****-9997
거래일시 : 2021.7.12. 16:05:16
거래유형 : 신용승인
금   액 : 1,100,000원
결제방법 : 일시불
승인번호 : 71999995
은행확인 : 하나은행
────────────────────
가맹점명 : (주)울산중고나라
- 이 하 생 략 -</td></tr>
</table>

[3] 7월 25일   국제상사에서 상품 5,000,000원을 매입하였다. 대금은 7월 15일 계약금으로 지급한 500,000원을 차감하고 나머지 잔액은 1개월 후에 지급하기로 하다. 또한, 상품 매입시 운임 50,000원은 당사가 부담하기로 하여 현금으로 지급하다. (3점)

[4] 8월 4일   관리부 직원의 경리실무 책을 현금으로 구매하였다. (3점)

동래서점

131-90-67801   임애숙

부산 동래구 충렬대로 126번길 5 TEL : 507-4683

현금(지출증빙)

구 매 2021/08/04/17:06 거래번호 : 0026-0107

상품명	수 량	금 액
도 서	1	88,000원
2043655000009		
합 계		88,000원
받은금액		88,000원

[5] 8월 5일   7월분 영업부 사무실의 인터넷요금 50,000원과 수도요금 30,000원을 보통예금에서 이체하였다. (3점)

[6] 9월 25일   영업부 건물 화재보험료(2021년 9월 25일 ~ 2021년 12월 31일 귀속분) 150,000원을 현금으로 납부하였다. (3점)

[7] 10월 3일   매출처의 체육행사 지원을 위해 과일 1,000,000원을 구매하고 법인카드(신한카드)로 결제하다. (3점)

[8] 10월 18일   강남상사의 단기대여금 8,000,000원과 이자 302,000원이 당사 보통예금 계좌에 입금되다. (3점)

문제 5 일반전표입력 메뉴에 입력된 내용 중 다음과 같은 오류가 발견되었다. 입력된 내용을 확인하여 정정하시오. (6점)

[1] 7월 30일　　　업무용 차량을 구입하면서 현금으로 지불한 취득세 100,000원을 세금과공과로 회계처리하였다.

(3점)

[2] 9월 30일　　　행복상사에 지급하고 선급금으로 처리했던 200,000원이 영업부 회식비로 지출한 영수증으로 확인되었다. (3점)

문제 6 다음의 결산정리사항을 입력하여 결산을 완료하시오. (12점)

[1] 결산일 현재 장부상 현금 잔액이 현금 실제액보다 30,000원 많은 것으로 확인되었으나, 그 원인은 밝혀지지 않았다. (3점)

[2] 기말 합계잔액시산표의 가지급금 잔액은 거래처 보석상사에 이자를 지급한 것으로 판명되다. (3점)

[3] 대손충당금은 기말 매출채권(외상매출금, 받을어음) 잔액에 대하여 1% 보충법으로 설정하다. (3점)

[4] 결산일 현재 기말상품재고액은 9,200,000원이다(단, 전표입력에서 구분으로 '5.결산차변, 6.결산대변'으로 입력할 것). (3점)

문제 7 다음 사항을 조회하여 답안을 이론문제 답안작성 메뉴에 입력하시오. (10점)

[1] 2분기(4월 ~ 6월) 중 판매비와관리비가 가장 많은 월과 가장 적은 월의 차이는 얼마인가? (4점)

[2] 1월의 외상매출금 입금액은 얼마인가? (3점)

[3] 상반기(1월 ~ 6월) 중 현금의 지출이 가장 많은 달은 몇 월이며, 그 금액은 얼마인가? (3점)

이 론

다음 문제를 보고 알맞은 것을 골라 이론문제 답안작성 메뉴에 입력하시오. (객관식 문항당 2점)

─────────〈 기 본 전 제 〉─────────
문제에서 한국채택국제회계기준을 적용하도록 하는 전제조건이 없는 경우, 일반기업회계기준을 적용한다.

01 다음 중 자산, 부채, 자본의 개념에 대한 설명으로 틀린 것은?

① 자산은 미래의 경제적 효익으로 미래 현금흐름 창출에 기여하는 잠재력을 말한다.
② 자본은 자산 총액에서 부채 총액을 차감한 잔여액 또는 순자산으로서 자산에 대한 소유주의 잔여청구권이다.
③ 부채는 과거의 거래나 사건의 결과로 미래에 자원의 유입이 예상되는 의무이다.
④ 복식부기를 적용시 대차평균의 원리가 사용된다.

02 다음 중 비유동자산과 영업외수익으로 짝지은 것으로 옳지 않은 것은?

① 투자자산, 이자수익
② 재고자산, 기부금
③ 유형자산, 배당금수익
④ 무형자산, 임대료

03 다음 중 회계상 현금으로 처리하는 것은?

(가) 타인발행수표	(나) 주 식
(다) 가계수표	(라) 수입인지
(마) 약속어음	(바) 자기앞수표

① (가), (다), (바)
② (가), (라), (마)
③ (가), (나), (라)
④ (가), (나), (다)

04 다음 중 손익계산서에 포함되어야 할 거래는 어떤 것인가?

① 거래처로부터 계약금을 현금수령하다.

② 전기요금을 현금으로 지급하다.

③ 토지를 매입하고 당좌수표를 지급하다.

④ 현금을 보통예금 통장에 입금하다.

05 11월 5일 현금과부족 계정 대변 잔액 20,000원의 원인이 단기대여금 이자수입 누락으로 판명되었다. 분개로 맞는 것은?

① (차) 현 금   20,000   (대) 이자수익   20,000
② (차) 현금과부족   20,000   (대) 현 금   20,000
③ (차) 현금과부족   20,000   (대) 잡이익   20,000
④ (차) 현금과부족   20,000   (대) 이자수익   20,000

06 다음은 매출채권 계정에 대한 설명이다. 당기에 매출액 중에서 현금으로 회수한 금액이 300,000원이라면 발생주의에 의한 당기매출액은 얼마인가?(매출거래는 모두 외상거래로 이루어짐)

매출채권			
1/1 전기이월	200,000		
		12/31 차기이월	240,000

① 260,000원   ② 340,000원
③ 440,000원   ④ 300,000원

07 다음은 당사의 당기 재고자산과 관련된 자료이다. 원가흐름의 가정을 선입선출법을 적용한 경우와 총평균법을 적용한 경우의 기말재고자산 가액의 차이는 얼마인가?

구 분	수 량	단 가
기초재고(1월 1일)	10개	100원
매입(3월 10일)	20개	200원
매입(7월 25일)	30개	300원
매입(8월 20일)	40개	400원
매출(9월 15일)	30개	700원

① 3,000원   ② 4,000원

③ 5,000원   ④ 6,000원

08 다음 중 부채 계정이 아닌 것은?

① 예수금   ② 미지급비용

③ 단기차입금   ④ 임차보증금

09 상품을 보관하는 과정에서 파손, 마모, 도난, 분실 등으로 인하여 실제 재고수량이 장부상의 재고수량보다 적은 경우에 발생하는 손실을 처리하기 위한 계정과목으로 적절한 것은?

① 대손상각비   ② 재고자산감모손실

③ 재해손실   ④ 잡손실

10 다음 중 거래 결합관계에서 성립할 수 없는 것은?

① (차) 부채의 증가   (대) 부채의 감소
② (차) 자산의 증가   (대) 자본의 증가
③ (차) 자산의 증가   (대) 수익의 발생
④ (차) 비용의 발생   (대) 자산의 감소

11 다음 자료에 의해 순매출액을 구하면 얼마인가?

• 총매출액 : 2,000,000원	• 매출할인 : 200,000원
• 매출에누리 : 100,000원	• 매입환출 : 50,000원
• 매출환입 : 300,000원	

① 1,950,000원   ② 1,550,000원

③ 1,500,000원   ④ 1,400,000원

12 다음 중 계정기입의 설명으로 옳은 것은?

상 품
현 금	400,000

① 상품을 400,000원 매출하고, 대금은 약속어음으로 받다.

② 상품을 400,000원 매출하고, 대금은 동점발행 수표로 받다.

③ 상품을 400,000원 매입하고, 대금은 현금으로 지급하다.

④ 상품을 400,000원 매입하고, 대금은 외상으로 하다.

13 다음 자료에 따라 영업이익을 계산한 것으로 옳은 것은?

• 매출액 : 5,000,000원	• 매출원가 : 2,000,000원
• 접대비 : 300,000원	• 유형자산처분손실 : 100,000원
• 복리후생비 : 200,000원	• 이자비용 : 100,000원

① 2,300,000원   ② 2,400,000원

③ 2,500,000원   ④ 2,800,000원

14 다음 (가)와 (나)에 해당하는 계정과목을 〈보기〉에서 바르게 짝지은 것은?

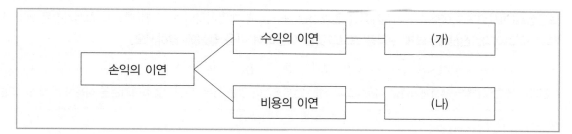

〈보기〉

ㄱ. 미수수익   ㄴ. 미지급비용

ㄷ. 선급비용   ㄹ. 선수수익

	(가)	(나)
①	ㄱ	ㄴ
②	ㄴ	ㄱ
③	ㄷ	ㄹ
④	ㄹ	ㄷ

15 아래 거래의 기입이 필요한 보조부로 올바르게 묶인 것은?

〈거래〉

방탕상사에 원가 500,000원의 상품을 600,000원에 판매하고, 대금 중 400,000원은 현금으로 받고, 잔액 200,000원은 약속어음으로 받았다.

〈보기〉

a. 매입장   b. 매출장

c. 현금출납장   d. 매입처원장

e. 받을어음기입장

① b, c, e   ② a, c, e

③ c, d, e   ④ a, b, e

실 기

보은상회(회사코드 : 0854)는 가전제품을 판매하는 도·소매 개인기업이며, 당기(제8기) 회계기간은 2021.1.1 ~ 2021.12.31이다. 전산세무회계 수험용 프로그램을 이용하여 다음 물음에 답하시오.

───────────〈 기 본 전 제 〉───────────

문제에서 한국채택국제회계기준을 적용하도록 하는 전제조건이 없는 경우, 일반기업회계기준을 적용하여 회계처리한다.

문제 1 다음은 보은상회의 사업자등록증이다. 회사등록 메뉴에 입력된 내용을 검토하여 누락분은 추가 입력하고 잘못된 부분은 정정하시오(주소 입력시 우편번호는 입력하지 않아도 무방함). (6점)

사 업 자 등 록 증
(일반과세자)
등록번호 135-27-40377

상 호 명 : 보은상회
대 표 자 명 : 나기동
개 업 연 월 일 : 2014. 3. 20.
사업장소재지 : 경기도 안산시 단원구 거미울길 13(선부동)
사업자의 종류 : 업태 도소매   종목 가전제품
교 부 사 유 : 신규

사업자 단위 과세 적용사업자 여부 : 여( ) 부(√)
전자세금계산서 전용 전자우편 주소 :

2014년 3월 20일

안산세무서장

문제 2 다음은 보은상회의 전기분재무상태표이다. 입력되어 있는 자료를 검토하여 오류부분은 정정하고 누락된 부분은 추가 입력하시오. (6점)

재무상태표

회사명 : 보은상회　　　　　제7기 2020.12.31 현재　　　　　(단위 : 원)

과 목	금 액		과 목	금 액	
현 금		10,000,000	외상매입금		40,000,000
당좌예금		30,000,000	지급어음		20,000,000
보통예금		100,000,000	선수금		20,000,000
외상매출금	50,000,000		단기차입금		30,000,000
대손충당금	500,000	49,500,000	자본금		147,100,000
받을어음	40,000,000		(당기순이익		
대손충당금	400,000	39,600,000	: 15,000,000)		
상 품		20,000,000			
비 품	10,000,000				
감가상각누계액	2,000,000	8,000,000			
자산총계		257,100,000	부채와자본총계		257,100,000

문제 3 다음 자료를 이용하여 입력하시오. (6점)

[1] 보은상회의 전기분 기말채권과 기말채무 잔액은 다음과 같다. 주어진 자료를 검토하여 수정 및 추가 입력하시오. (3점)

계정과목	거래처명	금액(원)	계정과목	거래처명	금액(원)
외상매출금	강진상회	35,000,000원	외상매입금	양지전자	17,000,000원
	하이전자	6,000,000원		두리컴퓨터	20,000,000원
	일동상사	9,000,000원		케이전자	3,000,000원

[2] 다음 자료를 이용하여 [기초정보등록]의 [거래처등록] 메뉴에서 거래처(금융기관)를 추가로 등록하시오(주어진 자료 외의 다른 항목은 입력할 필요 없음). (3점)

- 거래처코드 : 98002
- 유형 : 보통예금
- 예금종류 : 보통예금
- 거래처명 : 우리은행
- 계좌번호 : 1005-302-998167
- 사업용 계좌 : 여

문제 4 다음 거래 자료를 일반전표입력 메뉴에 추가 입력하시오. (24점)

─────〈 입 력 시 　 유 의 사 항 〉─────

• 적요의 입력은 생략한다.

• 부가가치세는 고려하지 않는다.

• 채권·채무와 관련된 거래처명은 반드시 기 등록되어 있는 거래처코드를 선택하는 방법으로 거래처명을 입력한다.

• 회계처리시 계정과목은 등록되어 있는 계정과목 중 가장 적절한 과목으로 한다.

[1] 8월 2일　　보통예금 계좌에 2,000,000원이 입금되었으나, 입금자명이 불분명하여 그 내역을 확인할 수 없다. (3점)

[2] 8월 21일　　당사는 거래처 동백상사로부터 상품 10개(1개당 10,000원)를 매입하고, 그 대금은 당사발행 어음으로 지급하였다. (3점)

[3] 9월 5일　　8월 25일에 매출계약하고 선수금을 받은 미림전자에 세탁기 5대를 인도하고 계약금을 차감한 잔액을 외상으로 하다. 당사 부담 운반비 150,000원은 현금으로 지급하다(하나의 전표로 입력할 것). (3점)

1권		2호		**거래명세표**(거래용)				
2021년 09월 05일			공 급 자	등록번호	135-27-40377			
미림전자　　　　귀하				상 호	보은상회	성 명	나기동	㉑
				사업장 소재지	경기도 안산시 단원구 거미울길 13(선부동)			
아래와 같이 계산합니다.				업 태	도소매	종 목	가전제품	
합계 금액	**육백만원 원정 (₩ 6,000,000　　　　　　　　)**							
월일	품 목		규 격	수 량	단 가	공급대가		비 고
9/5	세탁기		15KG	5	1,200,000원	6,000,000원		
	계							
전잔금						합 계	6,000,000원	
입 금	8/25 계약금 600,000원	잔 금		5,400,000원		인수자	김선태	㉑
비 고	당사부담 운임 150,000원 현금지급							

[4] 9월 7일　　당사는 보유하고 있던 토지(취득원가 30,000,000원)를 영동상사에 50,000,000원에 매각하고 대금 중 10,000,000원은 당좌수표로 지급받았으며, 나머지는 다음 달 10일 수령하기로 하였다. (3점)

[5] 9월 8일 매출거래처 영아상사에 대한 외상매출금 5,000,000원을 현금으로 회수하고, 다음의 입금표를 발행하였다. (3점)

| No. 1 | | | | | | | | | | | | | | | | | | | | (공급자 보관용) |

입 금 표

영아상사 귀하

공급자	사업자등록번호	135-27-40377																			
	상 호	보은상회					성 명		나기동		(인)										
	사업장소재지	경기도 안산시 단원구 거미울길13(선부동)																			
	업 태	도소매					종 목		가전제품												

작 성 일			금 액										세 액								
년	월	일	공란수	억	천	백	십	만	천	백	십	일	천	백	십	만	천	백	십	일
2021	9	8																		

합 계	십	억	천	백	십	만	천	백	십	일
				5	0	0	0	0	0	0

내 용 : 외상매출하고 현금 입금

위 금액을 정히 영수함

---

[6] 10월 14일 고객응대를 위한 접견실을 꾸밀 화분과 꽃 등 소모품을 구입하고 국민카드로 결제하다(비용처리 할 것). (3점)

```
        카드매출전표
        (공급받는자용)
--------------------------------
카드종류 : 국민카드
회원번호 : ****-****-****-0001
거래일시 : 2021.10.14. 13:20:26
거래유형 : 신용승인
매    출 : 200,000원
부 가 세 :       0원
합    계 : 200,000원
결제방법 : 일시불
승인번호 : 133501449
은행확인 : 국민카드사
--------------------------------
가맹점명 : 선부화원
      - 이 하 생 략 -
```

---

[7] 11월 18일 상품 홍보관을 개설하기 위해 점포를 보증금 10,000,000원에 남촌빌딩으로부터 임차하고, 대금 은 현금으로 지급하다. (3점)

[8] 11월 30일 회사의 차량을 15,000,000원에 취득하고 취득세 450,000원 및 기타매입부대비용 150,000원을 보통예금에서 이체하다. (3점)

문제 5 일반전표입력 메뉴에 입력된 내용 중 다음과 같은 오류가 발견되었다. 입력된 내용을 확인하여 정정·추가 입력 또는 삭제하시오. (6점)

[1] 9월 30일 보통예금에서 자동이체되어 회계처리한 전기요금 200,000원 중에는 사무실 전화요금 80,000원이 포함되어 있다. (3점)

[2] 12월 11일 당사는 거래처인 용인상사에 상품 2,000,000원을 판매하기로 계약하였다. (3점)

문제 6 다음의 결산정리사항을 입력하여 결산을 완료하시오. (12점)

[1] 8월 31일에 구입하여 자산(취득원가 470,000원)으로 회계처리한 소모품 중 기말까지 사용하고 남은 금액은 210,000원이다. (3점)

[2] 기말 현재 단기차입금에 대한 이자 미지급액 300,000원을 계상하다. (3점)

[3] 12월 1일에 12개월분 화재보험료(보험계약기간 : 2021.12.1 ~ 2022.11.30) 3,000,000원을 보통예금 계좌에서 이체하면서 전액 보험료(판)로 처리하였다. 기말수정분개를 하시오(월할계산할 것). (3점)

[4] 기말 결산시 기말상품재고액은 3,000,000원이다(단, 전표입력에서 구분으로 '5.결산차변, 6.결산대변'으로 입력할 것). (3점)

문제 7 다음 사항을 조회하여 답안을 이론문제 답안작성 메뉴에 입력하시오. (10점)

[1] 상반기(1월 ~ 6월) 중 복리후생비(판) 발생이 가장 큰 달은 몇 월이며 금액은 얼마인가? (3점)

[2] 6월 말 현재 비유동자산은 전기 말과 대비하여 얼마 증가하였는가? (3점)

[3] 2월 ~ 3월 중에 발생한 상품구입 총 구입건수와 총 구입대금은 얼마인가? (4점)

이론

다음 문제를 보고 알맞은 것을 골라 이론문제 답안작성 메뉴에 입력하시오. (객관식 문항당 2점)

─────────〈 기 본 전 제 〉─────────

문제에서 한국채택국제회계기준을 적용하도록 하는 전제조건이 없는 경우, 일반기업회계기준을 적용한다.

01 다음 중 일정시점 현재 기업이 보유하고 있는 경제적 자원인 자산과 경제적 의무인 부채, 그리고 자본에 대한 정보를 제공하는 재무보고서는 무엇인가?

① 손익계산서 ② 자본변동표
③ 재무상태표 ④ 현금흐름표

02 다음 중 비유동자산으로 볼 수 없는 것은?

① 단기대여금 ② 장기매출채권
③ 건 물 ④ 기계장치

03 다음 자료에 의해 현금및현금성자산을 구하면 얼마인가?

• 당좌예금 : 200,000원
• 우 표 : 100,000원
• 만기도래한 사채이자표 : 120,000원
• 배당금지급통지표 : 300,000원

① 500,000원 ② 620,000원
③ 600,000원 ④ 420,000원

04 선수수익으로 계상한 임대수익에 대하여 기말 결산을 수행하지 않았다. 이로 인한 영향으로 옳은 것은?

① 비용의 과대계상   ② 자산의 과소계상

③ 부채의 과소계상   ④ 수익의 과소계상

05 다음은 유형자산에 관한 설명이다. 옳지 않은 것은?

① 미래 경제적 효익이 유입될 가능성이 매우 높고 그 원가를 신뢰성 있게 측정할 수 있어야 한다.

② 토지, 건물, 구축물, 기계장치, 건설중인자산 등은 유형자산의 대표적인 항목이다.

③ 판매를 목적으로 보유하고 있는 자산이다.

④ 장기적으로 사용할 목적으로 물리적 형체가 있는 자산이다.

06 기계장치를 구입하면서 구입대금 250,000원, 구입한 기계장치를 운반하기 위해 지불한 비용 50,000원, 구입 후 설치비 30,000원이 발생하였다. 이후 시제품을 생산하는데 5,000원이 발생하였으며, 이 시제품을 7,000원에 판매하였다. 기계장치의 취득원가는 얼마인가?

① 328,000원   ② 330,000원

③ 335,000원   ④ 337,000원

07 다음은 감가상각누계액의 변화추이에 따른 감가상각방법을 나타낸 그래프이다. (가)와 (나)에 대한 설명으로 옳은 것을 모두 고른 것은?

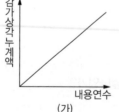
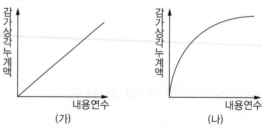

ㄱ. (가)는 자산의 예상조업도 혹은 생산량에 근거하여 감가상각액을 인식하는 방법이다.

ㄴ. (가)는 자산의 내용연수 동안 일정액의 감가상각액을 인식하는 방법이다.

ㄷ. (나)는 자산의 내용연수 동안 감가상각액이 매기간 감소하는 방법이다.

① ㄱ   ② ㄴ

③ ㄱ, ㄴ   ④ ㄴ, ㄷ

08 다음 중 총계정원장의 잔액이 항상 대변에 나타나는 계정은?

① 보통예금 ② 수수료비용

③ 임대료 ④ 외상매출금

09 다음 중 재고자산에 해당되는 것으로 올바르게 묶은 것은?

a. 사무실에서 사용하는 컴퓨터	b. 판매용 상품
c. 당사가 제조한 제품	d. 공장에서 사용하는 기계장치

① a, b ② b, c

③ c, d ④ b, d

10 2021년 12월 31일 장부를 조사하여 다음과 같은 자료를 얻었다. 2021년 기초자본은 얼마인가?

• 자산총액 : 1,500,000원	• 수익총액 : 400,000원
• 부채총액 : 600,000원	• 비용총액 : 350,000원

① 800,000원 ② 750,000원

③ 850,000원 ④ 900,000원

11 다음 중 손익계산서상 판매비와관리비에 포함될 수 없는 것은?

① 이자비용 ② 복리후생비

③ 접대비 ④ 광고선전비

12 다음은 미래상사의 상품거래와 관련된 내용이다. 판매가능금액으로 옳은 것은?

• 총매출액 : 1,000,000원	• 기초상품재고액 : 400,000원
• 총매입액 : 800,000원	• 매입에누리액 : 40,000원
• 매출에누리액 : 100,000원	• 기말상품재고액 : 450,000원

① 50,000원 ② 760,000원

③ 900,000원 ④ 1,160,000원

13 다음 중 회계의 순환 과정 순서로 올바른 것은?

> a. 분 개   b. 시산표 작성
> c. 결산수정분개   d. 거래의 발생
> e. 총계정원장의 마감   f. 결산보고서 작성 절차
> g. 전기(총계정원장)

① a → b → c → d → e → f → g
② b → a → d → g → c → e → f
③ d → a → g → b → c → e → f
④ d → a → g → c → b → f → e

14 다음 중 거래의 종류를 연결한 것으로 틀린 것은?

① 이자수익 10,000,000원을 현금으로 받다. – 손익거래
② 영업용 비품을 1,000,000원에 구입하고 대금은 현금으로 지급하다. – 교환거래
③ 보험료 2,000,000원을 현금으로 지급하다. – 손익거래
④ 영업용 건물을 10,000,000원에 구입하고 대금 중 일부는 현금으로 지급하고, 나머지 잔액은 나중에 지급하기로 하다. – 혼합거래

15 다음 계정기입에 대한 설명으로 가장 옳은 것은?(단, 반드시 아래에 표시된 계정만으로 판단할 것)

받을어음		
	8/3 현 금	500,000원

① 상품 500,000원을 현금으로 매입하다.
② 받을어음 500,000원을 현금으로 회수하다.
③ 지급어음 500,000원을 현금으로 지급하다.
④ 상품 500,000원을 매출하고 거래처발행 약속어음으로 받다.

청도상사(코드빈호 . 0844)는 화상품을 ~~판~~매하는 개인기업이다. 당기(제12기) 회계기간은 2021.1.1 ~ 2021.12.31이다. 전산세무회계 수험용 프로그램을 이용하여 다음 물음에 답하시오.

───〈 기 본 전 제 〉───

문제에서 한국채택국제회계기준을 적용하도록 하는 전제조건이 없는 경우, 일반기업회계기준을 적용하여 회계처리한다.

문제 1 다음은 청도상사의 사업자등록증이다. 회사등록 메뉴에 입력된 내용을 검토하여 누락분은 추가 입력하고 잘못된 부분은 정정하시오(주소 입력시 우편번호는 입력하지 않아도 무방함). (6점)

사 업 자 등 록 증

(일반과세자)

등록번호 101-52-33477

상 호 명 : 청도상사
대 표 자 명 : 최범락
개 업 연 월 일 : 2010. 1. 23.
사업장소재지 : 경기도 안양시 동안구 학의로 332(관양동)
사업자의 종류 : 업태 도소매   종목 화장품
교 부 사 유 : 신규

사업자 단위 과세 적용사업자 여부 : 여( ) 부(√)
전자세금계산서 전용 전자우편 주소 :

2010년 1월 23일

동안양세무서장

문제 2 다음은 청도상사의 전기분손익계산서이다. 입력되어 있는 자료를 검토하여 오류부분은 정정하고 누락된 부분은 추가 입력하시오. (6점)

손익계산서

회사명 : 청도상사   제11기 2020.1.1 ~ 2020.12.31   (단위 : 원)

과 목	금 액	
Ⅰ. 매출액		491,000,000
상품매출	491,000,000	
Ⅱ. 매출원가		
상품매출원가		393,300,000
기초상품재고액	12,000,000	
당기상품매입액	397,800,000	
기말상품재고액	16,500,000	
Ⅲ. 매출총이익		97,700,000
Ⅳ. 판매비와관리비		67,700,000
1. 급 여	53,000,000	
2. 복리후생비	3,200,000	
3. 여비교통비	350,000	
4. 접대비	880,000	
5. 수도광열비	310,000	
6. 세금과공과	320,000	
7. 감가상각비	600,000	
8. 임차료	6,500,000	
9 보험료	800,000	
10. 차량유지비	1,300,000	
11. 광고선전비	440,000	
Ⅴ. 영업이익		30,000,000
Ⅵ. 영업외수익		330,000
1. 이자수익	310,000	
2. 잡이익	20,000	
Ⅶ. 영업외비용		1,030,000
1. 이자비용	490,000	
2. 기부금	540,000	
Ⅷ. 소득세 차감전순이익		29,300,000
Ⅸ. 소득세등		
Ⅹ. 당기순이익		29,300,000

문제 3 다음 자료를 이용하여 입력하시오. (6점)

[1] 청도상사는 임원의 외국출상이 빈번하여 이를 별도로 구분하고자 한다. [812. 여비교통비] 계정과목에 다음의 적요를 등록하시오. (3점)

현금적요 6. 임원 해외출장비 지급

[2] 청도상사의 외상매출금과 외상매입금에 대한 거래처별초기이월 자료는 다음과 같다. 주어진 자료를 검토하여 잘못된 부분을 정정하거나 누락된 부분을 추가 입력하시오. (3점)

계정과목	거래처명	금액(원)	계정과목	거래처명	금액(원)
외상매출금	안양상사	5,000,000원	외상매입금	영훈상사	4,400,000원
	수원상사	3,800,000원		창문상사	2,200,000원
	안산상사	700,000원		남대문상사	1,850,000원

문제 4 다음 거래 자료를 일반전표입력 메뉴에 추가 입력하시오. (24점)

─── 〈 입 력 시   유 의 사 항 〉 ───
- 적요의 입력은 생략한다.
- 부가가치세는 고려하지 않는다.
- 채권·채무와 관련된 거래처명은 반드시 기 등록되어 있는 거래처코드를 선택하는 방법으로 거래처명을 입력한다.
- 회계처리시 계정과목은 등록되어 있는 계정과목 중 가장 적절한 과목으로 한다.

[1] 7월 25일 보관하고 있던 아모레상사가 발행한 당좌수표 5,000,000원을 당사 당좌예금 계좌에 예입하였다. (3점)

[2] 10월 4일 창문상사에서 상품 6,000,000원(300개, 1개당 20,000원)을 구입하기로 계약하고, 대금의 20%를 당좌예금 계좌에서 이체하였다. (3점)

[3] 10월 10일 호수상사의 외상매입금 5,000,000원을 결제하기 위해 매출처 일품컴퓨터에서 받아 보관 중인 약속어음 5,000,000원을 배서양도하였다. (3점)

[4] 10월 19일 거제물산에 납품하기 위한 상품의 상차작업을 위해 고용한 일용직 근로자에게 일당 100,000원을 현금으로 지급하였다. (3점)

[5] 10월 21일　　폭우로 인한 자연재해 피해자를 돕기 위해 현금 500,000원을 동작구청에 기부하였다. (3점)

[6] 11월 10일　　건강보험료 회사부담분 120,000원과 직원부담분 120,000원을 보통예금 통장에서 이체하였다. (3점)

[7] 11월 16일　　다음의 휴대폰 이용요금 청구서를 수령하고 납부해야할 총 금액을 현금으로 지급하였다. (3점)

기본내역	
휴대폰서비스이용요금	29,526원
기본료	26,000원
국내이용료	3,636원
메세지이용료	60원
할인 및 조정	− 170원
기타금액	14,764원
당월청구요금	44,290원
미납요금	0원
납부하실 총 금액	44,290원

[8] 12월 27일　　업무용 차량에 대한 제2기분 자동차세를 사업용카드(비씨카드)로 납부하고 다음과 같은 영수증을 수령하였다. (3점)

2021년분 자동차세 세액 신고납부서					납세자 보관용 영수증
납 세 자	최범락				
주　　소	경기도 안양시 동안구 학의로 332				
납세번호	기관번호	제목		납세년월기	과세번호
과세대상	17바 1234 (비영업용, 1998cc)	구 분	자동차세	지방교육세	납부할 세액 합계
		당초산출세액	198,700	자동차세액 × 30%	258,310원
과세기간	2021. 7. 1 ~ 2021. 12. 31	선납공제액(10%)			
		요일제감면액(5%)			
		납부할세액	198,700	59,610	

위의 금액을 영수합니다.
2021년 12월 27일

*수납인이 없으면 이 영수증은 무효입니다　　*공무원은 현금을 수납하지 않습니다.

문제 5 일반전표입력 메뉴에 입력된 내용 중 다음과 같은 오류가 발견되었다. 입력된 내용을 확인하여 정정 또는 추가 입력하시오. (6점)

[1] 11월 15일   당사가 지급한 운반비 200,000원은 상품매입에 따른 운반비가 아니라 상품매출에 따른 운반비로 판명되다. (3점)

[2] 11월 30일   다음과 같은 거래명세표를 수령하고 복리후생비로 회계처리하였으며, 대금은 보통예금 계좌에서 지급하였다(단, 비용으로 처리할 것). (3점)

권		호		거래명세표(보관용)				
2021년 11월 30일			공급자	등록번호	123-03-85375			
청도상사 귀하				상 호	좋은문구	성 명	정좋은	㉑
				사업장 소재지	경기 의정부시 의정로 77(의정부동)			
아래와 같이 계산합니다.				업 태	도·소매업	종목	문구류	
합계금액			이십만 원정 (₩200,000)					
월일	품 목		규 격	수량	단 가	공 급 대 가	세 액	
11/30	A4 용지			10	20,000원	200,000원		
	계							
전잔금					합 계		200,000원	
입 금	200,000원		잔 금			인수자	김동호	㉑
비 고								

문제 6 다음의 결산정리사항을 입력하여 결산을 완료하시오. (12점)

[1] 3월 1일에 12개월분 사무실 임차료(임차기간 : 2021.3.1 ~ 2022.2.29) 12,000,000원을 보통예금 계좌에서 이체하면서 전액 자산 계정인 선급비용으로 처리하였다. 기말수정분개를 하시오(단, 월할계산할 것). (3점)

[2] 결산일 현재 현금과부족 계정으로 처리되어 있는 현금부족액 60,000원에 대한 원인이 밝혀지지 않고 있다. (3점)

[3] 단기대여금에 대한 기간미경과분 이자 410,000원이 이자수익으로 계상되어 있다. (3점)

[4] 당기분 감가상각비는 비품 900,000원, 차량운반구 2,000,000원이다. (3점)

문제 7 다음 사항을 조회하여 답안을 이론문제 답안작성 메뉴에 입력하시오. (10점)

[1] 상반기(1월 1일 ~ 6월 30일) 판매비와관리비 항목 중에서 거래금액이 가장 큰 계정과목 코드와 금액을 입력하시오. (3점)

[2] 3월 상품매입액은 얼마인가? (3점)

[3] 1월부터 6월까지의 판매비와관리비 중 접대비 지출액이 가장 많은 월의 금액과 가장 적은 월의 금액을 합산하면 얼마인가? (4점)

제83회 기출문제

이 론

다음 문제를 보고 알맞은 것을 골라 이론문제 답안작성 메뉴에 입력하시오. (객관식 문항당 2점)

─────────────────〈 기 본 전 제 〉─────────────────

문제에서 한국채택국제회계기준을 적용하도록 하는 전제조건이 없는 경우, 일반기업회계기준을 적용한다.

01 다음 중 재무상태표에 표시되는 계정과목이 아닌 것은?

① 개발비   ② 차입금

③ 광고선전비   ④ 자본금

02 다음 중 당좌자산에 해당하는 것은?

① 상 품   ② 매출채권

③ 비 품   ④ 장기투자증권

03 다음 중 단기금융상품에 대한 설명으로 가장 틀린 것은?

① 단기매매증권은 주로 단기간 내의 매매차익을 목적으로 취득한 유가증권으로서 매수와 매도가 적극적이고 빈번하게 이루어지는 것을 말한다.

② 단기금융상품은 만기가 1년 이내에 도래하는 금융상품으로 현금성자산이 아닌 것을 말한다.

③ 만기가 1년 이내에 도래하는 양도성예금증서, 종합자산관리계좌, 환매채는 단기금융상품이다.

④ 단기매매증권은 다른 범주로 재분류할 수 있고 다른 범주의 유가증권의 경우에도 단기매매증권으로 재분류할 수 있다.

04 재고자산의 매입원가에 가산하는 항목에 해당하지 않는 것은?

① 매입운임   ② 매입보험료

③ 매입에누리   ④ 매입하역료

05 다음 중 재고자산의 단가결정방법 중 선입선출법에 대한 설명으로 적절하지 않은 것은?

① 물가상승시 기말재고자산이 과소평가된다.
② 물량흐름과 원가흐름이 대체적으로 일치한다.
③ 기말재고자산이 현행원가에 가깝게 표시된다.
④ 물가상승시 이익이 과대계상된다.

06 다음 자료를 토대로 당기 중 외상으로 매출한 금액으로 옳은 것은?

> • 외상매출금 기초잔액 : 500,000원
> • 외상매출금 당기회수액 : 600,000원
> • 외상매출금 중 에누리액 : 10,000원
> • 외상매출금 기말잔액 : 300,000원

① 200,000원   ② 390,000원

③ 410,000원   ④ 790,000원

07 다음 중 유형자산 취득 후 수익적 지출을 자본적 지출로 처리한 경우 자산, 비용, 당기순이익에 미치는 영향으로 바르게 표시한 것은?

① (자산) : 과대계상, (비용) : 과소계상, (당기순이익) : 과대계상
② (자산) : 과소계상, (비용) : 과소계상, (당기순이익) : 과대계상
③ (자산) : 과소계상, (비용) : 과대계상, (당기순이익) : 과소계상
④ (자산) : 과대계상, (비용) : 과소계상, (당기순이익) : 과소계상

08 다음 중 계정잔액의 표시로 옳지 않은 것은?

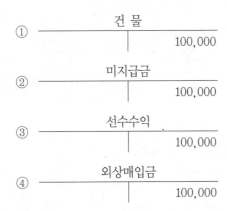

① 건 물
    | 100,000

② 미지급금
    | 100,000

③ 선수수익
    | 100,000

④ 외상매입금
    | 100,000

09 다음 중 받을어음 계정 대변에 기록되는 거래에 해당하는 것은?

① 상품 2,000,000원을 매출하고 매출처 발행 약속어음을 받다.
② 매입처에 발행한 약속어음 2,000,000원이 만기가 되어 현금으로 지급하다.
③ 외상매출금 2,000,000원을 매출처 발행 약속어음으로 받다.
④ 외상매입금 지급을 위하여 소지하고 있던 매출처 발행 약속어음 2,000,000원을 배서양도하여 외상매입금을 지급하다.

10 다음 설명 중 밑줄 친 (나)와 관련 있는 계정으로만 나열된 것은?

> 부채는 타인 자본을 나타내는 것으로 미래에 기업 외부의 권리자에게 현금이나 서비스를 지급해야할 채무를 말하며, (가)유동부채와 (나)비유동부채로 분류한다.

① 외상매입금, 지급어음
② 사채, 장기차입금
③ 선수금, 미지급금
④ 예수금, 단기차입금

11 다음 항목 중 수익과 비용의 이연 항목으로 바르게 짝지어진 것은?

① 선수수익 – 선급비용
② 선수수익 – 미수수익
③ 미수수익 – 선급비용
④ 미수수익 – 미지급비용

12 2020년 1월 1일에 구입한 영업용 건물(단, 취득원가 60,000,000원, 잔존가액 0원, 내용연수 10년, 결산연 1회)에 대한 2021년 12월 31일 결산시 정액법에 의한 감가상각비는 얼마인가?

① 5,000,000원　　　　　　　　　　② 5,500,000원
③ 6,000,000원　　　　　　　　　　④ 12,000,000원

13 다음 자료를 토대로 2021년 말 손익계산서에 보고할 대손상각비는 얼마인가?

> • 2021년 1월 1일 현재 대손충당금 잔액은 150,000원이다.
> • 2021년 5월 10일 거래처의 파산으로 매출채권 200,000원이 회수 불능되었다.
> • 기말 매출채권 잔액 7,500,000원에 대해 1%의 대손을 설정하다.

① 25,000원　　　　　　　　　　② 75,000원
③ 105,000원　　　　　　　　　　④ 125,000원

14 다음 자료를 이용하여 당기순이익을 계산하면 얼마인가?

> • 매출액 : 10,000,000원　　　　• 매출원가 : 5,000,000원
> • 직원급여 : 1,500,000원　　　　• 이자비용 : 100,000원
> • 접대비 : 200,000원

① 5,000,000원　　　　　　　　　　② 3,500,000원
③ 3,300,000원　　　　　　　　　　④ 3,200,000원

15 결산의 절차 중 결산준비를 위한 예비절차에 해당하는 것은?

① 재무상태표의 작성　　　　　　② 시산표의 작성
③ 총계정원장의 마감　　　　　　④ 포괄손익계산서의 작성

안양상사(회사코드 : 0834)는 컴퓨터를 판매하는 도·소매를 영위하는 개인기업이며, 당기(제9기) 회계기간은 2021.1.1 ~ 2021.12.31이다. 전산세무회계 수험용 프로그램을 이용하여 다음 물음에 답하시오.

< 기 본 전 제 >

문제에서 한국채택국제회계기준을 적용하도록 하는 전제조건이 없는 경우, 일반기업회계기준을 적용하여 회계처리한다.

문제 1 다음은 안양상사의 사업자등록증이다. 회사등록 메뉴에 입력된 내용을 검토하여 누락분은 추가 입력하고 잘못된 부분은 정정하시오(주소 입력시 우편번호는 입력하지 않아도 무방함). (6점)

사 업 자 등 록 증

(일반과세자)

등록번호 119-01-75137

상 호 명 : 안양상사
대 표 자 명 : 오태식
개 업 연 월 일 : 2013. 6. 5.
사업장소재지 : 서울특별시 강남구 광평로 295, 812호
사업자의 종류 : 업태 도소매   종목 컴퓨터
교 부 사 유 : 신규

사업자 단위 과세 적용사업자 여부 : 여( ) 부(√)
전자세금계산서 전용 전자우편 주소 :

2013년 6월 5일

삼성세무서장

문제 2 다음은 안양상사의 전기분재무상태표이다. 입력되어 있는 자료를 검토하여 오류부분은 정정하고 누락된 부분은 추가 입력하시오. (6점)

재무상태표

회사명 : 안양상사   제8기 2020.12.31   (단위 : 원)

과 목	금 액		과 목	금 액	
현 금		15,000,000	외상매입금		15,000,000
당좌예금		13,000,000	지급어음		5,000,000
보통예금		11,000,000	미지급금		5,500,000
외상매출금	25,000,000		단기차입금		15,000,000
대손충당금	2,000,000	23,000,000	선수금		1,000,000
받을어음	8,000,000		자본금		70,900,000
대손충당금	800,000	7,200,000	(당기순이익		
미수금		3,000,000	: 7,694,200)		
선급금		2,000,000			
단기대여금		10,000,000			
상 품		9,000,000			
차량운반구	20,000,000				
감가상각누계액	8,000,000	12,000,000			
비 품	9,000,000				
감가상각누계액	1,800,000	7,200,000			
자산총계		112,400,000	**부채와 자본총계**		112,400,000

문제 3 다음 자료를 이용하여 입력하시오. (6점)

[1] 안양상사의 거래처별초기이월 채권과 채무잔액은 다음과 같다. 주어진 자료를 검토하여 잘못된 부분을 정정하거나 추가 입력하시오(거래처코드 사용). (3점)

계정과목	거래처	잔 액	계
외상매출금	봄날상사	5,000,000원	25,000,000원
	좋아요상사	5,500,000원	
	갈원상사	4,500,000원	
	영등포상사	10,000,000원	
지급어음	여기봐완구	800,000원	5,000,000원
	제이홉(주)	4,200,000원	

[2] 다음 자료를 이용하여 [기초정보등록]의 [거래처등록] 메뉴에서 거래처(신용카드)를 추가로 등록하시오(단, 주어진 자료 외의 다른 항목은 입력할 필요 없음). (3점)

> • 거래처코드 : 99600
> • 유형 : 매입
> • 카드종류(매입) : 사업용카드
>
> • 거래처명 : 신한카드
> • 카드번호(매입) : 7895-4512-2365-8541

문제 4 다음 거래 자료를 일반전표입력 메뉴에 추가 입력하시오. (24점)

─────〈 입 력 시 유 의 사 항 〉─────

- 적요의 입력은 생략한다.
- 부가가치세는 고려하지 않는다.
- 채권·채무와 관련된 거래처명은 반드시 기 등록되어 있는 거래처코드를 선택하는 방법으로 거래처명을 입력한다.
- 회계처리시 계정과목은 등록되어 있는 계정과목 중 가장 적절한 과목으로 한다.

[1] 8월 10일 당사는 거래처 영광산업으로부터 상품을 2,000,000원에 매입하고, 그 대금으로 당좌수표를 발행하여 지급하였다(당좌예금잔액 1,500,000원, 당좌차월 한도 1,000,000원). (3점)

[2] 9월 2일 초지전자에서 매입계약(8월 27일)한 판매용 컴퓨터 5대를 인수받고, 계약금 750,000원을 차감한 잔액은 외상으로 하였다. (3점)

1권		2호		거래명세표(거래용)				
2021년 09월 02일			공급자	등록번호	133-22-66643			
안양상사 귀하				상 호	초지전자	성 명	우상갑 ㉑	
				사업장 소재지	경기도 안산시 단원구 초지로 90			
아래와 같이 계산합니다.				업 태	도소매	종 목	가전제품	
합계금액			칠백오십만 원정 (₩ 7,500,000)					
월일	품 목		규 격	수 량	단 가	공급대가		세 액
9/2	컴퓨터		펜티엄 9	5	1,500,000원	7,500,000원		
계								
전잔금					합 계	7,500,000원		
입 금	8/27 계약금 750,000원	잔 금		6,750,000원		인수자	나기동 ㉑	
비 고								

안심Touch

[3] 9월 11일   당사는 사무실에서 사용하던 비품인 냉난방기의 고장으로 새로운 냉난방기를 설치하기로 하였다. 난방마트(주)에서 새로운 냉난방기를 구입하고 구입대금 500,000원은 이달 20일에 지급하기로 하고 설치비 50,000원은 현금으로 지급하였다. (3점)

[4] 9월 12일   영업부 직원들이 사용할 사무용품 700,000원을 동보성문구로부터 구입하고 사업용 신용카드(비씨카드)로 결제하였으며, 비용 계정으로 처리하였다. (3점)

단말기번호	
8002124738	120524128234
카드종류	
비씨카드	신용승인
회원번호	
4906-0302-3245-9958	
유효기간	
2021/09/12 13:52:46	
일 반	
일시불	금 액 700,000원
은행확인	세 금 0원
비 씨	
판매자	봉사료 0원
	합 계 700,000원
대표자	
이성수	
사업자등록번호	
117-09-52793	
가맹점명	
동보성문구	
가맹점주소	
서울 양천구 신정동 973-12	
	서 명
	안양상사

[5] 9월 28일 관리부 직원이 시내 출장용으로 교통카드를 충전하고, 대금은 현금으로 지급하였다. (3점)

```
          [교통카드 충전 영수증]
역사명    : 평촌역
장비번호 : 163
카드번호 : 5089346652536693
결제방식 : 현 금
충전일시 : 2021. 09. 28.
────────────────────────────
충전전잔액 :              500원
충전금액    :           50,000원
충전후잔액 :           50,500원
────────────────────────────
대표자명 : 서울메트로 사장
사업자번호 : 108-12-16397
주소 : 서울특별시 서초구 반포로 23
```

[6] 10월 17일 추석 명절에 사용할 현금을 확보하기 위하여 주원고무 발행의 약속어음 3,000,000원을 은행에서 할인받고, 할인료 300,000원을 제외한 금액을 당좌예입하다(단, 매각거래임). (3점)

[7] 11월 30일 11월 1일에 민영기획과 체결한 광고대행계약 관련하여 실제 옥외광고가 이뤄졌고, 이에 잔금 900,000원을 보통예금 계좌에서 이체하였다. 계약금 100,000원은 계약일인 11월 1일에 지급하고 선급비용으로 회계처리하였다. (3점)

[8] 12월 30일 사업주 개인용도로 사용하기 위해 신형카메라 690,000원을 구매하고, 사업용 신용카드(현대카드)로 결제하였다. (3점)

문제 5 일반전표입력 메뉴에 입력된 내용 중 다음과 같은 오류가 발견되었다. 입력된 내용을 확인하여 정정 또는 추가 입력하시오. (6점)

[1] 11월 29일 임차료 300,000원을 보통예금 계좌에서 이체하여 지급한 것이 아니라 당좌수표를 발행하여 지급한 것으로 확인되었다. (3점)

[2] 12월 20일 대한적십자사에 현금으로 기부한 100,000원이 세금과공과(판)로 처리되어 있음을 확인하였다. (3점)

문제 6 다음의 결산정리사항을 입력하여 결산을 완료하시오. (12점)

[1] 4월 1일에 당사 소유 차량에 대한 보험료(보험기간 2021년 4월 1일 ~ 2022년 3월 31일) 360,000원을 지급하면서 자산으로 회계처리하였다. 기말결산분개를 수행하시오(월할계산할 것). (3점)

[2] 결산일 현재 장부에 계상되지 않은 당기분 임대료(영업외수익)는 300,000원이다. (3점)

[3] 매출채권(외상매출금, 받을어음) 잔액에 대하여 1%의 대손충당금을 보충법으로 설정하다. (3점)

[4] 10월 1일 우리은행으로부터 50,000,000원을 연이자율 6%로 12개월간 차입(차입기간 : 2021년 10월 1일 ~ 2022년 9월 30일)했고, 이자는 12개월 후 차입금 상환시 일시에 지급하기로 하였다. 결산분개를 하시오(월할계산할 것). (3점)

문제 7 다음 사항을 조회하여 답안을 이론문제 답안작성 메뉴에 입력하시오. (10점)

[1] 6월 30일 현재 매출처 본오전자의 외상매출금 잔액은 얼마인가? (3점)

[2] 5월에 발생한 이자비용은 얼마인가? (3점)

[3] 상반기(1월 ~ 6월) 중 광고선전비를 가장 많이 지출한 월과 가장 적게 지출한 월의 차이 금액은 얼마인가?
(4점)

제4편

해설편

제93회 정답 및 해설

01	02	03	04	05	06	07	08	09	10	11	12	13	14	15
②	②	③	④	③	②	④	③	④	①	③	③	③	②	②

01
- 부채는 타인자본에 해당한다.
- 자기자본에 해당하는 것은 자본이다.

02
- 회계의 순환과정은 거래의 발생 → 분개(분개장 기입) → 전기(총계정원장 기입) → 수정전시산표 작성 → 결산분개 → 수정후시산표 작성 → 재무제표 작성 순으로 이루어진다.
- 회계정보를 장부에 기록하는 방법은 일련의 과정을 거치게 되는데 이를 회계의 순환과정이라 한다. 회계의 순환과정은 먼저 장부에 기록할 거래를 파악하고 분개를 거쳐 총계정원장에 기재하고, 마감절차를 걸쳐 장부를 작성하게 된다.

03
- 잔액시산표에서 잔액이 차변에 나타나는 것은 자산 계정과목이며, 대변에 나타나는 것은 부채와 자본금이다. ①, ②은 무형자산이며, ④자산(투자자산)이다.

04
(가)는 결산의 재무제표 작성절차에 해당한다. 따라서 재무상태표 작성이 결산의 재무제표의 작성 절차이다.

05
- (ㄱ)은 당좌자산이다. 외상매출금은 매출채권으로서 당좌자산에 해당한다.
① 재고자산, ② 투자자산, ④ 유형자산이다.

06

외상매출금

기초 잔액	500,000원	매출환입	30,000원
외상매출액	700,000원	회수액	300,000원
		기말잔액	(870,000)원
	1,200,000원		1,200,000원

07 • 수익적 지출이란 현상유지를 위하거나 그 지출의 효과가 단기인 지출을 말하며 이는 당기의 비용으로 처리한다. 그와 반대로 자본적 지출이란 그 지출로 인해 내용연수가 증가되거나 당해 유형자산의 가치가 증가하게 되는 경우로서 지출의 효과가 장기간에 걸쳐 나타나는 것을 말한다.

08 판매목적인 자산은 재고자산이며, 사용목적인 자산은 유형자산등으로 분류한다.

09 판매회사가 보유하고 있는 판매용 승용자동차는 재고자산(상품)이다.

10 • 정액법에 의한 감가상각비
= (취득원가 25,000,000원 − 잔존가액 1,000,000원) ÷ 내용연수 10년 × 3/12 = 600,000원

11 • 장기차입금은 비유동부채이고, 나머지는 유동부채이다.
• 자산과 부채는 1년을 기준으로 하여 유동항목과 비유동항목으로 구분한다. 유동이란 움직일 수 있는 가능성을 말하는데 재무상태표에서 말하는 것은 현금으로의 전환가능성을 말한다. 따라서 1년 이내 지급할 의무가 있는 부채는 유동부채 그렇지 않은 것은 비유동부채로 구분한다.

12 • 자본금 51,000,000원 − 인출금 1,910,000원 + 당기순이익 6,200,000원 = 55,290,000원
• 분개처리시

1월 1일	(차) 현 금	51,000,000	(대) 자본금	51,000,000
9월 15일	(차) 인출금	1,910,000	(대) 현 금	1,910,000
12월 31일	(차) 자본금	1,910,000	(대) 인출금	1,910,000
12월 31일	(차) 당기손익	6,200,000	(대) 자본금	6,200,000

13 • 유형자산처분손실은 영업외비용에 해당하므로 영업이익에 영향을 미치지 않는다. 다른 항목들은 판매관리비에 해당하며 영업이익을 감소시킨다.
• 영업외비용은 영업활동 이외의 보조적 또는 부수적인 활동에서 순환적으로 발생하는 비용을 말한다.

14 (차) 대손충당금 930,000 (대) 매출채권 2,000,000
대손상각비 1,070,000

15 • 영업외비용 = 이자비용 100,000원 + 잡손실 170,000원 + 기부금 110,000원 = 380,000원
• 영업외비용은 영업활동 이외의 보조적 또는 부수적인 활동에서 순환적으로 발생하는 비용을 말한다.

문제 1 [기초정보관리]의 [회사등록] 메뉴를 클릭한다.

① 종목 '문구' → '전자제품'으로 수정한다.

② 관할세무서 '수원' → '관악'으로 수정한다.

③ 사업장주소 '서울특별시 관악구 과천대로 855 (남현동)'로 입력한다.

문제 2 [전기분재무제표]의 [전기분재무상태표] 메뉴를 클릭한다.

① 기말상품재고액 20,000,000원을 21,000,000원으로 수정한다.

② [전기분재무제표]의 [전기분손익계산서] 메뉴를 클릭한다.

③ 여비교통비 2,240,000원을 3,240,000원으로 수정한다.

④ 광고선전비 누락분 2,380,000원을 추가 입력한다.

문제 3

[1] [전기분재무제표]의 [거래처별초기이월] 메뉴를 클릭한다.

① 외상매출금 중 퓨처뷰티 잔액을 33,000,000원에서 3,300,000원으로 수정한다.

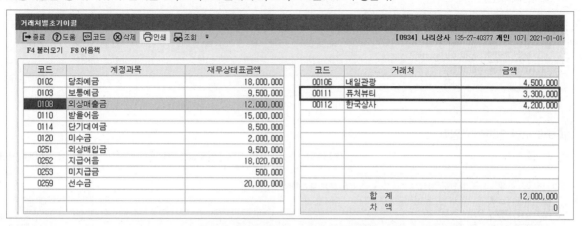

② 상단메뉴의 [코드] 또는 F2키를 클릭하여 지급어음 중 넥스코 5,000,000원을 추가 입력한다.

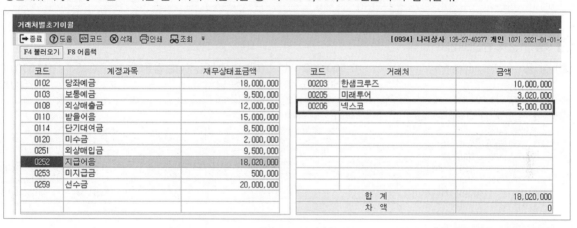

[2] [기초정보관리]에서 [거래처등록]을 클릭한다.

[신용카드] 탭에 거래처코드를 '99601'로 등록하고 나머지 항목을 모두 입력한다.

문제 4

1 7월 31일 일반전표 입력

(차) 도서인쇄비(판)　　　　　　　　15,000　　　　(대) 현 금　　　　　　　　　　15,000

2021 년 07 ∨ 월 31 ⋯ 일 변경 현금잔액:		60,558,370	대차차액:				
□ 일	번호	구분	계 정 과 목	거 래 처	적 요	차 변	대 변
□ 31	00001	차변	0826 도서인쇄비			15,000	
□ 31	00001	대변	0101 현금				15,000
			합　　계			15,000	15,000

2 9월 12일 일반전표 입력

(차) 건 물　　　　　　　　13,000,000　　　　(대) 미지급금(넥스코)　　　　13,000,000

2021 년 09 ∨ 월 12 ⋯ 일 변경 현금잔액:		29,295,370	대차차액:				
□ 일	번호	구분	계 정 과 목	거 래 처	적 요	차 변	대 변
□ 12	00001	차변	0202 건물			13,000,000	
□ 12	00001	대변	0253 미지급금	00206 넥스코			13,000,000
			합　　계			13,000,000	13,000,000

3 9월 21일 일반전표 입력

(차) 상 품　　　　　　　　17,500,000　　　　(대) 외상매입금(삼촌컴퓨터)　17,500,000
　　　비 품　　　　　　　　 1,750,000　　　　　　현 금　　　　　　　　　 1,750,000

2021 년 09 ∨ 월 21 ⋯ 일 변경 현금잔액:		29,286,370	대차차액:				
□ 일	번호	구분	계 정 과 목	거 래 처	적 요	차 변	대 변
□ 21	00001	차변	0146 상품			17,500,000	
□ 21	00001	차변	0212 비품			1,750,000	
□ 21	00001	대변	0251 외상매입금	00120 삼촌컴퓨터			17,500,000
□ 21	00001	대변	0101 현금				1,750,000
			합　　계			19,250,000	19,250,000

4 9월 30일 일반전표 입력

(차) 급여(판)　　　　　　　　4,000,000　　　　(대) 예수금　　　　　　　　　330,550
　　　　　　　　　　　　　　　　　　　　　　　　　　보통예금　　　　　　　3,669,450

2021 년 09 ∨ 월 30 ⋯ 일 변경 현금잔액:		41,190,370	대차차액:				
□ 일	번호	구분	계 정 과 목	거 래 처	적 요	차 변	대 변
□ 30	00001	차변	0801 급여			4,000,000	
□ 30	00001	대변	0254 예수금				330,550
□ 30	00001	대변	0103 보통예금				3,669,450
			합　　계			4,000,000	4,000,000

5 11월 6일 일반전표 입력

(차) 복리후생비(판)　　　　　　　　600,000　　　　(대) 미지급금(신한카드)　　　　　　600,000
　　　　　　　　　　　　　　　　　　　　　　　　　　　또는 미지급비용

□	일	번호	구분	계 정 과 목	거 래 처	적 요	차 변	대 변
				2021 년 11 ∨ 월 6 ⋯ 일 변경 현금잔액: 38,963,420　대차차액:				
□	6	00001	차변	0811 복리후생비			600,000	
□	6	00001	대변	0253 미지급금	99600 신한카드			600,000
				합　　　계			600,000	600,000

6 12월 2일 일반전표 입력

(차) 외상매출금(에코상점)　　　　1,000,000　　　　(대) 상품매출　　　　　　　　　1,000,000

□	일	번호	구분	계 정 과 목	거 래 처	적 요	차 변	대 변
				2021 년 12 ∨ 월 2 ⋯ 일 변경 현금잔액: 20,885,270　대차차액:				
□	2	00001	차변	0108 외상매출금	00102 에코상점		1,000,000	
□	2	00001	대변	0401 상품매출				1,000,000
				합　　　계			1,000,000	1,000,000

7 12월 9일 일반전표 입력

(차) 접대비(판)　　　　　　　　2,000,000　　　　(대) 미지급금(하나카드)　　　　2,000,000
　　　　　　　　　　　　　　　　　　　　　　　　　　　또는 미지급비용

□	일	번호	구분	계 정 과 목	거 래 처	적 요	차 변	대 변
				2021 년 12 ∨ 월 9 ⋯ 일 변경 현금잔액: 17,950,270　대차차액:				
□	9	00001	차변	0813 접대비			2,000,000	
□	9	00001	대변	0253 미지급금	99603 하나카드			2,000,000
				합　　　계			2,000,000	2,000,000

8 12월 27일 일반전표 입력

(차) 보통예금　　　　　　　　30,000,000　　　　(대) 단기차입금(희망은행)　　　30,000,000

□	일	번호	구분	계 정 과 목	거 래 처	적 요	차 변	대 변
				2021 년 12 ∨ 월 27 ⋯ 일 변경 현금잔액: 5,216,350　대차차액:				
□	27	00001	차변	0103 보통예금			30,000,000	
□	27	00001	대변	0260 단기차입금	98003 희망은행			30,000,000
				합　　　계			30,000,000	30,000,000

제4부

문제 5

[1] 11월 9일 일반전표입력

〈수정 전〉	(차) 상품(장미상사)	320,000	(대) 보통예금	320,000
〈수정 후〉	(차) 외상매입금(장미상사)	320,000	(대) 보통예금	320,000

2021 년 11 ✓ 월 9 ⚬⚬⚬ 일 변경 현금잔액:			29,155,420	대차차액:			
□	일	번호	구분	계 정 과 목	거 래 처	적 요	차 변	대 변
□	9	00001	차변	0251 외상매입금	00109 장미상사	외상매입금 결제	320,000	
□	9	00001	대변	0103 보통예금		외상매입금 결제		320,000
				합 계			320,000	320,000

[2] 11월 12일 일반전표입력

〈수정 전〉	(차) 접대비(판)	350,000	(대) 미지급금(비씨카드)	350,000
〈수정 후〉	(차) 복리후생비(판)	350,000	(대) 미지급금(비씨카드)	350,000

2021 년 11 ✓ 월 12 ⚬⚬⚬ 일 변경 현금잔액:			28,895,920	대차차액:			
□	일	번호	구분	계 정 과 목	거 래 처	적 요	차 변	대 변
□	12	00001	차변	0811 복리후생비		영업부 판매담당 직원 저	350,000	
□	12	00001	대변	0253 미지급금	99602 비씨카드	영업부 판매담당 직원 저		350,000
				합 계			350,000	350,000

문제 6

[1] 12월 31일 일반전표 입력

(차) 이자수익	300,000	(대) 선수수익	300,000

2021 년 12 ✓ 월 31 ⚬⚬⚬ 일 변경 현금잔액:			4,947,850	대차차액:			
□	일	번호	구분	계 정 과 목	거 래 처	적 요	차 변	대 변
□	31	00001	차변	0901 이자수익			300,000	
□	31	00001	대변	0263 선수수익				300,000
				합 계			300,000	300,000

[2] 12월 31일 일반전표입력

(차) 소모품	150,000	(대) 소모품비(판)	150,000

2021 년 12 ✓ 월 31 ⚬⚬⚬ 일 변경 현금잔액:			4,947,850	대차차액:			
□	일	번호	구분	계 정 과 목	거 래 처	적 요	차 변	대 변
□	31	00002	차변	0122 소모품			150,000	
□	31	00002	대변	0830 소모품비				150,000

3

〈첫번째 방법〉

12월 31일 일반전표입력

| (차) 감가상각비(판) | 5,800,000 | (대) 감가상각누계액(건물) | 4,200,000 |
| | | 감가상각누계액(차량운반구) | 1,600,000 |

2021 년 12 월 31 💬 일 변경 현금잔액:	4,947,850	대차차액:				
□	일	번호	구분	계 정 과 목	거 래 처	적 요	차 변	대 변
□	31	00003	차변	0818 감가상각비			5,800,000	
□	31	00003	대변	0203 감가상각누계액				4,200,000
□	31	00003	대변	0209 감가상각누계액				1,600,000

〈두번째 방법〉

① [결산/재무제표]의 [결산자료입력] 메뉴를 클릭한다.

② 기간에 1월~12월을 입력하고, 4. 판매비와 일반관리비 4)감가상각비 건물 4,200,000원, 차량운반구 1,600,000원을 입력한 후 위 상단메뉴에서 [전표추가]를 클릭한다.

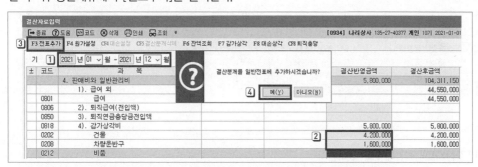

③ 결산자료입력에서 전표추가를 하면 [일반전표입력]에 다음과 같이 자동으로 분개가 된다.

2021 년 12 월 31 💬 일 변경 현금잔액:	4,947,850	대차차액:		결산		
□	일	번호	구분	계 정 과 목	거 래 처	적 요	차 변	대 변
□	31	00005	결차	0818 감가상각비			5,800,000	
□	31	00005	결대	0203 감가상각누계액				4,200,000
□	31	00005	결대	0209 감가상각누계액				1,600,000

제4편

④

〈첫번째 방법〉

① [결산/재무제표]의 [재무상태표] 메뉴를 클릭한다.

② 기간에 12월을 입력한다.

③ 상품매출원가 = 판매가능금액 214,150,000원 − 기말상품재고액 3,600,000원 = 210,550,000원

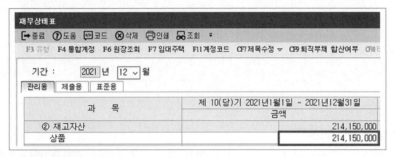

④ 12월 31일 일반전표 입력

(차) 상품매출원가   210,550,000   (대) 상 품   210,550,000

	일	번호	구분	계 정 과 목	거 래 처	적 요	차 변	대 변
☐	31	00005	차변	0451 상품매출원가			210,550,000	
☐	31	00005	대변	0146 상품				210,550,000

2021 년 12 ∨ 월 31 ☺ 일 변경 현금잔액 : 4,947,850 대차차액 :

〈두번째 방법〉

① [결산/재무제표]의 [결산자료입력] 메뉴를 클릭한다.

② 기간에 1월~12월을 입력하고, 2. 매출원가의 ⑩기말상품재고액에 3,600,000원을 입력한 후 상단 메뉴에서 [전표추가]를 클릭한다.

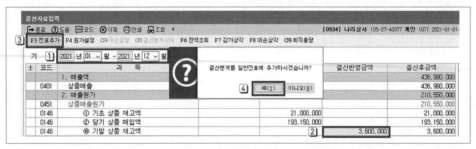

③ 결산자료입력에서 전표추가를 하면 [일반전표입력]에 다음과 같이 자동으로 분개가 된다.

2021 년 12 ∨ 월 31 ☺ 일 변경 현금잔액 : 4,947,850 대차차액 :   결산

	일	번호	구분	계 정 과 목	거 래 처	적 요	차 변	대 변
☐	31	00003	결차	0451 상품매출원가		1 상품매출원가 대체	210,550,000	
☐	31	00003	결대	0146 상품		2 상품 매입 부대비용		210,550,000

문제 7

1 [장부관리]의 [총계정원장] 메뉴를 클릭한다.

기간에 1월 1일 ~ 6월 30일을 입력하고, 계정과목에 보통예금을 입력하여 다음과 같이 조회한다.

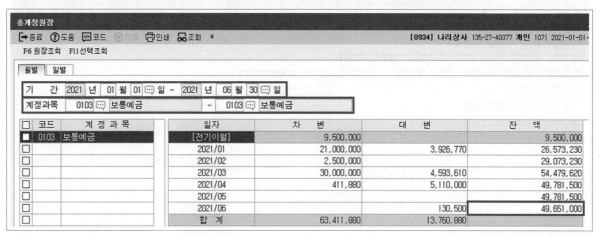

총계정원장

↳종료 ⑦도움 ⑩코드 ⊗삭제 🖶인쇄 🔒조회 ▼   **[0934] 나리상사** 135-27-40377 **개인** 10기 2021-01-01-

F6 원장조회 F11선택조회

| 월별 | 일별 |

기　간 2021 년 01 월 01 💬 일 ~ 2021 년 06 월 30 💬 일
계정과목　　0103 💬 보통예금　　　~　0103 💬 보통예금

□	코드	계 정 과 목		일자	차 　 변	대 　 변	잔 　 액
☐	0103	보통예금		[전기이월]	9,500,000		9,500,000
☐				2021/01	21,000,000	3,926,770	26,573,230
☐				2021/02	2,500,000		29,073,230
☐				2021/03	30,000,000	4,593,610	54,479,620
☐				2021/04	411,880	5,110,000	49,781,500
☐				2021/05			49,781,500
☐				2021/06		130,500	49,651,000
☐				합　계	63,411,880	13,760,880	

정답 49,651,000원

2 [장부관리]의 [거래처원장] 메뉴를 클릭한다.

기간에 1월 1일 ~ 5월 31을 입력하고 계정과목에 외상매출금을 입력하여 다음과 같이 조회한다.

거래처원장　　　—

↳종료 ⑦도움 ⑩코드 ⊗삭제 🖶인쇄 🔒조회 ▼   **[0934] 나리상사** 135-27-40377 **개인** 10기 2021-01-01-202

F3 전표조회/수정　F6 합계옵션　CF9 일괄출력　F11선택조회

| 잔 액 | 내 용 | 총괄잔액 | 총괄내용 |

기　간 2021 년 1 월 1 💬 일 ~ 2021 년 5 월 31 💬 일　계정과목 0108 💬 외상매출금　　　　잔액 0 포함　미등록 포함
거래처분류 💬 ~ 💬 거 래 처 00101 💬 유심상사　　~ 99603 💬 하나카드

□	코드	거 래 처	등록번호	대표자명	전기이월	차 　 변	대 　 변	잔 　 액	(당)코	(당당)부서
☐	00106	내일관광	412-27-00364		4,500,000	3,030,000		7,530,000		
☐	00111	퓨쳐뷰티	120-12-43403		3,300,000	10,500,000		13,800,000		
☐	00112	한국상사	122-31-93026		4,200,000	31,600,000	18,000,000	17,800,000		
☐	00114	삼호패션(주)	201-81-21515			2,700,000		2,700,000		
☐	00118	충남상회	616-28-38590			55,000,000		55,000,00		
☐	00207	(주)전남상사	616-86-26662			8,000,000		8,000,000		
☐	00208	(주)돈돈전자	217-88-00547			23,000,000		23,000,000		
		합　계			12,000,000	133,830,000	18,000,000	127,830,000		

정답 충남상회, 55,000,000원

③ [장부관리]의 [계정별원장] 메뉴를 클릭한다.

기간에 1월 1일 ~ 6월 30을 입력하고 계정과목에 소모품을 입력하여 다음과 같이 조회한다.

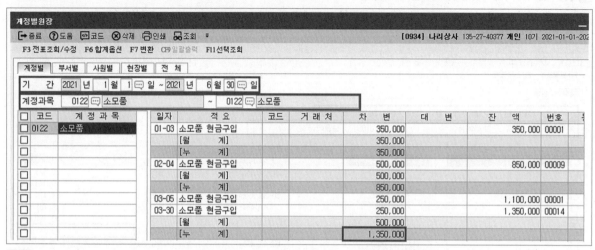

정답 4건, 1,350,000원

제92회 정답 및 해설

01	02	03	04	05	06	07	08	09	10	11	12	13	14	15
①	①	③	④	③	④	②	②	④	③	③	②	②	④	①

01 유동성배열법은 재무상태표의 계정과목은 유동성이 높은 순서대로 배열한다.

02 회계상의 거래는 회사 재산상 증감을 가져오는 사건을 의미한다. 종업원 채용, 임대차계약의 체결, 상품의 주문은 회계상 거래에 해당하지 않는다.

03 • 회계정보이용자 중 내부이용자는 경영자와 종업원이 해당되며, 외부이용자에는 투자자, 채권자, 주주, 정부, 거래처 등이 있다.
　　 • 정보이용자를 크게 둘로 나누면 회사 내부의 정보이용자와 회사 외부의 정보이용자로 구분된다. 외부이용자를 위한 회계를 재무회계라고 한다면, 내부이용자를 위한 회계를 관리회계로 부른다.

04

(차) 외상매출금(자산의 증가)	1,100,000	(대) 상품매출(수익의 증가)	1,100,000
운반비(비용의 증가)	140,000	보통예금(자산의 감소)	140,000

05 • 당좌자산 = 현금 200,000원 + 보통예금 300,000원 + 외상매출금 600,000원 + 단기대여금 180,000원
　　　　　 = 1,280,000원
　　 • 당좌자산이란 가장 유동성이 높은 자산이므로 기업의 경영활동에 있어 매우 중요하다. 당좌자산에는 현금및현금성자산, 매출채권, 단기투자자산, 선급비용, 이연법인세자산 등이 있다.

06 수입인지는 세금과공과로 회계처리한다.

07 • 기초상품재고액 + 당기매입액 − 기말상품재고액($\Downarrow$) = 매출원가($\Uparrow$)
　　 • 순매출액 − 매출원가($\Uparrow$) = 당기순이익($\Downarrow$)

08
- 회계처리시

   (차) 현 금   600,000   (대) 상품매출   600,000
- 현금 → 현금출납장
- 상품매출 → 상품재고장, 매출장

09
- 임차보증금은 기타비유동자산으로 분류되며 감가상각대상 자산이 아니다.
- 감가상각이란 유형자산의 감가상각대상금액을 그 자산의 내용연수에 걸쳐 체계적으로 각 회계기간에 배분하는 것을 말한다.

10 자본적 지출(자산)을 수익적 지출(비용)로 처리하였으므로 자산은 감소, 비용이 증가하여 이익은 감소하게 된다.

11
- 미수수익은 자산 항목이며, 예수금, 미지급금, 미지급비용은 부채 항목이다.

12
- 회계처리시

   (차) 인출금   1,000,000   (대) 외상매출금   1,000,000

13 선수수익은 수익의 이연, 선급비용은 비용의 이연, 미수수익의 수익의 계상, 미지급비용은 비용의 계상에 해당된다.

14
- 자산 구입시 취득세는 자산의 취득원가이므로 해당 자산 계정으로 처리한다.
- 취득세, 등록세 등 유형자산의 취득과 직접 관련된 제세공과금은 유형자산의 취득시 취득원가에 가산된다.

15 2021년 12월 31일 감가상각비(취득원가 11,000,000원 − 잔존가치 1,000,000원) ÷ 내용연수 5년 = 2,000,000원

문제 1 [기초성보관리]의 [회사등록] 메뉴를 클릭한다.

① 업태 '제조' → '도소매'로 수정한다.

② 종목 '문구' → '컴퓨터부품'으로 수정한다.

③ 사업장관할세무서 '종로' → '남대문'으로 수정한다.

문제 2 [전기분재무제표]의 [전기분재무상태표] 메뉴를 클릭한다.
① 외상매출금 대손충당금 80,000원 추가 입력한다.
② 단기차입금 2,180,000원을 단기차입금 21,800,000원으로 수정한다.

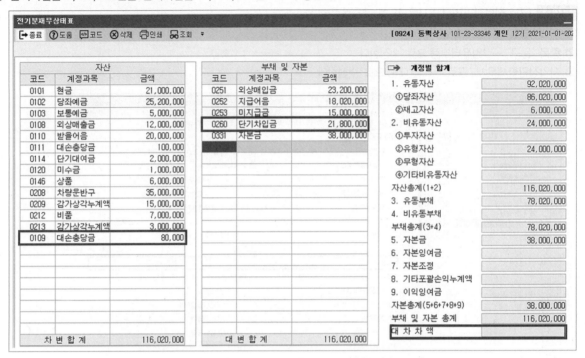

문제 3

1 [전기분재무제표]의 [거래처별초기이월] 메뉴를 클릭한다.
① 받을어음 중 삼미그룹 2,200,000원을 3,300,000원으로 수정한다.

② 상단메뉴의 [코드] 또는 F2키를 클릭하여 외상매입금 중 우진상사 1,800,000원을 추가 입력한다.

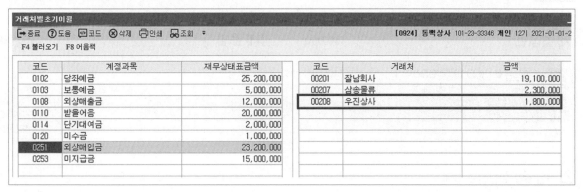

2 [기초정보관리]에서 [거래처등록]을 클릭한다.

1. [일반거래처] 탭에 거래처코드를 '41120'으로 등록하고 나머지 항목을 모두 입력한다.

문제 4

1 7월 3일 일반전표 입력

(차) 잡급(판)   150,000   (대) 현 금   150,000

2021 년 07 월 3 일 변경 현금잔액: 74,757,530 대차차액:							
□	일	번호	구분	계 정 과 목	거 래 처	적 요	차 변	대 변
□	3	00001	차변	0805 잡급			150,000	
□	3	00001	대변	0101 현금				150,000
		합 계					150,000	150,000

2 8월 6일 일반전표 입력

(차) 사무용품비(판)   80,000   (대) 미지급금(신한카드)   80,000
                                             또는 미지급비용

2021 년 08 월 6 일 변경 현금잔액: 38,692,830 대차차액:							
□	일	번호	구분	계 정 과 목	거 래 처	적 요	차 변	대 변
□	6	00001	차변	0829 사무용품비			80,000	
□	6	00001	대변	0253 미지급금	99601 신한카드			80,000
		합 계					80,000	80,000

3 9월 25일 일반전표 입력

(차) 차량운반구   205,000   (대) 현 금   205,000
    또는 (출) 차량운반구   205,000

2021 년 09 월 25 일 변경 현금잔액: 38,214,330 대차차액:							
□	일	번호	구분	계 정 과 목	거 래 처	적 요	차 변	대 변
□	25	00001	차변	0208 차량운반구			205,000	
□	25	00001	대변	0101 현금				205,000
		합 계					205,000	205,000

4 10월 11일 일반전표입력

(차) 상 품   1,700,000   (대) 당좌예금   300,000
                                     당좌차월(또는 단기차입금) 1,400,000

또는

(차) 상 품   1,700,000   (대) 당좌예금   1,700,000
(차) 당좌예금   1,400,000   (대) 단기차입금   1,400,000

2021 년 10 월 11 일 변경 현금잔액: 36,029,330 대차차액:							
□	일	번호	구분	계 정 과 목	거 래 처	적 요	차 변	대 변
□	11	00001	차변	0146 상품			1,700,000	
□	11	00001	대변	0102 당좌예금				300,000
□	11	00001	대변	0256 당좌차월				1,400,000

5 11월 8일 일반전표입력

(차) 수선비(판)   30,000   (대) 현 금   30,000

□	일	번호	구분	계 정 과 목	거 래 처	적 요	차 변	대 변
2021 년 11 ∨ 월 8 ⌨ 일 변경 현금잔액: 41,782,680 대차차액:								
□	8	00001	차변	0820 수선비			30,000	
□	8	00001	대변	0101 현금				30,000

6 11월 19일 일반전표입력

(차) 매출할인   60,000   (대) 외상매출금(아사달유통)   3,000,000
　　보통예금   2,940,000

□	일	번호	구분	계 정 과 목	거 래 처	적 요	차 변	대 변
2021 년 11 ∨ 월 19 ⌨ 일 변경 현금잔액: 34,951,680 대차차액:								
□	19	00001	차변	0403 매출할인			60,000	
□	19	00001	차변	0103 보통예금			2,940,000	
□	19	00001	대변	0108 외상매출금	00218 아사달유통			3,000,000
			합　계				3,000,000	3,000,000

7 12월 10일 일반전표입력

(차) 예수금   125,000   (대) 현 금   250,000
　　복리후생비(판)   125,000

□	일	번호	구분	계 정 과 목	거 래 처	적 요	차 변	대 변
2021 년 12 ∨ 월 10 ⌨ 일 변경 현금잔액: 21,808,580 대차차액:								
□	10	00001	차변	0254 예수금			125,000	
□	10	00001	차변	0811 복리후생비			125,000	
□	10	00001	대변	0101 현금				250,000
			합　계				250,000	250,000

8 12월 22일 일반전표입력

(차) 단기매매증권   6,500,000   (대) 보통예금   6,610,000
　　수수료비용   110,000

□	일	번호	구분	계 정 과 목	거 래 처	적 요	차 변	대 변
2021 년 12 ∨ 월 22 ⌨ 일 변경 현금잔액: 21,170,260 대차차액:								
□	22	00001	차변	0107 단기매매증권			6,500,000	
□	22	00001	차변	0984 수수료비용			110,000	
□	22	00001	대변	0103 보통예금				6,610,000
			합　계				6,610,000	6,610,000

문제 5

1 10월 3일 일반전표 수정

〈수정 전〉	(차) 보통예금	170,000	(대) 외상매출금(지에스상사)	170,000
〈수정 후〉	(차) 보통예금	170,000	(대) 이자수익	170,000

2021 년 10 ∨ 월 3 … 일 변경 현금잔액: 37,114,330 대차차액:						
□	일	번호	구분	계 정 과 목	거 래 처	적 요	차 변	대 변

□	일	번호	구분	계 정 과 목	거 래 처	적 요	차 변	대 변
□	3	00001	차변	0103 보통예금			단기대여금 이자 입금	170,000	
□	3	00001	대변	0901 이자수익			단기대여금 이자 입금		170,000
			합 계					170,000	170,000

2 10월 15일 일반전표 수정

〈수정 전〉	(차) 소프트웨어	200,000	(대) 당좌예금	200,000
〈수정 후〉	(차) 소프트웨어	200,000	(대) 보통예금	200,000

2021 년 10 ∨ 월 15 … 일 변경 현금잔액: 36,029,330 대차차액:								
□	일	번호	구분	계 정 과 목	거 래 처	적 요	차 변	대 변
□	15	00001	차변	0227 소프트웨어			소프트웨어 구입	200,000	
□	15	00001	대변	0103 보통예금			소프트웨어 구입		200,000
			합 계					200,000	200,000

문제 6

1 12월 31일 일반전표 입력

(차) 선급비용	300,000	(대) 보험료(판)*	300,000

*보험료 미경과분 계산 1,200,000 × 3/12 = 300,000원

2021 년 12 ∨ 월 31 … 일 변경 현금잔액: 4,606,660 대차차액:								
□	일	번호	구분	계 정 과 목	거 래 처	적 요	차 변	대 변
□	31	00001	차변	0133 선급비용				300,000	
□	31	00001	대변	0821 보험료					300,000
			합 계					300,000	300,000

2 12월 31일 일반전표입력

(차) 미수수익	500,000	(대) 임대료	500,000

2021 년 12 ∨ 월 31 … 일 변경 현금잔액: 4,606,660 대차차액:								
□	일	번호	구분	계 정 과 목	거 래 처	적 요	차 변	대 변
□	31	00002	차변	0116 미수수익				500,000	
□	31	00002	대변	0904 임대료					500,000

③ 12월 31일 일반전표입력

(치) 현 금   51,000   (대) 잡이익   51,000

2021 년 12 ∨ 월 31 ⋯ 일 변경 현금잔액:		4,657,660	대차차액:			
□	일	번호	구분	계 정 과 목	거 래 처	적 요	차 변	대 변
□	31	00003	차변	0101 현금			51,000	
□	31	00003	대변	0930 잡이익				51,000

④

〈첫번째 방법〉

① [결산/재무제표]의 [재무상태표] 메뉴를 클릭한다.

② 기간에 12월을 입력한다.

③ 상품매출원가 = 판매가능금액 190,580,000 − 기말상품재고액 8,500,000 = 182,080,000원

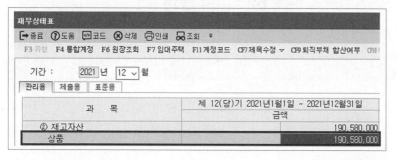

④ 12월 31일 일반전표입력

(차) 상품매출원가   182,080,000   (대) 상 품   182,080,000

2021 년 12 ∨ 월 31 ⋯ 일 변경 현금잔액:		4,657,660	대차차액:			
□	일	번호	구분	계 정 과 목	거 래 처	적 요	차 변	대 변
□	31	00001	차변	0451 상품매출원가			182,080,000	
□	31	00001	대변	0146 상품				182,080,000

〈두번째 방법〉

① [결산/재무제표]의 [결산자료입력] 메뉴를 클릭한다.

② 기간에 1월~12월을 입력하고, 2. 매출원가의 ⑩기말상품재고액에 8,500,000원을 입력한 후 상단 메뉴에서 [전표추가]를 클릭한다.

④ 결산자료입력에서 전표추가를 하면 [일반전표입력]에 다음과 같이 자동으로 분개가 된다.

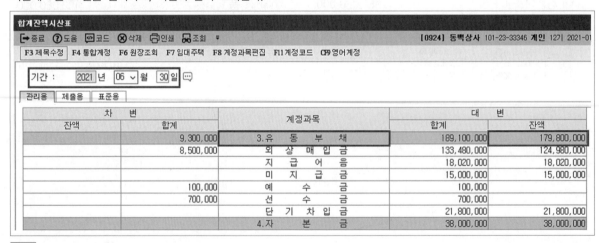

문제 7

[1] [결산/재무제표]의 [합계잔액시산표] 메뉴를 클릭한다.

기간에 6월 30일을 입력하고, 다음과 같이 조회한다.

차 변		계정과목	대 변	
잔액	합계		합계	잔액
	9,300,000	3.유 동 부 채	189,100,000	179,800,000
	8,500,000	외 상 매 입 금	133,480,000	124,980,000
		지 급 어 음	18,020,000	18,020,000
		미 지 급 금	15,000,000	15,000,000
	100,000	예 수 금	100,000	
	700,000	선 수 금	700,000	
		단 기 차 입 금	21,800,000	21,800,000
		4.자 본 금	38,000,000	38,000,000

정답 179,800,000원

2 [장부관리]의 [거래처원장] 메뉴를 클릭한다.

기간에 1월 1일 ~ 3월 31을 입력하고, 계정과목에 외상매출금을 입력하여 다음과 같이 소회한다.

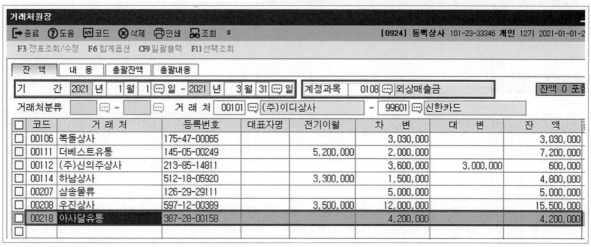

정답 4,200,000원

3 [장부관리]의 [총계정원장] 메뉴를 클릭한다.

기간에 1월 1일 ~ 6월 30일을 입력하고, 계정과목에 복리후생비를 입력하여 다음과 같이 조회한다.

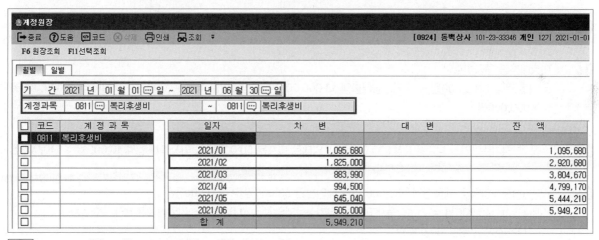

정답 1,320,000원(= 2월 1,825,000원 - 6월 505,000원)

제91회 정답 및 해설

01	02	03	04	05	06	07	08	09	10	11	12	13	14	15
②	④	①	③	④	②	①	②	④	③	③	④	③	②	①

01
- 기초자산 600,000원 − 기초부채 200,000원 = 기초자본 400,000원
- 총수익 900,000원 − 총비용 700,000원 = 당기순이익 200,000원
- 기초자본 400,000원 + 당기순이익 200,000원 = 기말자본 600,000원
- 기말자산 800,000원 − 기말자본 600,000원 = 기말부채 200,000원

02
회계기간은 손익계산서에 포함되어야 하는 사항이며 재무상태표에는 '보고기간종료일'이 표시되어야 한다.

03
가지급금은 자산계정에 속하며(임시계정), 미지급금, 선수금, 외상매입금은 부채계정에 속한다.

04
외상매출금 현금회수액
= 기초잔액 5,000,000원 + 당기외상매출액 13,000,000원 − 받을어음 10,000,000원 − 기말잔액 3,000,000원
= 5,000,000원

05
수정 후 당기순이익 = 당기순이익 500,000원 + 임대료 미수분 50,000원 − 이자 미지급액 10,000원 = 540,000원

06
- 당기상품매입액 = 총매입액 550,000원 − 매입할인 50,000원 = 500,000원
- 매출원가 540,000원 = 기초상품재고액 + 당기상품매입액 500,000원 − 기말상품재고액 120,000원
- ∴ 기초상품재고액은 160,000원

07
- 이 차량의 장부가액은 취득가액에서 감가상각누계액을 차감한 11,000,000원이다.
  장부가격 = 취득가액 25,000,000원 − 감가상각누계액 14,000,000원 = 11,000,00원
- 업무용 차량 처분의 회계처리시

(차) 감가상각누계액	14,000,000	(대) 차량운반구	25,000,000
미수금	10,000,000		
유형자산처분손실	1,000,000		

08 · 유형자산은 재화의 생산, 용역의 제공, 타인에 대한 임대 또는 자체적으로 사용할 목적으로 보유하는 물리적 형체가 있는 자산으로서, 1년을 초과하여 사용할 것이 예상되는 자산을 말한다.
· 정상적인 영업주기 내에 판매되거나 사용되는 자산은 재고자산을 말한다.

09 · 재고자산의 매입원가는 매입금액에 매입운임, 하역료 및 보험료 등 취득과정에서 정상적으로 발생한 부대원가를 가산한 금액이다. 매입과 관련된 할인, 에누리 및 기타 유사한 항목은 매입원가에서 차감한다.
· 매입원가 = 매입가액 + 매입부대비용 − 매입할인·매입에누리·매입환출

10 당기발생 보험료 40,000원 − 기말미지급보험료 10,000원 = 당기지급보험료 30,000원

11
③ (차) 자본금	3,000,000	(대) 인출금	3,000,000
① (차) 현 금	5,000,000	(대) 자본금	5,000,000
② (차) 현 금	5,000,000	(대) 자본금	5,000,000
④ (차) 손 익	300,000	(대) 자본금	300,000

12 일반기업회계기준 제2장 재무제표의 작성과 표시, 선수수익은 수익의 이연, 미지급비용은 비용의 계상, 미수수익은 수익의 계상에 해당된다.

13 · 기업의 경영활동(영업활동)에서 자산·부채·자본에 증감변화를 가져오는 것을 회계상 거래라 한다.
· 회계처리시

③ (차) 임차보증금(자산의 증가)	3,000,000	(대) 보통예금(자산의 감소)	3,000,000
① (차) 접대비(비용의 발생)	200,000	(대) 보통예금(자산의 감소)	200,000
② (차) 보통예금(자산의 증가)	50,000,000	(대) 자본금(자본의 증가)	50,000,000
④ (차) 비품(자산의 증가)	1,000,000	(대) 미지급금(부채의 증가)	1,000,000

14 기말에 외화자산, 부채에 대한 평가를 하였을 때의 원화금액과 장부상에 기입되어 있는 원화금액과의 사이에서 발생하는 차액은 외화환산손익으로 회계처리한다. 위 경우는 장부상에 기입되어 있는 원화금액보다 평가시 금액이 하락했기 때문에 외화환산손실(영업외 비용) 계정과목으로 회계처리한다.

15 · 대여금에 대한 대손상각비는 기타의대손상각비 계정으로 영업외비용에 속하며, 보고식 손익계산서에서 영업이익에 영향을 미치나 당기순이익에는 같아진다.
· 매출총이익은 매출액과 매출원가의 관계이므로 기타의대손상각비는 관련이 없다.
· 기타의대손상각비란 일반적 상거래에서 발생한 매출채권 이외의 채권. 즉 대여금·미수금·기타 이와 유사한 채권에 대한 대손액을 처리하는 계정을 말한다.

문제 1 [기초정보관리]의 [회사등록] 메뉴를 클릭한다.

① 사업자등록번호 '106-25-12346' → '106-25-12340'으로 수정한다.

② 대표자명 '오태식' → '최한솔'으로 수정한다.

③ 사업장소재지 '서울시 강남구 광평로 295, 812호' → '서울특별시 송파구 동남로8길 13(문정동)'으로 수정한다.

문제 2 [전기분재무제표]의 [전기분재무상태표] 메뉴를 클릭한다.

① 단기대여금 1,000,000원을 10,000,000원으로 수정한다.

② 감가상각누계액(비품) 10,000,000원을 1,000,000원으로 수정한다.

③ 단기차입금 40,000,000원 추가 입력한다.

전기분재무상태표									
➡종료 ⑦도움 ⒸⒹ코드 ⊗삭제 🖨인쇄 🔍조회 ▾						[0914] 한솔상사 106-25-12346 개인 7기 2021-01-01~2021-12-31 **부가세** 2021			

자산			부채 및 자본			계정별 합계	
코드	계정과목	금액	코드	계정과목	금액	1. 유동자산	289,200,000
0101	현금	50,000,000	0251	외상매입금	45,000,000	①당좌자산	209,200,000
0103	보통예금	30,000,000	0252	지급어음	20,000,000	②재고자산	80,000,000
0105	정기예금	20,000,000	0259	선수금	20,000,000	2. 비유동자산	48,000,000
0108	외상매출금	50,000,000	0331	자본금	212,200,000	①투자자산	
0109	대손충당금	500,000	0260	단기차입금	40,000,000	②유형자산	48,000,000
0110	받을어음	30,000,000				③무형자산	
0111	대손충당금	300,000				④기타비유동자산	
0114	단기대여금	10,000,000				자산총계(1+2)	337,200,000
0120	미수금	20,000,000				3. 유동부채	125,000,000
0146	상품	80,000,000				4. 비유동부채	
0208	차량운반구	52,000,000				부채총계(3+4)	125,000,000
0209	감가상각누계액	23,000,000				5. 자본금	212,200,000
0212	비품	20,000,000				6. 자본잉여금	
0213	감가상각누계액	1,000,000				7. 자본조정	
						8. 기타포괄손익누계액	
						9. 이익잉여금	
						자본총계(5+6+7+8+9)	212,200,000
						부채 및 자본 총계	337,200,000
차 변 합 계		337,200,000	대 변 합 계		337,200,000	대 차 차 액	

문제 3

1 [기초정보관리]의 [계정과목및적요등록] 메뉴를 클릭한다.

판매관리비의 보험료 계정을 선택하고 다음과 같이 입력하여 추가 등록한다.

2 [전기분재무제표]의 [거래처별초기이월] 메뉴를 클릭한다.

① 외상매출금 중 양촌상사 8,500,000원을 15,000,000원으로 다음과 같이 수정한다.

② 외상매입금 중 대도상사 6,000,000원을 25,000,000원으로 영광상사 1,360,000원을 삭제 또는 0원으로 다음과 같이 수정한다.

```
거래처별초기이월                                                                              _
[→ 종료  ⑦도움  ⊠코드  ⊗삭제  🖶인쇄  🔊조회  ≡    [0914] 한솔상사 106-25-12346 개인 7기 2021-01-01~2021-12-31 부가세 2021 월
F4 불러오기  F8 어음책
```

코드	계정과목	재무상태표금액		코드	거래처	금액
0108	외상매출금	50,000,000		00204	명성상사	20,000,000
0110	받을어음	30,000,000		00206	영광상사	
0120	미수금	20,000,000		00208	대도상사	25,000,000
0251	외상매입금	45,000,000				
0252	지급어음	20,000,000				
					합 계	45,000,000
					차 액	0

문제 4

1 7월 26일 일반전표입력

(차) 기부금	100,000	(대) 현 금	100,000
또는 (출) 기부금	100,000		

```
2021 년 07 ∨ 월 26 … 일 변경 현금잔액:    48,002,900  대차차액:
```

□	일	번호	구분	계정과목	거래처	적요	차변	대변
□	26	00001	차변	0953 기부금			100,000	
□	26	00001	대변	0101 현금				100,000
			합 계				100,000	100,000

2 8월 8일 일반전표입력

(차) 받을어음(지나상사)	2,000,000	(대) 상품매출	2,000,000
운반비(판)	50,000	현 금	50,000

```
2021 년 08 ∨ 월 8 … 일 변경 현금잔액:    52,024,900  대차차액:
```

□	일	번호	구분	계정과목	거래처	적요	차변	대변
□	8	00001	차변	0110 받을어음	00205 지나상사		2,000,000	
□	8	00001	차변	0824 운반비			50,000	
□	8	00001	대변	0401 상품매출				2,000,000
□	8	00001	대변	0101 현금				50,000
			합 계				2,050,000	2,050,000

③ 9월 30일 일반전표입력

(차) 광고선전비(판)	1,000,000	(대) 선급비용(한일광고)	100,000
		보통예금	900,000

2021 년 09 월 30 일 변경 현금잔액: 100,805,900 대차차액:						
□	일	번호	구분	계 정 과 목	거 래 처	적 요	차 변	대 변
□	30	00001	차변	0833 광고선전비			1,000,000	
□	30	00001	대변	0133 선급비용	00110 한일광고			100,000
□	30	00001	대변	0103 보통예금				900,000
			합 계				1,000,000	1,000,000

④ 10월 21일 일반전표입력

(차) 현 금	3,000,000	(대) 외상매출금(세종스타일)	3,000,000
또는 (입) 외상매출금(세종스타일)	3,000,000		

2021 년 01 월 21 일 변경 현금잔액: 58,841,610 대차차액:						
□	일	번호	구분	계 정 과 목	거 래 처	적 요	차 변	대 변
□	21	00001	차변	0101 현금			3,000,000	
□	21	00001	대변	0108 외상매출금	00112 세종스타일			3,000,000
			합 계				3,000,000	3,000,000

⑤ 11월 20일 일반전표입력

(차) 소모품비(판)	153,000	(대) 미지급금(비씨카드)	153,000
또는 사무용품비(판)		또는 미지급비용	

2021 년 11 월 20 일 변경 현금잔액: 103,931,630 대차차액:						
□	일	번호	구분	계 정 과 목	거 래 처	적 요	차 변	대 변
□	20	00001	차변	0830 소모품비			153,000	
□	20	00001	대변	0253 미지급금	99601 비씨카드			153,000
			합 계				153,000	153,000

⑥ 11월 21일 일반전표입력

(차) 외상매입금(안양상사)	3,500,000	(대) 받을어음(호수상사)	3,500,000

2021 년 11 월 21 일 변경 현금잔액: 103,931,630 대차차액:						
□	일	번호	구분	계 정 과 목	거 래 처	적 요	차 변	대 변
□	21	00001	차변	0251 외상매입금	00220 안양상사		3,500,000	
□	21	00001	대변	0110 받을어음	00105 호수상사			3,500,000
			합 계				3,500,000	3,500,000

7 11월 27일 일반전표입력

| (차) 현 금 | 7,000,000 | (대) 차량운반구 | 8,000,000 |
| 감가상각누계액(차량운반구) | 2,000,000 | 유형자산처분이익 | 1,000,000 |

□	일	번호	구분	계 정 과 목	거 래 처	적 요	차 변	대 변
□	27	00001	차변	0101 현금			7,000,000	
□	27	00001	차변	0209 감가상각누계액			2,000,000	
□	27	00001	대변	0208 차량운반구				8,000,000
□	27	00001	대변	0914 유형자산처분이익				1,000,000
				합 계			9,000,000	9,000,000

2021 년 11 월 27 일 변경 현금잔액: 107,410,330 대차차액:

8 12월 17일 일반전표입력

| (차) 단기매매증권 | 1,800,000 | (대) 보통예금 | 1,900,000 |
| 수수료비용(984) | 100,000 | | |

□	일	번호	구분	계 정 과 목	거 래 처	적 요	차 변	대 변
□	17	00001	차변	0107 단기매매증권			1,800,000	
□	17	00001	차변	0984 수수료비용			100,000	
□	17	00001	대변	0103 보통예금				1,900,000
				합 계			1,900,000	1,900,000

2021 년 12 월 17 일 변경 현금잔액: 112,894,830 대차차액:

문제 5

1 8월 20일 일반전표입력

〈수정 전〉	(차) 현 금	600,000	(대) 외상매출금(장전문구)	600,000
〈수정 후〉	(차) 현 금	600,000	(대) 선수금(장전문구)	600,000
	또는 (입) 선수금(장전문구)	600,000		

□	일	번호	구분	계 정 과 목	거 래 처	적 요	차 변	대 변
□	20	00001	차변	0101 현금		계약금 수령	600,000	
□	20	00001	대변	0259 선수금	00202 장전문구	계약금 수령		600,000
				합 계			600,000	600,000

2021 년 08 월 20 일 변경 현금잔액: 74,389,400 대차차액:

2 11월 4일 일반전표 입력

〈수정 전〉	(차) 상 품	2,700,000	(대) 보통예금	2,700,000
〈수정 후〉	(차) 상 품	3,000,000	(대) 보통예금	2,700,000
			선급금(서울상사)	300,000

□	일	번호	구분	계 정 과 목	거 래 처	적 요	차 변	대 변
□	4	00001	차변	0146 상품		상품 매입	3,000,000	
□	4	00001	대변	0103 보통예금		상품 매입		2,700,000
□	4	00001	대변	0131 선급금	00103 서울상사			300,000
				합 계			3,000,000	3,000,000

2021 년 11 월 4 일 변경 현금잔액: 111,802,750 대차차액:

안심Touch

문제 6

1 12월 31일 일반전표입력

(차) 인출금(자본금)   50,000   (대) 현금과부족   50,000

	일	번호	구분	계 정 과 목	거 래 처	적 요	차 변	대 변
2021 년 12 월 31 일 변경 현금잔액: 100,137,580 대차차액:
□	31	00001	차변	0338 인출금			50,000	
□	31	00001	대변	0141 현금과부족				50,000
				합 계			50,000	50,000

2 12월 31일 일반전표입력

(차) 외상매출금(미국 ABCtech Corp)   500,000   (대) 외화환산이익   500,000

	일	번호	구분	계 정 과 목	거 래 처	적 요	차 변	대 변
2021 년 12 월 31 일 변경 현금잔액: 100,137,580 대차차액:
□	31	00002	차변	0108 외상매출금	00222 미국 ABCtech Corp.		500,000	
□	31	00002	대변	0910 외화환산이익				500,000

3 12월 31일 일반전표입력

(차) 선급비용   200,000   (대) 보험료(판)   200,000

	일	번호	구분	계 정 과 목	거 래 처	적 요	차 변	대 변
2021 년 12 월 31 일 변경 현금잔액: 100,137,580 대차차액:
□	31	00003	차변	0133 선급비용			200,000	
□	31	00003	대변	0821 보험료				200,000

4

〈첫번째 방법〉

① 12월 31일 일반전표입력

(차) 감가상각비(판)*   3,200,000   (대) 감가상각누계액(차량운반구)   3,200,000

*감가상각비 = (취득원가 20,000,000원 − 잔존가액 4,000,000원) ÷ 내용연수 5년 = 3,200,000원

	일	번호	구분	계 정 과 목	거 래 처	적 요	차 변	대 변
2021 년 12 월 31 일 변경 현금잔액: 100,137,580 대차차액:
□	31	00004	차변	0818 감가상각비			3,200,000	
□	31	00004	대변	0209 감가상각누계액				3,200,000

〈두번째 방법〉

① [결산/재무제표]외 [결산자료입력] 메뉴를 클릭한다.

② 기간에 1월~12월을 입력하고, 4.판매비와 일반관리비의 4)감가상각비 차량운반구의 결산반영금액란에 3,200,000원을 입력한 후 위 상단 메뉴에서 [전표추가]를 클릭한다.

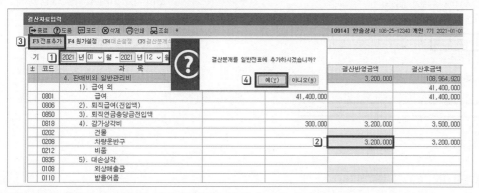

③ 결산자료입력에서 전표추가를 하면 [일반전표입력]에 다음과 같이 자동으로 분개가 된다.

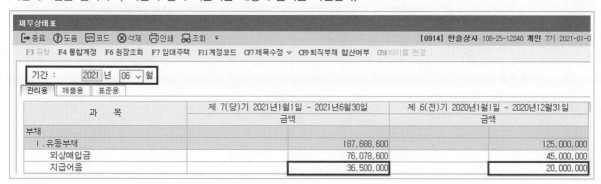

문제 7

① [결산/재무제표]의 [재무상태표] 메뉴를 클릭한다.

기간에 6월을 입력하고, 다음과 같이 지급어음 계정의 금액을 확인한다.

재무상태표

[→종료 ⑦도움 ⑪코드 ⊗삭제 🖶인쇄 🔊조회 ⇕ 　　　　　　[0914] 한솔상사 106-25-12340 개인 7기 2021-01-0

F3 유형　F4 통합계정　F6 원장조회　F7 임대주택　F11계정코드　CF7제목수정 ⇕　CF9 퇴직부채 합산여부　CF10 타이틀 변경

기간 : 　2021 년 06 ∨ 월

관리용	제출용	표준용

과　목	제 7(당)기 2021년1월1일 ~ 2021년6월30일	제 6(전)기 2020년1월1일 ~ 2020년12월31일
	금액	금액
부채		
Ⅰ.유동부채	187,688,600	125,000,000
외상매입금	76,078,600	45,000,000
지급어음	36,500,000	20,000,000

[정답] 16,500,000원(= 당기 6월 말 36,500,000원 − 전기 말 20,000,000원)

② [결산/재무제표]의 [손익계산서] 메뉴를 클릭한다.

기간에 3월을 입력하여 다음과 같이 조회한다.

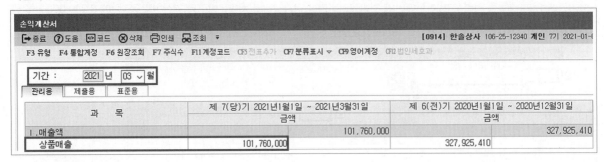

정답 101,760,000원

③ [장부관리]의 [총계정원장] 메뉴를 클릭한다.

기간에 4월 1일 ~ 6월 30일을 입력하고, 계정과목에 접대비를 입력하여 다음과 같이 조회한다.

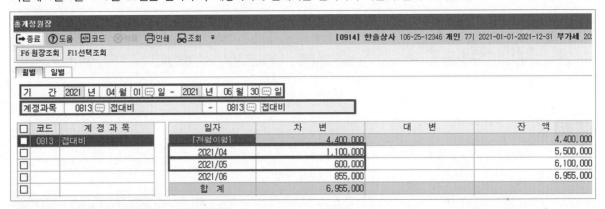

정답 500,000원(= 4월 1,100,000원 − 5월 600,000원)

이론편

01	02	03	04	05	06	07	08	09	10	11	12	13	14	15
④	③	③	②	②	④	①	①	①	④	①	④	③	③	②

01
- 단식부기는 일정한 원리원칙이 없이 재산의 증가 감소를 중심으로 기록하며 손익의 원인을 계산하지 않는 기장방법이다.
- 단식부기는 현금을 제외한 재산의 변동 여부에 대해서는 알 수가 없고, 그 현금 기록에 대해서도 오류를 검증할 방법이 없다. 반면 복식부기는 현금 이외의 모든 재산을 대상으로 하고, 그 기록에 대해서도 오류를 검증할 능력이 있으므로 현대의 모든 기업은 복식부기의 원리를 기본으로 한 회계제도를 채택하고 있다.

02
- 매출액의 과대계상으로 매출총이익이 과대계상한다.
- 매출총이익 − 판매비와관리비 = 영업이익 과대계상
- 영업이익 + 영업외수익 − 영업외비용 = 당기순이익

03
타인발행수표는 통화대용증권으로 회계처리시 현금으로 분개한다. 통화대용증권에는 자기앞수표, 송금수표, 여행자수표, 우편환증서 등이 있다.

04
- 회계처리시

  (차) 매도가능증권　　　　　　　　　　110,000　　　　(대) 현 금　　　　　　　　　　110,000
- 영업외비용과 만기보유증권은 관련이 없으며 투자자산(매도가능증권)은 110,000원 증가한다. 또한 유동자산은 자기앞수표의 지급으로 인해 110,000원 감소한다.
- 매도가능증권 등의 취득과 직접 관련되는 거래원가는 최초 인식하는 공정가치에 가산한다.

05
- 합계잔액시산표상 상품계정 차변금액은 기초상품재고액 + 당기상품매입액을 의미한다.
- 상품매출원가 = 기초상품재고액 + 당기상품매입액 5,000,000원 − 기말상품재고액 750,000원 = 4,250,000원

06
- 매입원가 = 매입가액 + 매입부대비용 − 매입할인·매입에누리·매입환출
- 매입에누리, 매입환출, 매입할인은 재고자산의 취득원가에서 차감한다.

07   감가상각비 = (취득원가 70,000,000원 − 잔존가액 20,000,000원) ÷ 내용연수 10년 × 6/12 = 2,500,000원

08   • 무형자산은 재화의 생산이나 용역의 제공, 타인에 대한 임대 또는 관리에 사용할 목적으로 기업이 보유하고 있으며, 물리적 형체가 없지만 식별가능하고, 기업이 통제하고 있으며, 미래의 경제적 효익이 있는 비화폐성자산으로서 취득원가를 신뢰성 있게 측정할 수 있는 것으로 규정하고 있다.
   • 무형자산의 종류는 실용신안권, 영업권, 산업재산권, 광업권, 개발비, 소프트웨어, 특허권 등이 있다.

09   • 회계처리시

   (차) 현금(자산의 증가)   2,000,000   (대) 단기차입금(부채의 증가)   2,000,000

10   • 외상매입금은 일반적인 상거래가 외상으로 이루어짐에 따라 발생한 채무를 말하며, 전자부품을 도소매하는 회사이므로 차량운반구는 상품이 아니다.

11   • 자본인출액 4,000,000원 + 기말자본금 10,000,000원 = 기초자본금 10,000,000원 + 추가출자액 + 당기순이익 2,000,000원
   ∴ 추가출자액 = 2,000,000원

12   • 7월 10일 회계처리

   (차) 대손충당금   150,000   (대) 매출채권   200,000
   　　 대손상각비   50,000

   • 12월 31일 회계처리

   (차) 대손상각비*   75,000   (대) 대손충당금   75,000
   * 대손상각비 = 7,500,000원 × 대손률 1% = 75,000원
   ∴ 2021년 말 손익계산서에 보고할 대손상각비는 50,000원 + 75,000원 = 125,000원

13   • 유가증권 처분에 따른 손익 인식 − 처분시 인식한다. 결산정리와는 관계없다.
   • 유가증권을 평가에 따른 손익을 인식하는 경우 기말결산시 수정분개한다.

14   ③ 매출원가는 비용이기 때문에 손익계산서(수익·비용)에 표시되는 항목이다.
   ①은 자산, ②는 자본, ④는 부채이기 때문에 재무상태표(자산·자본·부채)에 표시되는 항목이다.

15   기말자본 − 기초자본 = 순손익

문제 1 [기초정보관리]의 [회사등록] 메뉴를 클릭한다.

① 사업자등록번호 '624-01-14363' → '621-01-13463'으로 수정한다.
② 사업장소재지 '부산광역시 금정구 금샘로229번길 25' → '부산광역시 금정구 수림로50번길 103(구서동)'으로 수정한다.
③ 종목 '장난감' → '문구 및 잡화'로 수정한다.

문제 2 [전기분재무제표]의 [전기분재무상태표] 메뉴를 클릭한다.

① 당좌예금 10,300,000원을 13,000,000원으로 수정한다.

② 감가상각누계액(차량운반구) 800,000원을 8,000,000원으로 수정한다.

③ 단기차입금 15,000,000원을 추가 입력한다.

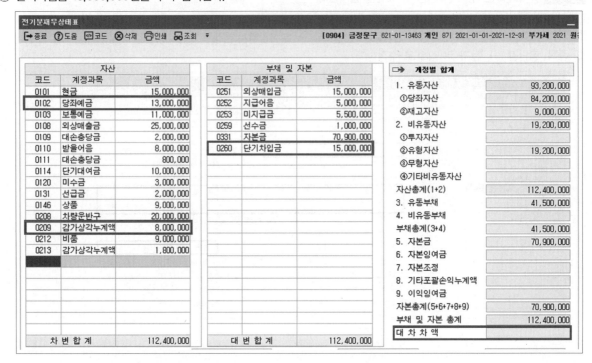

문제 3

1 [기초정보관리]에서 [거래처등록]을 클릭한다.

[일반거래처] 탭에 에프디노㈜와 태양금속㈜를 추가등록하고 나머지 항목을 모두 입력한다.

거래처등록 (상단)

【0904】 금정문구 621-01-13463 개인 8기 2021-01-01-2021-12-31 **부가세** 2021 원

F3 분류등록　F4 거래처명복원　CF4 환경설정　CF5 삭제된데이타　F6 검색　F7 엑셀업로드 ▾　F8 엑셀다운 ▾　F11전표변경　CF11 인쇄거래처명일괄변경

일반거래처　금융기관　신용카드

No		코드	거래처명	등록번호	유형
19	☐	10018	송월상사	514-19-75768	동시
20	☐	10019	씨지문구(주)	106-81-06499	동시
21	☐	10020	대전상사	203-01-04354	동시
22	☐	10021	협성상사	134-16-18255	동시
23	☐	10022	(주)성우	101-85-16888	동시
24	☐	10023	남산문구	128-28-34914	동시
25	☐	10024	지질상사	201-10-73556	동시
26	☐	10025	(주)럭키상사	101-81-00452	동시
27	☐	10026	효원전자	106-05-12584	동시
28	☐	10027	(주)이구상사	314-81-66540	동시
29	☐	10028	(주)안나상사	105-86-75080	동시
30	☐	10029	일중상사	214-26-89642	동시
31	☐	10030	(주)시민상사	220-86-48320	동시
32	☐	10031	(주)한주	124-86-67387	동시
33	☐	10032	스카이상사	113-03-83220	동시
34	☐	10033	(주)유유상사	130-81-01667	동시
35	☐	10034	(주)별빛상사	132-81-29943	동시
36	☐	10035	현대상사	213-01-40357	동시
37	☐	10036	별이상사	132-21-70021	동시
38	☐	10037	삼양상사	113-08-89286	동시
39	☐	10038	(주)협진잡화	119-85-13015	동시
40	☐	10039	(주)티제이문구	221-81-03428	동시
41	☐	10040	(주)지구상사	120-82-00052	동시
42	☐	10041	신방상사	602-01-78558	동시
43	☐	10042	에스원에너지(주)금정	621-85-34245	동시
44	☐	03094	에프디노(주)	208-81-14446	매입

1. 사업자등록번호　208-81-14446　[NTS] 사업자등록상태조회
2. 주민 등록 번호　-------- -------　　주 민 기 재 분 **부** 0:부 1:여
3. 대 표 자 성 명　김정은
4. 업　　　　종　업태 도소매　　　종목 문구
5. 주　　　　소　15291 💬 경기도 안산시 상록구 예술광장1로 116
　　　　　　　　　(성포동)

☑ ##### 상세 입력 안함 #####

6. 연　락　처　전화번호 [　])[　] - [　]　팩스번호 [　])[　] - [　]
7. 담당(부서)사원　[　] 💬 [　]　+ 키 입력 시 신규 등록 가능
8. 인쇄할거래처명　에프디노(주)
9. 담 보 설 정 액　　　　　10.여 신 한 도 액
11. 주 류 코 드
12. 입금 계좌 번호　은 행 [　] 💬
　　　　　　　　　예금주　　　　　　계좌번호
13. 업체담당자연락처　[조회/등록]　　　　　　　　　　　[보내기]
14. 거래처 분류명　[　] 💬
15. 주 신고거래처　[　] 💬　　　종 사업장 번호
16. 거래시작(종료)일 시작 2021-01-01 💬 ~ 종료: ____-__-__ 💬
17. 비　　　　고

거래처등록 (하단)

【0904】 금정문구 621-01-13463 개인 8기 2021-01-01-2021-12-31 부가세 2021 원

F3 분류등록　F4 거래처명복원　CF4 환경설정　CF5 삭제된데이타　F6 검색　F7 엑셀업로드 ▾　F8 엑셀다운 ▾　F11전표변경　CF11 인쇄거래처명일괄변경

일반거래처　금융기관　신용카드

No		코드	거래처명	등록번호	유형
23	☐	10022	(주)성우	101-85-16888	동시
24	☐	10023	남산문구	128-28-34914	동시
25	☐	10024	지질상사	201-10-73556	동시
26	☐	10025	(주)럭키상사	101-81-00452	동시
27	☐	10026	효원전자	106-05-12584	동시
28	☐	10027	(주)이구상사	314-81-66540	동시
29	☐	10028	(주)안나상사	105-86-75080	동시
30	☐	10029	일중상사	214-26-89642	동시
31	☐	10030	(주)시민상사	220-86-48320	동시
32	☐	10031	(주)한주	124-86-67387	동시
33	☐	10032	스카이상사	113-03-83220	동시
34	☐	10033	(주)유유상사	130-81-01667	동시
35	☐	10034	(주)별빛상사	132-81-29943	동시
36	☐	10035	현대상사	213-01-40357	동시
37	☐	10036	별이상사	132-21-70021	동시
38	☐	10037	삼양상사	113-08-89286	동시
39	☐	10038	(주)협진잡화	119-85-13015	동시
40	☐	10039	(주)티제이문구	221-81-03428	동시
41	☐	10040	(주)지구상사	120-82-00052	동시
42	☐	10041	신방상사	602-01-78558	동시
43	☐	10042	에스원에너지(주)금정	621-85-34245	동시
44	☐	03094	에프디노(주)	208-81-14446	매입
45	☐	05046	태양금속(주)	220-81-51306	매출
46	☐				

1. 사업자등록번호　220-81-51306　[NTS] 사업자등록상태조회
2. 주민 등록 번호　-------- -------　　주 민 기 재 분 **부** 0:부 1:여
3. 대 표 자 성 명　박서영
4. 업　　　　종　업태 도소매　　　종목 건축자재
5. 주　　　　소　55367 💬 전라북도 완주군 이서면 낙산로 223

☑ ##### 상세 입력 안함 #####

6. 연　락　처　전화번호 [　])[　] - [　]　팩스번호 [　])[　] - [　]
7. 담당(부서)사원　[　] 💬 [　]　+ 키 입력 시 신규 등록 가능
8. 인쇄할거래처명　태양금속(주)
9. 담 보 설 정 액　　　　　10.여 신 한 도 액
11. 주 류 코 드
12. 입금 계좌 번호　은 행 [　] 💬
　　　　　　　　　예금주　　　　　　계좌번호
13. 업체담당자연락처　[조회/등록]　　　　　　　　　　　[보내기]
14. 거래처 분류명　[　] 💬
15. 주 신고거래처　[　] 💬　　　종 사업장 번호
16. 거래시작(종료)일 시작 2021-01-01 💬 ~ 종료: ____-__-__ 💬

제 4 부

② [기초정보관리]의 [계정과목및적요등록] 메뉴를 클릭한다.
① 판매관리비의 소모품비 계정을 선택하고 다음과 같이 추가 입력한다.

문제 4

① 7월 13일 일반전표입력

| (차) 차량유지비(판) | 20,000 | (대) 미지급금(비씨카드) | 20,000 |
| | | 또는 미지급비용 | |

2021 년 07 ∨ 월 13 ⬚ 일 변경 현금잔액:		34,120,930	대차차액:			
☐ 일	번호	구분	계정과목	거래처	적요	차변	대변
☐ 13	00001	차변	0822 차량유지비			20,000	
☐ 13	00001	대변	0253 미지급금	99602 비씨카드			20,000
		합 계				20,000	20,000

② 8월 12일 일반전표입력

| (차) 토 지 | 20,920,000 | (대) 당좌예금 | 20,000,000 |
| | | 현 금 | 920,000 |

2021 년 08 ∨ 월 12 ⬚ 일 변경 현금잔액:		16,677,110	대차차액:			
☐ 일	번호	구분	계정과목	거래처	적요	차변	대변
☐ 12	00001	차변	0201 토지			20,920,000	
☐ 12	00001	대변	0102 당좌예금				20,000,000
☐ 12	00001	대변	0101 현금				920,000
		합 계				20,920,000	20,920,000

③ 9월 11일 일반전표입력

| (차) 인출금 | 1,000,000 | (대) 미지급금(국민카드) | 1,000,000 |

□	일	번호	구분	계 정 과 목	거 래 처	적 요	차 변	대 변
□	11	00001	차변	0338 인출금			1,000,000	
□	11	00001	대변	0253 미지급금	99601 국민카드			1,000,000
			합 계				1,000,000	1,000,000

2021 년 09 ∨ 월 11 일 변경 현금잔액: 22,034,960 대차차액:

④ 10월 1일 일반전표입력

| (차) 현 금 | 9,000,000 | (대) 임대보증금((주)민철산업) | 10,000,000 |
| 선수금((주)민철산업) | 1,000,000 | | |

□	일	번호	구분	계 정 과 목	거 래 처	적 요	차 변	대 변
□	1	00001	차변	0101 현금			9,000,000	
□	1	00001	차변	0259 선수금	10014 (주)민철산업		1,000,000	
□	1	00001	대변	0294 임대보증금	10014 (주)민철산업			10,000,000
			합 계				10,000,000	10,000,000

2021 년 10 ∨ 월 1 일 변경 현금잔액: 25,257,460 대차차액:

⑤ 10월 20일 일반전표입력

| (차) 상 품 | 5,000,000 | (대) 외상매입금(전포문구) | 5,000,000 |
| 비 품 | 1,000,000 | 미지급금(전포문구) | 1,000,000 |

□	일	번호	구분	계 정 과 목	거 래 처	적 요	차 변	대 변
□	20	00001	차변	0146 상품			5,000,000	
□	20	00001	차변	0212 비품			1,000,000	
□	20	00001	대변	0251 외상매입금	10005 전포문구			5,000,000
□	20	00001	대변	0253 미지급금	10005 전포문구			1,000,000
			합 계				6,000,000	6,000,000

2021 년 10 ∨ 월 20 일 변경 현금잔액: 32,318,810 대차차액:

⑥ 11월 19일 일반전표입력

| (차) 단기대여금(대전상사) | 100,000,000 | (대) 보통예금 | 100,000,000 |
| 수수료비용(984 또는 831) | 1,500 | 현 금 | 1,500 |

□	일	번호	구분	계 정 과 목	거 래 처	적 요	차 변	대 변
□	19	00001	차변	0114 단기대여금	10020 대전상사		100,000,000	
□	19	00001	차변	0984 수수료비용			1,500	
□	19	00001	대변	0103 보통예금				100,000,000
□	19	00001	대변	0101 현금				1,500
			합 계				100,001,500	100,001,500

2021 년 11 ∨ 월 19 일 변경 현금잔액: 63,708,350 대차차액:

제4편

[7] 12월 12일 일반전표입력

| (차) 상품매출 | 200,000 | (대) 외상매출금(일중상사) | 200,000 |

| 또는 (차) 매출환입및에누리 | 200,000 | 또는 (대) 외상매출금(일중상사) | 200,000 |
| 또는 (차) 외상매출금(일중상사) | −200,000 | (대) 상품매출 | −200,000 |

	2021 년 12 ∨ 월 12 ⋯ 일 변경 현금잔액:	55,455,450 대차차액:				
□	일	번호	구분	계 정 과 목	거 래 처	적 요	차 변	대 변
□	12	00001	차변	0401 상품매출			200,000	
□	12	00001	대변	0108 외상매출금	10029 일중상사			200,000
				합 계			200,000	200,000

[8] 12월 15일 일반전표입력

| (차) 상 품 | 1,050,000 | (대) 외상매입금(양촌상사) | 1,000,000 |
| | | 현 금 | 50,000 |

	2021 년 12 ∨ 월 15 ⋯ 일 변경 현금잔액:	62,405,450 대차차액:				
□	일	번호	구분	계 정 과 목	거 래 처	적 요	차 변	대 변
□	15	00001	차변	0146 상품			1,050,000	
□	15	00001	대변	0251 외상매입금	10016 양촌상사			1,000,000
□	15	00001	대변	0101 현금				50,000
				합 계			1,050,000	1,050,000

문제 5

[1] 8월 11일 일반전표입력

〈수정 전〉 (차) 보통예금	2,970,000	(대) 외상매출금(남산문구)	2,970,000
〈수정 후〉 (차) 보통예금	2,970,000	(대) 외상매출금(남산문구)	3,000,000
매출할인(403)	30,000		

	2021 년 08 ∨ 월 11 ⋯ 일 변경 현금잔액:	17,597,110 대차차액:				
□	일	번호	구분	계 정 과 목	거 래 처	적 요	차 변	대 변
□	11	00001	차변	0103 보통예금		남산문구 외상대 입금	2,970,000	
□	11	00001	대변	0108 외상매출금	10023 남산문구	남산문구 외상대 입금		3,000,000
□	11	00001	차변	0403 매출할인			30,000	
				합 계			3,000,000	3,000,000

[2] 11월 29일 일반전표입력

| 〈수정 전〉 (차) 임차료 | 300,000 | (대) 보통예금 | 300,000 |
| 〈수정 후〉 (차) 보통예금 | 300,000 | (대) 임대료(영업외수익) | 300,000 |

	2021 년 11 ∨ 월 29 ⋯ 일 변경 현금잔액:	64,438,550 대차차액:				
□	일	번호	구분	계 정 과 목	거 래 처	적 요	차 변	대 변
□	29	00001	차변	0103 보통예금		임대료 수령	300,000	
□	29	00001	대변	0904 임대료		임대료 수령		300,000
				합 계			300,000	300,000

문제 6

1 12월 31일 일반전표입력

(차) 미수수익   62,500   (대) 이자수익   62,500

□	일	번호	구분	계 정 과 목	거 래 처	적 요	차 변	대 변
□	31	00001	차변	0116 미수수익			62,500	
□	31	00001	대변	0901 이자수익				62,500
			합	계			62,500	62,500

2021 년 12 ∨ 월 31 일 변경 현금잔액: 61,002,650 대차차액:

2 12월 31일 일반전표입력

(차) 보통예금   6,352,500   (대) 단기차입금(하나은행)   6,352,500

※ 마이너스 통장에서 인출 또는 이체액은 보통예금의 잔액이 있어서 인출 또는 이체하는 것이 아니라, 단기차입금을 인출 또는 이체하는 것이므로 '단기차입금(부채)' 계정으로 처리한다.

2021 년 12 ∨ 월 31 일 변경 현금잔액: 61,002,650 대차차액:

□	일	번호	구분	계 정 과 목	거 래 처	적 요	차 변	대 변
□	31	00002	차변	0103 보통예금			6,352,500	
□	31	00002	대변	0260 단기차입금	98003 하나은행			6,352,500

3 12월 31일 일반전표입력

(차) 감가상각비   400,000   (대) 감가상각누계액(차량운반구)   250,000
                                                감가상각누계액(비품)   150,000

2021 년 12 ∨ 월 31 일 변경 현금잔액: 61,002,650 대차차액:

□	일	번호	구분	계 정 과 목	거 래 처	적 요	차 변	대 변
□	31	00003	차변	0818 감가상각비			400,000	
□	31	00003	대변	0209 감가상각누계액				250,000
□	31	00003	대변	0213 감가상각누계액				150,000

4 〈첫번째 방법〉

① [결산/재무제표]의 [재무상태표] 메뉴를 클릭한다.

② 기간에 12월을 입력한다.

③ 상품매출원가 = 판매가능금액 110,660,000원 − 기말상품재고액 5,000,000원 = 105,660,000원

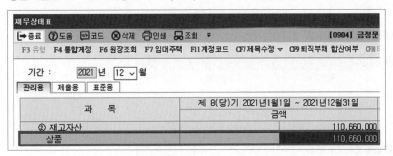

④ 12월 31일 일반전표입력

(차) 상품매출원가   105,660,000   (대) 상 품   105,660,000

	일	번호	구분	계 정 과 목	거 래 처	적 요	차 변	대 변
□	31	00005	차변	0451 상품매출원가			105,660,000	
□	31	00005	대변	0146 상품				105,660,000

2021 년 12 ∨ 월 31 … 일 변경 현금잔액: 61,002,650 대차차액:

〈두번째 방법〉

① [결산/재무제표]의 [결산자료입력] 메뉴를 클릭한다.

② 기간에 1월~12월을 입력하고, 2. 매출원가의 ⑩기말상품재고액에 5,000,000원을 입력한 후 상단메뉴에서 [전표추가]를 클릭한다.

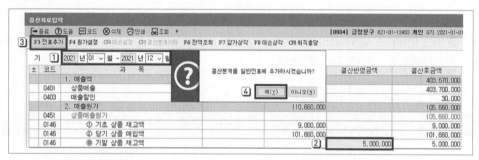

③ 결산자료입력에서 전표추가를 하면 [일반전표입력]에 다음과 같이 자동으로 분개가 된다.

2021 년 12 ∨ 월 31 … 일 변경 현금잔액: 61,002,650 대차차액:

	일	번호	구분	계 정 과 목	거 래 처		적 요	차 변	대 변
□	31	00006	결차	0451 상품매출원가		1	상품매출원가 대체	105,660,000	
□	31	00006	결대	0146 상품		2	상품 매입 부대비용		105,660,000

문제 7

① [장부관리]의 [일계표(월계표)] 메뉴를 클릭한다.

[월계표]탭에서 조회기간은 1월, 2월, 3월을 다음과 같이 각각 조회한다.

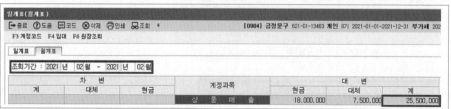

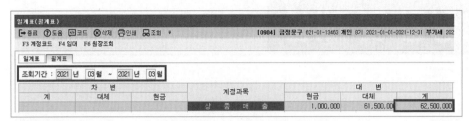

[정답] 37,000,000원(= 3월 62,500,000원 − 2월 25,500,000원)

2 [결산/재무제표]의 [재무상태표] 메뉴를 클릭한다.

기간에 6월을 입력하고, 다음과 같이 비품의 장부가액을 확인한다.

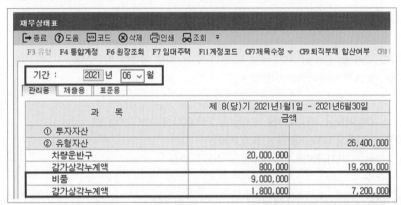

[정답] 7,200,000원(= 비품 금액 9,000,000원 − 비품 감가상각누계액 1,800,000원)

3 [결산/재무제표]의 [재무상태표] 메뉴를 클릭한다.

기간에 6월을 입력하고, 다음과 같이 상품 계정의 금액을 확인한다.

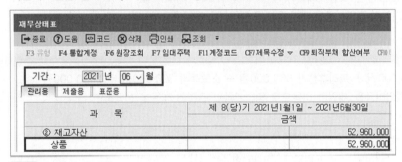

[정답] 52,960,000원

제88회 정답 및 해설

01	02	03	04	05	06	07	08	09	10	11	12	13	14	15
④	③	①	④	②	④	②	①	④	①	②	③	③	②	①

01
- 미수금은 자산이므로 잔액은 차변, 선수금, 가수금, 예수금은 부채이므로 잔액은 대변을 확인한다.
- 미수금은 일반적 상거래 이외에서 발생한 미수채권을 말한다.

02
- 자산총계 = 미수금 550,000원 + 외상매출금 250,000원 + 선급금 130,000원 = 930,000원
- 부채총계 = 자산총계 930,000원 − 자본금 300,000원 = 630,000원
- ∴ 단기차입금 = 부채총액 630,000원 − 미지급비용 150,000원 = 480,000원

03
- 현금(당좌자산), 상품(재고자산), 비품(유형자산), 영업권(무형자산) 순으로 배열한다.
- 유동성배열법이란 유동성이 높은 것부터 낮은 것의 순서로 배열한다는 뜻이다. 유동성이란 자산·부채 항목이 현금으로 전환되는 가능성을 말하며, 유동성이 높다는 것은 현금으로의 전환이 용이하다는 의미이다.

04
- ④ 손익거래(이자비용)이며, ①, ②, ③은 교환거래이다.
- 손익계산서는 일정 기간 동안 기업의 경영성과에 대한 정보를 제공하는 재무보고서이다. 따라서, 손익계산서상의 항목을 선택하면 된다.

05
- 판매비와관리비 = 급여 2,500,000원 + 복리후생비 600,000원 + 소모품비 300,000원 = 3,400,000원
- 기부금은 영업외비용이며, 영업외비용을 제외한 비용으로 영업활동과 관련된 비용을 선택하면 된다.

06
- 회계처리시

  (차) 현금과부족　　　　　　　　　　　5,000　　　(대) 현 금　　　　　　　　　　　5,000
- 회계기록의 오기, 누락, 착오 등에 의한 현금출납장 잔액과 실제 시재액은 일치하지 않을 수도 있는데 이때에 발생하는 차액을 회계상 조정하기 위해 설정하는 임시계정인 '현금과부족' 계정이다.

07
- 미수금, 선급금, 외상매출금, 받을어음은 자산계정이다.
- 유동부채란 기업의 정상적인 영업주기 내에 상환 등을 통하여 소멸할 것이 예상되는 매입채무와 미지급비용 등의 부채로 보고기간 종료일로부터 1년 이내에 상환되어야 하는 단기차입금 등을 말한다.

08
- 건설중인자산의 정의이다.
  ② 상품은 재고자산이다.
  ③ 투자부동산은 시세차익을 얻기 위하여 보유하고 있는 부동산이다.
  ④ 산업재산권은 무형자산을 말한다.

09
- 결산일 대손추산액 = 외상매출금 10,000,000원 × 대손율 2% = 200,000원
- 대손 추산액 200,000원 − 대손충당금 100,000원 = 100,000원(추가설정)

| (차) 대손상각비 | 100,000 | (대) 대손충당금 | 100,000 |

10
수익과 비용은 총액으로 기재함을 원칙으로 한다(총액주의).

11
- 기초자산 1,000,000원 = 기초부채 400,000원 + 기초자본 600,000원
- 기말자산 900,000원 = 기말부채 500,000원 + 기말자본* 400,000원
- * 기말자본 = 600,000원 + 500,000원 − 700,000원 = 400,000원

12
일반기업회계기준 제2장 재무제표의 작성과 표시, 선수수익은 수익의 이연, 미수수익의 수익의 계상, 미지급비용은 비용의 계상, 선급비용은 비용의 이연에 해당된다.

13
- 매입원가 = 매입가액 + 매입부대비용 − 매입할인·매입에누리·매입환출
- 매출원가 = 기초상품재고 + 당기매입액 − 기말상품재고
- 기초상품재고액 900,000원 + (당기총매입액 2,000,000원 + 상품매입운반비 50,000원 − 매입환출 및 에누리 100,000원 − 매입할인 50,000원) − 기말상품재고액 300,000원 = 2,500,000원

14
당점발행수표는 당좌예금으로 처리한다.

15

| (차) 미수금* | 5,000,000 | (대) 차량운반구 | 20,000,000 |
| 감가상각누계액 | 16,000,000 | 유형자산처분이익 | 1,000,000 |

* 일반적인 상거래가 아니므로 외상매출금이 아니라 미수금으로 회계처리한다.

실기편

문제 1 [기초정보관리]의 [회사등록] 메뉴를 클릭한다.

① 종목 '조명기구' → '컴퓨터 및 컴퓨터부품'으로 수정한다.

② 개업연월일 '2011년 1월 25일' → '2012년 1월 25일'로 수정한다.

③ 관할세무서 '용산' → '관악'으로 수정한다.

문제 2 [전기분재무제표]의 [전기분재무상태표] 메뉴를 클릭한다.

① 기말상품재고액 3,000,000원을 4,000,000원으로 수정한다.

전기분재무상태표

[→종료 ⑦도움 ⌨코드 ⊗삭제 🖨인쇄 🔍조회 ▾ [0884] 우현상사 104-04-11258 개인 10기 2021-01-01-2021-12-31 부가세 2021

자산			부채 및 자본			계정별 합계	
코드	계정과목	금액	코드	계정과목	금액		
0101	현금	12,500,000	0251	외상매입금	98,500,000	1. 유동자산	184,312,100
0102	당좌예금	44,520,000	0252	지급어음	25,000,000	①당좌자산	180,312,100
0103	보통예금	28,542,100	0253	미지급금	5,950,000	②재고자산	4,000,000
0108	외상매출금	80,000,000	0254	예수금	2,550,000	2. 비유동자산	12,150,000
0109	대손충당금	350,000	0259	선수금	5,300,000	①투자자산	
0110	받을어음	12,000,000	0331	자본금	59,162,100	②유형자산	12,150,000
0120	미수금	1,500,000				③무형자산	
0131	선급금	1,600,000				④기타비유동자산	
0146	상품	4,000,000				자산총계(1+2)	196,462,100
0208	차량운반구	9,000,000				3. 유동부채	137,300,000
0209	감가상각누계액	3,500,000				4. 비유동부채	
0212	비품	7,000,000				부채총계(3+4)	137,300,000
0213	감가상각누계액	350,000				5. 자본금	59,162,100
						6. 자본잉여금	
						7. 자본조정	
						8. 기타포괄손익누계액	
						9. 이익잉여금	
						자본총계(5+6+7+8+9)	59,162,100
						부채 및 자본 총계	196,462,100
차 변 합 계		196,462,100	대 변 합 계		196,462,100	대 차 차 액	

② [전기분재무제표]의 [전기분손익계산서] 메뉴를 클릭한다.

③ 복리후생비 1,000,000원을 2,000,000원으로 수정한다.

④ 소모품비 130,000원 추가 입력한다.

전기분손익계산서

[→종료 ⑦도움 ⌨코드 ⊗삭제 🖨인쇄 🔍조회 ▾ [0884] 우현상사 104-04-11258 개인 10기 2021-01-01-2021-12-31 부가세 2021 원

F11 주식수

전기 제 009 기 : 2020 년 01 월 01 일 ~ 2020 년 12 월 31 일

코드	계정과목	금액	계 정 별 합 계	
0401	상품매출	25,000,000	1.매출	25,000,000
0451	상품매출원가	10,000,000	2.매출원가	10,000,000
0801	급여	3,200,000	3.매출총이익(1-2)	15,000,000
0811	복리후생비	2,000,000	4.판매비와관리비	6,150,000
0812	여비교통비	240,000	5.영업이익(3-4)	8,850,000
0822	차량유지비	200,000	6.영업외수익	500,000
0833	광고선전비	380,000	7.영업외비용	200,000
0901	이자수익	100,000	8.소득세비용차감전순이익(5+6-7)	9,200,000
0904	임대료	450,000	9.소득세비용	
0951	이자비용	200,000	10.당기순이익(8-9)	9,200,000
0830	소모품비	130,000	11.주당이익(10/주식수)	

문제 3

1 [기초정보관리]에서 [거래처등록]을 클릭한다.

[금융기관] 탭에 거래처코드를 '99100'으로 등록하고 나머지 항목을 모두 입력한다.

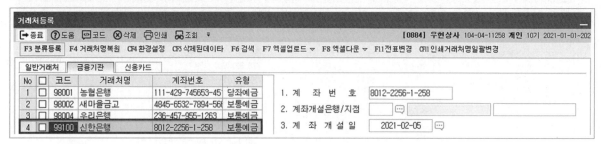

2 [전기분재무제표]의 [거래처별초기이월] 메뉴를 클릭한다.

① 상단메뉴의 [코드] 또는 F2키를 입력하여 외상매출금 중 용산컴퓨터 10,000,000원을 추가 입력한다.

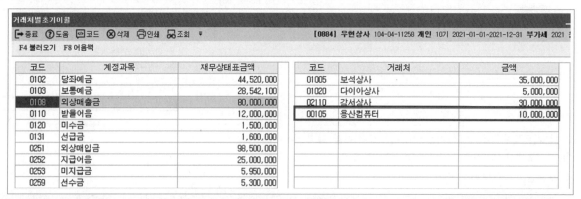

② 지급어음 중 관악컴퓨터 15,000,000원을 18,000,000원으로 수정한다.

코드	계정과목	재무상태표금액		코드	거래처	금액
0102	당좌예금	44,520,000		00107	엘케이컴퓨터	7,000,000
0103	보통예금	28,542,100		01021	관악컴퓨터	18,000,000
0108	외상매출금	80,000,000				
0110	받을어음	12,000,000				
0120	미수금	1,500,000				
0131	선급금	1,600,000				
0251	외상매입금	98,500,000				
0252	지급어음	25,000,000				
0253	미지급금	5,950,000				
0259	선수금	5,300,000				

1 8월 16일 일반전표입력

(차) 당좌예금   385,000   (대) 받을어음(아산상점)   400,000
     매출채권처분손실   15,000

	일	번호	구분	계 정 과 목	거 래 처	적 요	차 변	대 변
	16	00001	차변	0102 당좌예금			385,000	
	16	00001	차변	0956 매출채권처분손실			15,000	
	16	00001	대변	0110 받을어음	00104 아산상점			400,000
				합 계			400,000	400,000

2021 년 08 월 16 일 변경 현금잔액: 43,319,590 대차차액:

2 9월 3일 일반전표입력

(차) 통신비(판)   59,050   (대) 현 금   59,050

	일	번호	구분	계 정 과 목	거 래 처	적 요	차 변	대 변
	3	00001	차변	0814 통신비			59,050	
	3	00001	대변	0101 현금				59,050
				합 계			59,050	59,050

2021 년 09 월 3 일 변경 현금잔액: 49,233,390 대차차액:

3 9월 5일 일반전표입력

(차) 보통예금   2,000,000   (대) 선수금(미래상사)   2,000,000

	일	번호	구분	계 정 과 목	거 래 처	적 요	차 변	대 변
	5	00001	차변	0103 보통예금			2,000,000	
	5	00001	대변	0259 선수금	01013 미래상사			2,000,000
				합 계			2,000,000	2,000,000

2021 년 09 월 5 일 변경 현금잔액: 48,933,390 대차차액:

4 10월 17일 일반전표입력

(차) 당좌예금   10,000,000   (대) 상품매출   16,500,000
     외상매출금(강원컴퓨터)   6,500,000

	일	번호	구분	계 정 과 목	거 래 처	적 요	차 변	대 변
	17	00001	차변	0102 당좌예금			10,000,000	
	17	00001	차변	0108 외상매출금	01003 강원컴퓨터		6,500,000	
	17	00001	대변	0401 상품매출				16,500,000
				합 계			16,500,000	16,500,000

2021 년 10 월 17 일 변경 현금잔액: 62,330,390 대차차액:

5 11월 5일 일반전표입력

(차) 상 품	10,000,000	(대) 지급어음(인천상사)	10,000,000
비 품	2,000,000	미지급금(인천상사)	2,000,000

2021 년 11 ∨ 월 5 ⋯ 일 변경 현금잔액:	52,820,590	대차차액:				

□	일	번호	구분	계 정 과 목	거 래 처	적 요	차 변	대 변
□	5	00005	차변	0146 상품			10,000,000	
□	5	00005	대변	0252 지급어음	01023 인천상사			10,000,000
□	5	00005	차변	0212 비품			2,000,000	
□	5	00005	대변	0253 미지급금	01023 인천상사			2,000,000
				합 계			12,000,000	12,000,000

6 11월 10일 일반전표입력

(차) 예수금	250,000	(대) 보통예금	400,000
세금과공과	150,000		

2021 년 11 ∨ 월 10 ⋯ 일 변경 현금잔액:	45,782,590	대차차액:				

□	일	번호	구분	계 정 과 목	거 래 처	적 요	차 변	대 변
□	10	00001	차변	0254 예수금			250,000	
□	10	00001	차변	0817 세금과공과			150,000	
□	10	00001	대변	0103 보통예금				400,000
				합 계			400,000	400,000

7 12월 20일 일반전표입력

(차) 미지급금(신한상사)	500,000	(대) 현 금	500,000

2021 년 12 ∨ 월 20 ⋯ 일 변경 현금잔액:	70,611,800	대차차액:				

□	일	번호	구분	계 정 과 목	거 래 처	적 요	차 변	대 변
□	20	00001	차변	0253 미지급금	01014 신한상사		500,000	
□	20	00001	대변	0101 현금				500,000
				합 계			500,000	500,000

8 12월 22일 일반전표입력

(차) 감가상각누계액(차량운반구)	3,500,000	(대) 차량운반구	9,000,000
미수금(무등상사)	5,000,000		
유형자산처분손실	500,000		

2021 년 12 ∨ 월 22 ⋯ 일 변경 현금잔액:	60,611,800	대차차액:				

□	일	번호	구분	계 정 과 목	거 래 처	적 요	차 변	대 변
□	22	00001	대변	0208 차량운반구				9,000,000
□	22	00001	차변	0209 감가상각누계액			3,500,000	
□	22	00001	차변	0120 미수금	01012 무등상사		5,000,000	
□	22	00001	차변	0970 유형자산처분손실			500,000	
				합 계			9,000,000	9,000,000

1 9월 20일 일반전표입력

〈수정 전〉 (차) 광고선전비(판) 500,000 (대) 현 금 500,000
〈수정 후〉 (차) 소모품비(판) 500,000 (대) 현 금 500,000

2021 년 09 ∨ 월 20 ⬚ 일 변경 현금잔액:			50,849,890 대차차액:			
☐	일	번호	구분	계 정 과 목	거 래 처	적 요	차 변	대 변
☐	20	00006	차변	0830 소모품비		영업부 소모품	500,000	
☐	20	00006	대변	0101 현금				500,000
			합 계				500,000	500,000

또는

〈수정 전〉 (출) 광고선전비(판) 500,000
〈수정 후〉 (출) 소모품비(판) 500,000

2021 년 09 ∨ 월 20 ⬚ 일 변경 현금잔액:			50,849,890 대차차액:			
☐	일	번호	구분	계 정 과 목	거 래 처	적 요	차 변	대 변
☐	20	00006	출금	0830 소모품비		영업부 소모품	500,000	(현금)
			합 계				500,000	500,000

2 11월 1일 일반전표입력

〈수정 전〉 (차) 상 품 4,500,000 (대) 보통예금 4,500,000
〈수정 후〉 (차) 상 품 5,000,000 (대) 보통예금 4,500,000
                                           선급금(수진상회) 500,000

2021 년 11 ∨ 월 1 ⬚ 일 변경 현금잔액:			63,987,240 대차차액:			
☐	일	번호	구분	계 정 과 목	거 래 처	적 요	차 변	대 변
☐	1	00006	차변	0146 상품		상품 매입	5,000,000	
☐	1	00006	대변	0103 보통예금		상품 매입		4,500,000
☐	1	00006	대변	0131 선급금	00106 수진상회	상품 매입		500,000
			합 계				5,000,000	5,000,000

문제 6

① 12월 31일 일반전표입력

(차) 급여(판)   3,000,000   (대) 미지급비용   3,000,000
                                                        또는 미지급금

	일	번호	구분	계 정 과 목	거 래 처	적 요	차 변	대 변
□	31	00001	차변	0801 급여			3,000,000	
□	31	00001	대변	0262 미지급비용				3,000,000
			합 계				3,000,000	3,000,000

2021 년 12 월 31 일 변경 현금잔액: 59,515,800 대차차액:

② 12월 31일 일반전표입력

(차) 외상매입금(대연상사)   500,000   (대) 가지급금   500,000

	일	번호	구분	계 정 과 목	거 래 처	적 요	차 변	대 변
□	31	00002	차변	0251 외상매입금	01026 대연상사		500,000	
□	31	00002	대변	0134 가지급금				500,000

2021 년 12 월 31 일 변경 현금잔액: 59,515,800 대차차액:

③ 12월 31일 일반전표입력

(차) 이자비용   300,000   (대) 미지급비용*   300,000

*미지급비용 = (10,000,000원 × 6%) × 6/12 = 300,000원

	일	번호	구분	계 정 과 목	거 래 처	적 요	차 변	대 변
□	31	00003	차변	0951 이자비용			300,000	
□	31	00003	대변	0262 미지급비용				300,000

2021 년 12 월 31 일 변경 현금잔액: 59,515,800 대차차액:

④

〈첫번째 방법〉

① 12월 31일 일반전표입력

(차) 감가상각비(판)   5,100,000   (대) 감가상각누계액(건물)   1,500,000
                                                        감가상각누계액(차량운반구)   2,500,000
                                                        감가상각누계액(비품)   1,100,000

	일	번호	구분	계 정 과 목	거 래 처	적 요	차 변	대 변
□	31	00004	차변	0818 감가상각비			5,100,000	
□	31	00004	대변	0203 감가상각누계액				1,500,000
□	31	00004	대변	0209 감가상각누계액				2,500,000
□	31	00004	대변	0213 감가상각누계액				1,100,000

2021 년 12 월 31 일 변경 현금잔액: 59,515,800 대차차액:

〈두번째 방법〉

① [결산/재무제표]의 [결산자료입력] 메뉴를 클릭한다.

② 기간에 1월 ~ 12월을 입력하고, 4.판매비와 일반관리비의 4)감가상각비의 결산반영금액란에 건물 1,500,000원, 차량운반구 2,500,000원, 비품 1,100,000원을 입력한 후 상단 메뉴에서 [전표추가]를 클릭한다.

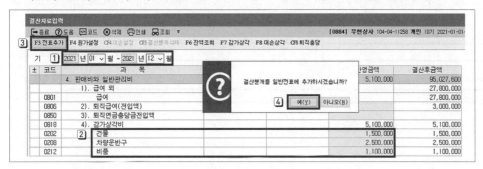

③ 결산자료입력에서 전표추가를 하면 [일반전표입력]에 다음과 같이 자동으로 분개가 된다.

	일	번호	구분	계 정 과 목	거 래 처	적 요	차 변	대 변
☐	31	00006	결차	0818 감가상각비			5,100,000	
☐	31	00006	결대	0203 감가상각누계액				1,500,000
☐	31	00006	결대	0209 감가상각누계액				2,500,000
☐	31	00006	결대	0213 감가상각누계액				1,100,000

2021 년 12 월 31 일 변경 현금잔액: 59,515,800 대차차액:

문제 7

1 [장부관리]의 [일계표(월계표)] 메뉴를 클릭한다.

[월계표]탭에서 조회기간은 3월을 입력하고, 다음과 같이 조회한다.

조회기간 : 2021 년 03 월 ~ 2021 년 03 월

	차 변		계정과목	대 변		
계	대체	현금		현금	대체	계
500,000		500,000	5.영 업 외 비 용			
500,000		500,000	이 자 비 용			
49,906,730	42,901,000	7,005,730	금월소계	2,000,000	42,901,000	44,901,000
9,331,730		9,331,730	금월잔고/전월잔고	14,337,460		14,337,460
59,238,460	42,901,000	16,337,460	합계	16,337,460	42,901,000	59,238,460

정답 500,000원

② [장부관리]의 [거래처원장] 메뉴를 클릭한다.

기간에 1월 1일 ~ 5월 31일을 입력하고, 계정과목에는 외상매출금을 입력하여 다음과 같이 조회한다.

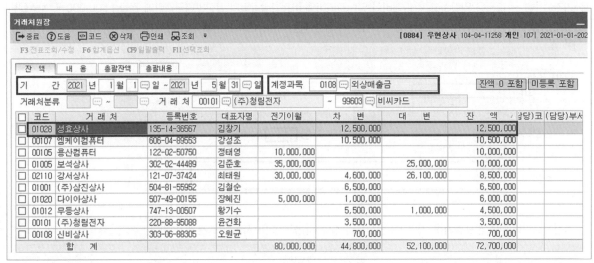

정답 성효상사, 12,500,000원

③ [장부관리]의 [계정별원장] 메뉴를 클릭한다.

기간에 6월 1일 ~ 6월 30일을 입력하고, 계정과목에는 상품매출을 입력하여 다음과 같이 조회한다.

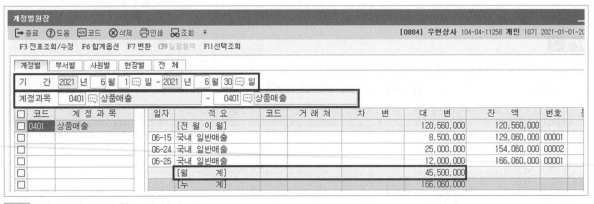

정답 3건, 45,500,000원

제87회 정답 및 해설

01	02	03	04	05	06	07	08	09	10	11	12	13	14	15
④	②	③	①	④	①	①	④	②	③	②	③	④	②	③

01
- 당사가 발행한 약속어음 중에 상거래 경우 지급어음 계정으로, 상거래가 아닌 경우 미지급금 계정으로 구분한다.

02
외상매출금은 자산 항목으로 차변은 증가, 대변은 감소한다.

03
- 취득일부터 만기가 3개월 이내에 도래되는 채권이다.
- 현금및현금성자산에는 타인발행수표, 자기앞수표, 송금수표, 여행자수표, 우편환증서, 만기가 된 공·사채이자표, 당좌예금, 보통예금 등이 있다.

04
시산표는 총계정원장의 기록이 정확한지 여부를 검증하는 계정잔액 목록표이다.

05
① 손익계산서, ② 자본변동표, ③ 현금흐름표에 대한 설명이다.

06
정액법에 의한 감가상각비 = (취득원가 30,000,000원 − 잔존가액 0원) ÷ 내용연수 10년 × 9/12 = 2,250,000원

07
① 손익계산서 항목이다.
- 재무상태표는 일정시점 현재 기업이 보유하고 있는 경제적 자원인 자산과 경제적 의무인 부채, 그리고 자본에 대한 정보를 제공하는 재무보고서이다. 영업권과 개발비는 무형자산으로 재무상태표 항목이다.

08
- 당좌자산에는 현금및현금성자산, 단기투자자산, 매출채권, 선급비용, 이연법인세자산 등이 있다. 재공품은 재고자산에 해당한다.
- 자산에는 유동자산과 비유동자산이 있으며, 유동자산은 다시 당좌자산과 재고자산으로 분류된다.
- 당좌자산이란 가장 유동성이 높은 자산이므로 기업의 경영활동에 있어 매우 중요하다.

09 (1150개 − 900개) × 540원/개 = 135,000원

10 • 기말자본 1,000,000원

= 기초자본 200,000원 + 추가출자액 100,000원 + 당기순이익(총수입 X − 총비용 3,000,000원)

∴ X = 3,700,000원

11 영업활동이나 경영활동의 판매 목적으로 자산을 취득하면 재고자산이며, 시세차익을 목적으로 자산을 취득하면 투자자산 계정으로 인식한다.

12 • 접대비, 복리후생비, 세금과공과는 영업관련 비용이다.

• 영업외비용은 영업활동 이외의 보조적 또는 부수적인 활동에서 순환적으로 발생하는 비용으로 이자비용, 단기매매증권처분손실, 재고자산 감모손실, 기부금, 외환차손 등이 있다.

13 • 8월 3일 분개시

(차) 인출금	3,500,000	(대) 현 금	3,500,000

14 • 자산 − 자본 = 부채

• 자산 = 상품 400,000원 + 건물 500,000원 + 차량운반구 150,000원 = 1,050,000원

• 부채 = 자산 1,050,000원 − 자본금 500,000원 = 550,000원

15 • 예수금이란 미래에 특정한 사건에 의해 외부로 지출하여야 할 금액을 기업이 급여 지급시 종업원으로부터 미리 받아 일시적으로 보관하는 금액을 처리하는 계정과목을 말한다.

• 가지급금이란 회사에서 주주나 임원, 종업원 등과의 거래에서 자금을 일시적으로 대여하게 되는 경우 회사가 대여한 금액을 말한다.

문제 1 [기초정보관리]의 [회사등록] 메뉴를 클릭한다.

① 대표자명 '가나다' → '홍길동'으로 수정한다.

② 사업의 종목 '전기부품' → '화장품'으로 수정한다.

③ 관할세무서장 '강남세무서장' → '삼성세무서장'으로 수정한다.

문제 2 [전기분재무제표]의 [전기분재무상태표] 메뉴를 클릭한다.

① 외상매출금에 대한 대손충당금(109) 55,000원 추가 입력한다.

② 비품에 대한 감가상각누계액(213) 3,365,000원을 3,400,000원으로 수정한다.

③ 예수금 870,000원을 780,000원으로 수정한다.

전기분재무상태표								
자산			**부채 및 자본**			**계정별 합계**		
코드	계정과목	금액	코드	계정과목	금액	1. 유동자산		60,307,000
0101	현금	11,000,000	0251	외상매입금	12,000,000	①당좌자산		45,307,000
0102	당좌예금	5,000,000	0252	지급어음	8,500,000	②재고자산		15,000,000
0103	보통예금	13,600,000	0253	미지급금	4,300,000	2. 비유동자산		33,600,000
0108	외상매출금	5,500,000	0254	예수금	780,000	①투자자산		
0110	받을어음	3,800,000	0260	단기차입금	14,000,000	②유형자산		15,600,000
0111	대손충당금	38,000	0331	자본금	54,327,000	③무형자산		
0120	미수금	6,500,000				④기타비유동자산		18,000,000
0146	상품	15,000,000				자산총계(1+2)		93,907,000
0208	차량운반구	25,000,000				3. 유동부채		39,580,000
0209	감가상각누계액	14,000,000				4. 비유동부채		
0212	비품	8,000,000				부채총계(3+4)		39,580,000
0213	감가상각누계액	3,400,000				5. 자본금		54,327,000
0232	임차보증금	18,000,000				6. 자본잉여금		
0109	대손충당금	55,000				7. 자본조정		
						8. 기타포괄손익누계액		
						9. 이익잉여금		
						자본총계(5+6+7+8+9)		54,327,000
						부채 및 자본 총계		93,907,000
차 변 합 계		93,907,000	대 변 합 계		93,907,000	대 차 차 액		

[0874] 가나다상사 101-23-33351 개인 7기 2021-01-01-20

문제 3

1 [전기분재무제표]의 [거래처별초기이월] 메뉴를 클릭한다.

① 외상매출금 중 오케이더유통 4,250,000원을 2,450,000원으로 수정한다.

거래처별초기이월					
F4 불러오기 F8 어음책					
코드	계정과목	재무상태표금액	코드	거래처	금액
0102	당좌예금	5,000,000	00107	그린위즈덤	1,970,000
0103	보통예금	13,600,000	00114	잘함테크	1,080,000
0108	외상매출금	5,500,000	00215	오케이더유통	2,450,000
0110	받을어음	3,800,000			
0251	외상매입금	12,000,000			
0252	지급어음	8,500,000			
0253	미지급금	4,300,000			
				합 계	5,500,000
				차 액	0

[0874] 가나다상사 101-23-33351 개인 7기 2021-01-01-2

② 상단메뉴의 [코드] 또는 F2키를 입력하여 지급어음 중 뉴랜드 2,400,000원 추가 입력한다.

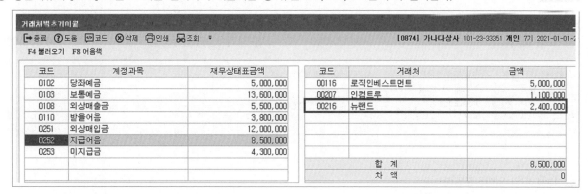

2 [기초정보관리]의 [계정과목및적요등록] 메뉴를 클릭한다.

판매관리비의 급여계정을 선택하고 다음과 같이 입력하여 추가 등록한다.

문제 4

1 10월 2일 일반전표입력

(차) 보통예금   10,000,000   (대) 단기차입금(진주상점)   10,000,000

2021 년 10 월 2 일 변경 현금잔액:			43,904,600	대차차액:			
□	일	번호	구분	계 정 과 목	거 래 처	적 요	차 변	대 변
□	2	00001	차변	0103 보통예금			10,000,000	
□	2	00001	대변	0260 단기차입금	00221 진주상점			10,000,000
			합 계				10,000,000	10,000,000

2 10월 13일 일반전표입력

(차) 광고선전비(판)   330,000   (대) 미지급금(국민카드)   330,000
                                                              또는 미지급비용

또는

(차) 광고선전비(판)   300,000   (대) 미지급금(국민카드)   330,000
      부가세대급금   30,000

2021 년 10 월 13 일 변경 현금잔액:			42,537,600	대차차액:			
□	일	번호	구분	계 정 과 목	거 래 처	적 요	차 변	대 변
□	13	00001	차변	0833 광고선전비			330,000	
□	13	00001	대변	0253 미지급금	99601 국민카드			330,000
			합 계				330,000	330,000

3 10월 18일 일반전표입력

(차) 상 품   2,800,000   (대) 선급금(대전상사)   300,000
                                                       보통예금   1,000,000
                                                       외상매입금(대전상사)   1,500,000

2021 년 10 월 18 일 변경 현금잔액:			42,080,600	대차차액:			
□	일	번호	구분	계 정 과 목	거 래 처	적 요	차 변	대 변
□	18	00001	차변	0146 상품			2,800,000	
□	18	00001	대변	0131 선급금	00105 대전상사			300,000
□	18	00001	대변	0103 보통예금				1,000,000
□	18	00001	대변	0251 외상매입금	00105 대전상사			1,500,000
			합 계				2,800,000	2,800,000

4 11월 15일 일반전표입력

(차) 도서인쇄비(판)   80,000   (대) 현 금   80,000

2021 년 11 월 15 일 변경 현금잔액:			20,371,600	대차차액:			
□	일	번호	구분	계 정 과 목	거 래 처	적 요	차 변	대 변
□	15	00001	차변	0826 도서인쇄비			80,000	
□	15	00001	대변	0101 현금				80,000
			합 계				80,000	80,000

⑤ 12월 4일 일반전표입력

(차) 보통예금   990,000   (대) 단기매매증권   500,000
                                                  단기매매증권처분이익   490,000

	일	번호	구분	계 정 과 목	거 래 처	적 요	차 변	대 변
	4	00001	차변	0103 보통예금			990,000	
	4	00001	대변	0107 단기매매증권				500,000
	4	00001	대변	0906 단기매매증권처분이익				490,000
			합 계				990,000	990,000

2021 년 12 월 4 일 변경 현금잔액: 46,937,130 대차차액:

⑥ 12월 9일 일반전표입력

(차) 선급금(동아상사)   1,500,000   (대) 보통예금   1,500,000

	일	번호	구분	계 정 과 목	거 래 처	적 요	차 변	대 변
	9	00001	차변	0131 선급금	00108 동아상사		1,500,000	
	9	00001	대변	0103 보통예금				1,500,000
			합 계				1,500,000	1,500,000

2021 년 12 월 9 일 변경 현금잔액: 44,154,130 대차차액:

⑦ 12월 14일 일반전표입력

(차) 현금과부족   10,000   (대) 현 금   10,000

	일	번호	구분	계 정 과 목	거 래 처	적 요	차 변	대 변
	14	00001	차변	0141 현금과부족			10,000	
	14	00001	대변	0101 현금				10,000
			합 계				10,000	10,000

2021 년 12 월 14 일 변경 현금잔액: 48,797,030 대차차액:

⑧ 12월 19일 일반전표입력

(차) 여비교통비(판)   350,000   (대) 가지급금   400,000
      현 금   50,000

	일	번호	구분	계 정 과 목	거 래 처	적 요	차 변	대 변
	19	00001	차변	0812 여비교통비			350,000	
	19	00001	차변	0101 현금			50,000	
	19	00001	대변	0134 가지급금				400,000
			합 계				400,000	400,000

2021 년 12 월 19 일 변경 현금잔액: 48,607,230 대차차액:

문제 5

1 11월 30일 일반전표수정

〈수정 전〉	(차) 외상매입금(아현상사)	1,000,000	(대) 보통예금	1,000,000	
〈수정 후〉	(차) 외상매입금(아현상사)	988,000	(대) 보통예금	1,000,000	
	수수료비용(판)	12,000			

	일	번호	구분	계 정 과 목	거 래 처	적 요	차 변	대 변
□	30	00002	차변	0251 외상매입금	00223 아현상사	외상대 보통예금 지급	988,000	
□	30	00002	대변	0103 보통예금		외상대 보통예금 지급		1,000,000
□	30	00002	차변	0831 수수료비용		외상대 보통예금 지급	12,000	
				합 계			1,000,000	1,000,000

2021 년 11 월 30 일 변경현금잔액: 21,708,780 대차차액:

2 12월 10일 일반전표입력

〈수정 전〉	(차) 세금과공과	10,000	(대) 현 금	10,000	
〈수정 후〉	(차) 예수금	10,000	(대) 현 금	10,000	

	일	번호	구분	계 정 과 목	거 래 처	적 요	차 변	대 변
□	10	00019	차변	0254 예수금			10,000	
□	10	00019	대변	0101 현금				10,000
				합 계			10,000	10,000

2021 년 12 월 10 일 변경현금잔액: 44,144,130 대차차액:

문제 6

1 12월 31일 일반전표입력

(차) 소모품	120,000	(대) 소모품비(판)	120,000

	일	번호	구분	계 정 과 목	거 래 처	적 요	차 변	대 변
□	31	00001	차변	0122 소모품			120,000	
□	31	00001	대변	0830 소모품비				120,000
				합 계			120,000	120,000

2021 년 12 월 31 일 변경현금잔액: 20,578,480 대차차액:

2 12월 31일 일반전표입력

(차) 선급비용*	450,000	(대) 보험료(판)	450,000

*보험료 미경과분 계산 600,000원 × 9/12 = 450,000원

	일	번호	구분	계 정 과 목	거 래 처	적 요	차 변	대 변
□	31	00002	차변	0133 선급비용			450,000	
□	31	00002	대변	0821 보험료				450,000

2021 년 12 월 31 일 변경현금잔액: 20,578,480 대차차액:

③ 12월 31일 일반전표 입력

(차) 외화환산손실   1,000,000   (대) 외상매출금(미국 abc)   1,000,000

	년	12 ∨	월 31	일 변경 현금잔액:	20,578,480	대차차액:			
□	일	번호	구분	계 정 과 목	거 래 처	적 요		차 변	대 변
□	31	00005	차변	0955 외화환산손실				1,000,000	
□	31	00005	대변	0108 외상매출금	00226 미국 abc				1,000,000

④

〈첫번째 방법〉

① 기간에 12월을 입력하고, 외상매출금과 받을어음의 금액과 대손충당금 잔액을 조회하여 보충액을 계산한다.
- 외상매출금 : (60,450,000원 × 1%) − 55,000원 = 549,500원
- 받을어음 : (50,000,000원 × 1%) − 38,000원 = 462,000원

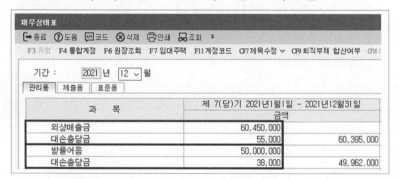

② 12월 31일 일반전표입력

(차) 대손상각비(판)   1,011,500   (대) 대손충당금(외상매출금)   549,500
                                              대손충당금(받을어음)   462,000

	년	12 ∨	월 31	일 변경 현금잔액:	20,578,480	대차차액:			
□	일	번호	구분	계 정 과 목	거 래 처	적 요		차 변	대 변
□	31	00006	차변	0835 대손상각비				1,011,500	
□	31	00006	대변	0109 대손충당금					549,500
□	31	00006	대변	0111 대손충당금					462,000

제 4 회

〈두번째 방법〉

① [결산/재무제표]의 [결산자료입력] 메뉴를 클릭한다.

② 기간에 1월~12월을 입력하고, 4.판매비와 일반관리비의 5). 대손상각 외상매출금과 받을어음의 결산반영금액란에 각각 549,500원과 462,000원을 입력한 후, 상단 메뉴에서 [전표추가]를 클릭한다.

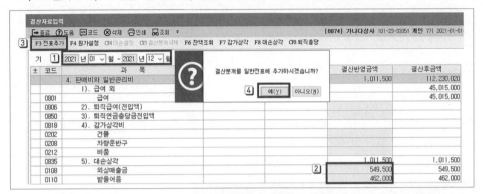

③ 결산자료입력에서 전표추가를 하면 [일반전표입력]에 다음과 같이 자동으로 분개가 된다.

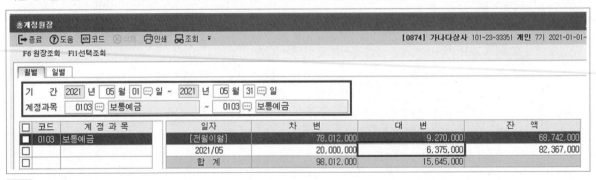

문제 7

1 [장부관리]의 [총계정원장] 메뉴를 클릭한다.

기간에 5월 1일 ~ 5월 31일을 입력하고, 계정과목에 보통예금을 입력하여 다음과 같이 대변 금액을 조회한다.

코드	계 정 과 목	일 자	차 변	대 변	잔 액
0103	보통예금	[전월이월]	78,012,000	9,270,000	69,742,000
		2021/05	20,000,000	6,375,000	82,367,000
		합 계	98,012,000	15,645,000	

정답 6,375,000원

② [장부관리]의 [거래처원장] 메뉴를 클릭한다.

기간에 1월 1일 ~ 6월 30을 입력하고 계정과목에 외상매출금을 입력히여 디음과 긑이 조회한나.

거래처원장

[→종료 ⑦도움 國코드 ⊗삭제 �🖨인쇄 🔍조회 ▾]   **[0874] 가나다상사** 101-23-33351 **개인** 7기 2021-01-20

F3 전표조회/수정   F6 합계옵션   CF9 일괄출력   F11 선택조회

잔액	내용	총괄잔액	총괄내용

기 간 2021 년 1 월 1 ⁝ 일 ~ 2021 년 6 월 30 ⁝ 일   계정과목 0108 ⁝ 외상매출금   [잔액 0 포함] [미등록 포함]

거래처분류 ⁝ ~ ⁝   거 래 처 00101 ⁝ 위원상사   ~   99601 ⁝ 국민카드

□	코드	거 래 처	등록번호	대표자명	전기이월	차 변	대 변	잔 액	(딩당)코	(담당)부서
□	00106	은화장품	605-21-38214	이한우		3,030,000	3,030,000			
□	00107	그린위즈덤	131-04-79041	박종운	1,970,000			1,970,000		
□	00111	한마음상사	204-11-20230	이용직		25,500,000		25,500,000		
□	00112	삼보상사	502-13-39544	임병찬		7,200,000	3,600,000	3,600,000		
□	00114	잘함테크	605-21-22013	이일하	1,080,000	6,200,000		7,280,000		
□	00205	명덕상사	334-51-00036	박홍규		5,000,000		5,000,000		
□	00206	진주컴퓨터	504-28-68530	김기호		24,530,000	9,530,000	15,000,000		
□	00215	오케이더유통	514-20-14466	김성훈	2,450,000	5,000,000	1,000,000	6,450,000		
□	00226	미국 abc		브라이언		12,000,000		12,000,000		
		합 계			5,500,000	88,460,000	17,160,000	76,800,000		

정답 15,000,000원

③ [장부관리]의 [일계표(월계표)] 메뉴를 클릭한다.

[월계표]탭에서 조회기간은 3월을 다음과 같이 조회한다.

일계표(월계표)

[→종료 ⑦도움 國코드 ⊗삭제 �🖨인쇄 🔍조회 ▾]   **[0874] 가나다상사** 101-23-33351 **개인** 7기 2021-01-0

F3 계정코드   F4 임대   F6 원장조회

일계표	월계표

조회기간 : 2021 년 03 월 ~ 2021 년 03 월

차 변			계정과목	대 변		
계	대체	현금		현금	대체	계
7,515,180	285,000	7,230,180	5.판 매 비밀일반관리비			
5,350,000		5,350,000	급 여			
556,300		556,300	복 리 후 생 비			
160,000		160,000	여 비 교 통 비			
100,000		100,000	접 대 비			
301,000	285,000	16,000	수 도 광 열 비			
500,000		500,000	임 차 료			
318,000		318,000	차 량 유 지 비			
179,880		179,880	소 모 품 비			
50,000		50,000	수 수 료 비 용			
49,027,180	24,485,000	24,542,180	금월소계	12,030,000	24,485,000	36,515,000
28,114,530		28,114,530	금월잔고/전월잔고	40,626,710		40,626,710
77,141,710	24,485,UUU	52,656,710	합계	52,656,710	24,485,000	77,141,710

정답 556,300원

제86회 정답 및 해설

이론편

01	02	03	04	05	06	07	08	09	10	11	12	13	14	15
②	③	④	④	③	①	③	②	①	②	①	③	④	②	①

01 기업의 자금조달 방법에 따라 타인자본과 자기자본으로 구분하며, 부채는 타인자본에 해당한다.

02 • 기말자산 + 총비용 = 기말부채 + 기초자본 + 총수익
• 합계잔액시산표란 각 계정의 차변 합계액과 대변 합계액을 모아 작성한 표이며 분개장에서 원장으로 전기가 정확히 이루어졌는가 등을 대차평균의 원리에 의해 검증한다. 결산에 대비하여 작성하는 중간단계의 표라고 보면 된다.

03 일반기업회계기준에서 정하고 있는 재무제표는 재무상태표, 손익계산서, 자본변동표, 현금흐름표, 주석이다.

04 • 물가하락시에 후입선출법은 나중에 매입한 단가 낮은 상품이 매출원가를 구성하므로 이익이 가장 높게 계상된다.
• 당기 중 물가가 상승한다고 가정하는 경우라고 가정할 때, 기말재고, 매출원가, 당기순이익의 크기를 비교해 보면 다음과 같다.

기말재고	선입선출법 > 이동평균법 > 총평균법 > 후입선출법
매출원가	선입선출법 < 이동평균법 < 총평균법 < 후입선출법
당기순이익	선입선출법 > 이동평균법 > 총평균법 > 후입선출법

05 • 유형자산처분이익 40,000,000원 = 처분가액 − (취득가액 100,000,000원 − 감가상각누계액 50,000,000원)
∴ 처분가액 = 90,000,000원

06 • 현금, 보통예금, 당좌예금은 현금및현금성자산, 받을어음은 매출채권, 단기매매증권과 단기대여금은 단기투자자산으로 표시한다.
∴ 단기매매증권 150,000원 + 단기대여금 180,000원 = 330,000원
• 단기투자자산은 기업이 여유자금의 활용 목적으로 보유하는 단기예금, 단기매매증권, 단기대여금 및 유동자산으로 분류되는 매도가능증권과 만기보유증권 등의 자산을 포함한다.

07
- 정상 처리된 분개   (차) 현 금   xxx   (대) 선수금   xxx
- 잘못 처리된 분개   (차) 현 금   xxx   (대) 상품매출   xxx

∴ 부채가 과소계상 되고, 수익이 과대계상 되게 된다.

08
- 매출원가 = (100개 × 2,000원) + (700개 × 3,000원) = 2,300,000원
- 매출총이익 = 매출액 3,200,000원(판매수량 800개 × 판매가격 4,000원) − 매출원가 2,300,000원 = 900,000원
- 매출총이익 = 순매출액 − 매출원가
- 매출원가 = 기초상품재고액 + 당기순매입액 − 기말상품재고액

09
- 매입채무는 외상매입금과 지급어음의 통합계정이다.
- 일반적 상거래에서 발생한 외상매입금과 지급어음을 매입채무라 하며, 매출채권은 상거래로 발생한 채권으로 외상매출금과 받을어음으로 구분한다.

10
- 투자부동산은 투자자산에 해당된다.
- 당좌자산이란 가장 유동성이 높은 자산이므로 기업의 경영활동에 있어 매우 중요하다. 당좌자산에는 현금및현금성자산, 매출채권, 단기투자자산, 선급비용, 이연법인세자산 등이 있다.

11 상품 매입대금을 조기에 지급함에 따라 약정한 일정 대금을 할인받는 것은 매입할인이다.

12
- 감가상각비 = (취득가액 20,000,000원 − 잔존가치 2,000,000원) ÷ 내용연수 5년 = 3,600,000원
- 2019년 12월 31일 감가상각비 3,600,000원
  2020년 12월 31일 감가상각비 3,600,000원
  2021년 12월 31일 감가상각비 3,600,000원
  2021년 12월 31일 감가상각누계액 10,800,000원
  ∴ 취득가액 20,000,000원 − 2021년 12월 31일 감가상각누계액 10,800,000원 = 9,200,000원

13 상품매출시 운반비는 자산(상품)으로 처리하지 않고 비용(운반비)으로 처리한다.

14 현재 자본금 = 자본금 5,000,000원 − 인출금 1,500,000원 + 당기순이익 5,000,000원 = 8,500,000원

15 명함인쇄비용은 도서인쇄비로 처리한다.

실기편

문제 1 [기초정보관리]의 [회사등록] 메뉴를 클릭한다.
① 업태 '제조' → '도소매'로 수정한다.
② 종목 '문구' → '의약품'으로 수정한다.
③ 사업장관할세무서 '금정' → '동래'로 수정한다.

문제 2

① [전기분재무제표]의 [전기분재무상태표] 메뉴를 클릭한다.
② 기말상품 재고액 10,000,000원을 20,000,000원으로 수정한다.

③ [전기분재무제표]의 [전기분손익계산서] 메뉴를 클릭한다.

④ 급여 15,000,000원을 10,000,000원으로, 이자수익 100,000원을 200,000원으로 수정한다.

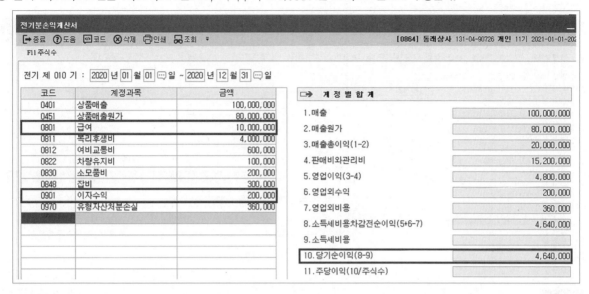

문제 3

1 [전기분재무제표]의 [거래처별초기이월] 메뉴를 클릭한다.

① 받을어음 중 광주상사 1,200,000원을 1,400,000원으로 부산상사 1,500,000원을 1,300,000원으로 다음과 같이 수정한다.

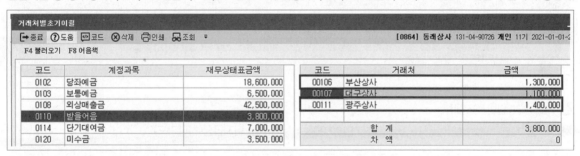

② 지급어음 중 서울상사 4,100,000원을 5,000,000원으로 인천상사 2,100,000원을 1,200,000원으로 수정하고 상단 메뉴의 [코드] 또는 F2키를 입력하여 순천상사 2,100,000원을 추가 입력한다.

② [기초정보관리]에서 [거래처등록]을 클릭한다.

1. [일반거래처] 탭에 거래처코드를 '2220'으로 등록하고 나머지 항목을 모두 입력한다.

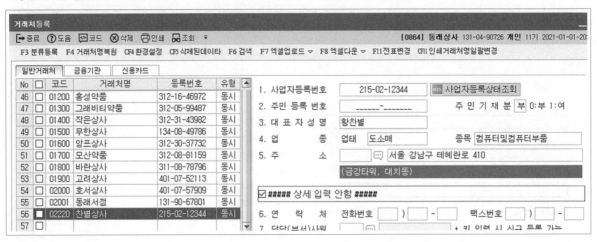

문제 4

① 7월 5일 일반전표입력

(차) 현 금 600,000 (대) 선수금(무한상사) 600,000

□	일	번호	구분	계 정 과 목	거 래 처	적 요	차 변	대 변
▣	5	00001	차변	0101 현금			600,000	
▣	5	00001	대변	0259 선수금	01500 무한상사			600,000
			합 계				600,000	600,000

2021 년 07 월 5 일 변경 현금잔액: 64,624,300 대차차액:

② 7월 12일 일반전표입력

(차) 비 품 1,100,000 (대) 미지급금(하나카드) 1,100,000

□	일	번호	구분	계 정 과 목	거 래 처	적 요	차 변	대 변
▣	12	00001	차변	0212 비품			1,100,000	
▣	12	00001	대변	0253 미지급금	99601 하나카드			1,100,000
			합 계				1,100,000	1,100,000

2021 년 07 월 12 일 변경 현금잔액: 61,334,300 대차차액:

[3] 7월 25일 일반전표입력

(치) 상 품   5,050,000   (대) 신급금(국제싱사)   500,000
                                                            외상매입금(국제상사)   4,500,000
                                                            현 금   50,000

	일	번호	구분	계 정 과 목	거 래 처	적 요	차 변	대 변
☑	25	00003	차변	0146 상품			5,050,000	
☑	25	00003	대변	0131 선급금	00115 국제상사			500,000
☑	25	00003	대변	0251 외상매입금	00115 국제상사			4,500,000
☑	25	00003	대변	0101 현금				50,000
			합 계				5,050,000	5,050,000

2021 년 07 ▾ 월 25 일 변경 현금잔액: 67,593,800 대차차액:

[4] 8월 4일 일반전표입력

(차) 도서인쇄비(판)   88,000   (대) 현 금   88,000

	일	번호	구분	계 정 과 목	거 래 처	적 요	차 변	대 변
☑	4	00001	대변	0101 현금				88,000
☑	4	00001	차변	0826 도서인쇄비			88,000	
			합 계				88,000	88,000

2021 년 08 ▾ 월 4 일 변경 현금잔액: 78,569,320 대차차액:

[5] 8월 5일 일반전표입력

(차) 통신비(판)   50,000   (대) 보통예금   80,000
   수도광열비(판)   30,000

또는

(차) 통신비(판)   50,000   (대) 보통예금   50,000
(차) 수도광열비(판)   30,000   (대) 보통예금   30,000

	일	번호	구분	계 정 과 목	거 래 처	적 요	차 변	대 변
☑	5	00001	차변	0814 통신비			50,000	
☑	5	00001	차변	0815 수도광열비			30,000	
☑	5	00001	대변	0103 보통예금				80,000
			합 계				80,000	80,000

2021 년 08 ▾ 월 5 일 변경 현금잔액: 78,569,320 대차차액:

[6] 9월 25일 일반전표입력

(차) 보험료(판)   150,000   (대) 현 금   150,000

	일	번호	구분	계 정 과 목	거 래 처	적 요	차 변	대 변
☑	25	00001	차변	0821 보험료			150,000	
☑	25	00001	대변	0101 현금				150,000
			합 계				150,000	150,000

2021 년 09 ▾ 월 25 일 변경 현금잔액: 98,054,180 대차차액:

제 4 편

7️⃣ 10월 3일 일반전표입력

(차) 접대비(판)   1,000,000   (대) 미지급금(신한카드)   1,000,000
                                              또는 미지급비용

2021년 10월 3일 변경 현금잔액: 65,324,180 대차차액:

□	일	번호	구분	계 정 과 목	거 래 처	적 요	차 변	대 변
☑	3	00001	차변	0813 접대비			1,000,000	
☑	3	00001	대변	0253 미지급금	99602 신한카드			1,000,000
			합 계				1,000,000	1,000,000

8️⃣ 10월 18일 일반전표입력

(차) 보통예금   8,302,000   (대) 단기대여금(강남상사)   8,000,000
                                               이자수익   302,000

2021년 10월 18일 변경 현금잔액: 87,444,800 대차차액:

□	일	번호	구분	계 정 과 목	거 래 처	적 요	차 변	대 변
☑	18	00001	차변	0103 보통예금			8,302,000	
☑	18	00001	대변	0114 단기대여금	00201 강남상사			8,000,000
☑	18	00001	대변	0901 이자수익				302,000
			합 계				8,302,000	8,302,000

문제 5

1️⃣ 7월 30일 일반전표입력

〈수정 전〉   (차) 세금과공과(판)   100,000   (대) 현 금   100,000
〈수정 후〉   (차) 차량운반구   100,000   (대) 현 금   100,000

2021년 07월 30일 변경 현금잔액: 65,993,800 대차차액:

일	번호	구분	계 정 과 목	거 래 처	적 요	차 변	대 변
30	00004	차변	0208 차량운반구		업무용 차량 취득세	100,000	
30	00004	대변	0101 현금		업무용 차량 취득세		100,000
		합 계				100,000	100,000

2️⃣ 9월 30일 일반전표입력

〈수정 전〉   (차) 선급금(행복상사)   200,000   (대) 현 금   200,000
〈수정 후〉   (차) 복리후생비(판)   200,000   (대) 현 금   200,000

2021년 09월 30일 변경 현금잔액: 90,824,180 대차차액:

□	일	번호	구분	계 정 과 목	거 래 처	적 요	차 변	대 변
☑	30	00007	차변	0811 복리후생비		영업부 회식비	200,000	
☑	30	00007	대변	0101 현금		영업부 회식비		200,000
			합 계				200,000	200,000

문제 6

1 12월 31일 일반전표입력

(차) 잡손실   30,000   (대) 현 금   30,000

2021 년 12 ▼ 월 31 ⬚ 일	변경	현금잔액:	119,687,540	대차차액:			
□ 일	번호	구분	계 정 과 목	거 래 처	적 요	차 변	대 변
☑ 31	00001	차변	0980 잡손실			30,000	
☑ 31	00001	대변	0101 현금				30,000
합 계						30,000	30,000

2 [결산/재무제표]의 [합계잔액시산표] 메뉴를 클릭한다.

① 기간에 12월 31일을 입력하고, 가지급금 잔액을 조회한다.

기간 :   2021 년 12 ▼ 월 31 일 ⬚

관리용   제출용   표준용

차 변		계정과목	대 변	
잔액	합계		합계	잔액
711,000	711,000	가 지 급 금		

② 12월 31일 일반전표입력

(차) 이자비용   711,000   (대) 가지급금(보석상사)   711,000

2021 년 12 ∨ 월 31 ⬚ 일	변경	현금잔액:	119,687,540	대차차액:			
□ 일	번호	구분	계 정 과 목	거 래 처	적 요	차 변	대 변
□ 31	00006	차변	0951 이자비용			711,000	
□ 31	00006	대변	0134 가지급금	00110 보석상사			711,000

3 [결산/재무제표]의 [재무상태표] 메뉴를 클릭한다.

① 기간에 12월을 입력하고, 외상매출금과 받을어음의 금액과 대손충당금 금액을 조회하여 보충액을 계산한다.
- 외상매출금 : (68,560,000원 × 1%) − 485,000원 = 200,600원
- 받을어음 : (38,800,000원 × 1%) − 318,000원 = 70,000원

기간 :   2021 년 12 ▼ 월

관리용   제출용   표준용

과 목	제 10(당)기 2020년1월1일 ~ 2020년12월31일	
	금액	
외상매출금	68,560,000	
대손충당금	485,000	68,075,000
받을어음	38,800,000	
대손충당금	318,000	38,482,000

② 12월 31일 일반전표입력

| (차) 대손상각비(판) | 270,600 | (대) 대손충당금(외상매출금) | 200,600 |
| | | 대손충당금(받을어음) | 70,000 |

2021 년	12 ∨	월	31 ⬚ 일	변경	현금잔액:	119,687,540	대차차액:		
☐ 일	번호	구분	계 정 과 목	거 래 처	적 요		차 변	대 변
☐ 31	00001	차변	0835 대손상각비				270,600	
☐ 31	00001	대변	0109 대손충당금					200,600
☐ 31	00001	대변	0111 대손충당금					70,000

④

〈첫번째 방법〉

① [결산/재무제표]의 [재무상태표] 메뉴를 클릭한다.

② 기간에 12월을 입력한다.

③ 상품매출원가 = 판매가능금액 152,320,000원 − 기말상품재고액 9,200,000원 = 143,120,000원

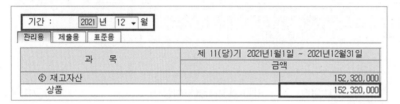

기간 :	2021 년	12 ∨ 월		
관리용	제출용	표준용		
과 목		제 11(당)기 2021년1월1일 ~ 2021년12월31일		
		금액		
② 재고자산				152,320,000
상품				152,320,000

④ 12월 31일 일반전표입력

| (차) 상품매출원가 | 143,120,000 | (대) 상 품 | 143,120,000 |

2021 년	12 ∨	월	31 ⬚ 일	변경	현금잔액:	119,687,540	대차차액:		
☐ 일	번호	구분	계 정 과 목	거 래 처	적 요		차 변	대 변
☐ 31	00004	차변	0451 상품매출원가				143,120,000	
☐ 31	00004	대변	0146 상품					143,120,000

〈두번째 방법〉

① [결산/재무제표]의 [결산자료입력] 메뉴를 클릭한다.

② 기간에 1월 ~ 12월을 입력하고, 2. 매출원가의 ⑩기말상품재고액에 9,200,000원을 입력한 후 상단 메뉴에서 [전표추가]를 클릭한다.

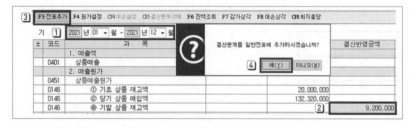

③ F3 전표추가	F4 원가설정	CF4 대손설정	CF5 결산분개삭제	F6 잔액조회	F7 감가상각	F8 대손상각	CF8 퇴직충당
기 ① 2021 년 01 ∨ 월 ~ 2021 년 12 ∨ 월							
± 코드	과 목					결산반영금액
	1. 매출액					
0401	상품매출					
	2. 매출원가					
0451	상품매출원가					
0146	① 기초 상품 재고액			20,000,000		
0146	② 당기 상품 매입액			132,320,000		
0146	⑩ 기말 상품 재고액			②	9,200,000	

결산분개를 일반전표에 추가하시겠습니까?

④ 예(Y)   아니오(N)

③ 결산자료입력에서 전표추가를 하면 [일반전표입력]에 다음과 같이 자동으로 분개가 된다.

	일	번호	구분	계 정 과 목	거 래 처	적 요	차 변	대 변
	31	00004	결차	0451 상품매출원가			143,120,000	
	31	00004	결대	0146 상품				143,120,000

2021 년 12 ▼ 월 31 일 변경 현금잔액: 119,687,540 대차차액:

문제 7

1 [장부관리]의 [일계표(월계표)] 메뉴를 클릭한다.

[월계표] 탭에서 조회기간은 4월, 5월, 6월을 다음과 같이 각각 조회한다.

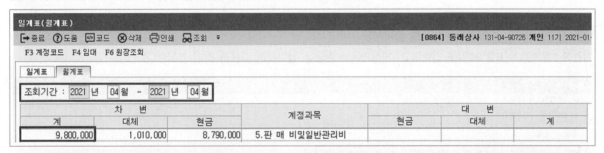

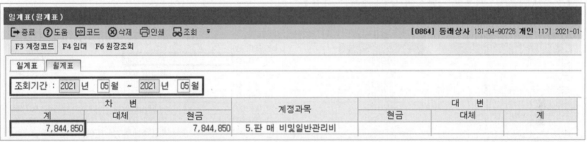

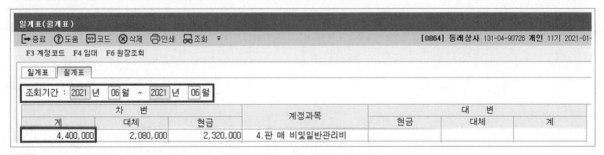

정답 5,400,000원(= 4월 판관비 9,800,000원 − 6월 판관비 4,400,000원)

② [장부관리]의 [일계표(월계표)] 메뉴를 클릭한다.

[월계표] 탭에서 조회기간은 1월에서 대변합계를 다음과 같이 조회한다.

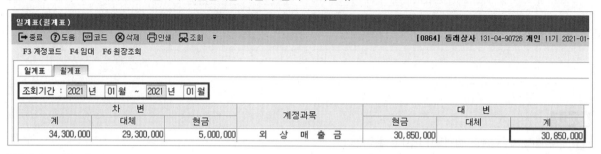

정답 30,850,000원

③ [장부관리]의 [총계정원장] 메뉴를 클릭한다.

기간에 1월 1일 ~ 6월 30일을 입력하고, 계정과목에 현금을 입력하여 다음과 같이 조회한다.

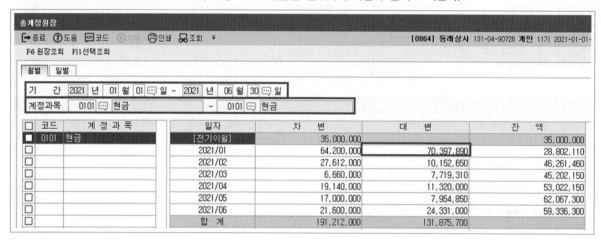

정답 1월, 70,397,890원

제85회 정답 및 해설

01	02	03	04	05	06	07	08	09	10	11	12	13	14	15
③	②	①	②	④	②	②	④	②	①	④	③	③	④	①

01 부채는 과거의 거래나 사건의 결과로 현재 기업실체가 부담하고 있고 미래에 자원의 유출 또는 사용이 예상되는 의무이다.

02 비유동자산의 항목에는 투자자산, 유형자산, 무형자산, 기타비유동자산이 있고, 영업외수익 항목에는 이자수익, 배당금수익, 임대료 등이 있다. 기부금은 영업외비용에 해당한다.

03 통화대용증권은 통화와 언제든지 교환 가능한 것으로 타인발행수표, 가계수표, 자기앞수표, 송금수표, 우편환증서, 일람출급어음, 공·사채 만기이자표, 배당금영수증, 만기도래어음 등을 말한다.

04 전기요금은 비용 항목으로 손익계산서에 표시되는 계정과목이다.

05 기중거래에서 현금과부족 계정 대변 잔액은 현금과잉의 경우로 원인 규명시 수익으로 판명된다.

06 당기매출액 = 현금회수액 300,000원 + 기말매출채권 240,000원 − 기초매출채권 200,000원 = 340,000원

07
- 선입선출법 : (30개 × 300원) + (40개 × 400원) = 25,000원
- 평균법 : 300원* × 70개 = 21,000원

*총평균단가 = 30,000원 ÷ 100개 = 300원

∴ 25,000원 − 21,000원 = 4,000원

08 임차보증금은 자산 계정이다.

09 재고자산감모손실에 대한 정의이다.

10 거래의 8요소에서 차변요소는 차변에 대변요소는 대변에 반드시 회계처리한다.

11 순매출액 = 총매출액 2,000,000원 − 매출에누리 100,000원 − 매출환입 300,000원 − 매출할인 200,000원 = 1,400,000원

12 분개식으로 바꾸면 아래와 같으므로 상품을 매입하고 대금은 현금으로 지급한 거래이다.
(차) 상 품   400,000   (대) 현 금   400,000

13 영업이익 = 매출이익[*1] 3,000,000원 − 판매비와관리비[*2] 500,000원 = 2,500,000원
*1 매출이익 = 매출액 5,000,000원 − 매출원가 2,000,000원 = 3,000,000원
*2 판매비와관리비 = 접대비 300,000원 + 복리후생비 200,000원 = 500,000원

14 • 수익의 이연 : 선수수익
• 비용의 이연 : 선급비용
• 수익의 발생 : 미수수익
• 비용의 발생 : 미지급비용

15 • 현금및현금성자산 → 현금출납장
• 약속어음 중 받을어음은 매출채권 → 받을어음기입장
• 상품판매 → 매출장

문제 1 [기초정보관리]의 [회사등록] 메뉴를 클릭한다.

① 사업장소재지를 '경기도 안산시 단원구 거미울길 13(선부동)'으로 신규 입력한다.

② 종목 '문구' → '가전제품'으로 수정한다.

③ 사업장관할세무서 '수원' → '안산'으로 수정한다.

문제 2 [전기분재무제표]의 [전기분재무상태표] 메뉴를 클릭한다.

① 당좌예금 3,000,000원을 30,000,000원으로 수정한다.

② 대손충당금(외상매출금) 400,000원을 500,000원으로 수정한다.

③ 선수금 20,000,000원을 추가 입력한다.

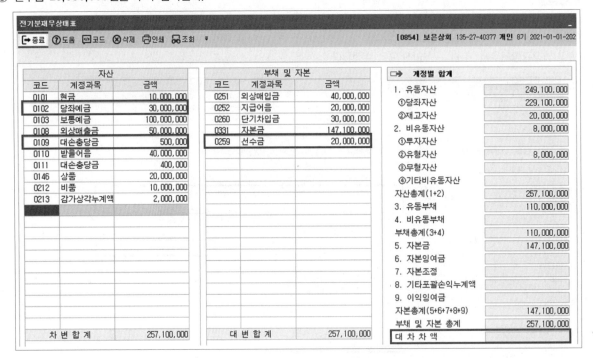

문제 3

① [전기분재무제표]의 [거래처별초기이월] 메뉴를 클릭한다.

① 외상매출금 중 하이전자 5,000,000원을 6,000,000원으로 선부상사를 일동상사로 수정한다.

코드	계정과목	재무상태표금액		코드	거래처	금액
0103	보통예금	100,000,000		01005	강진상회	35,000,000
0108	외상매출금	50,000,000		02005	일동상사	9,000,000
0110	받을어음	40,000,000		01019	하이전자	6,000,000
0251	외상매입금	40,000,000		합 계		50,000,000
0252	지급어음	20,000,000		차 액		0

② 상단 메뉴이 [코드] 또는 F2키를 입력하여 외상매입금 중 케이전자 3,000,000원을 추가 입력한다.

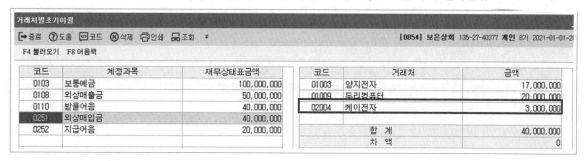

② [기초정보관리]에서 [거래처등록]을 클릭한다.

[금융기관] 탭에 거래처코드를 '98002'로 등록하고 나머지 항목을 모두 입력한다.

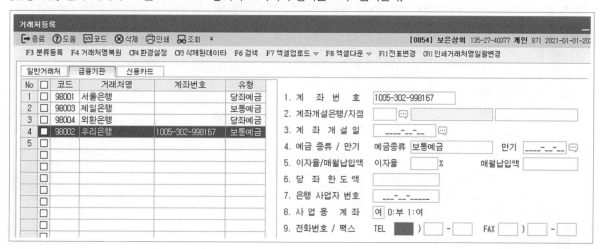

문제 4

① 8월 2일 일반전표입력

(차) 보통예금	2,000,000	(대) 가수금	2,000,000

□	일	번호	구분	계정과목	거래처	적요	차변	대변
☐	2	00001	차변	0103 보통예금			2,000,000	
☐	2	00001	대변	0257 가수금				2,000,000
☐	2							
				합 계			2,000,000	2,000,000

2021 년 08 월 2 일 변경 현금잔액: 18,329,890 대차차액:

② 8월 21일 일반전표입력

(차) 상 품   100,000   (대) 지급어음(동백상사)   100,000

	일	번호	구분	계 정 과 목	거 래 처	적 요	차 변	대 변
2021 년 08 ▾ 월 21 … 일 변경 현금잔액: 17,820,390 대차차액:								
▣	21	00001	차변	0146 상품			100,000	
▣	21	00001	대변	0252 지급어음	02130 동백상사			100,000
▣	21							
				합 계			100,000	100,000

③

① 8월 25일 일반전표를 조회하여 선수금 600,000원을 확인한다.

	일	번호	구분	계 정 과 목	거 래 처	적 요	차 변	대 변
2021 년 08 ▾ 월 25 … 일 변경 현금잔액: 17,360,390 대차차액:								
▣	25	00004	입금	0259 선수금	01011 미림전자	세탁기 계약금 수령	(현금)	600,000
▣	25							
▣								
				합 계			600,000	600,000

② 9월 5일 일반전표입력

(차) 선수금(미림전자)   600,000   (대) 상품매출   6,000,000
    외상매출금(미림전자)   5,400,000   현 금   150,000
    운반비(판)   150,000

	일	번호	구분	계 정 과 목	거 래 처	적 요	차 변	대 변
2021 년 09 ▾ 월 5 … 일 변경 현금잔액: 15,713,090 대차차액:								
▣	5	00001	차변	0259 선수금	01011 미림전자		600,000	
▣	5	00001	차변	0108 외상매출금	01011 미림전자		5,400,000	
▣	5	00001	차변	0824 운반비			150,000	
▣	5	00001	대변	0401 상품매출				6,000,000
▣	5	00001	대변	0101 현금				150,000
				합 계			6,150,000	6,150,000

④ 9월 7일 일반전표입력

(차) 현 금   10,000,000   (대) 토 지   30,000,000
    미수금(영동상사)   40,000,000   유형자산처분이익   20,000,000

	일	번호	구분	계 정 과 목	거 래 처	적 요	차 변	대 변
2021 년 09 ▾ 월 7 … 일 변경 현금잔액: 25,713,090 대차차액:								
▣	7	00001	차변	0101 현금			10,000,000	
▣	7	00001	차변	0120 미수금	02135 영동상사		40,000,000	
▣	7	00001	대변	0201 토지				30,000,000
▣	7	00001	대변	0914 유형자산처분이익				20,000,000
				합 계			50,000,000	50,000,000

⑤ 9월 8일 일반전표입력

(차) 현 금 5,000,000 (대) 외상매출금(영아상사) 5,000,000

2021 년 09 ▼ 월 8 일 변경 현금잔액: 30,713,090 대차차액:

□	일	번호	구분	계 정 과 목	거 래 처	적 요	차 변	대 변
▣	8	00001	차변	0101 현금			5,000,000	
▣	8	00001	대변	0108 외상매출금	02110 영아상사			5,000,000
				합 계			5,000,000	5,000,000

⑥ 10월 14일 일반전표입력

(차) 소모품비(판) 200,000 (대) 미지급금(국민카드) 200,000
또는 미지급비용

2021 년 10 ▼ 월 14 일 변경 현금잔액: 20,402,590 대차차액:

□	일	번호	구분	계 정 과 목	거 래 처	적 요	차 변	대 변
▣	14	00001	차변	0830 소모품비			200,000	
▣	14	00001	대변	0253 미지급금	99601 국민카드			200,000
				합 계			200,000	200,000

⑦ 11월 18일 일반전표입력

(차) 임차보증금 10,000,000 (대) 현 금 10,000,000

2021 년 11 ▼ 월 18 일 변경 현금잔액: 22,778,420 대차차액:

□	일	번호	구분	계 정 과 목	거 래 처	적 요	차 변	대 변
▣	18	00001	차변	0232 임차보증금			10,000,000	
▣	18	00001	대변	0101 현금				10,000,000
				합 계			10,000,000	10,000,000

⑧ 11월 30일 일반전표입력

(차) 차량운반구 15,600,000 (대) 보통예금 15,600,000

2021 년 11 ▼ 월 30 일 변경 현금잔액: 55,021,970 대차차액:

□	일	번호	구분	계 정 과 목	거 래 처	적 요	차 변	대 변
▣	30	00001	차변	0208 차량운반구			15,600,000	
▣	30	00001	대변	0103 보통예금				15,600,000
				합 계			15,600,000	15,600,000

문제 5

① 9월 30일 일반전표입력

〈수정 전〉	(차) 수도광열비(판)	200,000	(대) 보통예금	200,000
〈수정 후〉	(차) 수도광열비(판)	120,000	(대) 보통예금	200,000
	통신비(판)	80,000		

2021 년 09 ▼ 월 30 ⸱⸱⸱ 일 변경 현금잔액:	26,314,590	대차차액:			
□	일	번호	구분	계 정 과 목	거 래 처	적 요	차 변	대 변
☑	30	00008	차변	0815 수도광열비			120,000	
☑	30	00008	차변	0814 통신비			80,000	
☑	30	00008	대변	0103 보통예금				200,000
☑	30							
			합 계			200,000	200,000

2 12월 11일 일반전표입력

〈수정 전〉　　(차) 외상매출금　　　　　　　　2,000,000　　　　(대) 상품매출　　　　　　　　2,000,000
〈수정 후〉　　전표삭제(계약만으로는 전표가 발생하지 않는다)

2021 년 12 ▼ 월 11 ⸱⸱⸱ 일 변경 현금잔액:	54,648,370	대차차액:		
□	일	번호	구분	계 정 과 목	거 래 처	적 요	차 변	대 변
□	11							

문제 6

1 12월 31일 일반전표입력

(차) 소모품비(판)　　　　　　　　260,000　　　　(대) 소모품　　　　　　　　260,000

2021 년 12 ▼ 월 31 ⸱⸱⸱ 일 변경 현금잔액:	56,463,270	대차차액:		
□	일	번호	구분	계 정 과 목	거 래 처	적 요	차 변	대 변
□	31	00001	차변	0830 소모품비			260,000	
□	31	00001	대변	0122 소모품				260,000

2 12월 31일 일반전표입력

(차) 이자비용　　　　　　　　300,000　　　　(대) 미지급비용　　　　　　　　300,000

2021 년 12 ▼ 월 31 ⸱⸱⸱ 일 변경 현금잔액:	56,463,270	대차차액:		
□	일	번호	구분	계 정 과 목	거 래 처	적 요	차 변	대 변
□	31	00002	차변	0951 이자비용			300,000	
□	31	00002	대변	0262 미지급비용				300,000

3 12월 31일 일반전표입력

(차) 선급비용*　　　　　　　　2,750,000　　　　(대) 보험료(판)　　　　　　　　2,750,000
*보험료 미경과분 계상 3,000,000원 × 11/12 = 2,750,000원

2021 년 12 ▼ 월 31 ⸱⸱⸱ 일 변경 현금잔액:	56,463,270	대차차액:		
□	일	번호	구분	계 정 과 목	거 래 처	적 요	차 변	대 변
□	31	00003	차변	0133 선급비용			2,750,000	
□	31	00003	대변	0821 보험료				2,750,000

4

〈첫번째 방법〉

① [결산/재무제표]의 [재무상태표] 메뉴를 클릭한다.

② 기간에 12월을 입력한다.

③ 상품매출원가 = 판매가능금액 112,713,400원 − 기말상품재고액 3,000,000원 = 109,713,400원

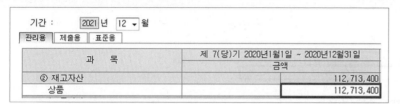

④ 12월 31일 일반전표입력

(차) 상품매출원가   109,713,400   (대) 상 품   109,713,400

□	일	번호	구분	계 정 과 목	거 래 처	적 요	차 변	대 변
□	31	00004	차변	0451 상품매출원가			109,713,400	
□	31	00004	대변	0146 상품				109,713,400

2021 년 12 ▼ 월 31 ㄷ 일 변경 현금잔액: 56,463,270 대차차액:

〈두번째 방법〉

① [결산/재무제표]의 [결산자료입력] 메뉴를 클릭한다.

② 기간에 1월 ~ 12월을 입력하고, 2. 매출원가의 ⑩기말상품재고액에 3,000,000원을 입력한 후 위 상단 메뉴에서 [전표추가]를 클릭한다.

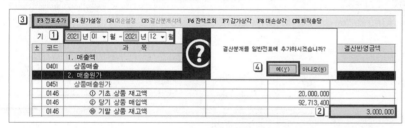

③ 결산자료입력에서 전표추가를 하면 [일반전표입력]에 다음과 같이 자동으로 분개가 된다.

□	일	번호	구분	계 정 과 목	거 래 처	적 요	차 변	대 변
□	31	00004	결차	0451 상품매출원가			109,713,400	
□	31	00004	결대	0146 상품				109,713,400

2021 년 12 ▼ 월 31 ㄷ 일 변경 현금잔액: 56,463,270 대차차액:

문제 7

① [장부관리]의 [총계정원장] 메뉴를 클릭한다.

기간에 1월 1일 ~ 6월 30일을 입력하고, 계정과목에 복리후생비를 입력하여 조회한다.

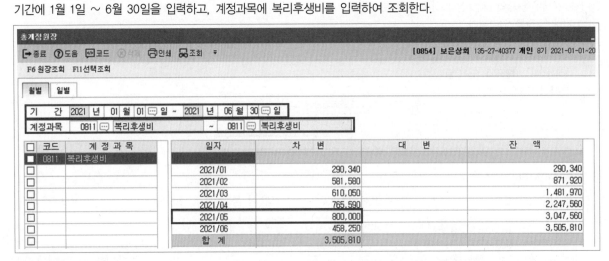

정답 5월, 800,000원

② [결산/재무제표]의 [재무상태표] 메뉴를 클릭한다.

기간에 6월을 입력하고, 다음과 같이 비유동자산 계정의 금액을 확인한다.

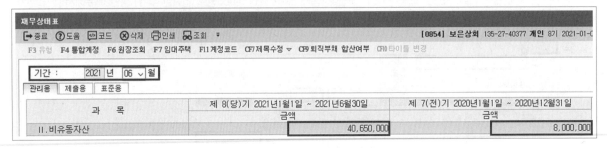

정답 32,650,000원(= 당기 6월 말 40,650,000원 − 전기 말 8,000,000원)

③ [장부관리]의 [계정별원장] 메뉴를 클릭한다.

기간에 2월 1일 ~ 3월 31일을 입력하고, 계정과목에 상품을 입력하여 조회한다.

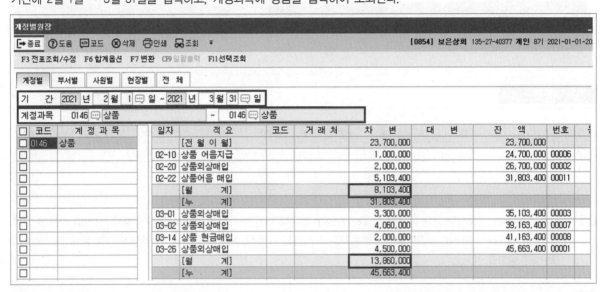

정답 7건, 21,963,400원(= 2월 8,103,400원 + 3월 13,860,000원)

이론편

01	02	03	04	05	06	07	08	09	10	11	12	13	14	15
③	①	②	④	③	①	④	③	②	③	①	④	③	④	②

01 재무상태표는 일정시점 현재 기업이 보유하고 있는 경제적 자원인 자산과 경제적 의무인 부채, 그리고 자본에 대한 정보를 제공하는 재무보고서로서, 정보이용자들이 기업의 유동성, 재무적 탄력성, 수익성과 위험 등을 평가하는데 유용한 정보를 제공한다.

02 단기대여금은 유동자산에 해당한다.

03 당좌예금 200,000원 + 만기도래한 사채이자표 120,000원 + 배당금지급통지표 300,000원 = 620,000원
※ 우표는 선급비용 또는 당기비용으로 분류한다.

04 임대수익을 계상하지 않았으므로 수익의 과소계상이 발생한다.

05 판매를 목적으로 보유하고 있는 자산은 재고자산이다.

06
- 유형자산의 취득원가는 구입가격과 구입시부터 사용가능한 상태가 될 때까지 획득에 직접 관련된 추가적 지출도 포함한다.
- 취득원가 = 250,000원 + 50,000원 + 30,000원 − (7,000원 − 5,000원) = 328,000원

07 ㄱ은 생산량비례법에 의한 감가상각액을 의미하며, (가)는 정액법, (나)는 체감잔액법(정률법 등)에 의한 감가상각방법을 의미한다.

08
- 계정 잔액은 증가・발생하는 계정에 남는다.
- 대변에 잔액이 남는 계정은 부채・자본・수익 계정이다.

09 a : 유형자산, b : 재고자산(상품), c : 재고자산(제품), d : 유형자산

10
- 기말자본 = 기말자산 1,500,000원 − 기말부채 600,000원 = 900,000원
- 당기순이익 = 총수익 400,000원 − 총비용 350,000원 = 50,000원
- 기말자본 900,000원 = 기초자본 + 당기순이익 50,000원
- ∴ 기초자본 = 850,000원

11 이자비용은 판매비와관리비가 아니라 영업외비용에 해당한다.

12 판매가능금액 = 기초상품재고액 400,000원 + 당기상품순매입액(800,000원 − 40,000원) = 1,160,000원

13 거래의 발생 → 분개(분개장) → 전기(총계정원장) → 결산예비절차(시산표 작성 → 결산수정분개) → 결산본절차(총계정원장 마감) → 결산보고서 작성 절차(손익계산서와 재무상태표 작성)

14 혼합거래란 하나의 거래에서 교환거래와 손익거래가 동시에 발생하는 거래를 말한다.

15 • 거래 추정 : 8월 3일 받을어음 500,000원을 현금으로 회수하다.
  • 분개 추정 : 8월 3일　　　(차) 현 금　　　　　　500,000　　(대) 받을어음　　　　　　500,000

실기편

문제 1 [기초정보관리]의 [회사등록] 메뉴를 클릭한다.
① 사업자등록번호 '138-04-62548' → '101-52-33477'로 수정한다.
② 종목 '컴퓨터부품' → '화장품'으로 수정한다.
③ 사업장관할세무서 '안산' → '동안양'으로 수정한다.

문제 2

① [전기분재무제표]의 [전기분재무상태표] 메뉴를 클릭한다.

② 기말상품 재고액 15,600,000원을 16,500,000원으로 수정 후 전기분손익계산서를 조회한다.

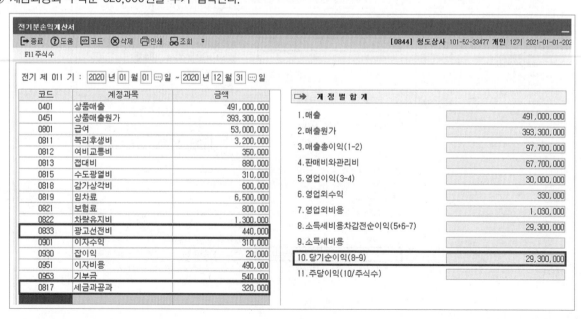

③ [전기분재무제표]의 [전기분손익계산서] 메뉴를 클릭한다.

④ 광고선전비 4,400,000원을 440,000원으로 수정한다.

⑤ 세금과공과 누락분 320,000원을 추가 입력한다.

문제 3

1 [기초정보관리]의 [계정과목및적요등록] 메뉴를 클릭한다.

① 상단 메뉴의 [코드] 또는 [Ctrl + F]를 입력하여 여비교통비(812번)을 조회한다.

② 여비교통비 계정에서 현금적요 6번에 '임원 해외출장비 지급'을 입력한다.

0808	사 용 사설계성과목		
0809	사 용 자설정계정과목		
0810	사 용 자설정계정과목		
0811	복 리 후 생 비	3.경	비
0812	여 비 교 통 비	3.경	비
0813	접 대 비	3.경	비
0814	통 신 비	3.경	비
0815	수 도 광 열 비	3.경	비

적요NO	현금적요
1	시내교통비 지급
2	출장여비 지급
3	해외출장비 지급
4	주차료및 통행료지급
5	시외교통비 지급
6	임원 해외출장비 지급

2 [전기분재무제표]의 [거래처별초기이월] 메뉴를 클릭한다.

① 외상매출금 중 안양상사 4,500,000원을 5,000,000원으로 수정한다.

코드	계정과목	재무상태표금액
0102	당좌예금	24,500,000
0103	보통예금	8,540,000
0108	외상매출금	9,500,000
0110	받을어음	14,000,000

코드	거래처	금액
00501	안양상사	5,000,000
00502	수원상사	3,800,000
00503	안산상사	700,000

② 외상매입금 중 창문상사 2,500,000원을 2,200,000원으로 수정한다.

③ 상단 메뉴의 [코드] 또는 F2키를 입력하여 외상매입금 중 남대문상사 1,850,000원을 추가 입력한다.

코드	계정과목	재무상태표금액
0102	당좌예금	24,500,000
0103	보통예금	8,540,000
0108	외상매출금	9,500,000
0110	받을어음	14,000,000
0114	단기대여금	7,500,000
0120	미수금	2,500,000
0251	외상매입금	8,450,000
0253	미지급금	450,000
0259	선수금	15,000,000

코드	거래처	금액
00601	영훈상사	4,400,000
00602	창문상사	2,200,000
00603	남대문상사	1,850,000

문제 4

1 7월 25일 일반전표입력

(차) 당좌예금	5,000,000	(대) 현 금	5,000,000

2021 년 07 ▼ 월 25 일 변경 현금잔액:	79,393,850	대차차액:					
□ 일	번호	구분	계 정 과 목	거 래 처	적 요	차 변	대 변
☑ 25	00003	차변	0102 당좌예금			5,000,000	
☐ 25	00003	대변	0101 현금				5,000,000
☐ 25							
			합 계			5,000,000	5,000,000

2 10월 4일 일반전표입력

(차) 선급금(창문상사)　　　　　　　　1,200,000　　　　(대) 당좌예금　　　　　　　　1,200,000

□	일	번호	구분	계 정 과 목	거 래 처	적 요	차 변	대 변
				2021 년 10 ▼ 월 4 일 변경 현금잔액: 55,062,350 대차차액:				
▣	4	00001	차변	0131 선급금	00602 창문상사		1,200,000	
▣	4	00001	대변	0102 당좌예금				1,200,000
				합　　계			1,200,000	1,200,000

3 10월 10일 일반전표입력

(차) 외상매입금(호수상사)　　　　　　5,000,000　　　　(대) 받을어음(일품컴퓨터)　　　5,000,000

□	일	번호	구분	계 정 과 목	거 래 처	적 요	차 변	대 변
				2021 년 10 ▼ 월 10 일 변경 현금잔액: 54,127,350 대차차액:				
▣	10	00001	차변	0251 외상매입금	00201 호수상사		5,000,000	
▣	10	00001	대변	0110 받을어음	00107 일품컴퓨터			5,000,000
▣	10							
				합　　계			5,000,000	5,000,000

4 10월 19일 일반전표입력

(차) 잡급(판)　　　　　　　　　　　　100,000　　　　(대) 현 금　　　　　　　　　　100,000

□	일	번호	구분	계 정 과 목	거 래 처	적 요	차 변	대 변
				2021 년 10 ▼ 월 19 일 변경 현금잔액: 53,605,350 대차차액:				
▣	19	00001	차변	0805 잡급			100,000	
▣	19	00001	대변	0101 현금				100,000
▣	19							
				합　　계			100,000	100,000

5 10월 21일 일반전표입력

(차) 기부금　　　　　　　　　　　　　500,000　　　　(대) 현 금　　　　　　　　　　500,000

□	일	번호	구분	계 정 과 목	거 래 처	적 요	차 변	대 변
				2021 년 10 ▼ 월 21 일 변경 현금잔액: 53,105,350 대차차액:				
▣	21	00001	차변	0953 기부금			500,000	
▣	21	00001	대변	0101 현금				500,000
▣	21							
				합　　계			500,000	500,000

6 11월 10일 일반전표입력

(차) 예수금　　　　　　　　　　　　　120,000　　　　(대) 보통예금　　　　　　　　240,000
　　　복리후생비(판)　　　　　　　　120,000

□	일	번호	구분	계 정 과 목	거 래 처	적 요	차 변	대 변
				2021 년 11 ▼ 월 10 일 변경 현금잔액: 54,412,700 대차차액:				
▣	10	00001	차변	0254 예수금			120,000	
▣	10	00001	차변	0811 복리후생비			120,000	
▣	10	00001	대변	0103 보통예금				240,000
				합　　계			240,000	240,000

7 11월 16일 일반전표입력

(차) 통신비(판)   44,290   (대) 현 금   44,290

	일	번호	구분	계 정 과 목	거 래 처	적 요	차 변	대 변
	16	00001	차변	0814 통신비			44,290	
	16	00001	대변	0101 현금				44,290
	16							
				합 계			44,290	44,290

2021 년 11 ▼ 월 16 ㆍ 일 변경 현금잔액 : 53,343,910 대차차액 :

8 12월 27일 일반전표입력

(차) 세금과공과(판)   258,310   (대) 미지급금(비씨카드)   258,310
                                                    또는 미지급비용

	일	번호	구분	계 정 과 목	거 래 처	적 요	차 변	대 변
	27	00001	차변	0817 세금과공과			258,310	
	27	00001	대변	0253 미지급금	99600 비씨카드			258,310
	27							
				합 계			258,310	258,310

2021 년 12 ▼ 월 27 ㆍ 일 변경 현금잔액 : 53,835,940 대차차액 :

문제 5

1 11월 15일 일반전표입력

〈수정 전〉 (차) 상 품   200,000   (대) 현 금   200,000
〈수정 후〉 (차) 운반비(판)   200,000   (대) 현 금   200,000

	일	번호	구분	계 정 과 목	거 래 처	적 요	차 변	대 변
	15	00004	차변	0824 운반비		운반비 지급	200,000	
	15	00004	대변	0101 현금		운반비 지급		200,000
	15							
				합 계			200,000	200,000

2021 년 11 ▼ 월 15 ㆍ 일 변경 현금잔액 : 53,388,200 대차차액 :

2 11월 30일 일반전표입력

〈수정 전〉 (차) 복리후생비(판)   200,000   (대) 보통예금   200,000
〈수정 후〉 (차) 사무용품비(판)   200,000   (대) 보통예금   200,000
            또는 소모품비(판)

	일	번호	구분	계 정 과 목	거 래 처	적 요	차 변	대 변
	30	00002	차변	0829 사무용품비		A4용지 구매	200,000	
	30	00002	대변	0103 보통예금		A4용지 구매		200,000
	30		대변					
				합 계			200,000	200,000

2021 년 11 ▼ 월 30 ㆍ 일 변경 현금잔액 : 48,314,960 대차차액 :

제 4 편

문제 6

1 12월 31일 일반전표입력

(차) 임차료(판)   10,000,000   (대) 선급비용   10,000,000

□	일	번호	구분	계 정 과 목	거 래 처	적 요	차 변	대 변
▣	31	00001	차변	0819 임차료			10,000,000	
▣	31	00001	대변	0133 선급비용				10,000,000
				합 계			10,000,000	10,000,000

2021 년 12 ▾ 월 31 ⬚ 일 변경 현금잔액: 54,817,440 대차차액:

2 12월 31일 일반전표입력

(차) 잡손실   60,000   (대) 현금과부족   60,000

□	일	번호	구분	계 정 과 목	거 래 처	적 요	차 변	대 변
▣	31	00002	차변	0980 잡손실			60,000	
▣	31	00002	대변	0141 현금과부족				60,000

2021 년 12 ▾ 월 31 ⬚ 일 변경 현금잔액: 54,817,440 대차차액:

3 12월 31일 일반전표입력

(차) 이자수익   410,000   (대) 선수수익   410,000

□	일	번호	구분	계 정 과 목	거 래 처	적 요	차 변	대 변
▣	31	00003	차변	0901 이자수익			410,000	
▣	31	00003	대변	0263 선수수익				410,000

2021 년 12 ▾ 월 31 ⬚ 일 변경 현금잔액: 54,817,440 대차차액:

4 12월 31일 일반전표입력

(차) 감가상각비(판)   2,900,000   (대) 감가상각누계액(비품)   900,000
                감가상각누계액(차량운반구) 2,000,000

□	일	번호	구분	계 정 과 목	거 래 처	적 요	차 변	대 변
▣	31	00001	차변	0818 감가상각비			2,900,000	
▣	31	00001	대변	0213 감가상각누계액				900,000
▣	31	00001	대변	0209 감가상각누계액				2,000,000
				합 계			2,900,000	2,900,000

2021 년 12 ▾ 월 31 ⬚ 일 변경 현금잔액: 54,817,440 대차차액:

문제 7

① [장부관리]이 [일계표(월계표)] 메뉴를 클릭힌다.

[월계표] 탭에서 조회기간은 1월 ~ 6월을 입력하여 다음과 같이 조회한다.

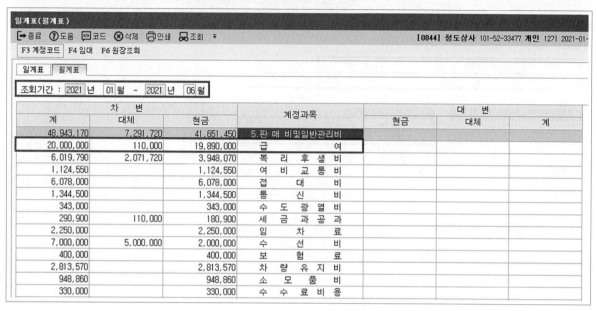

정답 801(급여), 20,000,000원

② [장부관리]의 [일계표(월계표)] 메뉴를 클릭한다.

[월계표] 탭에서 조회기간은 3월을 입력하여 다음과 같이 조회한다.

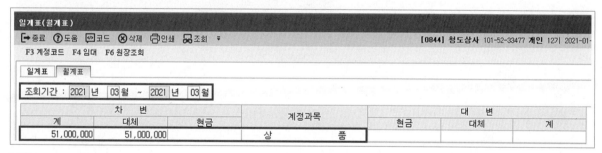

정답 51,000,000원

③ [장부관리]의 [총계정원장] 메뉴를 클릭한다.

기간에 1월 1일 ~ 6월 30일을 입력하고, 계정과목에 접대비를 입력하여 다음과 같이 조회한다.

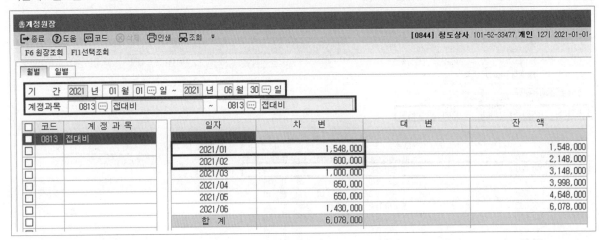

정답 2,148,000원(= 1월 1,548,000원 + 2월 600,000원)

이론편

01	02	03	04	05	06	07	08	09	10	11	12	13	14	15
③	②	④	③	①	③	①	①	④	②	①	③	④	④	②

01 비용은 손익계산서에 표시되는 계정과목이며, ① 무형자산, ② 부채, ④ 자본이다.

02
- 매출채권은 당좌자산에 해당한다.
- 상품은 재고자산, 비품은 유형자산, 매도가능증권은 투자자산에 해당한다.

03 단기매매증권은 다른 범주로 재분류할 수 없다.

04 재고자산의 매입원가는 매입금액에 매입운임, 하역료 및 보험료 등 취득과정에서 정상적으로 발생한 부대원가를 가산한 금액이다. 매입과 관련된 할인, 에누리 및 기타 유사한 항목은 매입원가에서 차감한다.

05
- 물가상승시 기말재고자산이 과소평가된다는 것은 후입선출법에 대한 설명이다.
- 당기 중 물가가 상승한다고 가정하는 경우라고 가정할 때, 기말재고, 매출원가, 당기순이익의 크기를 비교해 보면 다음과 같다.

기말재고	선입선출법 > 이동평균법 > 총평균법 > 후입선출법
매출원가	선입선출법 < 이동평균법 < 총평균법 < 후입선출법
당기순이익	선입선출법 > 이동평균법 > 총평균법 > 후입선출법

※ 기말재고액 ──정비례──▶ 매출총이익, 기말재고액 ──반비례──▶ 매출원가

06

외상매출금

기초잔액	500,000원	당기회수액	600,000원
당기매출액	(410,000)원	에누리액	10,000원
		기말잔액	300,000원
	910,000원		910,000원

07 • 비용의 과소계상은 당기순이익의 과대계상을 유발하며, 비용을 자산으로 인식하였으므로 자산이 과대계상된다.
• 수익적 지출이란 현상유지를 위하거나 그 지출의 효과가 단기인 지출을 말하며 이는 당기의 비용으로 처리한다. 그와 반대로 자본적 지출이란 그 지출로 인해 내용연수가 증가되거나 당해 유형자산의 가치가 증가하게 되는 경우로서 지출의 효과가 장기간에 걸쳐 나타나는 것을 말한다. 이러한 자본적 지출은 지출시점에 비용이 아닌 자산으로 처리한다.

08 건물은 자산 계정으로서 잔액이 차변에 남고, ②, ③, ④는 부채 계정으로서 잔액이 대변에 남는다.

09 • 받을어음의 할인, 받을어음 금액 회수, 받을어음 배서양도는 받을어음 계정 대변에 회계처리한다.

① (차) 받을어음	2,000,000	(대) 상품매출		2,000,000
② (차) 지급어음	2,000,000	(대) 현 금		2,000,000
③ (차) 받을어음	2,000,000	(대) 외상매출금		2,000,000
④ (차) 외상매입금	2,000,000	(대) 받을어음		2,000,000

10 • 회계에서는 1년 또는 정상 영업주기 내에 현금으로 결제할 부채를 유동부채, 그 외의 부채를 비유동부채라고 한다.
• 비유동부채는 사채, 장기차입금, 퇴직급여충당부채, 이연법인세부채 등이 있다.
• 나머지 항목은 모두 유동부채이다.

11 수익의 이연은 선수수익, 비용의 이연은 선급비용, 수익의 발생은 미수수익, 비용의 발생은 미지급비용이다.

12 • 정액법에 의한 당기 감가상각비 계산
감가상각비 = (취득원가 60,000,000원 − 잔존가액 0원) ÷ 내용연수 10년 = 6,000,000원

13 • 5월 10일 회계처리

(차) 대손충당금	150,000	(대) 매출채권	200,000
대손상각비	50,000		

• 12월 31일 회계처리

(차) 대손상각비	75,000	(대) 대손충당금	75,000

∴ 12월 31일 대손상각비 = 50,000원 + 75,000원 = 125,000원

14 • 당기순이익 = 매출액 10,000,000원 − 매출원가 5,000,000원 − 판매비와관리비(1,500,000원 + 200,000원) + 영업외수익 0원 − 영업외비용 100,000원 = 3,200,000원
• 직원급여, 접대비는 영업활동에 필요한 비용이므로 판매비와관리비로 구분되며 이자비용은 영업외활동에서 발생하는 비용으로 영업외비용으로 구분된다.

15 예비절차에는 시산표 작성, 재고조사표 작성, 결산정리, 정산표 작성이 있다.

문제 1 [기초정보관리]의 [회사등록] 메뉴를 클릭한다.

① 사업자등록번호 '119-01-75133' → '119-01-75137'로 수정한다.

② 업태 '제조업' → '도소매'로 수정한다.

③ 사업장관할세무서 '강남' → '삼성'으로 수정한다.

문제 2 [전기분재무제표]의 [전기분재무상태표] 메뉴를 클릭한다.

① 당좌예금 10,300,000원을 13,000,000원으로 수정한다.

② 감가상각누계액(차량운반구) 800,000원을 8,000,000원으로 수정한다.

③ 미지급금 5,500,000원을 추가입력한다.

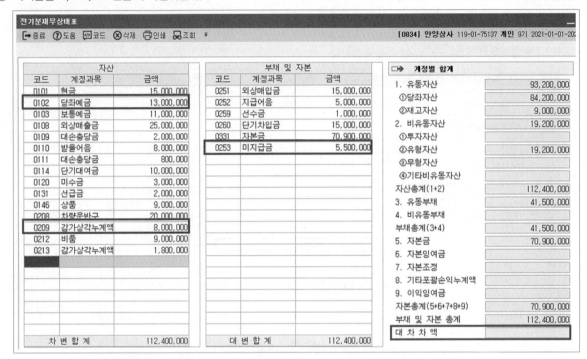

문제 3

1 [전기분재무제표]의 [거래처별초기이월] 메뉴를 클릭한다.

① 외상매출금 중 봄날상사 8,000,000원을 5,000,000원으로 수정한다.

코드	계정과목	재무상태표금액
0102	당좌예금	13,000,000
0103	보통예금	11,000,000
0108	외상매출금	25,000,000
0110	받을어음	8,000,000
0120	미수금	3,000,000
0251	외상매입금	15,000,000
0252	지급어음	5,000,000

코드	거래처	금액
01004	봄날상사	5,000,000
01007	좋아요상사	5,500,000
01015	갈원상사	4,500,000
01016	영등포상사	10,000,000
	합 계	25,000,000
	차 액	0

② 상단 메뉴의 [코드] 또는 F2키를 입력하여 지급어음 중 제이홉(주) 4,200,000원을 추가 입력한다.

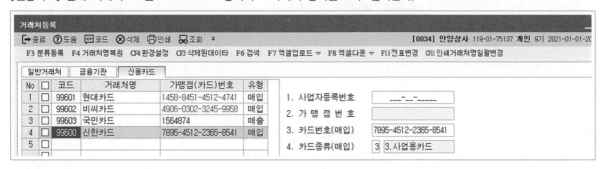

② [기초정보관리]에서 [거래처등록]을 클릭한다.

[신용카드] 탭에 거래처코드를 '99600'으로 등록하고 나머지 항목을 모두 입력한다.

일반거래처	금융기관	신용카드		
No	□	코드	거래처명	가맹점(카드)번호	유형
1	□	99601	현대카드	1458-8451-4512-4741	매입
2	□	99602	비씨카드	4906-0302-3245-9958	매입
3	□	99603	국민카드	1564874	매출
4	□	99600	신한카드	7895-4512-2365-8541	매입
5	□				

1. 사업자등록번호   ___-__-_____
2. 가 맹 점 번 호
3. 카드번호(매입)   7895-4512-2365-8541
4. 카드종류(매입)   3   3.사업용카드

문제 4

① 8월 10일 일반전표입력

(차) 상 품	2,000,000	(대) 당좌예금	1,500,000
		당좌차월	500,000
		또는 단기차입금	

□	일	번호	구분	계 정 과 목	거 래 처	적 요	차 변	대 변
▣	10	00001	차변	0146 상품			2,000,000	
▣	10	00001	대변	0102 당좌예금				1,500,000
▣	10	00001	대변	0256 당좌차월				500,000
			합 계				2,000,000	2,000,000

2021 년 08 ▼ 월 10 ⋯ 일 변경 현금잔액: 65,074,990 대차차액:

② 9월 2일 일반전표입력

(차) 상 품	7,500,000	(대) 선급금(초지전자)	750,000
		외상매입금(초지전자)	6,750,000

2021 년 09 ▼ 월 2 □ 일 변경 현금잔액:	60,802,490	대차차액:				
□	일	번호	구분	계 정 과 목	거 래 처	적 요	차 변	대 변

□	일	번호	구분	계 정 과 목	거 래 처	적 요	차 변	대 변
☑	2	00002	차변	0146 상품			7,500,000	
☑	2	00002	대변	0131 선급금	01020 초지전자			750,000
☑	2	00002	대변	0251 외상매입금	01020 초지전자			6,750,000
				합 계			7,500,000	7,500,000

③ 9월 11일 일반전표입력

(차) 비 품	550,000	(대) 현 금	50,000
		미지급금(난방마트㈜)	500,000

2021 년 09 ▼ 월 11 □ 일 변경 현금잔액:	58,702,490	대차차액:				

□	일	번호	구분	계 정 과 목	거 래 처	적 요	차 변	대 변
☑	11	00002	차변	0212 비품			550,000	
☑	11	00002	대변	0101 현금				50,000
☑	11	00002	대변	0253 미지급금	01018 난방마트(주)			500,000
				합 계			550,000	550,000

④ 9월 12일 일반전표입력

(차) 사무용품비(판)	700,000	(대) 미지급금(비씨카드)	700,000
또는 소모품비(판)		또는 미지급비용	

2021 년 09 ▼ 월 12 □ 일 변경 현금잔액:	58,702,490	대차차액:				

□	일	번호	구분	계 정 과 목	거 래 처	적 요	차 변	대 변
☑	12	00002	차변	0829 사무용품비			700,000	
☑	12	00002	대변	0253 미지급금	99602 비씨카드			700,000
				합 계			700,000	700,000

⑤ 9월 28일 일반전표입력

(차) 여비교통비(판)	50,000	(대) 현 금	50,000

2021 년 09 ▼ 월 28 □ 일 변경 현금잔액:	62,341,990	대차차액:				

□	일	번호	구분	계 정 과 목	거 래 처	적 요	차 변	대 변
☑	28	00002	차변	0812 여비교통비			50,000	
☑	28	00002	대변	0101 현금				50,000
				합 계			50,000	50,000

6 10월 17일 일반전표입력

(차) 당좌예금	2,700,000	(대) 받을어음(㈜원고무) 3,000,000
매출채권처분손실	300,000	

또는

(차) 당좌예금	2,200,000	(대) 받을어음(㈜원고무) 3,000,000
당좌차월	500,000	
매출채권처분손실	300,000	

	일	번호	구분	계 정 과 목	거 래 처	적 요	차 변	대 변
☐	17	00001	차변	0102 당좌예금			2,700,000	
☐	17	00001	차변	0956 매출채권처분손실			300,000	
☐	17	00001	대변	0110 받을어음	01022 주원고무			3,000,000
				합 계			3,000,000	3,000,000

2021 년 10 ▾ 월 17 ⬚ 일 변경 현금잔액: 58,628,930 대차차액:

7 11월 30일 일반전표입력

(차) 광고선전비(판)	1,000,000	(대) 선급비용(민영기획) 100,000
		보통예금 900,000

2021 년 11 ▾ 월 30 ⬚ 일 변경 현금잔액: 39,140,620 대차차액:

	일	번호	구분	계 정 과 목	거 래 처	적 요	차 변	대 변
☐	30	00002	차변	0833 광고선전비			1,000,000	
☐	30	00002	대변	0133 선급비용	01029 민영기획			100,000
☐	30	00002	대변	0103 보통예금				900,000
				합 계			1,000,000	1,000,000

8 12월 30일 일반전표입력

(차) 인출금	690,000	(대) 미지급금(현대카드) 690,000
		또는 미지급비용

2021 년 12 ▾ 월 30 ⬚ 일 변경 현금잔액: 32,845,480 대차차액:

	일	번호	구분	계 정 과 목	거 래 처	적 요	차 변	대 변
☐	30	00002	차변	0338 인출금			690,000	
☐	30	00002	대변	0253 미지급금	99601 현대카드			690,000
				합 계			690,000	690,000

제4편

안심Touch

문제 5

1 11월 29일 일반전표입력

| 〈수정 전〉 | (차) 임차료(판) | 300,000 | (대) 보통예금 | 300,000 |
| 〈수정 후〉 | (차) 임차료(판) | 300,000 | (대) 당좌예금 | 300,000 |

	일	번호	구분	계 정 과 목	거 래 처	적 요	차 변	대 변
2021 년 11 월 29 일 변경 현금잔액: 39,140,620 대차차액:								
☑	29	00005	차변	0819 임차료		임차료 지급	300,000	
☐	29	00005	대변	0102 당좌예금		임차료 지급		300,000
			합 계				300,000	300,000

2 12월 20일 일반전표입력

| 〈수정 전〉 | (차) 세금과공과(판) | 100,000 | (대) 현 금 | 100,000 |
| 〈수정 후〉 | (차) 기부금 | 100,000 | (대) 현 금 | 100,000 |

	일	번호	구분	계 정 과 목	거 래 처	적 요	차 변	대 변
2021 년 12 월 20 일 변경 현금잔액: 36,528,360 대차차액:								
☑	20	00011	차변	0953 기부금	대한적십자사	불우이웃돕기 성금 지급	100,000	
☐	20	00011	대변	0101 현금		불우이웃돕기 성금 지급		100,000
			합 계				100,000	100,000

문제 6

1 12월 31일 일반전표입력

| (차) 보험료(판)* | 270,000 | (대) 선급비용 | 270,000 |

*보험료 = 360,000원 × 9/12 = 270,000원

	일	번호	구분	계 정 과 목	거 래 처	적 요	차 변	대 변
2021 년 12 월 31 일 변경 현금잔액: 32,845,480 대차차액:								
☑	31	00001	차변	0821 보험료			270,000	
☐	31	00001	대변	0133 선급비용				270,000
			합 계				270,000	270,000

2 12월 31일 일반전표입력

| (차) 미수수익 | 300,000 | (대) 임대료(영업외수익) | 300,000 |

	일	번호	구분	계 정 과 목	거 래 처	적 요	차 변	대 변
2021 년 12 월 31 일 변경 현금잔액: 32,845,480 대차차액:								
☑	31	00002	차변	0116 미수수익			300,000	
☐	31	00002	대변	0904 임대료				300,000

③ [결산/재무제표]의 [재무상태표] 메뉴를 클릭한다.

〈첫번째 방법〉

① 기간에 12월을 입력하고, 외상매출금과 받을어음의 금액과 대손충당금 잔액을 조회하여 보충액을 계산한다.
 • 외상매출금 : (353,650,000원 × 1%) − 2,350,000원 = 1,186,500원
 • 받을어음 : (91,372,000원 × 1%) − 800,000원 = 113,720원

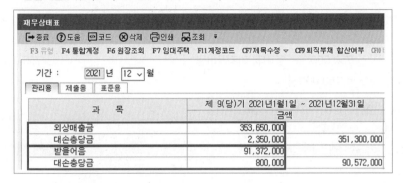

② 12월 31일 일반전표입력

| (차) 대손상각비(판) | 1,300,220 | (대) 대손충당금(외상매출금) | 1,186,500 |
| | | 대손충당금(받을어음) | 113,720 |

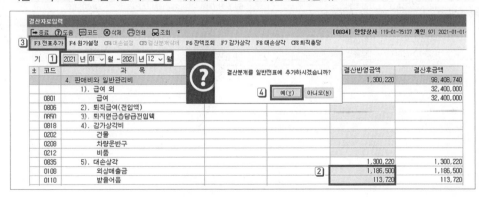

〈두번째 방법〉

① [결산/재무제표]의 [결산자료입력] 메뉴를 클릭한다.

② 기간에 1월 ~ 12월을 입력하고, 4.판매비와 일반관리비의 5). 대손상각의 결산반영금액란에 외상매출금 1,186,500원, 받을어음 113,720원을 입력한 후 상단 메뉴에서 [전표추가]를 클릭한다.

③ 결산자료입력에서 전표추가를 하면 [일반전표입력]에 다음과 같이 자동으로 분개가 된다.

	일	번호	구분	계 정 과 목	거 래 처	적 요	차 변	대 변
□	31	00004	결차	0835 대손상각비			1,300,220	
□	31	00004	결대	0109 대손충당금				1,186,500
□	31	00004	결대	0111 대손충당금				113,720

2021 년 12 ∨ 월 31 일 변경 현금잔액: 32,845,480 대차차액: ［결산］

④ 12월 31일 일반전표입력

(차) 이자비용   750,000   (대) 미지급비용*   750,000

*미지급비용 = (50,000,000원 × 6%) × 3/12 = 750,000원

	일	번호	구분	계 정 과 목	거 래 처	적 요	차 변	대 변
▣	31	00004	차변	0951 이자비용			750,000	
▣	31	00004	대변	0262 미지급비용				750,000

2021 년 12 ▾ 월 31 일 변경 현금잔액: 32,845,480 대차차액:

문제 7

① [장부관리]의 [거래처원장] 메뉴를 클릭한다.

기간에 1월 1일 ~ 6월 30일을 입력하고, 계정과목에 외상매출금을 입력하여 다음과 같이 조회한다.

잔 액 | 내 용 | 총괄잔액 | 총괄내용

기 간 2021 년 1 월 1 일 ~ 2021 년 6 월 30 일 계정과목 0108 외상매출금 [잔액 0 포함] [미등록 포함]

거래처분류 ~ 거 래 처 01001 (주)미추홀상사 ~ 99603 국민카드

	코드	거 래 처	등록번호	대표자명	전기이월	차 변	대 변	잔 액	(담당)코	(담당)부서
▣	01004	봄날상사	138-01-68957	장수원	5,000,000			5,000,000		
▣	01006	정일사 주식회사	135-82-07566	김영호		90,000,000	3,500,000	86,500,000		
▣	01007	종아요상사	138-12-60951	박항일	5,500,000	1,000,000	1,000,000	5,500,000		
▣	01012	(주)동요상사	124-81-33223	임사랑		19,700,000	15,150,000	4,550,000		
▣	01015	갈원상사	123-05-52316	한예종	4,500,000	111,500,000	11,500,000	104,500,000		
▣	01016	영등포상사	130-01-34661	박찬수	10,000,000	67,700,000	24,830,000	52,870,000		
▣	01021	본오전자	501-42-61776	신준영		33,000,000	21,000,000	12,000,000		
▣	01022	주원고무	121-02-95400	김주원		63,630,000	60,000,000	3,630,000		
▣	01024	창조 주식회사	125-81-31984	오나리		1,000,000		1,000,000		
▣	01027	동보성문구	117-09-52793	이성수		72,000,000		72,000,000		
▣	01028	재선조명	123-05-72762	장나라		2,500,000	2,500,000			
▣	01029	민영기획	133-10-76041	김율영		3,720,000		3,720,000		

정답 12,000,000원

2 [장부관리]의 [일계표(월계표)] 메뉴를 클릭한다.

[월계표] 탭에서 조회기간 5월을 입력하고, 이자비용의 차변합계를 다음과 같이 조회한다.

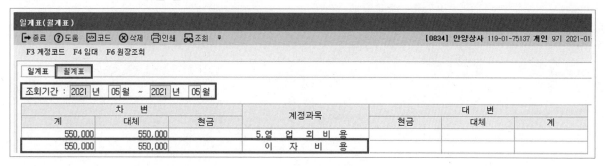

정답 550,000원

3 [장부관리]의 [총계정원장] 메뉴를 클릭한다.

기간에 1월 1일 ~ 6월 30일을 입력하고, 계정과목에 광고선전비를 입력하여 다음과 같이 조회한다.

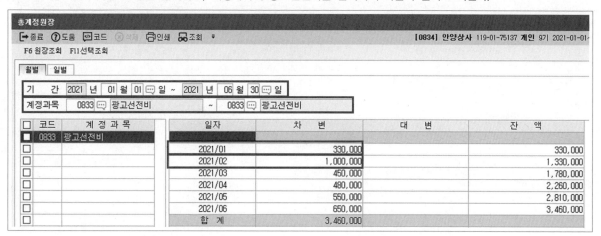

정답 670,000원(= 2월 1,000,000원 − 1월 330,000원)

좋은 책을 만드는 길
독자님과 함께하겠습니다.

도서나 동영상에 궁금한 점, 아쉬운 점, 만족스러운 점이
있으시다면 어떤 의견이라도 말씀해 주세요.
시대고시기획은 독자님의 의견을 모아 더 좋은 책으로 보답하겠습니다.

www.sidaegosi.com

2021 The 쉽게 합격하는 전산회계 2급

개정2판1쇄 발행	2021년 01월 05일 (인쇄 2020년 12월 29일)
초 판 발 행	2018년 08월 10일 (인쇄 2018년 06월 28일)
발 행 인	박영일
책 임 편 집	이해욱
저 자	김태원 · 장윤서
편 집 진 행	김준일 · 김은영 · 백한강 · 이준영
표지디자인	박수영
편집디자인	이은미 · 장성복
발 행 처	(주)시대고시기획
출 판 등 록	제 10-1521호
주 소	서울시 마포구 큰우물로 75 [도화동 538 성지 B/D] 9F
전 화	1600-3600
팩 스	02-701-8823
홈 페 이 지	www.sidaegosi.com
I S B N	979-11-254-8727-2 (13320)
정 가	16,000원

(주)시대고시기획
회계 · 세무 관련 수험서 시리즈

한국 세무 사회	출제위원 집필도서 전산회계 2급	4×6배판	18,000원
	hoa 전산회계 1급 필기 + 실기 한권으로 끝내기	4×6배판	27,000원
	hoa 기업회계 2·3급 한권으로 끝내기	4×6배판	28,000원
	기출유형으로 보는 기업회계 3급	4×6배판	13,000원
	전산회계 1급 기출문제 27회	4×6배판	20,000원
	hoa 세무회계 2·3급 동시대비 한권으로 끝내기	4×6배판	30,000원
	The 쉽게 합격하는 전산회계 2급	210×260	16,000원
	The 쉽게 합격하는 전산세무 2급	210×260	23,000원
	전산회계 1급 봉투모의고사 6회분	210×297	12,000원
	전산세무 2급 봉투모의고사 6회분	210×297	12,000원
삼일 회계 법인	hoa 재경관리사 한권으로 끝내기	4×6배판	30,000원
	hoa 재경관리사 3주 완성	4×6배판	25,000원
	hoa 회계관리 1급 한권으로 끝내기	4×6배판	23,000원
	hoa 진짜 초보도 한 번에 합격하는 회계관리 2급	4×6배판	18,000원
한국공인 회계사회	hoa FAT 회계정보처리 1급	4×6배판	22,000원
	hoa FAT 회계정보처리 2급	4×6배판	18,000원
	hoa TAT 세무정보처리 2급 필기 + 실기 한권으로 끝내기	4×6배판	25,000원
	FAT 회계실무 1급 최신기출 10회 + 핵심꿀팁요약집	4×6배판	18,000원
	FAT 회계실무 2급 최신기출 10회 + 핵심꿀팁요약집	4×6배판	16,000원
대한상공 회의소	hoa 전산회계운용사 2급 필기	4×6배판	18,000원
	hoa 전산회계운용사 2급 실기	4×6배판	17,000원
	hoa 전산회계운용사 3급 필기	4×6배판	15,000원
한국생산성 본부	ERP 정보관리사 회계 2급 한권으로 끝내기	4×6배판	18,000원
	ERP 정보관리사 인사 2급 한권으로 끝내기	4×6배판	18,000원

※ 도서의 제목 및 가격은 변동될 수 있습니다.

시대고시와 함께하는
합격의 STEP

Step. 1 회계를 처음 접하는 당신을 위한 도서

★☆☆☆☆
회계 입문자

동영상 강의 없이
혼자서도 쉽게 합격하는
The 쉽게 합격하는
전산회계 2급

최신기출과 핵심꿀팁
요약집으로 쉽게 정리한
[기출이 답이다]
FAT 2급

진짜 초보도
한 번에 합격하는
hoa 회계관리 2급

회계 왕초보자를 위한
절대필독서
왕초보 회계원리

Step. 2 회계의 기초를 이해한 당신을 위한 도서

★★☆☆☆
회계 초급자

공식으로 쉽게 푸는
전산회계 1급
기출문제 27회

자세한 해설로
동영상이 필요 없는
[기출이 답이다]
FAT 1급

3주 초단기 합격의
필살 전략이 수록된
hoa 전산회계
운용사 2급(실기)

회계기준이
완벽 반영된
hoa 전산회계
운용사 2급(필기)

Step. 3 회계의 기본을 이해한 당신을 위한 도서

★★★☆☆
회계 중급자

핵심이론이 완벽 정리된
가장 완벽한 준비
hoa 세무회계 2 · 3급

기출 트렌드를
분석하여 정리한
hoa 기업회계 2 · 3급

기출유형으로
3주만에 합격하는
hoa 회계관리 1급

동영상 강의 없이
혼자서도 쉽게 합격하는
**The 쉽게 합격하는
전산세무 2급**

Step. 4 회계의 전반을 이해한 당신을 위한 도서

★★★★★
회계 상급자

합격으로 가는 최단 코스
**hoa 재경관리사
한권으로 끝내기**

기출유형이 완벽 적용된
**hoa 재경관리사
3주 완성**

※ 도서의 이미지 및 세부사항은 변경될 수 있습니다.

AI면접
이젠, 모바일로

기업과 취준생 모두를 위한 평가 솔루션 윈시대로! 지금 바로 시작하세요.

www.sdedu.co.kr/winsidaero
